MODEL OF MODERNIZATION
OF LOCAL GOVERNANCE SYSTEM

CASE STUDY ON LOCAL REFORM
AND INNOVATION PRACTICE

地方治理体系、治理能力现代化样本

地方改革创新实践案例研究（2018）

潘治宏　贾存斗◎编著

中国经济出版社
CHINA ECONOMIC PUBLISHING HOUSE
北京

图书在版编目（CIP）数据

地方治理体系、治理能力现代化样本：地方改革创新实践案例研究 . 2018 / 潘治宏，贾存斗编著 .
—北京：中国经济出版社，2020. 1
ISBN 978 – 7 – 5136 – 5984 – 0
Ⅰ. ①地… Ⅱ. ①潘…②贾… Ⅲ. ①地方财政—财政改革—研究—中国
Ⅳ. ①F812. 7

中国版本图书馆 CIP 数据核字（2019）第 276435 号

组稿编辑 贺 真
责任编辑 伏建全 孙喆浩
责任印制 马小宾
封面设计 久品轩

出版发行 中国经济出版社
印 刷 者 北京富泰印刷有限责任公司
经 销 者 各地新华书店
开　　本 710mm × 1000mm 1/16
印　　张 23. 75
字　　数 353 千字
版　　次 2020 年 1 月第 1 版
印　　次 2020 年 1 月第 1 次
定　　价 82. 00 元
广告经营许可证 京西工商广字第 8179 号

中国经济出版社 **网址** www. economyph. com **社址** 北京市东城区安定门外大街 58 号 **邮编** 100011
本版图书如存在印装质量问题，请与本社销售中心联系调换（联系电话：010 – 57512564）

2018“地方改革创新实践案例研究”课题组

组　　长： 彭　森（十二届全国人大财经委副主任、中国经济体制改革研究会会长、国家发改委原副主任）

顾　　问： 孔泾源（中国经济改革研究基金会理事长、国家发改委体改司原司长）

副 组 长： 刘　浩（中国经济体制改革研究会副会长）

执行组长： 史克毅（中国经济体制改革杂志社总编辑）

潘治宏（中国经济体制改革杂志社社长、地方改革创新研究中心主任）

专　　家： 汪玉凯（中央党校＜国家行政学院＞教授、中国行政体制改革研究会原副会长）

刘现伟（国家发改委体改所企业室主任、研究员）

学术秘书： 贾存斗（中国经济体制改革杂志社调研部主任、地方改革创新研究中心执行主任）

成　　员：（按姓氏笔画排序）

方　艳（中国经济体制改革杂志社《改革内参》执行主编）

邢　伟（国家发改委社会所研究室副主任、副研究员、博士）

刘学军（中国经济体制改革杂志社社委、总编辑助理、《改革

内参》编辑部主任）
李红娟（国家发改委体改所企业室副主任、副研究员、博士后）
赵　琳（中国经济体制改革杂志社《改革内参》责任编辑）
贺　真（中国经济体制改革杂志社调研部副主任）
秦均华（中国经济体制改革杂志社《改革内参》执行主编）
徐照林（中国经济体制改革研究会公共政策研究部助理研究员、博士后）
蔡文武（中国经济体制改革杂志社社委、通联部主任）

序言

总结地方创新实践经验，为改革再出发提供生动样本

彭森（十二届全国人大财经委副主任委员、
中国经济体制改革研究会会长、国家发改委原副主任）

中国经济体制改革研究会是国内成立比较早，在改革理论探索和实践总结方面有重要影响的改革智库。中国经济体制改革研究会成立三十多年来，始终高举改革的旗帜，站在改革开放的前沿，团结社会各界的专家、学者，联系和服务中央部门和各级政府，为推动社会主义市场经济的建立做了大量开拓性、创新性的工作。自 2017 年以来，中国经济体制改革研究会立项支持中国经济体制改革杂志社开展地方改革创新实践案例研究重大课题，由我担任课题组组长。课题组先后深入河北省威县、唐山市，陕西省安康市、渭南市，浙江省衢州市、丽水市，江苏省江阴市，四川省内江市，山东省淄博市等地进行调研，总结、宣传、推广地方改革实践成果，并向中央部门做了汇报，得到中央领导同志的重要肯定。

我认为，这些典型案例所创造的经验是气势恢弘的中国改革历史画卷中最重要、最浓墨重彩的缩影，是我们改革时代所创造的财富。虽然各地改革各具特色，但是也有一些共同点和共同经验。

第一，各地案例充分证明了改革必须始终坚持解放思想、实事求是的思想路线。习近平总书记讲到，改革开放是中国共产党的伟大觉醒。什么是觉醒？我觉得就是解放思想、实事求是。思想解放是每一次改革的重要前提条件。改革开放 40 周年是以十一届三中全会为标志的。但是十一届三中全会并没有明确提出改革开放的路线，其功绩是确立了解放思想、实事求是的思想路线。所以我们纪念三中全会实际上是在纪念思想解放运动 40 周年。

邓小平同志在《解放思想，实事求是，团结一致向前看》的重要讲话中专门指出，一个政党、一个国家、一个民族必须解放思想，如果一切从本本上出发，思想僵化、迷信盛行，就不能前进，就会亡党亡国。40 年来我们按照中央解放思想、实事求是的路线一直坚持推动改革，而且各地所创造的案例无不是解放思想、实事求是的成果。如果没有思想解放，我们很难想象当年安徽凤阳小岗村的家庭联产承包责任制；很难想象深圳作为一个改革窗口和试验田所创造的辉煌；很难想象苏南模式与民营经济的快速崛起；同样也很难想象重庆的“地票制度”在土地制度改革方面所取得的重要试验成果。

习近平总书记在 2018 年 4 月博鳌论坛上提出，“40 年来解放思想与改革开放相互激荡，没有思想的大解放，就没有新时代改革的大突破”。总书记将此作为十个始终坚持的第一条，也是今后继续坚持改革的方向。

第二，各地案例充分证明了必须始终坚持发展是硬道理，发展是执政兴国的第一要务。我们始终坚持以生产力的标准作为改革成败的重要标志。改革不是目的，发展是目的，改革提供了路径和手段。但是中国发展所取得的每一点成绩，都是靠改革的第一推动力来实现的。比如，江阴作为一个县级市，产值达到3488亿元，这就是改革带来的成果。习近平总书记在庆祝改革开放 40 周年大会上专门讲道，“通过改革我们彻底告别了过去的短缺经济、票证经济，忍饥挨饿、缺衣少食、生活困顿这样影响、困扰了中国几千年的问题”。这条经验证明解决一切问题的经验在于发展，而发展第一推动力在于改革和开放。

第三，各地案例充分证明了必须始终坚持渐进式的改革道路。中国是一个有十几亿人口的大国，我们的市场化改革没有现成经验和现成模式可以照搬，都是靠我们自己来探讨、来试验。所以邓小平同志在改革初期讲“摸着石头过河”，这些案例都是地方改革探索所取得的成功经验，充分体现了中国渐进式改革这条道路最重要的精髓。我觉得渐进式改革是中国改革的成功经验，体现了中国的智慧、中国的哲学。在全面深化改革的新时期、新阶段，一方面我们注重顶层设计，另一方面改革试点仍然具有重要作用。江苏省批准江阴市开展县级集成改革试点，开辟了新的眼界，是新的创新。

第四，各地案例充分展现了必须始终坚持市场化改革的正确方向。40 年来中国改革的核心问题是正确处理政府与市场关系的问题。从高度集中的计划经济到“计划经济为主，市场调节为辅”，再到有计划的商品经济，最后到党的十四大确立社会主义市场经济。这个过程反映了思想解放的过程，反映了用“三个有利于”标准来检验改革成果的过程，也是人民群众在实践中正确的选择。

第五，各地案例充分说明了必须始终坚持以人民为中心的改革价值观。为中国人民谋幸福，让人民共享改革成果，不断实现人民对美好生活的向往是改革的初心和改革人的使命。一切改革政策必须以人民拥护不拥护，赞成不赞成，满意不满意作为检验的标准。

第六，各地典型案例充分展示了必须始终坚持党的领导的重要经验。从全国看，每一次重大的改革和新的进程，都是在党的重要会议上做出的决定。中国特色社会主义的一个最重要的特征就是坚持党的领导。可以清楚地看到，改革实际上是“一把手”工程，各地党委亲自抓改革，一把手亲自抓改革。

40 多年来的改革开放取得了举世瞩目的成就，但我们决不能有任何自满的认识。当今世界正经历百年未有之大变局，我国正处于实现中华民族伟大复兴的关键时期，要求我们一定要继续深化改革，通过分析形势、形成共识、把握机遇、化解危机，通过改革开放创造、创新动力。对于地方改革探索，我讲几条建议。

第一，正确地处理好顶层设计和试点探索重点突破的关系。顶层设计是十八届三中全会以来推进改革的一个重要方式。长期以来改革中遇到很多难点问题，中央决心明确，解决了很多长期以来想改却没有改的问题。这个过程当中我们不要忘记人民群众，特别是基层在改革探索中的重要作用。历史是人民群众创造出来的，改革和发展中哪些问题阻碍了生产力的发展，群众和企业最清楚，基层最有发言权。新时代新的社会主要矛盾，人民对美好生活的向往和诉求，群众也最清楚。我们还是要坚持支持地方的大胆探索、制度创新：一方面要加强高质量发展的要求，做一些积极推动产业结构调整的科技创新；另一方面要在民生、社会治理、公平正义等方面取得新进展。特别是经济发展比较好的地区，我觉得下一步还是要解决好国家治理体系和治理能力现代化的问题，同时真正把追求公平正义作为今后努力的方向。

第二，处理好改革的问题导向和目标导向的关系。2018 年 12 月 23 日中央政治局会议提出“五个坚持”，即坚持稳中求进工作总基调，坚持新发展理念，坚持推进高质量发展，坚持以供给侧结构性改革为主线，坚持深化市场化改革、扩大高水平开放，加快建设现代化经济体系。长期以来中国的改革都是倒逼机制，无论是20世纪70年代末农村的家庭联产承包责任制、80年代的价格改革、90年代的税制改革，以及近年来的供给侧结构性改革，都是问题导向的改革。最后我们发现，一些长期涉及改革目标、模式市场化的难点问题，也就是所谓的深层次改革问题，包括产权、国企改革、土地制度、财政金融、社会保障、收入分配等问题最后沉淀下来，成为今后改革的硬骨头。摆在我们面前的任务很多，在下一步的改革过程中一定要坚持问题导向和目标导向相一致、相统一的原则，真正把那些涉及四梁八柱性质的改革深入推进落实。

第三，处理好依法治国和先行先试的关系。长期以来我们讲大胆试、大胆闯，但从十八届四中全会做出全面依法治国以后，要求改革纳入到法制轨道上来，表面上看，对先行先试是一个约束和制约，但我认为全面依法治国可能为下一步改革开辟了新路径。我们可能通过过去的先行试点，逐步总结经验，这些经验是可复制、可推广的，慢慢再向全国推广。现在也可以通过先立法，立法通过之后，改革完成了，就可以在全国推进。包括市场准入负面清单问题，开始只是在一些试验地区，但现在全国统一了。这是我们今后改革需要注意处理的一些问题。

第四，贯彻落实好十九届四中全会精神，加快推动治理体系和治理能力现代化建设。十九届四中全会审议通过了《中共中央关于坚持和完善中国特色社会主义制度、推进国家治理体系和治理能力现代化若干重大问题的决定》。用一次中央全会专门研究国家制度和国家治理问题并作出决定，这在我们党的历史上还是第一次。这说明，中华人民共和国成立70年来，通过实践中的不断摸索与完善，中国特色社会主义制度已经成为一种稳定、科学、规范的现代制度体系。未来各地应该根据当地的经济社会发展实际情况、已经搭建好的制度顶层设计，以及全面深化改革的阶段性任务与目标，将制度优势最大限度地转化为治理效能，这不仅仅是国家层面的事，更会直接影响到各地的改革发展和每一个中国人的生活。在这方面，浙江衢州的基层治理体系建设与江苏江阴市的“集成改革”走在全国的前列，值得理论界深入研究，经验和做法值得在全国更广层面推广。

目　录

第二部分　县级集成改革“江阴样本”

第三部分　唐山推动新旧动能转换实现高质量发展

第四部分　巨鹿公立医院综合改革

第一部分

新时代基层治理现代化的衢州实践

摘要：党的十八大以来，以习近平同志为核心的党中央，站在全球治理和国家治理的新高度，立足现代化政党的新视野，擘画了国家治理所涵盖的经济治理、政治治理、文化治理、社会治理、生态治理和党的建设“六大体系”蓝图，提出了国家治理体系和治理能力现代化这一重大课题，为我们深化社会治理规律认识拓宽了新境界。尤其在社会治理上，进一步明确了“系统治理、依法治理、源头治理、综合施策”的原则，提出了“打造共建共治共享的社会治理格局”新要求，充分体现了以人民为中心的执政思路，为新时代社会治理实践提供了根本遵循。

然而，新的社会治理理念落到基层，扎根乡村，继而转化为改革成果和治理红利，还少不了基层一线的创新实践和对基层鲜活经验的总结提炼，尤其从市域这个层面出发，楔入顶层设计、系统设计，进而把党的领导优势转化为基层社会治理效能，使之成为国家治理的重要基石，显得更为紧迫和必要。

近年来，全国各地结合本地实际，积极开展社会治理创新实践，各种模式、样本、经验层出不穷。其中，浙江省衢州市在继承与发展“枫桥经验”的基础上，以系统性思维，构建“主”字型现代化基层治理体系，探索社会治理长效机制，创新形成了适合我国国情的社会治理新模式。

本报告全面系统地分析了衢州社会治理的创新实践，总结其重要经验及现实启示。可以肯定，这一放眼于中国大地、立足于浙江热土、根植于衢州本土的基层治理创新，既有市域层面的整体考量，又有接地气、带露珠的基层探索，久久为功、绵绵用力之后，必然催生出旺盛的生命力，必将为新时代社会治理理论创新提供充分的营养，为各地社会治理提供一种新的思路和样本。

关键词：衢州　基层治理　治理现代化　治理体系　治理能力　国家治理

一、衢州基层治理现代化实践研究背景

（一）理论背景

1. 不同层次“治理”的含义

党的十八届三中全会通过的《中共中央关于全面深化改革若干重大问题的决定》（以下简称《决定》）指出，全面深化改革的总目标是“完善和发展中国特色社会主义制度，推进国家治理体系和治理能力的现代化”。[1] 国家治理体系与治理能力现代化建设，成为我国全面深化和推进改革历史进程的定向指南针。在十八届三中全会的《决定》中，“治理”是关键性概念，从国家治理、政府治理、社会治理，到事业单位法人治理、公司法人治理、学校内部治理、社区治理，“治理”概念在《决定》中被直接、明确提及 24 次之多。不过，这些不同层次上的“治理”概念，在学术定义和内涵认识上呈现多样性，迄今尚未形成普遍认同和共识。在全面深入推进国家治理现代化的深刻历史进程中，基本认知的歧义却可能成为改革共识的思想困难，从而使得全面深化改革实践面临路径选择和实施方案的分歧或阻碍。因此，基于我国国情、政情、社情，科学解析国家治理、社会治理、基层治理等概念的内在含义，是贯彻落实全面深化改革，推进国家和基层治理现代化的认识基础，也是本报告的研究起点。通过对下述概念的解析，本篇研究侧重于基层社会治理的内容。

（1）国家治理

在中国传统政治思想中，国家治理通常是指统治者的“治国理政”，其基本含义是统治者治理国家和处理政务。西方的“治理”概念原为控制、引导和操纵之意。20 世纪末，西方学者赋予“治理”新的含义，主张政府放权和向社会授权，实现多主体、多中心治理等政治和治理多元化，强调弱化政治权力，甚至去除政治权威，期望实现政府与社会多元共治、社会的多元自我治理。[2] 在此基础上，西方治理理论提出“善治”的理念，即以合法性、透明性、责任性、法治、回应、有效为标准和规范，缓和政府与公民之间的矛盾。因此，在今天的西方学术话语语境中，“治理”一词主要意味着政府分权和社会自治。[3]

而我们社会主义国家治理，既在本质上区别于中国传统统治者的国家治理，又在价值取向和政治主张上区别于西方的治理理论及其主张。中华人民共和国成立以来，尤其是改革开放以来，中国共产党人逐步明确，国家治理的总体战略是党的领导、人民当家作主和依法治国有机结合，即“党领导人民有效治理国家”,[4]国家治理的基本含义可以总结为中国共产党领导人民科学、民主、依法和有效地治国理政。

（2）社会治理

社会治理有广义和狭义两种概念。前者是指社会领域的治理，即“五位一体”总体布局中的社会建设，主要包括社会民生建设和社会管理创新两大任务。后者指的是在党委、政府领导下，统筹并依托社会各方力量维护社会和谐稳定的一项系统性工程。[5]

十八大以来，中国社会治理的基本体系初步形成。具体来看：一是建设更高水平平安中国的社会治理总目标，确保社会既充满活力又和谐有序；二是党委领导、政府负责、社会协同、公众参与、法治保障的社会治理体制；三是系统治理、依法治理、综合治理、源头治理的社会治理方式；四是打造共建共治共享的社会治理格局。[6]

（3）市域治理

市域治理是国家治理在市域范围内的具体实施和浓缩反映，是依托具体的城市区域而发生的治理活动的统称。[7]市域治理需要一个依托城市区域作为群众公共活动的地理空间载体，政府、企业、社会组织和居民等多元主体基于特定的制度安排，针对公共事务管理和公共服务提供等，通过共同参与的方式进行合作、协商，实现在城市区域内的公共利益与私人利益相调和的动态过程。具体到我国，市域治理一般指的是在党委的主导下，政府部门、专业机构、企事业单位、社会组织和城市市民等主体依照国家法律和相关规则共同参与城市公共事务管理的过程。[8]因此，市域治理是我国已有的国家治理在市域范围的自然延伸、具体实施与因地发展。

（4）基层治理

基层治理是对基层地区的治理，城市的社区治理、农村的村落治理都属于基层治理范畴。基层治理涉及面宽、量大、事多，直接面对群众，在整个国家治理体系中占有重要位置。基层治理是国家治理的基石，国家治理现代化离不开基层治理现代化。基层治理是否有效，直接决定着经济社会是否能持续发展、繁荣和稳定。

从治理现代化的实现路径来看，国家治理必须依靠基层治理才能得以实现。因为国家治理在管理层级上无法触及基层社会，只能通过自上而下的层层“施政”来实现对社会公共事务的管理。但是，因其无法触及社会系统的底端，所以仅仅依靠国家层面的“施政”手段是无法达到社会“共治”的。从这个意义上而言，基层治理是落实国家治理目标的重要依托和基础，基层治理体系的现代化水平决定了国家治理体系的现代化水平，基层治理能力也制约着国家治理能力的提升。

2. 我国国家治理理论从控制、管理到治理的变迁

在中国传统政治思想中，国家治理是指统治者的“治国理政”，如老子所说的“治大国如烹小鲜”。中华人民共和国成立以来，我国国家治理理论经历了从“计划管理”到“社会管理”再到“社会治理”的三次突破。

第一次理论突破是中华人民共和国成立后至改革开放前的“计划管理”模式。面对旧中国一盘散沙的社会状态和中华人民共和国成立后复杂的国内外局势，为提升社会凝聚力、建立起高度统一的社会秩序，我国在逐步建立社会主义计划经济体制的同时，建立了以严格计划管理为主要特色的治理模式。其主要特点是政府全能的社会管理，以单位为基础的从业人员管理，以街区为基础的城市人员管理和以单位制度、户籍制度、职业身份制度和档案制度为基础的社会流动管理。计划管理模式的实施极大地增强了国家对社会的组织动员能力和控制能力，但由于政府包办一切社会事务，所有社会成员被管理在相对封闭的“单位”之中，社会缺乏自我组织、自我管理、自我调节的机制，整个社会缺乏活力和创造力。

第二次理论突破是改革开放至十八大以前的“党政主导型”社会管理模式。改革开放以后，随着经济体制改革的不断深化，我国经济社会结构发生了巨大变

化，因应改革开放之后的经济社会发展需要，我国治理模式逐步从改革开放之前的计划管理模式演变为与社会主义市场经济相适应的社会管理模式。2004 年，党的十六届四中全会在《中共中央关于加强党的执政能力建设的决定》中提出，“加强社会建设和管理，推进社会管理体制创新”。2006 年 10 月，党的十六届六中全会在《中共中央关于构建社会主义和谐社会若干重大问题的决定》中提出，要“创新社会管理体制，整合社会管理资源，提高社会管理水平，健全党委领导、政府负责、社会协同、公众参与的社会管理格局，在服务中实施管理，在管理中体现服务”。2007 年 10 月，党的十七大报告明确提出要“加快推进以改善民生为重点的社会建设”，要“更加注重社会建设，着力保障和改善民生，推进社会体制改革，扩大公共服务，完善社会管理，促进社会公平正义，努力使全体人民学有所教、劳有所得、病有所医、老有所养、住有所居，推动建设和谐社会”。

第三次理论突破是十八大以来的“社会治理”模式。2012 年党的十八大将社会管理模式概括为“党委领导、政府负责、社会协同、公众参与、法治保障”，目标是“保障改善民生、扩大公共服务、完善社会管理、促进社会公平正义”。这一表述在完善我国社会管理理论体系的同时，也为我国治理理论从“社会管理”跃升到“社会治理”奠定了基础。[9]2013 年，党的十八届三中全会明确提出“全面深化改革的总目标是完善和发展中国特色社会主义制度，推进国家治理体系和治理能力现代化”，将“创新社会治理体制”作为推进“国家治理体系和治理能力现代化”的重要组成，明确提出了“创新社会治理体制”和“提高社会治理水平”的总体要求，首次提出了党委领导、政府主导、社会各方参与，实现政府治理和社会自我调节、居民自治良性互动的系统治理机制与方式。至此，我国国家治理理论从计划管理、社会管理跃升到社会治理。

习近平总书记指出：“治理和管理一字之差，体现的是系统治理、依法治理、源头治理、综合施策。”“要继续加强和创新社会治理，完善中国特色社会主义社会治理体系，努力建设更高水平的平安中国，进一步增强人民群众安全感。”从社会管理到社会治理，“一字之变”是对现实变化和时代特征的精准把握。

（二）时代背景

1. 落实十八大、十九大精神的具体体现

党的十八大为我国治理理论从“社会管理”跃升到“社会治理”奠定了基础，十八届三中全会将“创新社会治理体制”作为推进“国家治理体系和治理能力现代化”的重要组成，党的十九大把建设平安中国、加强和创新社会治理上升为基本方略，进一步强调“打造新时代共建共治共享的社会治理格局”。这一新格局的提出既符合解决我国当前社会主要矛盾的需求，也是人类历史发展进程中应对新问题、新风险的必然选择。

2016 年由世界经济论坛发布的《全球风险报告》提出，未来全球面临的风险与传统的风险相比更加不可知与不可确定，需要在全球区域加强合作和交流，以构建“弹性社会”为目标，改革和完善现有的社会管理体制。“弹性社会”强调社会有机体的和谐与有效流通，社会各阶层之间、制度体系与社会元素之间的有机结合。十九大提出的社会治理新格局与“弹性社会”的要义和战略目标有着异曲同工之处，而且为如何构建弹性社会指明了方向。这既是对党的十八大以来我国社会治理经验的总结，也为新时代社会治理改革创新指明了方向、提供了遵循。在十九大报告中，习近平总书记指出，中国将继续发挥负责任大国作用，积极参与全球治理体系改革和建设，不断贡献中国智慧和力量。

在这样的大背景下，衢州对基层治理体系进行系统设计，响亮提出打造“中国基层治理最优城市”的目标，就是把衢州放入全国坐标系中来考量，积极为中国的基层治理探路，为中国治理提供基层之治的衢州方案。

2. 践行总书记对衢州“八大嘱托”的实际行动

习近平总书记主政浙江期间，先后 8 次到衢州调研，结合衢州各个时期的发展任务，相继提出了“成为全省经济发展新的增长点”“打造四省边际中心城市”“成为全省经济向中西部邻省拓展的一个桥头堡”“推进山海协作工程上新水平”“让南孔文化重重落地”“努力把生态优势转化为特色产业优势，依靠‘绿水青山’求得‘金山银山’”“营造亲商安商富商的投资环境，吸引更多的外来投资者到衢州创业发展”“抓好以党组织为核心的基层组织建设和干部队伍建设，形成全方位覆盖基层的工作网络”这“八个嘱托”。这“八个嘱托”分别涵盖了党的建设、经济、文化、治理、生态等，是总书记对衢州的殷切希望，衢州党员干部有责任把“八个嘱托”坚决落实到各项工作的谋划、部署、推进中，一张蓝图绘到底，一以贯之干到底，奋力书写好践行总书记“八个嘱托”的新答卷，续写好“八八战略”在衢州的新篇章。以系统思维谋篇布局融合推进衢州市域基层治理，打造中国基层治理最优城市，正是衢州贯彻落实总书记“八个嘱托”的实际行动。

3. 破解基层治理难题的现实需要

改革开放以来，以促进经济增长为核心、快速实现城镇化为目标的国家现代化过程，在造就了经济高速发展与社会综合发展的结构性失衡的同时，也给基层治理带来了失序和冲突。总体而言，现阶段中国在社区人口构成、组织形式、阶层与价值观念等方面发生的变化，深刻影响并改变着传统基层社会管理的方式，使我国基层社会治理呈现出碎片化、分散化、矛盾化的特点，对基层治理适应能力建构与秩序重建提出了挑战。例如，传统的管理手段滞后，适应不了新形势要求；党建功能弱化，党委、政府发动群众的组织力降低，基层党建与治理出现了“两张皮”现象；基层党委、政府与基层群众出现了“断层”问题等，都对我国推进基层治理能力现代化提出了更高的要求。

针对当前基层治理的诸多难题，衢州市系统设计了以基层治理“四大五加”总体架构和以“主”字型运行架构为主要内容的基层治理体系。目前，这套体系已经在衢州全市域重重落地，并在重点工作推进、重大项目攻坚、联系服务群众、维护社会稳定、精神文明建设，特别是在农民建房风貌提升、全域土地综合整治、土地征迁项目推进、基层社会平安稳定、全国文明城市创建等中心工作中得到了实战检验。衢州市基层治理实践，为破解我国基层治理难题提供了一个典型的系统性改革样本。

（三）研究意义

推进国家治理体系和治理能力现代化，离不开两条必不可少的实现路径：一是顶层制度设计，二是基层经验的提炼。如前所述，党的十八大以来，以习近平同志为核心的党中央深化对社会治理规律的认识，提出“打造共建共治共享的社会治理格局”，着力从优化顶层设计的角度促进社会治理效能提升，树立了“系统治理、依法治理、源头治理、综合施策”的原则，为新时代社会治理实践提供了根本遵循。然而，把新的社会治理理念落到实处，转化为改革的丰硕成果，还少不了对基层经验的提炼。

回顾一系列具有时代意义的变革，无不是实践走在理论之前，如农业的家庭联产承包责任制、乡镇企业的异军突起、经济特区的开辟、社会主义市场经济体制的探索等，都是实践先行。社会治理本质上也是一项实践活动，基层社会治理实践真正“到群众中去”，既为顶层设计提供经验和依据，又是顶层设计实施的落脚点。

近年来，各地的社会治理创新实践活动从来就没有停止过，各自根据当地的具体情况进行着多方面的探索。各种模式、各种样本、各种经验层出不穷。其中，衢州市在继承与发展“枫桥经验”的基础上，构建了“主”字型现代化基层治理体系，探索社会治理的长效机制，趟出了一种社会治理的新模式。本报告希望通过系统分析衢州社会治理的创新实践，总结其重要经验及现实启示。可以肯定，这一根植于中国大地的伟大实践，具有旺盛的生命力，必将为新时代社会治理理论创新提供充分的营养，也为各地社会治理提供一种新的思路和样本。

二、新时代中国基层治理现代化探索及其困境、出路

（一）基层治理现代化的初步实践

基层社会治理创新是社会治理创新的重要环节。基层能够密切联系国情、社情、民情，基层治理的实践探索，能够将中央的顶层设计转化为规范化的规章制度和可操作的政策措施。随着十八大以来我国社会治理理论的突破，基层政府在社会治理的体制机制和治理方式等方面进行了积极探索，为创新社会治理积累了成功经验，为国家治理体系和治理能力现代化提供了基层实践样本。

1. 以系统化思维为特点的治理体系创新

十八届三中全会明确提出，要以全局观念和系统思维抓改革，习近平总书记反复强调要抓顶层设计和系统集成，这形成了党的十八大以来重要的改革指导思想、基本方法和特点。在改革过程中，很多地方都强调坚持系统化思维，统筹谋划、协同推进，精准选择全面推进的突破口。典型的案例有：

（1）浙江省杭州市构建“1141”社会治理体系

杭州市重点完善“1”个服务管理中心，整合“1”个综合指挥室，建立“4”个平台工作机制，深化“1”张基层社会治理网，实现信息来源多元化、上报流转信息化、指挥调度扁平化、管理服务精细化、事件处理专业化、绩效考核制度化，确保第一时间发现问题、第一时间处置问题、最大限度解决问题，全面提升基层乡镇（街道）社会治理、服务群众的能力和水平，打造具有杭州特色的基层社会治理体系。

（2）浙江省嘉兴市“三治融合”基层治理体系建设

嘉兴市桐乡是“三治融合”发源地，探索推进“自治、法治、德治”相结合的“三治融合”建设，形成了“大事一起干、好坏大家判、事事有人管”的乡村治理新格局。政府层面，重点在依法行政、普法教育、崇文尚德和提升基层自治组织自转能力上持续用力；社会组织层面，重点在培育扶持、放大其作用发挥空间上精准发力；群众层面，重点在职能归位、活力提升上有效助力。2017年，“三治融合”被写入党的十九大报告，被中央政法委确定为新时代基层社会治理创新的发展方向。

（3）江苏省江阴市推进基层治理体系创新

作为江苏省唯一的县级集成改革试点，2017 年 7 月以来，江阴市有序推进以“六大体系”为核心内容的基层治理体系创新，形成了“一个中心管协同、一个网格管治理、一枚公章管审批、一支队伍管执法、一个网络管服务、一个平台管信用”的基层治理“江阴模式”。一年多来，在一些重点领域和关键环节实现了创新突破，实践探索已初见成效。

2. 以党建为统领的“一核多元”式治理体制创新

随着新型城镇化建设的加快和统筹城乡配套改革的进一步深化，基层群众的需求日趋多元化，各种矛盾凸显，基层治理面临“基层组织活力彰显难、群众主体作用发挥难、社会组织协同参与难”问题，而传统自上而下行政推动的“一元”型治理已无法解决“三难”问题。在此形势下，各地积极探索以党建为治理牵引，形成了以基层党组织为核心、多元参与共治的多种基层治理新体制。比较典型的案例有：

（1）“街乡吹哨、部门报到”的北京平谷探索

平谷是隶属北京市的一个区，三面环山，矿产丰富。2017 年 1 月，在治理盗采金矿、盗挖山体过程中，平谷尝试建立了“乡镇吹哨、部门报到”的基层党建引领社会治理机制。“吹哨”是传达预警信息，“报到”是就地解决问题。乡镇“吹哨”后，各相关执法部门必须在 30 分钟内“报到”。为了强化乡镇党委对社会治理的领导，平谷区将执法主导权下沉，使乡镇“吹哨”有职、有权、有依据；同时建立上下协作的联合执法机制，使部门“报到”有平台、有机制、有资源。“乡镇吹哨、部门报到”实施后，平谷区很快形成了党建引领、部门联动、多方参与的社会治理格局，有效解决了“五指分散不成拳”“八个大盖帽管不了一个破草帽”等顽瘴痼疾，当地 14 年屡禁不止的盗采盗挖问题也得到了彻底治理。

（2）湖南省长沙县实施“党建 +”系统工程

2016 年以来，长沙县创新实施“党建 +”渗透到经济建设、文化建设、生态建设、社会建设各个方面：“党建 + 经济”，在 8 个工业园区和 300 多家中小企业成立党组织，在重点项目工地建立一批临时党支部，全力服务项目建设和企业发展。创新推出“支企帮村”新举措，大力发展村级集体经济。“党建 + 治理”，立足党建引领基层治理现代化，探索村（居）务监督委员会开展独立监督的途径，推进村级“小微权力”清单试点，构建了以村级党组织为核心，自治组织、监督组织为主体，其他组织为补充的“一核多元共治”基层治理体系。

3. 推行网格化管理机制

网格化管理是近年来基层社会治理中创建的有效管理机制，各地在创新社会治理的实践中，以不同的方式推行网格化管理机制，使社会治理更加精细化。如青岛市西海岸新区通过网格化社会治理体系建设，以网格为载体、以信息化为支

撑、以法治化为保障，通过推进任务细分化、工作流程化、标准定量化、运行信息化，着力实现安全隐患在“格”中整治、社会治安在“格”中加强、矛盾纠纷在“格”中化解、社情民意在“格”中掌握、便民服务在“格”中开展，社会治理更加精细化。

4. 充分发挥信息化技术在社会治理中的作用

运用信息化技术手段提升社会治理的科学性和精准度，是当前信息化社会做好社会治理工作的内在要求和必然趋势。十八大以来，各地党委、政府在社会治理领域大力推进和倡导运用信息化技术手段，成效卓著。如天津市司法局加强社区矫正信息化建设，开发了社区服刑人员动态管理系统，实现“矫正人员网上管理、矫正执法网上审批、矫正过程网上监督”，打造“数字执法”基础平台，实现了社区服刑人员管理的无缝衔接，提高了社区矫正工作的办公效率，强化了社区服刑人员监管科技化。广东省佛山市禅城区推行一门式政务服务改革，通过推进“一口受理、系统优化、业务协同、信息共享、数据沉淀”的政务服务改革，提升行政效能和水平，促进公共服务标准化和均等化，更畅通了政府和群众联系的渠道，提高了社会治理的科学性和精准度。

（二）碎片化——基层治理困境的症结所在

要深入推进基层社会治理体系和治理能力现代化，就要找到基层社会治理中存在的突出问题，只有坚持以问题为导向进行改革，才能找到创新的突破口。当前我国基层治理进一步深化面临的困境，既有治理主体方面的，也有治理客体方面的，还有治理体制机制及其方式方面的，从根本上说，它们的共性问题在于“碎片化”，这才是基层治理困境的症结所在。

“碎片化”，本意是完整的东西破碎成诸多零块，后被引入传播学领域，表示“社会阶层的多元裂化，并导致消费者细分、媒介小众化”。有研究表明，当一个社会的人均收入在1000～3000美元时，这个社会便处在由传统社会向现代社会转型的过渡期，这个过渡期的一个基本特征就是社会的“碎片化”：传统的社会关系、市场结构及社会观念的整体性瓦解了，代之以一个一个利益族群和“文化部落”的差异化诉求及社会成分的碎片化分割。[11] 如今，“碎片化”广泛应用于政治学、经济学、社会学等多个不同领域中。

当前，我国基层社会治理面临的现实问题就是碎片化，这里的碎片化是指各种治理主体、治理客体和治理要素分散、零碎，难以形成整体性治理格局。这种碎片化突出体现在治理主体（政府管理模式的碎片化）和治理客体（人民群众的利益诉求碎片化）上，社会治理主、客体及治理要素的碎片化相互交织，又与中国社会快速转型结合在一起，对基层治理工作形成重大考验与挑战。

1. 治理主体——政府管理模式的碎片化

我国的基本行政管理体系由专业主管部门的垂直业务指导和行政区划内的属地归口管理两部分构成，两者交织形成了条块分割的碎片化结构，各级政府总是被划分为许多不同的职能部门。虽然这种基于专业分工、按职能划分的分部组织结构能够提高政府的专业化和工作效率，但同时也导致了政府服务的分裂性，为碎片化政府埋下了隐患。尤其是随着网络化、信息化的快速发展，部门分割管理模式的弊端日益突出，主要体现在以下几个方面：

（1）分割了业务流程

一个完整、连贯的业务流程往往被分割成一个个支离破碎的片段，部门壁垒阻碍了各职能部门之间的交流协作，增加了业务运作时间、提高了协调成本，甚至还造成多头指挥、相互掣肘，使下属无所适从。

（2）形成了部门利益

每个部门都有自己的一亩三分地，在决策和执行任务时，各部门往往会从本部门的利益出发，缺乏整体思维，只注重局部效益而罔顾整体，甚至使本部门目标凌驾于政府整体目标之上。

（3）降低了服务质量

由于各部门之间的协调和整合不足，产生了部门主义、地方保护主义、“搭便车”现象和集体行动困境，具体事务的决策和执行往往需要经过相关部门激烈的谈判、妥协、讨价还价，使得服务质量大打折扣。

处于政府“金字塔”底端的基层，饱受条块分割格局之累，其工作状态可以概括为政策执行千头万绪、条块机构协同困难、完成任务责大权小、解决问题有心无力。在城市社区，这种权力体系碎片化的表现之一为：面临“行政化困境”的自治组织居委会并非是社区唯一的治理实体，而是与街道下派的其他机构，或者市场、社会组织等“共治”，形成了“复合治理架构”。在乡镇农村，国家行政权力体系的触角同样延伸到基层，过去被纳入农村基层自治组织的部分事宜划拨给了职能部门，但是以科层化、职能化、专门化、独立化为基本特点的国家职能部门与乡村社会的非程式化、不规整性、综合性问题和治理不契合。

2. 治理客体——人民群众的利益诉求碎片化

人民群众利益诉求的碎片化实质上是人民群众价值多元化的体现。当前，我国社会处在快速转型之中，人们的经济成分、分配方式、利益格局、生活方式、工作方式、价值观等都处在变动之中，社会治理的群众基础发生了深刻变化。其主要特征包括：

（1）代际更迭

党执政初期的群众基础随着岁月的流逝已大多退出职业舞台，现在活跃在时代舞台上的新一代群众基础，大多数对社会的基本政治制度和社会制度是认可的，但这种认同已经从过去单纯的感情认同，转变为法理型认同和利益认同。

（2）结构变化

市场经济导致社会利益多元化、格局复杂化，群众划分为多个不同的利益群体。由于群众又具有强烈的现实性特点，必然导致社会价值观多元、利益诉求碎片化。

（3）公民意识觉醒

民主法制时代，人民群众的维权意识、民主意识、法制意识显著增强，执政早期群众对党和政府的无条件信任和服从现象，在一定程度上已经让位于对个体权利的追求。

（4）表达渠道畅通

互联网等新媒体的出现形成了新的表达诉求渠道，成为群众参政议政发泄情绪的缓冲阀、调节器和社会舆论的放大器，使群众拥有了前所未有的话语权，每个人都能够充分表达自己个性化的价值观点和利益诉求。

（5）参与意愿差异

部分居民往往由于公共价值的缺失、参与渠道的匮乏而不愿参与基层社会治理，居民与社区、村镇的关系和行为都在一定程度上出现了“脱域”现象。同时，居民个体化参与多、组织化参与少，组织化参与水平低，对涉及个人利益的事务感兴趣，对不涉及自身利益的事存在“事不关己、高高挂起”的现象，无法达成共识和统一行动，参与效果不理想。

群众基础的深刻变化使得原来城市和农村中的“利益共同体”都在逐渐消解，基层民众的价值观更为多元，利益诉求更加难以调和，伴随而来的治理问题也更加复杂。在城市社区，单位制快速解体、住房商品化改革、劳动力市场形成及土地城市化等四个机制的确立，瓦解了传统的总体性社会管理模式的社会与经济基础，经济体制改革的推进又进一步带来利益分配的碎片化；在乡镇农村，城镇化的发展及人口的流动等因素也使得原有的单一制生产结构难以为继，伴随着征地拆迁及其所引发的社会冲突、污染下乡与食品安全危机、流动人口权利的非均等化保障等问题，乡村基层治理所面临的复杂性危机将更为严峻。此外，随着“社区（村落）共同体”观念的逐渐消解，一些传统的居民自治形式也受到挑战，“居委会大妈”“乡绅乡贤”等黏合国家与社会的介质失效，居民自治难以形成对国家治理的有益补充。

3. 治理要素——资源、信息等要素的碎片化

从基层社会治理要素来看，其碎片化突出体现在以下方面：

（1）权力碎片化

社会组织、社区居委会、村委会等自治组织权力缺乏，参与基层社会治理的能力和渠道有限。“上面千条线，下面一根针”是基层工作的真实写照，村、社区作为各项工作的最底端承载者，只有做事的责，没有相应的“权”，即是乡镇街道一级，时常需要无条件完成上级每一个部门交办、委托的各类“硬性工作”，在基层社会治理中也同样面临“责任无限，权力有限”的困境，权责明显不对等。

（2）资源碎片化

传统的社会服务管理体制存在着资源配置不到位、重复浪费、效率低下、监督不足的问题，各部门投入基层的人力、物力和财力较分散，没有统一规划，缺乏治理的合力。例如，在综合治理系统、服务管理中心之间存在有集成无联动、

配合不力的问题，往往重复操作、交叉执法，造成社会管理人、财、物的浪费。

（3）信息碎片化

职能部门各自为政，基础数据不能共享，导致了“孤岛”效应，难以为居民、企业和社会组织等提供完整、高效、便捷的公共服务，大大降低了工作效率。

（4）业务碎片化

同一业务分为若干小段，居民办事往往要跑多个部门和地点，办理业务极不方便。

（三）体系化——基层治理的必由之路

基层治理主体、客体及其要素的“碎片化”，导致各地方的治理改革探索也呈现“碎片化”的特点，大多是以某一个部门来主抓，以某一方面的问题为突破口，以解决某一个领域的具体问题为目标，普遍缺乏整体视角和系统化思维。这成了困扰政府效能发挥、影响公共服务水平提升的一个重要的体制性问题，也是影响改革深入推进的症结所在。

如何打破碎片化困境，改变基层治理“头痛医头，脚痛医脚”“按下葫芦浮起瓢”的现象，整合各类主体和各种要素，构建整体性、系统化治理结构，完善基层社会治理体系，是执政思维现代化的体现，是加强和创新基层社会治理的关键所在，更是提升基层社会治理能力的必经之路。

中央顶层设计是非常清晰的，就是要推进国家治理体系和国家治理能力现代化，把体系建设和能力建设作为国家治理现代化的整体来谋划布局。基层治理是一个庞大的系统工程，作为国家治理的重要组成部分，也必然要遵循体系建设和能力建设两手抓、两手硬的要求。基层治理改革越是推进到深水区，越要突出系统治理理念，站在区域全局高度，从整体性、协同性上去谋篇布局。

衢州市探索构建“主”字型现代化基层治理体系，提出打造“中国基层治理最优城市”的目标，就是要走出号召式、碎片化、盆景型的小打小闹小格局的误区，通过体系化的顶层设计、规范化的执行落实，形成可操作、可复制、可推广的市域社会治理体系、治理模式，积极为全国面上推进新时代市域社会治理理念、体系和能力现代化，提供衢州的标准、方案和样本。与其他地方从某一方面切入不同，衢州的基层治理体系顺应了基层治理系统化改革的大趋势，突出党建统领作用，尊重群众主体地位，注重“统筹整合联动、跨界打通融合、扁平一体高效”，运用组织创新、载体创新、机制创新、流程创新，引导和鼓励各方广泛参与，更具有全域性、整体性、综合性、系统性、开放性、基础性的特点，把市县一体顶线、乡镇（街道）中线、村（社）网格底线和信息集成联动指挥竖线统筹布局，把信访维稳、平安建设、社会治理、中心工作等一体纳入，将“五治融合”（政治、自治、德治、法治、智治）和“五位一体”（政治、经济、文化、社会、生态）全面拓展和纵深推进，是对市域治理的一种全方位的探索实践，是一个典型的系统性改革样本。

三、系统设计：衢州“主”字型治理

近年来，浙江省衢州市围绕打造中国基层治理最优城市，全面深化改革进程，强化顶层设计，全力推动基层治理现代化探索实践。

图1　2018 年 5 月 21 日，衢州市委七届六次全会召开，提出了打造中国基层治理最优城市的目标

“主”字型基层治理体系可以形象地表述为：**从“三”到“王”到“主”，“三”加一竖变“王”，“王”再加一点变“主”**。“三”是“三个三”基层党建工程，主要是实施“三大主体工程”。其次是“王”字型运行机制，主要是以县（市、区）为“顶线”、乡镇（街道）为“中线”、村（社）网格为“底线”、信息集成平台和联动指挥平台为“竖线”。最后再到“主”字最高标准、最高境界，走好新时期党的群众路线，共建共治共享，让人民群众当家作“主”。

衢州“主”字型基层治理体系，是结合衢州实际对中央关于社会治理指示精神的创造性转换，是对全国各地基层治理经验做法的综合集成，是对互联网背景下时代特征的主动顺应，是对自身抓基层治理历史经验的继承发展。其核心是践行新时期党的群众路线，尊重群众主体地位，激发群众主人翁意识，发挥群众主观能动性，从群众中来，到群众中去；努力做到体制内上下打通、条块打通，体制外干群打通、党群打通，让干部深入下去，把群众发动起来，唤醒党员、唤起民众，变管理为治理，以民主促民生，真正体现人民群众的主体地位。

（一）“主”字型基层治理溯源

1. 衢州基层治理实践坚持党建统领，是“三民工程”的升级版

“三民工程”（民情档案、民情沟通、为民服务）是衢州市在深入学习实践科学发展观活动中，推进基层民主建设和农村经济社会发展的一项探索创新。2010 年，得到了时任中央政治局常委、国家副主席习近平的批示肯定。一直以来，衢州市在实践中不断提升，特别是在推进“主”字型现代化基层治理体系落地中，进一步形成大抓基层的鲜明导向，深入推进基层服务型党组织建设，解决联系服务群众“最后一公里”问题，打造“三民工程”的升级版。通过做实基层党建工程“三个三”，做深联系服务群众“三个联”（组团联村、两委联格、党员联户），真正实现同“三民工程”一脉相承的“干部下去、情况上来、服务落地”。

（1）坚持党的领导这一灵魂核心，更加有力地推进党建统领

“三民工程”是对健全党领导下的村民自治运行机制的一种探索。“主”字型现代化基层治理体系的核心是党建统领 + 基层治理，更加突出党建的作用。从

“三”到“王”再到“主”，“三个三”基层党建工程是关键、是灵魂，是强大的政治和组织保障。

（2）坚持走群众路线这一根本方向，更加充分地体现以人民为中心

“三民工程”要求乡镇干部“走村不漏户、户户见干部”、村社党员干部“联系不漏户、党群心贴心”，充分体现了组织群众、动员群众、凝聚群众的工作思想。“主”字型现代化基层治理体系，立足以人民为中心的新时代，走好群众路线，在体制内上下打通、条块打通，在体制外干群打通、党群打通，让干部深入下去、把群众发动起来，唤醒党员、唤起民众。

（3）坚持干部下去、情况上来、服务落地这一方法路径，更加丰富地创新联系服务群众的载体抓手

从民情纸质档案上升为“村情通”的电子档案，成为组团联村、两委联格、党员联户的活民生；从每月一次的“民情沟通日”固化为每周一次的“周二无会日”五集中（即集中服务、集中检查、集中议事、集中调处、集中攻坚），不断拓宽“组团联村”“网格支部活动”“重点项目攻坚”等工作载体；从为民服务全程代办，推动“最多跑一次”改革向基层下沉延伸，在乡镇（街道）设立办事窗口，在农村设立代办点，落实网格代办服务，让党员干部多跑腿、群众少跑腿。

（4）坚持有效治理这一探索实践，更加系统地构建深化“三民工程”的工作机制

“三民工程”在推进过程中，出台了“三个三”的标准，即民情档案“三张单”（村情单、户情单、事情单），民情沟通“三个一”（一日一值班、一周一集中、一月一沟通），为民服务“三平台”［服务热线、服务网络、服务中心（站）］。而“主”字型现代化基层治理体系，在做好“党建＋治理”“互联网＋政务服务”这两大文章时，制定了更为规范化、标准化、体系化的一揽子工作机制，并作为标准化内容纳入干部培训计划，进党校、进课堂、进教材，让干部群众知标准、懂标准、用标准，赢得了平安衢州“十三连冠”的殊荣，取得了中心工作推进、重点项目攻坚、联系服务群众、文明城市创建、营商环境优化等一系列工作成果。

2. 衢州基层治理实践高扬群众路线，是“枫桥经验”的升级版

“枫桥经验”是浙江的传家宝、金名片，更是全国政法综治战线的一面旗帜。

“枫桥经验”的本质是党的群众路线，精髓是发动群众、依靠群众，核心是解决基层党委、政府与基层广大干部群众的断层问题，包括政策断层、宣传断层、教育断层、工作断层、感情断层。20 年来，“枫桥经验”不断创新发展，融合落实到基层治理的方方面面，其内涵也从基层预防化解矛盾拓展到基层治理，但其本质没有变。坚持和发展新时代“枫桥经验”，最根本的是把新时代党的群众路线坚持好、贯彻好，做好“党建 + 基层治理”文章，让干部深入下去，把群众发动起来，在新时代“唤起工农千百万”，最终推进基层治理体系和治理能力现代化。

图 2　新时代“枫桥经验”衢州论坛

20 年前，衢州市委书记徐文光就在绍兴诸暨枫桥镇工作。他从乡镇到县到市一路走来，也不断地在探索总结积累经验。在杭州市余杭区工作时，探索构建“党建 + 治理”模式，为基层党组织和党员在基层治理中发挥作用提供体制机制支撑，并在服务保障中泰九峰垃圾焚烧项目落地、乔司拆违、G20 杭州峰会等实战中，彰显出强大的生命力。到衢州后，结合区域发展实际，以改革的精神，更

加突出用系统思维来抓基层治理，不断强化系统设计、制度设计，进一步丰富完善大党建统领大联动治理这套体系，以“三个全覆盖”（组团联村全覆盖、网格支部全覆盖、党员联户全覆盖）、“三联工程”（组团联村、两委联格、党员联户）、网格建设“六个规范”“全科网格 + 村情通”“周二无会日”等一系列的举措，宣传群众、发动群众、组织群众、服务群众，致力共建共治共享基层社会治理新格局建设，在推动基层治理体系和治理能力现代化上，探索形成了衢州样本。

图 3　衢州市委书记徐文光在新时代“枫桥经验”衢州论坛上作主题演讲

3. 衢州基层治理实践致力乡村振兴，是“千万工程”的升级版

衢州是钱塘江的源头地区，一直以来都是浙江的生态屏障。习总书记在衢州调研时曾再三叮嘱：“衢州是浙江绿源，生态是我们最值得自豪的优势，是我们的后发优势，要走可持续发展道路，发展不能以破坏环境为代价。”这是总书记赋予衢州的崇高使命，是衢州发展的主要目标方向，是衢州干部群众必须扛起的历史重任。衢州按照习总书记的嘱托，认真贯彻浙江省委、省政府“千万工程”（千村示范、万村整治）部署，实行“千万工程”与基层治理统筹抓，“五大振

兴”（产业振兴、人才振兴、文化振兴、生态振兴、组织振兴）整体推进，积极探索具有衢州特色的美丽乡村建设路子，努力推动“绿水青山”变“金山银山”。

一是把“千万工程”升级为“乡村大花园”。2018 年以来，衢州市委站在战略发展的高度，严密、系统谋划乡村振兴“3752”体系，推出了一系列可操作、可落地的做法，并做实、做细、做深、做优，做出了实效、做出了经验、做出了样本、做出了示范。先后出台了《衢州大花园建设行动纲要》《关于全面实施乡村振兴战略加快乡村大花园建设的指导意见》，推进全市美丽乡村建设从一处美向一片美、一时美向持久美、外在美向内在美、环境美向发展美、形态美向制度美转型，美丽乡村建设整体水平不断提升。

二是树立“党建治理大花园”建设“一张皮”的理念。改变以往美丽乡村建设由农口部门线上抓的现象，与基层治理一并部署，纳入党建统领基层治理考核内容，进一步夯实各级党委、政府，特别是乡镇、村的责任，把市、县两级部门整合起来，把基层广大党员、群众组织起来，形成条块齐抓共推的工作局面。

三是以基层治理巩固深化“大花园”建设。联村组团、全科网格、联户党员、周二无会日等都成为乡村大花园的资源力量和工作抓手，特别是经过一个个网格发挥作用，一名名党员带头示范，有力、有效地推进基层重难点工作的完成。突出把调动农民积极性、增强农民参与度放在首位，不断探索农民群众投资投劳参与建设，以“幸福家庭”“五美家庭”等评比活动的方式和途径，激活农民主体。注重充分发挥寓外乡贤在村级治理中的补位和辅助作用，创造条件让广大乡贤承担起乡村振兴中“立德”“铸魂”“补血”之大任，使其成为助推美丽乡村建设的重要力量。

四是以“大花园建设”成效检验基层治理实效。基层治理抓得怎么样，不是看台账、听汇报，而是看违法住宅拆除、一户多宅整治、农房风貌提升等具体工作，看在这些工作推进中基层党组织和党员干部发挥的作用，看在这些重难点工作中，是否做到公平公正、民生改善、群众满意、社会和谐。

正是通过治理的思维、统筹的思路抓美丽乡村建设，目前，衢州农房体系构建和风貌提升等工作全面破题、协同推进，乡村振兴大花园建设工作氛围越来越浓、力度越来越大、破难越来越深。更可喜的是，整出了各级干部的精气神、责任感和事业心，整高了各级干部做群众工作、解复杂难题、推改革发展的能力和水平；整齐了农民群众的认同感、支持力和参与度。可以说推进乡村振兴大花园建设的土地、空间、项目、资金、环境等要素资源以及各级干部、农民群众的积极性、创造性都得到了充分激活，“乡村振兴走在全省前列”的共识在凝聚、格局在打开、动能在积蓄、难题在破解、队伍在锤炼。

（二）建立“四大五加”治理体系架构

只有治理体系的现代化，才有治理能力的现代化。衢州基层治理严格遵循中央关于社会治理的总目标、体制、方式、格局等指示精神，紧扣“七个现代化”（理念、目标、工作布局、体制、方式、政策、能力）要求，结合本地实际抓治理体系的顶层设计，在体系化系统性上下功夫，着力构建以“四大五加”（大党建统领、大联动治理、大数据应用、大融合推进，“网络＋网格”“线上＋线下”“制度＋技术”“公转＋自转”“共性＋个性”）为主要内容的体系架构。

1. 以“四大”进行理念集成

理念决定思路，思路决定出路。理念是否顺应时代大势，很大程度上决定着社会治理的效能。衢州所确立的“大党建统领、大联动治理、大数据应用、大融合推进”四大理念，作为“主”字型基层治理体系的“四大立柱”和体系运行的“四大支撑”，在全国基层治理“嘈嘈切切错杂弹，大珠小珠落玉盘”的实践探索中，无疑具有前瞻性和系统性。

大党建统领，就是贯彻好中央关于党建引领社会治理的一系列指示要求，在衢州实施好“三个三”基层党建工程。坚持“党建统领活的灵魂、一根红线贯穿始终”，把党的领导落实到基层治理的各方面、全过程，切实发挥各级党委总揽全局、基层党组织战斗堡垒和广大党员先锋模范的作用，通过各级党组织实现以市统县、以县统乡、以乡统村、以村统格、以格管人。大党建统领的实践印记是党建治理大花园，一体化打通“一条龙”、融合“一盘棋”、形成“一张皮”，让党建治理大花园高高地前进一大步，成为推动“活力新衢州，美丽大花园”新一轮发展的强劲动力，成为推动奔跑之城、温暖之城、奋斗之城的无限能量。

大联动治理，就是根据社会治理牵涉各方的系统性特点，在衢州做优市县一体、部门联动的“顶线”，做强以块为主、条块联动的“中线”，做实多网合一、干群联动的“底线”，做畅上下贯通运行机制的“竖线”，构建“王”字型大众化、信息化、智能化大联动治理运行架构。把乡镇（街道）打造成大联动治理的中枢神经，充分发挥乡镇（街道）“四个平台”的起承转合作用，联通体制内条块、体制外干群，深耕做实“全科网格”，做实全员发动、各方联动、全民行动，实现平台化、扁平化、一体化、网格化协同治理，形成“平时为掌、战时为拳”的治理合力。

大数据应用，就是紧跟社会治理信息化、智能化的发展趋势，在衢州积极推进智慧城市建设。全面拓展提升“雪亮工程”和“城市数据大脑”实战应用，依托市、县（市、区）大联动中心、乡镇（街道）综合信息指挥中心以及党员群众 APP（手持移动终端）信息化技术支撑，建立基层治理大联动信息系统，构建“网络 + 网格”“线上 + 线下”“制度 + 技术”的“智慧 + ”治理机制，将“互联网 + ”的思维和实践全面运用到基层社会治理中，充分应用好大数据资源，促进大数据与社会治理深度融合，发挥大数据分析预测预警作用，使基层治理过程更加优化、更加科学、更加智慧。

大融合推进，就是立足各项工作相互联系、有机合成的特点，在衢州强化统筹整合、跨界融合、开放共治的工作理念，加强工作统筹、信息共享、数据分析、力量整合，把基层治理和“最多跑一次”改革、“大花园建设”、城市规划、产业落地、扫黑除恶等有机结合起来，综合一切方式方法，通过抓责任强激励，抓整合聚资源，抓协作增群力，切实形成资源整合大服务、安全隐患大排查、矛盾纠纷大调解、重点问题大整治、各项工作大推进、步调行动大协调的社会治理工作格局，在基层治理中统筹推动各项举措、各项工作落实落地。

2. 以“五加”进行方法集成

基层治理是一个开放的复杂系统，它与推进“五位一体”紧密联系，依托“五治融合”达成实效，必须从制度、技术、人的主观能动性等方面综合施策，才能实现治理的最佳效果。“五加”是衢州在治理方法上的积极探索。

一是网络 + 网格。深入推进市、县（市、区）大联动中心、乡镇（街道）

综合信息指挥室互联互通，依托浙江省平安建设信息系统和基层治理综合信息系统，对接网格化服务管理手持移动终端，形成市、县、乡、村、格五级贯通的网络体系。广泛推进信息化手段在网格化服务管理中的运用，引导党员、群众通过平安通、村情通等采集上报信息，通过钉钉群、微信群等构建适应基层治理需要的集群化信息平台，让党员、群众人人成为移动的“探头”“触角”和网格中的“哨兵”“信息员”，使网格发生的事件、发现的隐患、群众的诉求等通过互联网实时上传报送，得到及时处理，形成网络和网格同步共振、互相支撑的效应。

二是线上+线下。发挥互联网扁平化、交互式、快捷性优势，利用网络为群众提供参与基层治理的平台，更加灵敏地感知社会态势、畅通交流渠道、方便群众办事、辅助决策施政，推进基层治理从单向管理转向双向互动，从线下转向线上线下融合，通过网络走好群众路线。推进线上线下高效协同、互为支撑的运行机制建设。线上发挥好信息采集、分流、交办、反馈的作用，线下发挥好办理、处置、落实的作用，实现线上线下同心聚力、齐抓共管，形成共同防范社会风险、共同构筑同心圆的良性互动。

三是技术+制度。主动推进基层治理的科技进步、技术应用，尽可能地以先进技术支撑日益广泛、复杂多样的基层治理，实现更全面、更深入、更大众的技术和信息共享共用，借力网格化、信息化、智能化手段加强和创新基层治理和公共服务。顺应互联网+社会治理的大趋势，推进基层治理的制度创新、流程再造，使基层治理体制机制、人员素质等适应“互联网+”的要求，满足群众对基层治理公开性和参与性的诉求。通过制度与技术的互相适应、互相融合，实现治理更加高效，落实数字经济、美丽产业、服务便民和谐安民的目标。

四是公转+自转。围绕“活力新衢州、美丽大花园”开展基层治理，通过协作配合、各方联动，实现共建联纽带、共治强核心、共享增和谐，以围绕中心大局的“公转”转出向心力、生产力、凝聚力。坚持法治、德治的方向，推进村社自治，充分发挥基层广大党员干部参与基层治理的积极性、主动性、创造性，形成矛盾纠纷就地解决、发展振兴主动发力、新村（社区）建设不等不靠的良好导向。充分发挥体制内干部和体制外干群的作用，通过各司其职、各负其责的“自转”，实现工作的有序开展、有效推进。

五是共性 + 个性。牢牢把握基层治理的核心是人、重心在基层、关键是体制创新的要求，着力破解基层建设和管理中存在的共性、个性问题。既坚持抓标准化、规范化，明确统一要求，把中央和上级的普遍要求规定动作抓到位、落实处，保持总目标和大方向上的一致性，防止自行其是、另搞一套；又坚持因地制宜分类施策，充分发挥基层的主动性和创造性，围绕大方向总目标，结合实际采取有针对性、实效性的具体措施，防止千篇一律、削足适履。针对农村和社区、城郊村和偏远村、新社区和老旧社区等不同情况，各地各级在市委、市政府“四大五加”基层治理主体框架下，充分发挥主观能动性，开展基层治理有效途径的积极探索实践。

3. “四大五加”的导向意义

一是突出了党建引领、组织保证的大方向。衢州以加强基层党建、铸魂强基发挥党的领导这一最大优势，坚持大党建统领实施“三个三”基层党建工程，旗帜鲜明地加强党对基层治理的领导，以制度化、标准化，在市、县（市区）、乡镇（街道）层面进一步完善了党委领导、政府负责、社会协同、公众参与、法治保障的基层治理体制，在村（社）充分发挥基层党组织的领导核心和战斗堡垒作用，在网格充分发挥党员的先锋模范作用，党建统筹，党员带领，全力打造共建、共治、共享的现代社会治理新格局，切实将党的领导优势转化为基层治理效能。

二是用活了人民中心、群众路线的大法宝。衢州坚持一切为了人民、一切依靠人民这一根本立场，把落实人民当家作“主”作为价值取向，全面推行“周二无会日”制度，让干部深入基层一线，让党员干部联户、联情、联心，在常态长效的联系服务群众中，知民情、化民怨、办民事、暖民心，积极贯彻落实好党的群众路线。发挥党委、政府集中力量办大事的制度优势，着力解决人民群众最关心、最直接、最现实的利益问题，保障各项事业发展稳中有进，努力使社会治理“过程群众参与、成果群众获得、成效群众评判”，不断增强人民群众的获得感、幸福感、安全感。

三是拓展了系统整合、一体联动的大格局。衢州“主”字型基层治理体系紧扣“大平安”抓治理，从创建宽领域、大范围、多层面的广义“平安”出发，围绕经济更加发展、政治更加稳定、文化更加繁荣、社会更加和谐、生态更加美丽发力，致力打造新时代经济社会持续健康发展安全的政治环境、稳定的社会环境、公正的法治环境、优质的服务环境。紧扣跨界融合抓治理，以打造中国营商环境最优城市、基层治理最优城市、一座最有礼的城市为载体，推进经济治理体系中的市场治理、社会治理体系中的社会治理和政治治理体系中的政府治理（文化治理）。紧扣“三治”融合促善治，积极发挥好自治的基础作用、法治的保障作用、德治的先导作用以及礼治的内化作用，通过扫黑除恶为基层治理扫清障碍，通过深化“有礼乡村”“有礼社区”创建提高城乡居民文明素质，将中华传统治理智慧与现代治理理念结合起来，加强城乡社区治理体系建设，推动政府治理、社会调节和居民自治良性互动，打造人人有责、人人尽责的命运共同体，努力促进百姓和顺、城乡和美、社会和谐。

四是抓住了智慧应用、科技支撑的大趋势。衢州树立大机遇意识、大战略眼光，充分用好现代科技的引擎功能，加快推动基层治理与现代科技深度融合，打造具有中国气派的“雪亮”工程，推动基层治理数字化转型。构建起了“市、县大联动中心 + 乡镇‘四平台’综合信息指挥室 + 全科网格 + 村情通式智能终端”五级贯通的线上线下联动平台，实现民有所呼、我有所应，上情下达、下情上传。全力打造“城市数据大脑”，通过“雪亮工程”建设近 5.3 万个摄像头，运用大数据这个“显微镜”“透视镜”“望远镜”技术功能，让这 5 万多双“眼睛”升级为能思考的“城市数据大脑”，成为市域社会治理的“神经中枢”，小到老人走失救助服务，大到侦查破案、监测监管、应急处置等平安建设工作，都发挥了重要作用。全面推广“村情通”，村里大小事情和政府民生审批服务事项在这个手机平台落地，老百姓一机在手，就可以参与村级事务管理，享受常办事项服务，打通了基层治理“最后一米”。目前，全市近 70 万群众关注并参与其中，家庭覆盖率达 80% 以上，走出了一条变被动治理为主动治理、变事后治理为事前治理的新路子。

五是夯实了重心下移、固本强基的大底座。衢州通过村社一体的全科网格建设，全力抓基层、打基础、建机制、明责任、强保障，努力将“小事不出村、大事不出乡（镇）、矛盾不上交”这一治理基准落到实处。通过做实网格，充分发挥网格作用，实现重心下移，关口前移，防线前置，把矛盾和纠纷化解在基层，把问题和困难解决在网格，把苗头和隐患消灭在萌芽，落实化解矛盾、风险防范见知于早、抓之于实、求之于解、化之于小；做实各项工作，进一步推进得到群众支持、强化底座支撑、夯实基层基础，实现各项工作在基层的纵向到底、横向到边。

（三）构建“主”字型治理运行架构

1. 固本强基：实施“三个三”基层党建工程

以党建统领基层治理，作为原则必须坚定不移地坚持，作为实践必须要有实现路线的办法，实际上就如毛主席所讲的“过河”的“桥”和“船”的问题。衢州以“三个三”基层党建工程落实党建统领基层治理，为打造中国基层治理最优城市提供坚定的政治组织保证。

（1）实施“三大主体工程”，做实党建责任内容

“三大主体工程”，即落实乡镇（街道）主体责任，发挥村（社）组织主体作用，激发党员群众主体意识。“三大主体工程”重在解决责任在谁、谁来落实的问题，是基层治理的“牛鼻子”。

一是落实乡镇（街道）主体责任，即抓镇促村、镇村联动，党委统揽全局、书记抓人促事。抓好书记党建项目和班子成员责任清单、任务清单，把党建统领、基层治理、乡村振兴、农民建房、扫黑除恶、乡风文明、产业发展、富民增收等统一起来融合抓。健全完善市县党委月度专题研究、乡镇（街道）月度主题研判制度，通过书记抓、抓书记，抓班子、带队伍，抓基层、打基础，真正体现党要管党、从严治党，把抓好党建作为最大的政绩。

二是发挥村（社）组织主体作用，即发挥村（社）组织“第一道防线”的作用，特别是村（社）党组织的战斗堡垒作用。坚持“支部建在连上”“一切工作到支部”，实施组织力提升工程，建立健全村（社）组织体系正常运行发挥作用的一系列制度和规范；深化推进扫黑除恶专项斗争，严格开展村（社）换届“回头看”，实施村干部“红黄灰”三色考评，对村（社）两委班子进行届中大考；持续整顿软弱涣散基层党组织，健全村两委干部常态退出机制，不合格的坚

决调整退出。

三是激发党员群众主体意识。高标准开展“不忘初心、牢记使命”主题教育，全面建设“乡村振兴讲堂”，抓实农村党员和群众教育；落实党员管理“十条红线”，深入推进党员高质量发展，稳妥有序推进不合格党员处置；开展“党建治理大花园 党员先锋作示范”系列行动，充分调动广大党员群众的主体积极性和主人翁意识，让干部深入下去，把群众发动起来，唤醒党员、唤起民众，不断拓宽群众参与基层治理的渠道，最终使管理变治理、民主促民生。

(2) 推进“三个全覆盖”，做实党建工作载体

“三个全覆盖”，即组团联村（社）全覆盖、网格支部全覆盖、党员联户全覆盖。其呈现方式是“三联工程”：组团联村（社）、两委联格、党员联户。“三个全覆盖”重在解决怎么落实、落实什么的问题，是基层治理的“主载体”。

一是组团联村（社）全覆盖。主要是打通乡镇（街道）及以上机关和村（社）。按照“一村一组团”方式，组织乡镇（街道）干部、来自市区的平台干部、第一书记、农村指导员、专家人才等，组建联村（社）服务团，赴村里开展服务。通过组建联村（社）组团，把乡镇（街道）党委书记一个人抓党建变成全体班子成员齐心协力抓党建，把乡镇（街道）孤军奋战抓基层变成市、县、乡三级齐心协力抓基层。驻村（社）组团由乡镇（街道）班子成员任“团长”，对组团所联村（社）党建、工作负总责。设立“周二无会日”，市、县、乡各类会议原则上不安排在这一天召开，各部门、乡镇（街道）除必要的值班、窗口人员外，各服务团团员在团长的带领下，全部深入挂联村（社）开展服务工作。

二是网格支部全覆盖。主要是打通村（社）和网格。按照“一网格一支部”原则，建立“一长三员”队伍。“一长”就是网格长，由村两委成员担任，实行“一岗双责”，既要分管一条线，又要管好一块自留地、管好一个网格。“三员”就是专职网格员、兼职网格员、网格指导员。专职网格员从村（社）“两委”班子成员、专职社区工作者或优秀党员骨干中选配；其他村（社）“两委”班子成员、社会工作者、团组织、妇女组织、治调组织负责人和党员骨干全部进入网格担任兼职网格员；乡镇（街道）驻村（社）干部或其他组团联村（社）服务团成员担任网格指导员。实现党的组织覆盖与综治网格覆盖相融合，在组织设置上

解决“两张皮”的问题。

图 4　网格是基层治理最小单元，承担做好信息传递、隐患排查、矛盾调解、民生服务等工作

三是党员联户全覆盖。主要是打通党员和群众。按照“就近就亲就熟”原则，每名党员联系服务若干户群众，做到联系不漏户、户户见党员，常态化开展联系服务群众“五上门”活动（群众生病卧床要上门看望、群众红白喜事要上门帮忙、群众矛盾纠纷要上门劝解、群众有不满情绪要上门疏导、群众有突发事件要上门了解）。

（3）运用“三大指数”，做实党建考核制度

“三大指数”，即乡镇（街道）党（工）委的服务指数、村（社）党组织的堡垒指数和党员的先锋指数。“三大指数”重在解决怎么考核、谁来考核的问题，是基层治理的“指挥棒”。通过对乡镇（街道）党（工）委、村（社）党组织、党员三个层面，相应建立“三大指数”，实施量化积分，实现精准考核。

一是“服务指数”。建立“全程纪实、动态监测”考评机制，把农村基层党建“浙江二十条”“衢州三十条”、党建责任清单、“周二无会日”“组团联村、两委联格、党员联户”（三联工程）等纳入“服务指数”考核内容，促进党员干

部落实“一岗双责”。考核结果与乡镇分类争先、年度综合考核、领导班子和领导干部考核等挂钩。

二是“堡垒指数”。建立“底线管理”机制，把党员固定活动日“五个一”任务清单、网格党支部运行情况等纳入“堡垒指数”考核内容，重点考核村（社）党组织班子作用发挥、推进中心工作、维护基层稳定情况，促进基层党组织战斗力提升。考核结果与组团联村（社）工作和联村（社）干部个人考核、村（社）党组织分类定级及村（社）干部述职评议等挂钩。

三是“先锋指数”。推广党员“零基积分”考评办法，重点考评党员履行基本义务、发挥先锋模范作用、遵纪守法等情况，特别是把党员联户、村干部执行“十条铁规”纳入“先锋指数”考核内容。考核结果与评先评优挂钩，激发广大党员发挥先锋模范作用。

2. 一体联动：构建“王”字型运行机制

衢州在党建统领基层治理这套体系中，最具创新性的是推进智慧应用大联动，着力构建“王”字型的基层治理运行机制。“王”字型，就是“三横一竖”，顶线、中线、底线、竖线四条线。

（1）做优市县一体“顶线”

“顶线”代表县级资源力量，要求做到“关口前移、重心下移、资源下沉、权力下放”。衢州综合执法、市场监管、国土、规划等部门共1000余名派驻人员下沉为乡镇（街道）“平台干部”，每个乡镇（街道）平均派驻10名。职能部门下沉到乡镇（街道）“四平台”的人员，实行“双重管理、属地为主”，年底考核以乡镇（街道）为主。全市、县（市、区）两级部门都要选派得力干部以第一书记、农村指导员等身份参加联村（社）组团，并依托部门职能和资源，支持和保障基层工作的开展。

（2）做强乡镇（街道）“中线”

“中线”代表乡镇（街道）资源力量，要求做到“条块联动、块抓条保、属地统领、捆绑考核”。衢州以基层治理“四平台”建设为载体，建设标准化的综合信息指挥中心，提升乡镇（街道）统筹协调能力，形成统一指挥、联合执法、联动治理的新模式，着力破解乡镇（街道）“看得见的管不着”，职能部门“管得了的看不见”的问题。以乡镇（街道）机构改革为契机，优化乡镇基层组织架构和运行机制，实行大党建、大协调、大治理、大经济（大生态）、大执法、大服务“六大模块”力量设置和工作统筹，充分赋权赋能，全面彻底做强乡镇这个“龙头”，保障乡镇真正领导得了、指挥得了、调度得了。

（3）做实村（社）网格“底线”

“底线”是村级资源力量，要求做到“深耕网格、做实网格，一长三员、四力共用”。衢州紧紧抓住重心下移和深化基层这个新时代社会治理创新的关键，在做实“底线”上下功夫，深入推进组团联村（社）、网格划分、网格支部、一长三员、党员联户、考核考评等“六个规范化建设”，推动与规范社会秩序、执法法律法规、服务民众生活相关的管理资源下沉到底，确保全科网格标准化、规范化建设落地落实。全市所有村（社）共划分网格 4174 个，成立专业市场等各类专属网格 140 个，建立起以村（社）“两委”班子成员为主体的网格员队伍，实现市县乡下沉力量、村级组织力量与网格群众力量双向打通。由乡镇（街道）统一管理的 38099 名网格长、专职网格员、兼职网格员、网格指导员、入格组团成员遍布其间，在基层治理中发挥了重要作用，形成了“事在网中办、人在格中走”的工作格局。

（4）做畅联动指挥“竖线”

“竖线”是线上线下联动指挥，要求做到“民有所呼、我有所应，上情下达、下情上传”。“竖线”就像一部电梯，通过“制度 + 技术”把顶线、中线、底线这“三层楼”打通。衢州重点借助“雪亮工程”“城市数据大脑 2.0”等技术支撑优势，搭建信息集成平台、联动指挥平台，完善线上线下联动指挥机制，形成了“市县大联动中心 + 乡镇综合指挥室 + 四个平台 + 全科网格”的技术链条，线上线下、制度技术、网络网格、系统集成、整体联动。

3. 共建共治：落实人民当家作“主”

“主”字型基层治理体系的最高标准、最高境界就是让人民群众有更多获得感、幸福感和安全感，让人民群众当家作主。

（1）深入推进基层民主自治

衢州着力构建多层广泛的基层民主协商机制，一方面，大力推进乡镇（街道）、村（社）、村（居）民小组等各级民主协商议事体系建设，进一步发挥好乡镇人民代表大会制度、村（居）民代表大会制度等的作用；另一方面，全覆盖推进村规民约、居民公约的修订执行，创新搭建民情沟通日、乡贤议事会、在线问政、网格问效、户主会等平台，保障人民群众的知情权、参与权、选择权和监督权。

（2）发挥基层社会组织作用

为了加强党组织对群团组织的领导和工作指导，衢州深化群团改革，构建了“大群团”工作格局，发挥群团组织的桥梁纽带作用。充分调动基层各类社会组织的积极性，加快培育与基层治理相适应的公益性、互助性社会组织，广泛参与基层治理。

（3）最大限度地发动群众参与治理

充分发挥基层党员干部的先锋示范作用，广泛动员村民小组长、村民代表、乡贤等基层精英骨干参与基层治理工作。开展党员联户倾听群众意见建议，搭建“村情通”式微信公众号、手机 APP 平台，实现政民网格互动，以志愿者队伍、兼职网格员等形式广泛吸纳群众参与共建共治。

四、重点举措：“主”字型治理具体实践

（一）以大格局谋划推进

1. 顶层设计“一盘棋”，统一标准规范

基层治理面对着最广大的群体、最复杂的矛盾、最具体的问题，推动基层治理工作标准化，能够将纷繁复杂的基层治理工作简化为指导性强、操作性强、可量化考核的指标体系。衢州市提出打造中国基层治理最优城市，如何推进真正落地见效？衢州市委提出：“就是要标准化、规范化、制度化，有标准才能成规范，有规范才能成制度，有制度才能成体系。”衢州市委七届四次全会提出了“1433”发展战略体系的顶层设计，将基层治理作为三大战略任务之一，提出要坚持大党建统领大联动治理，真正实现党建、治理“一张皮”。市委七届六次全

会再次将“党建统领 + 基层治理 + 乡村振兴大花园建设”作为主要任务，提出党建统领就是“三民工程”的升级版，基层治理就是“枫桥经验”的升级版，乡村振兴大花园建设就是“千万工程”的升级版，党建治理大花园就是“三个升级版”的融合版、集成版、创新版，以“一盘棋”的顶层设计和标准化、规范化的执行要求，谋划推进“一体化”的市域基层治理。

一是深化基层党建标准化建设。以被列为全国城市基层党建示范市为契机，制定出台组团联村（社）服务、网格党支部（党小组）建设、党员“1 + N”联户等 10 个规范性文件，形成了一揽子的配套制度体系。

二是深化村（社）网格标准化建设。以网格划分、一长三员、组团联村（社）、网格支部、党员联户、考核考评等“六个规范化建设”为抓手，推动村（社）网格建设标准化、规范化落实落地。积极开展网格服务管理立法工作，以法规形式进一步规范网格运行。

三是深化政务服务标准化建设。建立健全“最多跑一次”政务服务标准体系，制定出台涵盖现场服务、网上服务、咨询服务、技术支撑、数据共享等方面可复制推广的高质量地方标准，以标准化固化改革成果。

四是深化乡镇（街道）“基层治理四平台”标准化建设。突出综合信息指挥室中枢作用，统筹协调指挥综治工作、市场监管、综合执法、便民服务四个功能性平台，以及区域内各条块的管理服务力量，提升平台整体运行效能。

五是深化乡村综治中心标准化建设。推进“雪亮工程”建设及其在乡村治理中的实战应用，推广“村情通 + 全科网格”模式，加强“智慧乡村”建设，推动“最多跑一次”改革向乡村延伸。

六是制定基层治理社会评价标准化体系，探索完善治理绩效群众考评机制。

2. 工作落实“一把手”，强势攻坚推进

衢州市委把基层治理纳入市委三大战略之一，先后以七届四次、七届六次两次市委全会进行部署推进。市委每月召开一次市、县两级书记必须参加的现场推进会，市大督考办和基层治理专班每月不少于两次滚动进行常态暗访督查和阶段性检查，推进市域基层治理不断走向深入。突出基层治理工作是“书记工程”“一把手工程”导向，市县乡村四级书记亲力亲为、亲自推动，以上率下、层层带动。大力实施县（市、区）委书记“五个坚持”制度（坚持作为一把手工程、每月专题研究、每季互看互学、每半年向市委专题汇报、每年带头领建一个党建示范带示范区），乡镇（街道）党（工）委书记“五个必须”制度（必须作为书记领办项目、挂联一个后进村社党组织、每月一次主题研判会、每季一次网格党组织活动、每年走遍所有网格），村党组织书记“五个带头”制度（带头学管用、每月召开网格长及专职网格员例会、抓好村企结对和重点项目、深入网格、遵纪守法阳光履职），构建县（市、区）委抓乡促村“三个五”责任体系。同时，进一步细化、量化各级党组织书记抓基层党建任务、问题、责任“三张清单”，落实党建工作月度主题研判制度和领办党建项目制度、抓基层党建工作述职评议制度，层层夯实县、乡、村三级书记基层治理“第一责任人”责任。市委七届六次全体扩大会议上，再次聚焦对照打造基层治理“三个升级版”的要求，系统提出了“十问”。

一问县（市、区）委书记：①抓好党建最大政绩真正理解了没有？党建“三个用来”真正用了没有？②“3752”真正理解了没有？工作机制真正健全了没有？③借势借力了没有？一级为一级担当了没有？

二问乡镇（街道）书记：①项目和重点工作推进了没有？②市县下沉力量统起来了没有？③村支部书记选优配强了没有？

三问村（社）书记：①担任村支书的目的搞清楚了没有？②村两委班子和党员队伍带好了没有？③“三治融合”推进了没有？

四问市、县部门：①主动参与了没有？②下沉下放到位了没有？③精准服务、真心服务了没有？

五问联村组团：①联村组团长的“承包地”耕好了没有？②联村组团的党建抓实了没有？③组团联村作用发挥了没有？

六问村（社）网格：①网格长的“责任田”种好了没有？②“一长三员”“四力”共用了没有？③网格的作用发挥了没有？

七问党员干部：①先锋模范作用发挥了没有？②联户联到位了没有？③纪律底线守牢了没有？

八问广大群众：①责任义务尽到了没有？②诉求表达讲道理了没有？③村里

的事情主动参与了没有？

九问各级督考：①该统的统起来了没有？②该督的督准了没有？③该考的考实了没有？

十问市、县、乡、村四级联动：①各级贯通了没有？②问题分类处置到位了没有？③“周二无会日”做实了没有？

以有针对性的问题导向、以严格严肃的跟踪问效，夯实各级“一把手”的责任，一级抓一级、层层抓落实，推进基层治理做实做细做深做优。

3. 奖惩并举、电视问政“一条鞭”，问责问效、公开讲评激励倒逼

衢州市以鲜明的导向激励先进、鞭策后进，营造大抓落实、奋勇争先的工作氛围。每次开会都要公开表扬一批、批评一批，落实问题导向、结果导向。特别是市委七届六次全会，以视频会议的形式把全会开到所有村（社）网格，全市共 6 万人参加，大会上隆重表扬了一批优秀组团联村团长、团员、网格员、网格指导员和联户党员以及其他优秀乡村干部、涉农部门干部、涉农企业家代表；对 18 个典型示范村给予重奖，每个村 100 万元，并以“十问”深入剖析问题，警示不作为和工作落后者，获得了广大干部群众的好评，取得了良好的社会效果。充分发挥电视问政节目在基层治理中的助推作用，通过全市联动构建问政体系、全媒体联动放大问政效应、全部门联动破解问政难题。2018 年 7 月以来，衢州市以电视问政栏目《请人民阅卷》为抓手，聚焦群众关注的热点难点问题，完善新闻督查工作机制，推动形成集媒体曝光、典型剖析、专家点评、督查问责、跟踪整改、群众评判等为一体的“电视问政闭环”，倒逼市县机关进一步改进作风、推进工作，回应了社会关切，引导了社会预期。目前，市级电视问政节目已举办十多期，节目聚焦农房体系构建、中国营商环境最优城市打造、创建全国文明城市、党建治理大花园等重点、难点、热点问题，包括市、县（市、区）部门领导、乡镇（街道）党政主职、村（社）党支部书记等 400 多名干部上台接受问政，聚焦议题 170 余个，推动整改 650 余个问题。各县（市、区）也普遍采取电视问政形式，推动基层治理向纵深推进。

图 5　党建治理大花园电视问政

（二）以大党建提供保障

1. 通过“三个三”基层党建工程，加强政治组织保障

衢州推进基层治理现代化，最核心的是坚持“党建统领活的灵魂、一根红线贯穿始终”，发挥党组织在加强治理中的核心作用，以“三个三”基层党建工程推进治理体制完善；以制度建设强健基层党组织的组织力、执行力、战斗力，深化基层党组织在基层治理中的领导作用和党员的先锋模范作用，落实政治引领，保证基层治理的政治方向，实现党建治理“一张皮”。全市上下形成共识：“三个三”是党建统领基层治理的政治组织保证体系，只有把“三个三”做实了，基层治理战略任务才能真正落地见效。

2. 通过“三红”载体，彰显党建统领

“红色物业联盟”是衢州为破解城市小区治理难题而创造的一种社区治理新模式。该市针对城市小区管理特别是物业管理难题，探索“网格支部＋业主委员会＋物业公司＋业主＋各类社会组织”的“党建＋”小区治理方式，通称为

“红色物业联盟”。该模式的核心是把党员所在社区党组织和机关党组织双向打通，实行双报到、双认领，从缴纳物业费、治“十二乱”入手，建立干部八小时以外的记录信用平台，重点做好“建、联、共”三方面工作。“建”，就是有小区物业公司的依托物业公司，实现党组织全覆盖；没有物业公司的，通过成立党支部、设立党小组、组建联合党支部、临时党支部、流动党支部，选派第一书记、下派党建指导员等方式开展工作，承担起小区日常治理的牵头责任。“联”，就是市县领导每人联系一个社区和一个小区，每位机关干部带头做到“三个主动”“十二个不”。“共”，就是做大做强街道“大工委”、社区“大党委”和物业“大联盟”，推动街道、社区、网格与驻社区单位、两新组织互助、互联、互动，落实共建、共治、共享。共建就是市、县两级每个机关、党组织与一个小区开展结对共建；共治就是以党建引领小区居民按照居民公约依法有序参与多元协商、民主议事，参与小区治理；共享就是发挥小区居民主体作用，推动人人成为文明城市的参与者、创建者和享受者。到目前，小区物业费难收问题得到全面解决，小区环境发生明显变化，在全国文明城市创建暗访督查中受到好评，被赞为“城市社区管理中的枫桥经验”。

图6　红色物业联盟再升级：物业明白墙，促进物业居民更融合

"红色网格联队"是衢州抓"网格化管理、组团式服务"有别于其他地方的特色之处。该市的特点是，不仅仅满足于在村（社）网格中配备"一长三员"，只专注于发挥专职网格员的作用，而是真正把村（社）网格作为基层治理的基本工作单元来打造。衢州的村（社）网格，全面实现了"网格支部全覆盖"，统一按"五个一"制度常态开展工作；全面实现了"党员联户全覆盖"，每个党员按照"五上门"要求开展联户服务群众活动；全面实现了"一长三员全覆盖"，形成了网格支部引领下，网格长负总责、一支网格工作队伍在战斗的工作格局。在每一个网格中，有组团联村（社）的驻村（社）组团成员，有"两委"联格的村（社）班子成员，有网格中的党员等。网格长由村（社）"两委"成员担任，专职网格员由村"两委"成员或优秀党员群众骨干担任，没有担任网格长或专职网格员的村"两委"成员全部担任兼职网格员，网格指导员由乡镇（街道）或市、县部门下派到联村（社）组团的干部担任。在衢州，每个网格都形成了一支以"组团联村（社）成员＋入格村（居）'两委'成员＋网格'一长三员'＋联户党员＋村（居）民代表＋村（居）民＋小组长＋乡贤＋N"为主体的网格治理队伍。这些人员按照市委"平时为掌、战时为拳"的工作机制开展工作，平时"一长三员"按照要求履行网格职责；每周的"周二无会日"联村（社）组团成员＋村"两委"＋一长三员要集中力量在村（社）网格开展工作；遇到重难点工作，全体人员集中按照工作需要进入战斗状态，真正把网格打造成坚强的战斗堡垒。

"红色平台连线"是衢州平台化智能化支撑基层治理的统称，取意于党建统领基层治理，该市高度重视融合"党建＋"和"智慧＋"，建成了具有全国标杆意义的"雪亮工程"。依托基层治理"四平台"、全科网格、"村情通＋全民网格"等平台载体，借助"雪亮工程""城市数据大脑"等技术支撑，搭建信息集成平台和联动指挥平台，形成了"市、县大联动中心＋乡镇（街道）综合信息指挥室＋四个平台＋全科网格＋村情通式智能手持移动终端"等纵向贯通的技术链条，初步实现了党建统领基层治理工作线上线下、制度技术、网络网格的系统集成、整体联动，体制内上下打通、条块打通，构建起线上线下联动平台，形成"王"字型基层治理运行机制。特别是"村情通"手持移动终端，在广大党员的带领下，全市已有70万以上的群众开通或安装了“村情通”式微信公众号或APP，群众一机在手，既可通过“随手拍”爆料、村民信箱发声等参与村（居）务管理，又可通过移动“掌上办”享受申办事项服务。这条纵横贯通、政民互通、党群联通的“连线”，既是基层治理感知社情民意和风险隐患的情报线，更是党委政府联系、服务群众的生命线。

3. 通过党建“三个用来”，落实党建治理“一张皮”

衢州市主政者提出：“党建是用来统领基层各项工作的；党建是用来为中心工作服务的，特别是用来克难攻坚的；党建是用来充分体现党组织战斗堡垒作用、充分发挥党员干部先锋模范作用的。”衢州坚持党建“三个用来”，充分发挥集中力量办大事、服务为民办小事的政治优势，使各级党组织成为基层社会治理的“领头雁”和坚强堡垒，不断凝聚起基层社会治理的强大合力。

目前，“主”字型治理体系已在衢州全域重重落地，基本形成统一的规范模式，并在农房风貌整治提升、全域土地综合整治、小区物业管理、文明城市创建、土地征迁项目攻坚、基层社会平安稳定等工作中得到了实战应用，发挥出了攻坚克难的体系机制优势，一批历史遗留问题得到解决，一批制约农村发展的热点、难点、堵点问题被撕开破解，一批重大项目得到顺利推进，彰显了党建“三个用来”的重要作用。

（三）以大共建打造基层治理新格局

1. 大力搭建群众共建共治平台

全力推进村规民约（居民公约）的修订执行，在全省率先启动全面修订村规民约、社区公约工作，全市所有行政村（社）完成“升级版”村规民约、社区公约文本的制订修订工作，实现了全覆盖、村村有目标，保证了村（居）民参与村（居）务有规可依、有章可循，推进了基层自治进一步规范和深化。

加快推进社会诚信体系建设。在全市农村、社区推出具有衢州特色的个人信用积分“信安分”制度，把失礼、失信行为纳入积分管理，健全守信激励机制，营造“诚实守信、自律互信”的社会氛围；打造具有衢州特色的金融服务信用信息共享平台，打通政府、金融机构、企业信息壁垒，实现“政银企”三方信息互通；开展政府诚信评估，加强政务诚信建设，发挥政府示范作用；围绕示范评审指标开展定期评议，扎实推进创建工作。

2. 大力推广“村情通＋全民网格”治理模式

衢州龙游县东华街道张王村以前是远近闻名的“上访村”“混乱村”，干部和群众严重对立。村支书袁平华上任后，认为问题的根本原因是信息的不对称，导致老百姓不知情、不参与。随后，他开发了手机应用软件“村情通”，把村里大大小小的事情都装进去，就好比是一个线上的“行政服务中心”。如今的张王村，干群和谐、村庄和美、村民和睦，完成了从“基层组织软弱涣散村”到“全省社会治安综合治理先进集体”的华丽转身。

目前衢州市研究制定了“村情通”式智能平台建设共性标准，全面推广应用“村情通”式智能应用平台，打通基层治理“最后一米”，广泛动员群众参与村级事务管理、享受常办事项服务。如柯城区“点点通”、衢江区“钉格通”、江山市“一家亲”、常山县“平台通”、开化县“三民工程 E 掌通”等“村情通”式智能应用平台已全部上线运行，全市共有近 70 万群众关注、加入并参与其中，家庭覆盖率达到 80% 以上。实现了村村通、户户联、人人用，95% 的事项实现了在村内解决，农村群众常办事项实现了“指尖办理”，真正打通了基层治理“最后一米”，让一米阳光照亮和温暖千家万户。

3. 大力推进“最多跑一次”改革向基层延伸

以基层需求为导向，除涉及公共安全、跨行政区域、需要进行县级政府统筹等事项予以保留外，其他事项能放则放，下沉一级，提升乡镇综合服务功能。因地制宜开展乡村便民服务大厅的升级改造，优化大厅布局，提升大厅功能，提高群众的办事体验。推进基层“一窗受理，集成服务”，乡村便民服务采取“乡村两级综合受理、县级后台分类审批、乡村两级统一出件”的政务服务和公共服务新模式，实现基层审批服务“最多跑一次”。加快推进乡镇（街道）“无差别全科受理”，梳理形成 162 项乡镇（街道）层面受办的事项清单，建立全程代办机制，充分发挥乡村干部和网格员的咨询代办服务作用，让数据多跑路、让群众少跑腿，通过窗口下移前置、网格员代跑代办，真正让老百姓办事最多跑一次、跑也不出村，用事实、用结果来让老百姓共享改革的红利。

（四）以大数据应用开启基层智慧治理

互联网时代的基层治理，必须强化互联网思维、弘扬互联网精神，在统筹整合联动、跨界打通融合、扁平一体高效上下功夫。衢州通过“制度设计 + 技术支撑”，以“雪亮工程”示范城市建设为契机，以信息化、智能化建设为方向，积极打造互联网信息化平台工具，实行线上线下相结合，着力实施智慧治理。

1. 建成了具有全国标杆意义的“雪亮工程”

2016 年，衢州市被确定为全国首批“雪亮工程”示范城市，市委、市政府高度重视，把“雪亮工程”作为智慧城市的先行工程来抓，按照“三个最优”（顶层设计、技术路径、平台应用）的标准，坚持大党建统领、大融合推进、大数据应用，引入“城市数据大脑”，提升“雪亮工程”信息化、智能化、集成化水平。成果已初步在重点人员管控、城市管理智能分析、公安机关侦办案件、失踪人员查找、不文明行为锁定等相关领域得到初步应用，取得了显著成效。

衢州市的“雪亮工程”主要是实现了三个上升：一是从政法委上升到党委；二是从单纯的平安治理上升到基层治理；三是从单一工程项目上升到智慧治理的体系架构。目前，“雪亮工程”已覆盖城乡所有重点公共区域、重点行业领域，并全部实现联网。同时，对全市 50 多个部门的数据进行了梳理汇集，视频共享平台联网汇聚视频 5 万多部，城市数据大脑归集数据 800 多亿条，开发完成了综治十大应用和公安六大应用模块，相关功能在实战中不断得到检验，为社会治理提供了全新的功能支撑。

2. 形成了市、县、乡、村、格五级贯通的联动平台

衢州市依托“基层治理四平台”、全科网格、“村情通 + 全民网格”等平台载体，借助“雪亮工程”“城市数据大脑 2. 0”等技术支撑优势，搭建视频共享平台、全域感知平台、基层治理平台、指挥调度平台，形成了“市、县大联动中心 + 乡镇综合信息指挥室 + 四个平台 + 全科网格 + 村情通式智能手持移动终端”一个技术链条，构建起线上线下联动平台，有力推进了体制内上下打通、条块打通，实施智慧应用大联动，形成“王”字型基层治理运行机制，让大联动治理真正“联”到位、“动”起来。

3. 开启了基层治理的智能化应用

图 7　数字城市建设（阿里巴巴合作签约）

衢州市与阿里集团共建的“城市数据大脑 2.0”被列为国家发改委“互联网+”、人工智能创新发展和数字经济试点重大工程支持项目。2018 年 9 月，衢州市又与阿里共同建立了中国基层治理数字化研究院。“城市数据大脑 2.0”已成为衢州基层治理的技术中枢，通过它整合处理全社会数据资源，实现共建共治共享，推动治理体系和治理能力现代化。“雪亮工程”上线以来，依托城市数据大脑，已协助侦破交通事故逃逸案件 96 起，直接破获侵财案件 36 起，抓获公安部网上逃犯 31 名，成功查找走失老人 5 次，捣毁一个涉及 14 名传销人员的传销窝点，数据分析出全市疑似吸毒人员 36700 余人和疑似出租房 58900 余户，智能抓拍不文明现象近万次，大大提高了办案和相关目标发现能力。

（五）以大组团撬动基层治理全局

1. 创造专班工作机制，实现基层治理工作高效运行

针对现行传统政府运作模式中，战略规划各自为规、生产力布局各自为阵、

资源配置各自为营、部门力量各自为战，以及所表现出的资源配置散、部门力量散、职能配置散、权力制约散“四个散”的现状，衢州市推行专班工作制，不减机构，不增编制，以最小的成本、最小的代价、最小的阻力达到职能整合、运转顺畅的目的。

（1）专班工作制的组织架构

工作专班在市委、市政府领导下，根据工作任务需要组建，由领导小组（协调小组）和推进实施机构（推进办）组成。领导小组（协调小组）一般由市四套班子领导牵头或担任组长，相关部门单位主要负责人为成员。推进实施机构（推进办）是专班推进工作落实的主体，采取专兼结合、实体运作方式开展相应专项工作，主要包括三大统筹办和其他专项工作推进办。其中大项目统筹办、大财政金融办和大监管服务办三大统筹办由市委、市政府牵头，负责做好顶层设计、制定制度规则、提供后勤保障。其他专项工作推进办主要围绕市委战略体系中的重大专项任务“因事而设”，任务完成后经市委、市政府研究同意后撤销或根据工作重点任务的变化进行相应调整。同时，还根据工作需要设立综合服务保障小组，承担督查、干部考核考评、城市形象宣传、后勤服务保障等职能的综合服务职能，为专班制推动战略落地提供全面支撑和保障。

（2）专班工作制的人员选配

推进办可根据需要，采取集中办公和不固定集中办公两种方式开展工作，集中办公的推进办可分为常驻集中办公和柔性集中办公。常驻集中办公工作人员原则上与原单位工作脱钩，确保将主要精力集中在推进办工作；柔性集中办公工作人员要根据工作需要，承担推进办工作中的相应任务，统筹安排时间参与推进办工作。专班推进办主任一般由牵头部门主要负责人担任，并选配一名专职副主任，实行专班日常工作专职副主任负责制。专职副主任和集中办公人员由市委组织部统一选配，打破部门和等级壁垒。

专班工作制不仅仅是一个有效的工作机制，更是一种跨界打通、资源整合的思维方式。专班工作制在不改变原有机构设置和人员隶属关系的前提下，统筹党委、政府、人大、政协资源力量，打破部门间和上下级壁垒，为每位市领导开展专项工作提供“全套的部门服务”，为市委、市政府战略落地提供精准的路径依托。

2. 全市统一设立“周二无会日”，确保“三联”工程落到实处

每周周二这一天，衢州全市、县、乡、村不安排各类会议和各类检查考核活动，各部门、乡镇（街道）除必要的值班、窗口人员外，各服务团团员在团长的带领下，全部深入挂联村（社）开展服务工作。“周二无会日”实行“五个集中”，即集中服务、集中检查、集中议事、集中调处、集中攻坚。这一天首先是“组团联村日”，也是“网格支部活动日”“民情沟通日”“乡贤议事日”“中心工作克难攻坚日”，以及市领导“六个一”联系日。市、县两级督考办、组织部要进行随机抽查，结果公开通报、考核计分。“周二无会日”作为走好群众路线的工作制度、基层治理的有效抓手、干部作风的硬性考验，在不断强化纪律刚性的过程中得到全面落实，形成了“不叫就到，主动报到，常态长效”服务基层机制。

衢州市的“周二无会日”，实际上也不是简单的“不开会”，而是把会开得更活，开到基层一线、开到田间地头、开到网格支部、开到党员群众家里，让“会议”更接地气，变高高在上的坐而论道为实实在在的抓基层、抓落实。

为了做实组团联村工作，让“周二无会日”更接地气，衢州市要求各级必须选派农村工作经验丰富的中层以上干部参与组团联村工作，并全面组织开展市、县、乡、村四级组团联村大培训。通过“组团联村”专题培训班、村书记论剑大比武、网格活力大比拼、党员联户大练兵，已累计培训各级组团联村干部4300余人。目前，衢州市、县、乡三级共有8891名干部组成1646个联村（社）服务团，全覆盖进村入社开展服务；9049名村“两委”干部全部入格服务，73624名党员参加“周二无会日”等时间的联户服务。截至2019年6月，通过“三联”服务，共计调解矛盾纠纷45283起（2019年18801起），化解信访积案2102件（2019年982件），有效推进工作项目2735个，摸排涉黑涉恶线索657条（2019年514条），入户走访890843户（2019年555489户），代办事项167621件（2019年72903件）。

五、衢州治理现代化实践的实效

（一）以实践检验基层治理实效

近年来，很多地方在基层治理领域进行了探索和创新，但多是技术层面的改良，鲜少上升到制度层面，甚至有些探索效果与良好治理反方向发展。衢州则是通过大战大考开展练兵练武，以实战练兵检验基层治理实效。

1. 推进了重点工作

党建治理大花园作为这套体系的三驾马车，党建抓人管方向，治理治乱树正气，花园落地靓城乡，三者共同发力，形成了强大的攻坚能力。比如，在乡村振兴战略中，衢州市以农房整治为突破口，条线联动，党员带头，狠抓拆违治乱、集镇整治、农民集聚、全域土地综合整治等重点工作，“整”出了空间、“建”出了风貌、“管”出了长效。截至 2018 年 7 月底，仅 1 年时间，先后整治非法“一户多宅”、合法“一户多宅”、影响农村风貌的其他建筑累计 157727 宗，新增宅基地复垦面积 2840 亩，打造了一批如衢江区浮石街道姜家坞村、开化县齐溪镇丰盈坦村等花园式乡村。又如，在扫黑除恶专项斗争中，将“党建 + 基层治理”作为固本长效的抓手，常态开展换届“回头看”和评定红黄灰“三色”村干部，树正气打歪风，打通进退流转通道，全面整转软弱涣散、涉黑涉恶基层组织，净化基层生态、社会生态，铲除黑恶势力滋生土壤。截至 2018 年 7 月底，全市共打掉涉黑涉恶团伙 37 个、破获案件 358 起；查处涉黑涉恶腐败和“保护伞”以及失职失责问题 68 起，处理 68 人次；排查清理受过刑事处罚、“村霸”和涉黑涉恶等“三类人员”273 名。

2. 促进了项目攻坚

通过“三联工程”的不断抓实，切实攻克了一批社会反映强烈、困扰改革进程、影响社会生活的大事难事。在高铁新城征迁中，充分发挥组团联村作用，形成一个乡镇打仗、多方力量支援、全区联动作战“百团大战”的攻坚态势，仅用 3 个月就高效平稳地完成 1.72 万亩土地征收，100 万平方米房屋征收。2018

年以来，成功实施了农贸城关停搬迁、饮用水源地牛头湾自然村整村搬迁、斗潭危旧房改造、衢化棚户区改造、江山垃圾焚烧项目原址顺利开工、衢江新田铺万亩田园康养综合体等一批重点项目。更为重要的是，在保障项目和推进工作的同时，还形成了一批善于运用体系攻坚、党建治理一体推动的基层样本，为后续项目攻坚提供了榜样和标杆。

3. 深化了群众服务

通过“最多跑一次”改革向基层延伸，优化村（社）便民服务中心建设，充分发挥网格员代办服务机制，利用浙江政务服务网和浙里办 APP 实现网上办、掌上办，真正让老百姓办事“ 最多跑一次”、跑也不出村（社）；把市、县、乡三级联村（社）组团成员以网格指导员和入格团员身份下沉网格，把所有村（社）“两委”成员以网格长、专兼职网格员的身份下沉网格，把党员以联户包事方式组织起来在网格中发挥先锋作用；通过雷打不动的“周二无会日”全体人员进村（社）入格参与工作，形成“一支队伍战斗在网格”的常态服务机制，群众要办事、有诉求均可以线上线下选择，方便进行。

4. 维护了社会稳定

基层网格的规范化建设，“红色网格联队”和“红色平台连线”的作用发挥，灵通了情报信息，有利于及时掌握社会各领域的不稳定动向，相关部门妥善做好应对处置；健全深化了社会矛盾纠纷排摸机制，基本实现了排摸工作全覆盖，有效保障了各类风险发现在早、处置在小；加强了党群、干群之间的联系和为民办实事工作的落实，减少了矛盾纠纷的发生，促进了源头治理的到位；实现了条块之间的相互协调、融合联动、互相配合，促进平安综治维稳工作取得了显著成效。2018 年以来，衢州市平安指数基本运行在全省平均线以上，并夺得平安衢州“十三连冠”。据统计，2019 年上半年进京越级上访批次和人数同比分别下降 7.59% 和 33.2%，到省上访批次和人数同比分别下降 13.82% 和 27.41%；全市命案、“两抢”案件、盗窃案件立案数同比分别下降 71.4%、14.3%、5.2%；较大安全事故实现零发生，全市一般生产安全事故起数和死亡人数同比分别下降 42%、43%，交通事故起数、死亡人数同比分别下降 17.8%、10.9%；火灾事故起数同比下降 57.1%。

5. 提升了文明创建

全国文明城市创建是衢州市面临的一项硬任务。为此，市委立下军令状，“文明城市有一个，一定是衢州；文明城市少一个，一定不是衢州”。在全国文明城市创建过程中，衢州市充分运用基层治理形成的一套动员群众、组织群众工作机制和“雪亮工程”科技优势，以党建统领整合资源克难攻坚，以网格为阵地推进全民共建，以“红色物业联盟”化解以小区物业管理难为主的治理难题，依托“雪亮工程”“城市数据大脑”助力活动创建，全力打造“一座最有礼的城市”。先后对全市 246 个老旧小区开展“拉网式”“全覆盖”改造，其中新增道路机动车位 2 万个，计划实施的小区内车位 5 万个，累计解决创建难点问题 1000 多个，城市基础设施和市容市貌环境秩序明显优化，市民满意率达 96.2%。2019 年 3 月，中央文明办公布了 2018 年文明城市年度测评结果，衢州在全国 113 个地级提名城市中位列第 8 名，首战告捷，旗开得胜。

6. 优化了营商环境

把优化营商环境作为基层治理的重要方面来抓，全面确立营商环境政策框架体系，提出了营商环境“十条宣言”和“三个决不能”的要求。在全国率先成立营商环境建设办公室和工作专班，建立“专线 + 专网 + 专窗 + 专班 + 专门机制”的“五专”服务体系，全方位受理企业咨询、求助、投诉，交办督办企业反映的问题，为企业提供“零距离、闭环式”服务；引入营商环境观察员机制，构筑政府与企业的“连心桥”；实行网格化 + 精准服务，开展组团联企活动，建立企业小修政策推送和服务平台，形成线上 + 线下服务企业平台。强化营商环境的督查通报，建立营商环境问题收集、交办、督查、问责机制，夯实了营商环境建设责任；举办营商环境电视问政，通过媒体问政等形式监督营商环境建设短板，推进问题整改。以基层社会治理的成效为营商环境的优化托底，扫黑除恶、树正打歪、队伍建设、文明创建、诚信体系等一系列基层治理组合拳，为招商引商安商提供了风清气正、平安和谐的社会大环境。2018 年，衢州市在全国 22 个营商环境试评价城市中取得了第四名的好成绩；在《小康》杂志社主办的评选中，衢州市被评为“中国十佳营商环境示范城市”。

（二）人民满意度彰显基层治理实效

“主”字型体系推行一年来，衢州城乡居民在获得感方面是全方位的、可触摸的。这种获得感直接反映在人民满意度的指标上，反映在经济、政治、生态、文化等方面的全新变化之中，反映在核心圈层·城市阳台、高铁新城·未来社区、南孔古城·历史街区“三城记”和历史之城、现代之城、未来之城的建设推进、交相辉映之中。

人民是最终评判者。在由省委组织部牵头、省统计局实施测评的2018年度全省11市党政领导班子实绩评价分析报告中，衢州市综合排名从2017年末位跃居全省第二位，这是自2006年《浙江省地方党政领导班子实绩考核评价指标体系》实施以来衢州取得的最优历史成绩。其中满意度评价指数为91.35，跃居全省第1位。在5项满意度评价中，政府民生实事项目群众满意度、“一报告两评议”和基层组织建设满意度、社会道德环境公众满意度、生态环境质量人民群众满意度四项得分分别位居全省第2、第2、第2、第1。这一权威的测评结果充分证明，衢州的基层治理体系管用见效，有力推进了各项工作，赢得了干部和群众的高度认同。

这一满意度评价指标的上升，来源于市委“1433”发展战略体系的总指引，来源于交通先导、城市赋能、产业创新、乡村振兴、队伍建设、基层治理、营商环境、城市文明“八大任务”的大推进，特别是得益于党建统领基层治理这套体系在各项工作落实中的组织保证、机制保障作用。2019年6月10日市委七届六次全会用了“五个没想到”和“四个越来越好”来总结概括一年多来的工作成效。

“五个没想到”分别是：

一是没想到市级党政领导班子实绩评价大幅跃升。在浙江省委组织部会同省统计局发布的《2018年度浙江省十一市党政领导班子实绩分析评价报告》中，衢州不仅在综合评价上从2017年的全省倒数第1跃升到全省第2位，而且在发展方面指标也令人振奋，比2017年前移4位，其中发展进程指数居第1位，比2017年前移9位。

二是没想到以总分第一荣获“国际花园城市”称号。成功举办了世界针灸康养大会、四省边际城市群文博会、马拉松、汽车越野赛、铁人三项赛、滑水公开赛等赛事和活动，打响了“活力新衢州，美丽大花园”美誉度和知名度。在全球 30 多个国家、100 多个城市中脱颖而出，获得“国际花园城市”竞赛最高奖和景观改善特别奖，成为全省首个获此殊荣的地级市。

三是没想到营商环境建设走在全国前列。衢州以列入全国首批营商环境试评价城市为契机，以“最多跑一次”改革为牵引，加快建设无证明办事之城、掌上办事之城、信用示范之城“三个城”建设，努力打造一流营商环境。在国家发改委发布的全国首个营商环境试评价结果中，仅次于北京、厦门、上海，名列第四，在所有参评地级市中排名第一。

四是没想到被中组部列为新时代、新担当、新作为全国地方八个典型之一。该市坚持“严管 + 厚爱”“激励 + 约束”，构建抓人促事机制引起广泛关注，一支战斗的团队、奔跑的团队、温暖的团队推动衢州高质量发展，《人民日报》、新华社、央视等 9 家中央主流媒体深入衢州采访报道。

五是没想到在 113 个全国文明城市地级提名城市年度测评中高居第八。该市立足“南孔圣地、衢州有礼”城市品牌，设计了城市品牌 LOGO、吉祥物“快乐小鹿”和卡通形象“南孔爷爷”；首批 16 家“南孔书屋”开馆，全民运动健身模范市建设蓬勃开展，推进“要么读书，要么健身，身体和灵魂总要有一个在路上”融入越来越多市民的精神文化生活之中，以“一座最有礼的城市”引领文明城市创建。在国测调查中，市民对创文的满意度达到了 99. 17% 。

“四个越来越好”分别是：

乡村环境越来越好。衢州从制约农村发展的热点、难点、堵点问题上撕开口子，狠抓农房整治、集镇整治、拆违治乱、农民集聚、全域土地综合整治等工作。2018 年 6 月以来，全市共整治“一户多宅”、附房等违法建筑 12. 6 万宗、面积 714. 8 万平方米，复垦宅基地面积 2840 亩（这样的力度放在全国都是少见的），增加绿化、停车、休闲等公共设施，通过优化布局、拆除违建、打造节点、提升风貌，一大批村庄成为一个个小花园。在 2018 年底，浙江财经大学公布的《浙江省农村生态宜居建设调研报告》显示，衢州农民群众对生态宜居环境的满意度全省最高。就像衢江区姜家坞村、上岗头村的老百姓说的那样，“以前村庄是又破又烂脏死了，甚至连一条像样的路都没有，现在大家做梦都没想到，村子会变得这么漂亮，连车子都可以开到家门口了。”“原来认为要变也是小变一下，这么大的变化让我们自己都有点接受不了。”不仅衢州自己人感受到变化大，连上海等发达地区也对衢州的美丽乡村啧啧称赞。上海市副市长彭沉雷一行在该市江山、柯城等地考察美丽乡村建设之后，表示感觉很好，还要再来。回去之后派出了100余人的考察团，再来衢州感受。

百姓生活越来越好。衢州把增加农民收入、提高农民生活质量作为党建治理大花园建设的出发点和落脚点，以基层治理体系凝聚的力量资源积极拓宽农民增收渠道，健全增收长效机制，实施低收入农户高水平全面小康计划，全市农民和低收入农户人均可支配收入分别增长10%和16%，增幅均列全省第二，2019年一季度农民人均收入增幅全省第一；纵深推进“消薄”攻坚战，省定775个薄弱村实现全面“摘帽”；优先发展农村教育事业，扎实推进文化礼堂建设，大力实施卫生医疗“双下沉、两提升”，农村教育、文化、卫生等公共服务水平明显提升，老百姓过上了更加幸福的好日子。

社会风气越来越好。衢州通过深入实施“三个三”基层党建工程，创新推出组团联村、两委联格、党员联户，推进标准化、规范化、体系化，确保干部服务“不叫也到、主动报到、常态长效”。该市重拳开展大整风“十大行动”，通过重点村（社）专项巡察，退出一批、问责一批、查办一批；通过三色“考评”，“考”掉一批；通过扫黑除恶，“扫”掉一批；通过“三类人员”清理，“清”出一批，使得干部作风变了、社会风气好了、群众好评多了。有的群众说现在赌博风气下去很多，棋牌室都没人了；有的村干部反映重点项目推进更加顺利，多年未交的承包款都主动交了，也没人敢煽动闹事了；有的派出所民警表示往年一个正月要出警几十次，2019年只出警过1次。开化县曾是“六合彩”赌博歪风较严重的地方，目前村里买“六合彩”之风全面消除，村里清静多了，特别是文化礼堂建成后，村风民风越来越纯朴了。

项目支撑越来越好。衢州按照“空间重构、山河重整、乡村重生”的定位，谋划推进了146个全域土地综合整治项目和总长280公里的“衢州有礼”诗画风光带建设，各地各部门因地制宜、全力以赴，依托基层治理深化带来的良好工作氛围，大干项目、干大项目，通过构建大平台提升大项目，以大项目来带动乡村大发展。如原有的龙游红木小镇、常山赏石小镇、开化根缘小镇不断升级，根缘小镇三期已经建成并对外开放。与此同时，各地都谋划引进建设了一批规模较大、带动能力较强的大项目、好项目，如柯城的大荫山森林穿越、奥陶纪高空极限挑战、中国运动汽车城，衢江的抽水蓄能电站、新田铺万亩田园康养综合体、富里万亩水田垦造区、铜山源休闲度假旅游区，龙游的六春湖高山运动小镇、花海项目，江山的“江郎山居”田园文旅颐养小镇、清湖古镇文化休闲度假区，常山的赛得健康小镇、金色同弓田园综合体，开化的体育小镇、环球嘉年华东方神木乐园等。尤其是串联整条“衢州有礼”诗画风光带的沿江美丽公路已进展过半，2020 年全线建成，更将引爆成为一个城乡融合、农旅融合、文旅融合、三产融合的大平台。现在衢州人正信心满满期待，杭衢高铁开通之日，也就是衢州大花园后花园盛大开放之时，衢州将真正成为“诗画浙江”中国最佳旅游目的地和世界一流生态旅游目的地。

因为相信，所以看见，“五个没想到”标志未来已来，衢州正站在发展的风口之上。因为看见，所以更加相信，“四个越来越好”印证丰硕成果，衢州正打开“绿水青山”向“金山银山”的发展通道。“五个没想到”“四个越来越好”是衢州深入推进“主”字型现代化基层治理体系所产生的“蝶变”效应的真实写照。一年多的实践，衢州像一只涅槃的凤凰，迎着新时代的风口蓄势待飞，展翅腾飞。相信不久的将来，衢州一定不是浙江西部默默无名的小城，不是给全省发展拖后腿的欠发达地区，而将成为浙江一颗璀璨耀眼的明珠，为全省发展增光添彩，在浙西大地、在四省边际熠熠生辉、闪闪发光。

六、衢州经验对我国基层治理的启示

衢州在基层治理探索实践中面临的难题，在我国基层治理推进中普遍存在。比如，如何将党建与社会治理更加紧密地结合在一起，真正提高党在基层治理中的政治领导力、思想引领力、群众组织力和社会号召力；如何打破体制内外“两张皮”的现象，形成各方力量积极参与基层治理的强大合力；如何通过“制度设计＋技术支撑”，来提升基层治理的信息化、智能化，实现“智慧＋”治理，构建基层治理体制改革与治理方式创新有机结合的新形态等。这些难题，虽然还有待衢州通过深化基层治理实践进一步加以解决，但总体而言，衢州实践给我国基层治理探索提供了以下有效的启示：

（一）系统集成联动——基层社会治理的新理念

按照“四大五加”的理念方法，对基层治理进行全市域的谋划布局，这是衢州最显著的特色，也是它之所以取得初步成功的核心所在。

一是以系统思维进行顶层设计。不是就基层治理抓基层治理，而是把基层治理放到衢州全域这个大格局、工作牵引这个大抓手来谋篇布局。实践党建治理大花园“一张皮”，抓党建就是要把解决问题推进工作的力量资源组织起来，发挥党建保障作用；强治理就是要把组织起来的力量资源下沉村（社）网格，发挥网格服务管理作用；建花园就是要把党建组织起来的力量资源在治理过程中发挥作用，并体现在各项工作实实在在的成效上。衢州的基层治理是市委“1433”战略体系的重要组成部分，与队伍建设、文明城市一起融合成市委“三大战略”，队伍建设要以基层治理成效来验证，基层治理要在文明城市创建等中心工作推进中体现成效。为了形成全市“一盘棋”，衢州构建了“四大五加”的体系架构和“主”字型运行架构，设计了“三、王、主”的推进路径，提出了网格建设“六个规范”、落实“三个全覆盖”的“三联”工程、保证常态长效的“周二无会日”等一系列的抓落实举措；为了实现大联动，市委反复强调各项工作要“跨界打通融合”，并积极推进这方面的实践，围绕乡村振兴大花园建设，把“党建治理大花园”合成“一张皮”，系统重构了“3752”乡村振兴大花园建设体系，把党建、治理、大花园三个专班工作打通，统筹推进乡村振兴工作。

二是以集成理念抓组织实施。针对基层特别是农村班子战斗力、工作开展不平衡的问题，设计了“组团联村（社）”这一载体，整合组织市、县、乡三级机关干部资源，组建一个个4～10人规模的联村（社）组团，指导、支持、帮助各个村（社）开展工作。在一些薄弱村，这些组团要承担起抓班子和抓工作的双重责任。针对联村（社）组团入村可能流于形式、村级工作可能出现不正常的现象，在全市统一设置“周二无会日”，确保联村（社）组团、村（社）网格每周至少有一天全力抓工作，促进基层工作常态化、长效化。针对“周二无会日”可能出现的“进村不知干什么”现象，又从“六个日”（组团联村日、支部活动日、民情沟通日、乡贤议事日、中心工作克难攻坚日、市县服务“六个一”日）进行明确，防止联村（社）流于形式。针对党员联户难以落实的问题，规定每个党员名字要在联系户门口挂牌晾晒，在五种情况下必须上门。针对联村（社）组团、联户党员在联系服务中可能遇到的解决不了的问题，推进从网格、村、乡、县、市五级都要建立解决问题的协调机制，以保证联系工作取信于民、常态长效。

三是以联动方式保证任务落地。建立“平时为掌、战时为拳”的工作机制，平时分关把口，各守一方，遇到疑难问题，整合资源和力量集中攻坚。在网格，平时“一长三员”按照职责开展工作，一个人解决不了的事情，就由“红色网格联队”共同解决，网格中的联村（社）组团成员、入格的村“两委”成员、“一长三员”、党员等一起想办法解决。一些重大项目攻坚，市、县、乡、村、格各级力量，可以根据工作需要点兵点将，跨县、跨乡、跨村、跨格调度使用，形成联动攻坚，构建“一方有难、八方支援”的工作机制。

（二）共建共治共享——基层社会治理的大格局

党的十九大提出，“打造新时代共建共治共享的社会治理格局”，为当前社会治理实践的发展指明了方向。“共建共治共享”既是社会治理的格局，也是社会治理的整体逻辑框架。衢州的“主”字型基层治理实践的特点之一就是：最大限度地组织动员群众、企业、社会组织等参与民主自治，落实共建、共治、共享“三共并推”。

一是线下载体多样。“红色物业联盟”，其特点就是突出一个“共”字。各方共抓，街道“工委”、社区“党委”和物业“联盟”同台唱戏，共同推动街道、社区、网格与驻区单位、两新组织互助、互联、互动，共建、共治、共享。干群共建，市、县两级每个机关党组织与小区结对，每个机关党员干部到自己居住社区报到参与共建，引导居民依法有序参与小区治理，发挥小区居民主体作用。“红色网格联队”，其特点就是突出一个“联”字。组团联村（社）、两委联格、党员联户，在村（社），扎实推进“四民”（民主选举、民主决策、民主管理、民主监督）和落实“四自”（自我教育、自我管理、自我服务、自我监督）；在网格，扎实推进“进村入户”和“网格问效”，面对面听取群众的意见，定期召开网格中的户代表对网格开展工作进行民主评议。在突出“两红”主载体的同时，鼓励各地创新，涌现出了诸如兰花热线、衢化大妈、龙游大妈等一系列组织群众参与基层治理的特色做法。如衢州市花园街道上洋村，在专业市场网格探索村企共建模式，充分发挥企业兼职网格员作用，一个企业一名兼职网格员，一幢市场楼一名兼职网格员，围绕安全生产每日开展检查，反馈企业日常服务需求，围绕有礼营商、诚实守信、安全生产、环境卫生、村企互助五个方面开展星级商户评定，推动市场有序管理。

图 8　柯城区衢化大妈志愿者队伍。目前衢州市已整合专家服务团 136 支，志愿者服务团队 789 支，成为网格队伍力量的有力补充

二是线上渠道畅通。在衢州，最具大众化的是“村情通”广泛应用。衢州市“村情通”平台，充分解决了群众参与决策和监督问题，已经成为农村（社区）治理的重要抓手，破解了基层治理的一系列痛点、难点问题，村（居）务

公开、收集群众意见建议、了解群众对村（居）务决策和工作执行落实情况的评价、组织群众排查矛盾纠纷和安全隐患排查等都可以依托线上开展，正是“共建共治共享”治理格局的生动体现。如今这种模式已经在衢州全面推广，如柯城区“点点通”、衢江区“钉格通”、江山市“E家亲”、常山县“慢城百事通”、开化县“三民工程”E掌通等，都取得了显著效果。

衢州共建、共治、共享“三共并推”的基层治理新格局，遵循着治理主体—理念机制—成果目的的逻辑线索。实践表明，“共建共治共享”的治理模式，能够真正尊重群众主体地位、激发群众主人翁意识、发挥群众主观能动性，真正打通基层治理的“最后一米”，也提供了“三共并推”基层治理新格局的生动经验。

“共建”是基本要求，体现了治理主体的多元化。这是“弹性社会”有机运行的基本要求，也是实现有效治理的关键。十九大报告提出了“发挥社会组织作用，实现政府与社会调节、居民自治良性互动”的“共建”要求，“互动”一词对社会治理主体间相互关系进行了重新界定。

“共治”是重要手段，体现的是社会治理手段的多元化。一是“共治”手段的主体多元化，从过去政府主导、行政方式为主的刚性治理手段，转变为组织社会各种力量、利用多种资源、采取多种方式进行社会综合治理的弹性治理手段。二是治理手段因地因事制宜，根据城市（乡村）不同区域、不同社会问题采取不同的资源整合模式和方法，以求达到更好的治理效果。三是治理过程的全方位干预，过去我们的社会治理强调事中和事后的干预，而现在多元主体共治条件下，我们能够对问题进行事前、事中、事后的全方面治理，通过前瞻性、预防性的工作，让不稳定、不安全事件少发生、不发生。

“共享”是最终目标，强调治理的过程协作与成果广惠。社会治理新格局不是为了某个阶层，而是让所有人享受社会治理带来的团结、和谐与安全。在治理过程中，不同治理主体之间信息共享，减少信息获取成本；治理资源共享，提高治理资源的利用程度；治理手段共享，增加治理的组合模式；治理进度共享，增强主体间工作的协同效应。而成果的广惠，是“将改革成果惠及更广大的人民”，推动社会阶层结构分布的合理化，缓解贫富差距及其衍生的社会问题，增强民众的“获得感”，缓解“人民日益增长的美好生活需要和不平衡不充分的发展之间的矛盾”。

（三）党建统领——基层社会治理现代化的灵魂

2017年，中共中央、国务院联合发布《关于加强和完善城乡社区治理的意见》，明确指出：“要充分发挥基层党组织的领导核心作用，把加强基层党的建设、巩固党的执政基础作为贯穿社会治理和基层建设的主线，以改革创新精神探索加强基层党的建设引领社会治理的路径。”衢州一直坚持“把加强基层党的建设、巩固党的执政基础作为贯穿社会治理和基层建设的一条红线”，不断加强支部标准化、规范化建设，真正把“党建统领＋基层治理”这篇大文章落地落细落小落实、做实做细做深做优。强化党员干部尤其是基层领导干部的理论学习，促使他们正确认识基层党建与社会治理的关系，准确把握引领的含义，在将党的领导落实到社会治理全过程中担负好引领的职责。

一是正确认识党建统领理念。统领不是包办，党员干部尤其是基层领导干部要正确认识党建与社会治理的关系，准确把握党建统领的含义，在将党的领导落实到社会治理全过程中担负好引领的职责，做到既不“包揽代办”也不“放任自流”。例如衢州的“党建统领＋社区治理”“红色物业联盟”，不是来越俎代庖的，而是来做“主心骨”的，是来发挥主力作用、示范作用的，目的是发动小区居民、住户、业主等方方面面共同参与。最终还是要落到尊重群众主体地位、激发群众主人翁意识、发挥群众主观能动性上来。

二是提升基层党组织标准化、规范化建设。党的力量来自组织，组织能使力量倍增。要通过全面开展党支部标准化、规范化建设，推进“软弱涣散”基层党组织整顿转化，确保党的基层组织有形有效覆盖。推进党员队伍质量整体提升，充分发挥党员的先锋模范作用。例如衢州的党建网格制度，对网格划分、“一长三员”（网格长、专职网格员、兼职网格员、网格指导员）都做出了明确规范；对于大党建统领重要内容的组团联村和党员联户，市委办公室也专门下发了文件，对组团方式、服务内容、工作机制做了明确要求。同时，这些规范遵循相对统一的原则，目的在于务实，不搞机械教条，不搞形式主义，要求各地在

“共性”的基础上，尊重基层、尊重实际，因地制宜、分类施策，八仙过海、各显神通，真正发挥这套体系的实用实效。

三是着力实践创新，将党建统领落到实处。近年来，虽然很多地方都开始了基层党建引领社会治理创新的探索，但不少地方对“抓好党建就是最大政绩”理解不深，在潜意识中把党建看成“虚功”，不愿投入足够精力抓党建或者“就党建抓党建”。其根本原因就在于没有找到党建的现实抓手，不能将党建落到实处。衢州的“把党支部建在网格上”、组团联村、党员联户、“红色网格联队”“红色物业联盟”等都是把党建落到实处，把口号变成实际行动。例如党员联户全覆盖，就是充分发挥党员的先锋模范作用，“简单来讲就是，要老百姓干的，你先干；要老百姓不干的，你先不干”。通过联户，随时掌握群众思想、生活状况，及时解决群众困难问题，密切党群干群关系，增进鱼水感情。

四是强化制度建设，确保党建统领常态化。制度建设具有根本性、稳定性和长期性。实践表明，衢州的“党建＋基层治理”只有强化制度建设，才能确保党建统领基层治理常态长效。一是人才保障制度。基层最缺人才，推进基层治理创新，核心在人。对“一长三员”建立专门的考核机制，实行绩效管理考核，为他们打开政治上升通道，给他们政治上的制度保障，给他们干事创业的平台，培养基层本土人才，组团联村（社）把乡镇（街道）以上机关工作人员派下去，弥补村（社）本土人才的不足。二是经费保障制度。把基层党建引领社会治理经费纳入年度财政预算，确保稳定的资金来源。衢州出台《网格工作考核管理办法》，将网格“一长三员”绩效考核报酬纳入财政保障。衢州全市财政拿出2.69亿元，对全市4191个网格、近3.8万“一长三员”进行绩效考核、星级评定、信息奖励等，保障网格运行。每年为每个网格支部（党小组）提供5000元的最低经费保障，全市每年投入2000万元党组织运行经费。三是考核评价制度。建立健全基层党建统领社会治理考核评价体系，有效发挥考核评价的“指挥棒”作用。衢州建立“三大指数”考评办法，强化考核结果运用，把考核结果作为领导干部选拔任用、培养教育、管理监督和激励约束的重要依据，激发各级党组织负责人引领社会治理创新的内生动力。四是法治规章保障。推进《城乡网格化服务管理条例》研究制定，以网格服务管理条例将衢州党建统领基层治理体系予以固化。全覆盖推进村规民约、居民公约的修订和执行，加强基层规则之治，培育居民契约精神。

衢州大党建统领在重点工作推进、重大项目攻坚、联系服务群众、维护社会稳定、精神文明建设上都收到了实实在在的成效，真正成为一种经验、一个样板，也充分印证了衢州主政者提出的党建“三个用来”。

（四）整体性政府——基层社会治理现代化的方向

如前文所述，“碎片化”已经成为基层治理困境的症结所在。社会治理的主体、客体及其要素的碎片化相互交织，对基层治理工作形成重大考验与挑战。与“碎片化”相对应，“整体性”治理是破解碎片化问题的一剂良药。整体性治理就是以公民需求为导向，以协调、整合和责任为机制，运用信息技术对碎片化的治理层级、治理功能、公私部门之间的关系、信息系统等进行有机整合，不断“从分散走向集中，从部分走向整体，从破碎走向整合”。[12]而其中治理的核心主体——政府的整体化是实现整体性治理的重要前提。衢州在工作整体性政府方面做了大量工作，在顶层设计、标准化建设、联动机制等方面走出了一条独具特色的整体性治理道路。

一是通过顶层设计，实现全市“一盘棋”。衢州围绕基层治理，加强顶层设计、系统设计，统筹考虑、整体推进。基于衢州多年的实践，也包含衢州主政者从乡镇到县到市的不断探索，总结提炼出党建、治理一张皮的“主”字型治理模式。通过细化各年度目标和攻坚计划，围绕重点区域、重点任务和关键要素、关键环节，优先突破、逐步实施，落实可操作、可量化、可评估要求，把基层治理一整套系统的顶层设计“推上轨、落下去”。

二是通过标准化建设，形成整体性政府。衢州市通过各部门的协同联动、大数据的共享共用，打造一个“资源共享、整体联动、协同服务”的整体性政府。建立健全“最多跑一次”政务服务标准体系，制定出台涵盖现场服务、网上服务、咨询服务、技术支撑、数据共享等方面的可复制推广的高质量地方标准，以标准固化改革成效。随着“最多跑一次”从承诺变为现实、由理念化为制度，燎原于民生、经济、社会各个领域，开创出政府自身改革和社会治理现代化的新局面，让人民群众实实在在地感受到改革带来的红利。

三是通过创新联动机制，实现整体推进。衢州通过强化专班运行机制、建立市县大联动中心，加强统筹整合和信息归集，横向打通整合各部门业务系统和信息资源，纵向对接乡镇（街道）综合信息指挥室、村（社）基层治理信息平台，融合打通平安通、村情通、“叮盯钉”智慧联动 APP 等，推动数据和预警信息自上而下、网格信息自下而上推送流转，实现资源集成、信息共享、整体联动。同时，坚持“抓点示范、以点带面”的工作方法，把全市最好的、最能体现成效的样板找出来。找到点之后，促进点的推广，通过每月一次的专题会、交流会，以点带面、全面推开。

“整体性政府”与部门主义、视野狭隘和各自为政的运作模式相反，采用交互的、协作的和一体化的管理方式与技术，打破部门、层级和职能的边界，促使各种公共管理主体（政府、社会组织、私人组织以及政府内部各层级与各部门等）在共同的管理活动中协调一致，达到功能整合，并有效利用稀缺资源，提供一种以公众需求为导向、精细化、个性化、全方位覆盖的公共服务，充分体现了十九大报告提出的“破除一切不合时宜的思想观念和体制机制弊端，突破利益固化的藩篱”的精神要求。

从衢州基层治理改革实践来看，整体性政府的实现路径主要包括机构改革、业务整合、资源共享、部门联动和一站式服务等多个方面。实现整体性政府需要注意以下几个方面：一是问题导向，强调以实现公共利益和解决问题为最终目标，摒弃以个体利益为导向的部门竞争。二是责任意识，强调以公众需求为基础，提供高质量的整合性服务，杜绝转嫁成本，杜绝相互推诿扯皮。三是整合联结，强调政府内部机构和职能的整合，以及强调政府部门与其他部门的联结合作，提供无缝隙公共服务，避免公众办事时在不同部门和机构间疲于奔命。四是沟通协调，在整体性治理体系中，信息、决策、资源和行动这几个方面相互介入，协调利益相关者之间的关系，以及协调行动者与整个治理网络的关系。五是相互信任，网络结构中的各个主体和组织是平等的关系，不存在绝对的权威，行动者之间建立一种信任关系以便采取集体行动。六是技术支撑，整体性治理往往要依靠技术的支撑，尤其是在整合分散的信息时，网络技术起了很大作用。

（五）扁平化组织——基层社会治理现代化的路径

当前，我国社会治理的一个矛盾就是社会日益扁平化与政府科层制运作模式之间的矛盾。科层制是在近代军事制度和企业发展的过程中成长起来的，被认为是“复杂组织最高效和有效的管理形式”。但目前科层制越来越不适应形势的发展，难以应对日趋分散化、扁平化、去中心化的社会个体。

在社会管理领域，科层制的政府运作模式催生了三大结果。一是科层制是“办大事”的机构，却办不了居民社区的日常“小事”。科层制要求“下级服从上级”“按规矩办事”，能够层层传导压力、落实任务，集中力量“办大事”。但面对老百姓需要解决的五花八门的“小事”时，往往显得力不从心，因为小事经常需要跨越多个法规和部门，官员“依法办事”办不成，也没有责任。[13]二是科层制阻碍了政府官员与人民群众的情感交流。“上面千条线，下面一根针”，真正面对群众的是“基层政权”（名义上是社区自治组织）这“一根针”。三是科层制弱化了社区自治组织的地位。与政府能够支配的人力、物力、财力相比，社区自治组织能够支配的资源十分有限，其组织动员能力也越来越弱。如果社区自治组织不能转化为科层组织，甚至会萎缩消亡。

衢州市主政者正是在基层的长期实践中，感受到现行科层制政府运作模式“散”和“乱”的弊端，从改革政府运作模式和做实社区自治组织两方面发力，实行扁平化治理方式，积累了丰富的基层社会治理经验。一是推行专班制工作模式，统筹整合要素资源，打破部门壁垒和层级界限，构建决策、执行、监督“三位一体”的高效运行体系。二是通过“红色物业联盟”“红色网格联队”“村情通”等措施，把党支部和党小组建到村（社）网格、经济组织、产业链条中去，在制度建设、队伍能力、经费保障等方面形成上下同向合力，推动社会治理重心向基层下移，促进社会自治组织发挥作用，解决基层组织扁平化缺位的问题。通过总结衢州市治理实践，我们可以发现，扁平化基层社会治理应该树立协同服务、社区自治和协商众治等几个理念。

一是协同服务，为基层群众提供服务的各类社会组织和个人，面对群众不断个性化的需求，逐步向更加便于获得的“一站式”综合服务转变。通过网络的支撑，让不同部门、不同领域、不同主体的服务资源协同联动起来，让社会服务的可获得性大大提高。例如纵深推进“最多跑一次”改革专班，就要求政府各部门的协同联动能力不断提高；农房体系构建和风貌提升专班，就需要市农办、规划局、国土局等部门协同建立健全乡村规划体系，完善房地信息系统。

二是社区自治，并非传统的居委会自治，而是社区业主和居民平等参与的众治，社区不再是政府的“脚”，而是成为具有独立利益、独特志趣，自主、自愿、自组织的社会生活共同体。例如依托“村情通”平台，加强农村群众自我管理、自我服务、自我教育、自我监督，创新“三务”公开形式，在线发布涉及群众的重要事项、热点问题，村民随时随地可以查看，解决群众参与决策和监督问题。

三是协商众治，就是让所有社区居民对自己身边的事情有一个自由表达意见、协商对话的公共话语空间。它既可以是虚拟的网络论坛、QQ 群、微信群，也可以是社区议事会，还可以是专项事务的社区听证会，包含了居民表达公共意见的场所和虚拟对话的空间。协商众治不同于协商共治。以往的共治通常指的是组织间的共同治理，或者是少数代表参与的治理，基本上是把居民个人排斥在外。协商众治是由线上对话、线下协商、线上线下相结合最终完成决策的。很多老大难的纠纷问题，都在居民广泛参与的过程中，经过公共对话形成大多数人的意见，最后通过线下协商会，让不同意见的代表当面再讨论，最后取得比较满意的结果。协商众治有利于调动每一个居民参与公共事务的积极性，更有利于提高居民的自治能力和公共意识，极大地调动居民参与新社区建设的热情，成为社区建设的主力军。

（六）三个导向——基层社会治理现代化的方法论

衢州市把改革的逻辑分为三个层次：最基础层次是问题导向，上升到第二个层次目标导向，再上升到第三个层次价值导向。改革层次的不断上升，实现了三个导向有机统一，促使改革从被动改变上升为主动探索，从外部驱动再转变为内在驱动，这是衢州基层社会治理现代化的成功经验，更是改革实践中探索并坚持的方法论。

1. 坚持问题导向，勇于面对并善于解决现实问题

习近平总书记指出：“我们中国共产党人干革命、搞建设、抓改革，从来都是为了解决中国的现实问题。”坚持问题导向，首先要敢于直面问题，不推诿、不回避，敢于担当、敢于负责；其次要善于解决问题，抓主要矛盾、抓关键环节、抓发展根本。例如，针对早些年政府部门“门难进、脸难看、话难说、事难办”的问题，衢州市率先重塑流程，聚焦简材料、减环节、压时间，降低办事成本，压缩办事时间，推行“一窗受理、集成服务”模式，成为“最多跑一次”改革的先行者，积累了大量丰富的经验。

2. 坚持目标导向，在正确方向上坚定前行

坚持目标导向，就是紧紧围绕既定目标开展工作，始终在目标指引的方向和道路上持续奋进，以实现美好理想为工作目的。切实做到坚持目标导向，重点要真正明晰并严格执行工作路线图、时间表和任务书。在社会治理领域，衢州市委提出了明确目标——“打造中国基层治理最优城市”，就是把衢州放入全国坐标体系中来考量，积极为中国的基层治理探路，为“中国之治”的基层之治提供样本。为此，衢州市制定了“打造中国基层治理体系最优城市”攻坚任务表，将目标分解成制订“中国基层治理最优城市”标准化体系提纲、开展“百个部门、百家企业、百名乡贤结百村助消薄”行动等30多项具体任务，并为每一项任务确定具体责任单位和任务完成时间。实践表明，目标导向能够确保工作不跑偏、不懈怠、不走样，始终在正确的方向和道路上坚定前行。

3. 坚持价值导向，改革归根结底是为人民服务

所谓价值导向，是指社会或群体、个人在自身的多种具体价值取向中，将其中某种取向确定为主导的追求方向的过程。共产党的初心是为老百姓打天下，共和国的初衷是让人民当家作主，改革归根结底是为人民服务。衢州社会治理价值导向论的核心内容就是，坚持以人民为中心、促进社会公平正义和积极倡导普惠价值，这也是社会主义核心价值观的内在要求。衢州的“主”字型基层社会治理实践的灵魂就是“人民当家作主”，真正体现“主”字最高标准、最高境界。

（七）数字化治理——基层社会治理现代化的技术支撑

近年来，党中央、国务院就推进审批服务便民化、“互联网＋政务服务”、

政务信息系统整合共享等工作做出系列重要部署。2017 年 12 月，习近平总书记在主持十九届中共中央政治局第二次集体学习时发表重要讲话，从推动大数据技术产业创新发展、构建以数据为关键要素的数字经济、运用大数据提升国家治理现代化水平、运用大数据促进保障和改善民生、切实保障国家数据安全五大方面，就实施国家大数据战略，建设数字中国做出了顶层战略部署。实施国家大数据战略、建设数字中国的核心任务之一就是要建设基于大数据、互联网和智能化应用的数字化、服务型政府，通过打破信息壁垒、汇聚政务信息、优化服务流程，疏通“放管服”改革的“经脉”，更好地服务和改善民生，增强人民群众的幸福感和获得感。

“数据多跑路、群众少跑腿”是衢州市推进基层社会治理改革的重要理念和技术支撑。依托国家发改委 2018 年数字经济重点项目暨国家政务信息系统整合和公共服务数据共享应用示范工程试点和省数字化转型试点，衢州市以“四横三纵”为框架，大力推动技术、业务、数据和服务“四融合”，构建规范统一、数据驱动、共建共享、协同创新的“数字政务服务”新模式，着力建设“无证明办事之城”和“掌上办事之城”。目前，进驻市行政服务中心的 1336 个事项中，1290 个事项开通了网上办理，445 个事项实现了移动端办理，202 个民生事项实现了“一证通办”。

衢州实践表明，数字化治理是推进基层社会治理改革的重要路径，基层社会治理能力的现代化始终离不开信息技术的创新。一方面，政府部门通过现代信息技术可以及时发现并回应市民的公共诉求；另一方面，政府部门内部通过信息技术可以实现政务信息的互联互通。

要实现数字化治理，一是要综合运用互联网、大数据、云计算等信息技术，建立健全高效互通的政务服务平台，为部门决策提供数据信息支撑；二是要统一数据标准和技术规范，建设统一的大数据库和若干个基础信息库，“让信息多跑路、让市民少跑路”；三是要基于整体视角，推进跨部门政务流程再造，以政务办理信息系统改造作为切入点，对一件事的整个流程进行根本性的设计重构，变革清理与整体性流程不相适应或者不必要的环节。

（八）政社合作——优化基层社会治理多元结构

随着公民社会的发展，政府不再是唯一的权力中心，单一的政府也很难应付错综复杂的社会问题，以社会组织为核心的社会力量的崛起增强了自身与政府对话的能力。政府需要加强与这些新兴社会力量的合作，将其整体纳入治理体系和治理结构之中，以实现政社合作、多元共治。这就要求把企事业单位、社会组织、中介组织、公众等多种社会力量纳入治理主体结构之中，建立一种多中心的政府治理结构安排。

近年来，衢州市大力推进社会组织培育和作用发挥，全市已建立各类社会组织7847家，其中城市社区社会组织达到1384家，农村社区社会组织达到6463家，实现平均每个城市社区有14.27个、每个农村社区有4.36个社会组织。这些社会组织在联系服务群众、促进社会和谐、创建文明城市等工作中发挥了积极的作用。

柯城区围绕“加强和创新社会治理”这一主题，以全国劳模、省党代表叶兰花命名，培育打造“365兰花热线”社区治理品牌，通过党员创办社会组织，党组织引领社会组织，社会组织参与社会治理，健全城市社区治理体系，真正把服务延伸到社区、把矛盾化解在基层。目前，该区36个城市社区全部建立了“兰花热线工作室”，辐射群众12.5万户，调处纠纷16779个，解决群众困难3.8万余个。“衢化大妈”是衢化街道网格员、志愿者的另一个名字，一个让居民感觉到“温暖”的词汇。社区自组建以党员骨干为主的“衢化大妈”志愿者服务团队以来，现已壮大为包括网格员、党员群众志愿者在内的320人的大队伍，在平安巡逻、D级危房解危、纠纷调解、为老服务等方面发挥作用，真正做到了“党员居住在网格、服务在网格、奉献在网格”。“衢化大妈”就是基层治理的“主人翁”，截至2018年5月，昌苑社区“衢化大妈”已参加平安巡逻1000多人次，参与环境卫生整治500多人次、文明倡导300多人次等服务。

从衢州的实践经验可以看出，推动外部跨界合作至少有四条路径：一是转变政府职能。将多元合力定为政府的职能目标，摆脱“超级保姆”的角色，主动调整政府、市场、社会三者之间的关系，政府可以把适合市场和社会做的事情，通过多维赋权方式交给市场和社会。二是发展社会组织。通过“外引内育”的方式，即外引专业社会组织，内育社区社会组织，培育新兴治理主体，重点培育环境保护、矛盾调解、邻里互助、健康养老、公益慈善等与基层治理密切相关的社会组织。三是项目制运作。以项目的形式通过公益创投或公益招标，把一些公共事务交给具有一定承担能力的社会组织。政府可委托第三方机构进行专业监督和评估。四是开发优势资源。搭建多方平台，撬动党、政、企、社、校、媒等多方互动，推进资源共享，注重优势资源的开发。

外部跨界合作的目的就是要理顺政府与社会、市场的关系，使“全能政府”向“有限政府”转变。政府的主要职能在于提供政策和资源支持。政府在提供资源时，不能单纯地依靠财政投入，而应积极搭建平台，引导有能力的企业家、专家学者与社会组织共建共营，实现资源共享。同时，可以通过举办公益洽谈、公益沙龙、论坛交流、社会组织博览会项目成果展示等，邀请社会各界成功人士参观社会组织，让他们相互交流、感受服务成效，进而使他们主动投资，支持社会公益事业，参与基层治理。社会组织等社会力量也要逐步完善内部治理结构，增强承接公共事务的责任和能力。外部跨界合作机制勾勒出的“多元共治、多元平台、多元服务”网络化架构，是优化基层社会治理结构，实现整体性治理的重要一环。

（九）传统文化——构建基层社会治理良好环境

传统文化是中国社会的重要瑰宝，源远流长的传统文化具有丰富的思想价值和知识理念，对人的行为产生着潜移默化的影响。德育、礼治是中华文化的生命禀赋，是治理的最高境界。如果一个地域有着尚礼之风气、儒学之浩荡，必能为社会治理带来和谐的种子，对缓解社会冲突、促进社会良性运行具有重要的作用。

衢州以敏锐的文化自觉，提出打造一座最有礼的城市，以“南孔圣地·衢州有礼”城市品牌塑造和“有礼”行为养成融合滋养基层治理，探索具有市域特色的基层治理“礼治”模式，并以此为基层治理构建良好的社会环境。

图 9　大力推进“衢州有礼”活动

1. 大力推进“有礼”创建活动

衢州是全国唯一的孔子家庙所在地，与山东曲阜“北孔”形成呼应，从南宋宋高宗南渡孔子第 38 代孙落户衢州开始，一直深受儒风的熏陶。衢州以“南孔”为载体，充分挖掘城市个性。在全社会倡导忠义、包容、诚信、礼仁、友爱等儒家文化，彰显区域特色文化，增强市民对城市的归属感、荣誉感，让城市更有内涵、更加文明。该市提炼总结“南孔圣地 · 衢州有礼”核心内涵，发动社会各界广泛参与，提炼形成并发布了《“衢州有礼”市民公约》二十条，倡导和规范包括礼让斑马线、不在公共场合抽烟、按规章停车、不逆向行驶、文明养狗等行为。开展礼仪进校园、进窗口、进企业、进医院、进社区等活动，抓细抓实农房整治、人情消费、青山白化、烟花爆竹等具体问题，推进移风易俗，促进每个市民成为城市的“文明眼”。

2. 大力倡导诚信文化

在社会生活中，“信”是一个人的立身之本，如果没有诚信，也就失去了做人的基本条件。孔子说："人而无信，不知其可也。大车无輗，小车无軏，其何以行之哉?"这就是说，一个人，如果失去"信"，就像车子没有轮中的关键部件一样，是一步也不能行走的。衢州结合打造中国最优营商环境城市，积极推进"信安分"个人信用创建活动，构建符合新时代要求的诚信体系，不断增加守信红利、提高失信代价。以常山县球川镇黄泥畈村为例，该村把诚信体系建设作为治村的主要手段，围绕社会公德、职业道德、个人品德、家庭美德四个方面，制定了包括村庄环境、和谐稳定、融入中心工作、一票否决等4大项75小项"千分制"的村民诚信共性考评内容。建立考评结果晾晒机制，将排名前后5%的农户在村慢城百事通APP平台、远教广场大窗口进行"红黄榜"公示，增强群众的参与感和荣辱感。专门制定考核结果运用细则，年终为年度信用积分排名前5%的农户颁发信用户牌，并在信用贷款、就业推荐、政策享受、党员先锋考评等方面给予优先优惠。排名后5%的农户不得享受上述优惠政策的同时，还必须通过志愿服务、问题整改等方式进行信用修复。推出诚信积分兑换超市，每月、每季、每年信用户可到超市兑换价值20～300元不等的生活用品，以此褒扬先进、鞭策落后，形成"守信者受益、失信者追赶"的良好氛围。目前，这一做法在衢州广大农村、社区广泛推行。

3. 大力弘扬优秀传统文化中的"正能量"

衢州积极开展重构优秀传统文化工作，全面加强农村文化礼堂阵地建设，挖掘农村祠堂文化，鼓励开展传统文化活动，形成包括春祭祀、过小年、邻里亲、全村照等富有传统特色的文化品牌，把传统的孝亲、诚信等价值元素通过活动传播，以优秀传统文化的价值理念对现有社会现象进行正向释义，充分发挥传统文化浸润人心的作用。

（十）找回人民——基层社会治理服务宗旨

改革开放后，随着市场化改革以及人口大量流入城市，城乡基层治理愈加复杂，面临着双重挑战。一方面城市的单位制解体，基层政府在承担了大量的社会管理事务的同时，却严重缺乏治理资源；另一方面农村"空心化"，更使乡村治理主体乏力，不能承担起乡村治理的重任。在这种形势下，基层治理逐步向压力型体制转型，群众路线逐渐放弃了群众运动，转而求助于官僚体系的动员，更多地依靠行政官员将任务层层往下分解，在缺乏居民（村民）广泛参与的情况下，国家只能依靠基层政府与一个个群众个体打交道。从某种意义上讲，基层治理的困境也是群众路线内部失衡的表现，解决这一问题的核心就是找回群众。

“时代是出卷人，我们是答卷人，人民是阅卷人”，这是强调以人民为中心，把人民群众对美好生活的向往作为执政党奋斗目标的精彩表达，也是基层治理“找回群众”的时代要求。基层社会治理水平高不高、治理能力强不强、治理效果好不好，应该由人民群众说了算。衢州“主”字型基层治理结构就是新时期党的群众路线的典范。尊重群众主体地位，激发群众主人翁意识，发挥群众主观能动性，从群众中来、到群众中去，管理变治理、民主促民生，真正体现人民群众的主体地位，真正让人民群众当家作主。

衢州《请人民阅卷》电视问政栏目更是将群众路线落到了实处，作为一种新的官民互动形式，电视问政有利于官员树立正确的权力观、政绩观；有利于维护和实现民众的知情权、参与权和监督权；更有利于树立政府为人民服务的良好形象，意义重大。例如，首期电视问政节目聚焦农房整治问题，在网络和电视媒体的播放量达150余万次，问政节目现场的揭短亮丑再加上节目之后的反馈跟踪报道，促进了各地实打实进行整改，有力助推了农房整治工作。

衢州的一整套基层社会治理体系已经在全市重重落地，并在农民建房风貌提升、全域土地综合整治、土地征迁项目推进、基层社会平安稳定、全国文明城市创建等工作中得到了实战检验，得到了人民群众的高度认可。衢州的改革实践表明，人民群众才是基层社会治理的阅卷人，坚持群众路线才是重塑基层社会治理的关键。一方面，坚持以人民为中心的思想为指导，是我们党坚持“立党为公、执政为民”执政理念与践行全心全意为人民服务的根本宗旨的体现。对人的治理说白了就是社会治理，社会治理的格局和体制要依靠人民来实现，实现人民的美好生活是社会治理的最高目标。新时代加强和创新社会治理，必须坚持人民的主体地位，坚持党的执政理念和根本宗旨，把党的群众观点和群众路线贯穿于社会治理现代化理念中去。另一方面，实践证明只有坚持以人民为中心来打造社会治理格局才能推进社会治理各项工作的发展，才能让经济与社会在转型中协调发展。社会治理的过程中坚持以人民为中心的思想为指导，不断解决与人民群众的根本利益息息相关的问题，我国社会和谐稳定才能长久维持。

七、结语

党的十八大为我国治理理论从“社会管理”跃升到“社会治理”奠定了基础，十八届三中全会将“创新社会治理体制”作为推进“国家治理体系和治理能力现代化”的重要组成部分，党的十九大把建设平安中国、加强和创新社会治理上升为基本方略，进一步强调“打造新时代共建共治共享的社会治理格局”。这一系列新理论、新思想的提出，既符合解决我国当前社会主要矛盾的需求，也是人类历史发展进程中应对新问题、新风险的必然选择。

随着我国社会治理理论的突破，基层政府在社会治理的体制机制和治理方式等方面，进行了积极探索，为创新社会治理积累了成功经验。但随着地方改革的不断深入，基层社会治理现代化面临着治理主体、治理要素的“碎片化”困境，导致各地方的治理改革探索也呈现“碎片化”的特点：大多是以某一方面的问题为突破口，解决某一个领域的具体问题，而缺乏整体视角和系统化思维。这成了困扰政府效能发挥、影响公共服务管理水平提升的一个重要的体制性问题，也是影响改革深入推进的症结所在。如何打破碎片化困境，整合各类主体和各种要素，构建整体性治理结构是加强和创新基层社会治理的关键，也是完善基层社会治理体系，提升基层社会治理能力的核心。

衢州市“主”字型现代化基层治理体系是习总书记关于“两山理论”、社会治理“四个治理”和乡村振兴20字方针在基层的创新实践。这一创新实践，坚持了问题导向、目标导向和价值导向的改革方法论，促使改革从被动改变上升为主动探索，从外部驱动转变为内在驱动。这一创新实践，坚持以人民为中心，围绕打造“中国基层治理最优城市”的目标，把基层治理创新与“互联网＋政务服务”“党建＋基层治理”两篇文章融合，通过“制度设计＋技术支撑”，构建起“四大五加”为主要内容的体系架构和“主”字型运行架构，以从“三”到“王”到“主”的逻辑顺序整体推进，并不断地做实、做细、做深、做优，形成了执法管理服务“三位一体”、自治法治德治“三治融合”、人防物防技防“三防齐抓”、共建共治共享“三共并推”的基层治理新体系。这一创新实践，以系统性、整体性、协同性的理念谋篇布局，全面推进基层治理，利用大数据技术打造城市社会治理信息平台，推进辖区社会治理现代化，解决了市域社会治理的突出问题，构建了全社会共同参与的基层社会治理新格局。这一创新实践，落实了全市一盘棋，工作大统筹，党建治理大花园一体抓，以党建统领推进基层治理、乡村振兴、社区建设，努力做到体制内上下打通、条块打通，进而推进市域各方面工作，更好地践行了新时期党的群众路线，是引导和鼓励社会各方面广泛参与的系统性改革。

当前，根据中央政法委在全国开展市域社会治理现代化试点工作部署，衢州市将积极争取市域社会治理现代化试点，按照七个现代化和“五治融合”的新理念、新要求，结合衢州市“主”字型现代化基层治理体系的实践探索，继续完善党委领导、政府负责、社会协同、公众参与、法治保障的社会治理体制，打造共建、共治、共享的社会治理格局。力争在2021年上半年提前实现创建目标，切实提升衢州市域社会治理现代化水平，为全国同类地区市域社会治理现代化建设提供可操作、可复制、可推广的治理样本，为国家治理体系和治理能力现代化贡献基层鲜活的创新经验。

参考文献

[1]中共中央关于全面深化改革若干重大问题的决定[N]. 人民日报,2013－11－16.

[2][3][4]王浦劬. 国家治理、政府治理和社会治理的基本含义及其相互关系辨析[J]. 社会学评论,2014,(3):12－20.

[5]姜晓萍. 国家治理现代化进程中的社会治理体制创新[J]. 中国行政管理,2014,1:24.

[6]国研中心课题组. 我国社会治理的制度与实践创新[M]. 北京:中国发展出版社,2018.

[7]杨安. 大数据与市域社会治理现代化[J]. 经济,2018(10).

[8]陈一新. 推进新时代市域社会治理现代化[N]. 法制日报,2018－07－18.

[9]国研中心课题组. 我国社会治理的制度与实践创新[M]. 北京:中国发展出版社,2018.

[10]孙柏瑛. 转型中国基层治理何去何从[J]. 国家治理研究,2015,(1).

[11]谭海波,蔡立辉. 论“碎片化”政府管理模式及其改革路径——“整体型政府”的分析

视角[J]. 社会科学,2010(8):13.

[12]竺乾威. 公共行政理论[M]. 上海:复旦大学出版社,2008:472-473.

[13]潘维. 信仰人民:中国共产党与中国政治传统[M]. 北京:中国人民出版社,2017.

[14]金绍荣,张应良. 优秀农耕文化嵌入乡村社会治理:图景、困境与路径[J]. 探索,2018,(4):150-156.

执笔:方艳 贾存斗 徐照林

附：衢州基层治理现代化实践典型案例

●体系作战　聚力攻坚

柯城区高铁新城1.72万亩征收速决战

2018年6月，衢州“主”字型现代化基层治理体系刚刚出炉，就迎来了高铁新城1.72万亩征收的首战考验。这是体系初试锋芒的大战大考，更是体系落地落实的检验检阅。

高铁新城作为“活力新衢州，美丽大花园”建设的大战场、大平台，将点燃新一轮衢州发展的强大“引擎”，低碳绿色生态，未来空间无限。而柯城区姜家山乡作为高铁新城征迁主战场，共涉及9个行政村1.72万余亩土地征用、1626户房屋征收、1927栋房屋拆迁，要求所有征迁工作在一年内完成。这是衢州历史上第一次体量最大、时间最短的征迁任务。

征迁工作启动后，短短两个月内全面完成1.1万余亩土地征收任务，三个半月完成房屋征收签约1623户，整体签约率达99.82%，创造了高铁新城征迁的“高铁速度”。截至2018年底，项目区块的土地征用、房屋征收、墓穴搬迁等工作全面完成。

健全网格作战体系，形成集团作战局面。在成立高铁新城征迁领导小组的基础上，姜家山乡以网格化征迁为抓手，将9个征迁村细分为22个网格落实任务，借助柯城区9大部门专班力量，实施挂图作战；在要求党员干部带头支持的同时，建立“党员联户包户责任清单”。通过网格领办、党员包户，变乡村干部的孤军奋战为全体党员干部的集团作战。

发挥网格全科功能，打造平稳征迁环境。重点发挥宣传、摸排、调解、预警四大功能。网格内“一长三员”做到入户宣传全覆盖，向农户发放征迁政策手册3000余份，张贴各类宣传标语500余条，悬挂横幅100余条，不断提升群众对征迁的知晓率、支持率。各网格深入摸排农户家庭境况、利益诉求、存在顾虑，为最终形成“整体搬迁村统一分配，部分征迁村丈量到户”相结合的土地分配方案提供了有效支撑，大幅提升了征迁效率。按照“小事不出网格、大事不出乡村”的要求，出台矛盾纠纷分级响应处理机制，提升矛盾化解实效。对于散播不良言论、煽动不法行为的，做到及早发现、及时上报，在政法机关支持下，快速打击、保持威慑，防止群体事件发生。征迁以来，在“一长三员”和党员群众的支持下，公安机关依法对14名扰乱公共治安秩序、散播谣言的村民作出了行政拘留决定，有力打击了违法分子的嚣张气焰，有效维护了征迁工作的长期稳定。

借助专班专业服务，有效提升征迁效率。突出专班的“专”字，区里组建的9大专班（一村一专班，由部门一把手挂帅，按照组团联村的模式，配强部门干部、乡镇干部、一长三员等力量）下沉至网格开展专业服务。在乡党委统筹部署下，实行联动响应、联合作战，依托专业优势做好群众工作，实现提质增效。如人社专班提前抽调业务骨干、补足办事力量将征地社保业务驻乡驻村办理，将征地社保办理繁杂程序进行压缩，由30个工作日提速到1个工作日，实现当月办理次月享受，2个月内办结征地社保2200余项。

江山市垃圾发电项目原址落地翻身仗

“邻避效应”一直以来都是基层治理的难题。江山市落址在上余镇上余村的生活垃圾焚烧项目也经历了一波三折。2018年8月，该村部分村民在获悉该项目将落户在本村之后，一度聚集到江山市政府门口集体上访，造成该项目当时不得不以暂停实施的方式，平息部分村民的强烈情绪。

怎么办？不建不可能，这是省政府确定的必建项目，更是江山市居民生存生活所必须的；换址不现实，该址经过比较论证是适建位置，不能轻易换，村民不理解的问题放到哪里都可能碰到。经过衢州市委、市政府，江山市委、市政府反复研究，确立了“项目落地，社会稳定”最低纲领和“标本兼治，固本强基”最高纲领。在剖析诸多原因时，一致认为主要是没有把党建统领基层治理这一体系抓牢用好，党员干部作用没有充分发挥，群众的思想工作没有做细做透。衢州市和江山市把这一项目原址能否落地，作为做实、做细、做深、做优基层治理的重大突破口，开展了“党建统领+基层治理+乡村振兴大花园”的积极实践。

统筹融合“一盘棋”，联动推进。实行市、县两级统筹联动、统一指挥，上下打通、左右贯通，形成项目推进强大合力。衢州市委常委会专题研究江山上余村垃圾发电项目，明确项目推进的目标原则、责任主体和具体方案。成立由市委副书记、常务副市长、宣传部部长、分管副市长、公安局局长等市领导和相关部门负责人组成的“7+X”工作指导小组，全面指导协调项目推进。江山市全力担好主体责任，建立项目流程方案、思想统一方案、组织工作方案、群众工作方案、舆情应对方案“五大方案”整体推进。成立重大民生项目建设议事机构，四套班子主要领导、市委副书记、政法委书记、相关市领导、涉及乡镇部门主要领导全员参与。项目现场设立推进指挥部，由市委副书记、政法委书记担任指挥长，相关市领导担任副指挥长，全面行使指挥调度、统筹谋划、督导推进的职能。实行“一月一计划，一周一清单，一日一报备，一事一方案”挂图作战推进，建立不同层面的钉钉、微信工作交流群，落实线上线下融合。开展每日情况会商，建立项目建设总指挥部指挥长月例会、现场指挥部指挥长周例会、周六会商会、专题交办、一月一点评及综合办全程协调与每日钉督等工作制度，形成一般事务在现场指挥部协调解决、重大事务交由总指挥部指挥长会议商议解决的闭环运行模式。先后召开各层级会议56次，出具交办单87份，召集11个部门集中联合审批，确保项目依规高效推进。

做实“三联工程”，凝聚合力。以组团联村、两委联格、党员联户“三联工程”为载体，夯实镇村主体责任，发挥党员先锋作用。针对上余村多村撤并而成，是江山市人口规模最大的行政村（2277户、6773人）这一实际，江山市下派市领导担任上余村第一书记，抽调机关部门、乡镇104名精兵强将组建5个工作组，进驻上余村6个网格，开展全方位组团联村服务；选派19名具有乡镇工作经验的退居二线的科级领导干部，分别担任上余镇18个村的“党建指导员”，驻村服务；抽调81个单位中的400多名干部开展亲友挂联、联户结亲，共挂联上余村1601户。在上余村6个网格全部建立网格支部，充分发挥村党组织、网格支部和“一长三员”作用，通过谈心鼓劲、决策支持，重新树立村书记的信心和威信，回归项目一线。在“领头雁”示范带领下，“一长三员”、166名党员和村民代表一起写下请战书、按下红手印。全面推行“1+2+X”党员联户包人机制，由1名党员联系2户支持户、包若干持不同意见的群众，分头做好群众思想转化、矛盾纠纷化解工作。通过联户联心、结对结亲、党员带头，上余村“两委”干部、党员、村民代表、土地征收户100%、全村农户99.3%，明确表示同意项目落地，原来反对声音和抵触情绪最大的442名群众思想得以转化。

走好群众路线，画好“同心圆”。精心组织县（市）乡村各级干部代表、“两代表一委员”、离退休老干部、市民代表、上余村党员群众等18类群体6384人次（其中上余村民2000余人）依序前往常州、余杭实地考察同类项目。围绕“垃圾围城怎么办？垃圾处置怎么干？”在市级、部门乡镇、村（社）、学校、医院、企业等各层面组织开展大讨论活动，通过专家讲座、主题党日、文艺下乡等方式持续开展大宣传。扎实开展异地商会大走访活动，对40个异地商会近100名乡贤及521名上余籍在外人员开展走亲式慰问，充分发挥商会乡贤力量，进一步统一江山全市干部和群众思想，营造有利于项目落地的大环境。从项目选址、项目工艺、土地征收、主体选择、民生实事等每个环节充分倾听群众意见建议，党员大会、村民代表会议、公示、签字等全程依法依规，公开透明，让群众声音出现在决策之前，让群众参与贯穿项目始终。搭建村、乡、县三级诉求反馈平台、畅通渠道，发动群众积极参与项目宣传、矛盾化解、土地征收等基础性工作，使群众在参与中深化认识、增进认同。在强有力的思想工作推动下，赢得了原来坚决反对的群众的支持，有些甚至主动加入“红色娘舅”调解队。同步谋划启动上余村“党建统领＋基层治理＋乡村振兴”三合一示范点创建工作，以上余村小城镇环境综合整治项目为统领，梳理建设总投资估算2261万元的民生实事项目17个，努力实现“项目落地、乡村振兴”。在强大的思想工作和政府为民办实事的真心感召下，项目再启动时，仅15天就完成涉及96户228.43亩土地征收，顺利完成22穴坟墓迁移以及土地清表。民生办实事项目也已完成宅间道硬化、校车通行、路灯亮化、供水管网改造、清洁家园行动5个项目。

源头治理，筑牢风险隐患“防火墙”。坚持把社会稳定风险评估贯穿始终，强化风险预测预警预判，委托第三方权威评估机构开展风险评估，全面摸清461名持不同意见群众的基本情况，收集群众诉求和涉稳风险252条。根据风险程度，全面开展涉稳风险化解处置，实施动态销号管理。坚持“人力＋技术、线上＋线下、内围＋外围”并重，发挥“雪亮工程”实战作用，构建“空中有监控、地面有巡逻”的社会面管控体系。加强网络舆情导控，做好24小时实时监控，对上余村6个微信群和相关论坛24小时实时监测，发现并及时处置线上舆情25起，落地核查11人，约谈训诫10人。制定突发群体性事件处置预案，开展每周一次模拟演练、双周一次实战演练，切实提高了突发性聚集事件处置力，增强了震慑力。组织开展“扫黑除恶”专项行动，针对上余村突出治安问题开展精准打击，抓获15名违法犯罪嫌疑人；按照“查全、查细、查准”的要求，对上余村2277户6773名村民基础信息集中开展全面摸排，对重点人员进行教育训诫，先后训诫98人，完成27人的取证工作，对其中10名重点人员跟进回访训诫，促成教育转化，并在电视上现身说法，形成扫黑、除恶、治乱助推项目落地的强大声势。

衢江区新田铺田园康养综合体项目攻坚战

衢江区新田铺田园康养综合体是建设衢州大花园的重点项目，位于衢江北岸、沪昆高速北侧，涉及浮石街道姜家坞、元桥等5个行政村，规划总面积11686亩，协议总投资50亿元，涉及农户1591户。自2018年3月启动项目征迁以来，在市区一体合力攻坚、强势推动下，于2018年底全面完成项目政策处理，累计流转土地10254亩、搬迁坟墓2892穴，项目区村庄实现了从“大乱”到“大治”的重大转变。

从一个村到一座城，打响项目攻坚大会仗。姜家坞村是本项目征迁工作的难点村，该村有700多年建村史，在衢州历史上小有名气，村民宗族意识强。衢州谚语有云：“小小衢州府，大大姜家坞。”由于对政府缺乏信任，村党组织软弱涣散，项目征迁在该村一度阻碍重重，严重拖了项目整体推进的后腿。在区乡征迁工作一再受阻的情况下，市委、市政府高度重视，组织开展了市、区联动攻坚大会战。10月30日，由市督考办牵头，对柯城区、龙游县、常山县、开化县、西区、集聚区、市公安局、市教育局、市卫健委、市人行等17家单位所涉及的财政供养人员进行书面交办，要求一个月内签订“两圈关系”土地流转协议27户、搬迁坟墓157穴。区委、区政府从各乡镇、部门抽调精兵强将组建工作专班，编排组成5个征迁工作组，同时派驻36个部门攻坚小组，交办土地流转协议71户、坟墓搬迁407穴，限期一个月完成。市级部门、衢江区及区级部门主要领导、分管领导、业务骨干齐上阵，有的独立作战、有的协同作战，全市上下形成了市区乡村四级联动、干部党员村民乡贤四方推动的项目攻坚大格局。据统计，新田铺项目征迁，从市到村累计投入“兵力”300余人，直接参与攻坚1200余人次，打响了一场真正意义上的全市重大项目攻坚大会战。

从涣散无力到众志成城，打实基层组织提升仗。紧紧抓住党建统领这个“牛鼻子”，力争以项目征迁带动基层治理上台阶，推动基层组织重新洗牌、改头换面。面对前期表现软弱涣散、无所作为的基层党组织，区委、区政府痛下决心，区纪委监委、组织部、宣传部、公安局全面介入，对涉及项目的街道、村两级党员干部进行整顿教育，6 名干部被停职教育，6 名党员被迁入“红炉”支部整转，2 名党员被组织除名，姜家坞村原支部书记被免职。通过区委、区政府的一系列果断举措，有效激发了项目涉及的 5 个村、235 名党员的战斗力。在新田铺项目征迁中，不仅涌现出老支书顾问团、老党员讲师团，更涌现出了党员服务团、政策处理党员攻坚班等一大批先锋模范，200 余名共产党员在基层筑起了一个个红色堡垒，成为人民群众的排头兵、主心骨，无条件支持项目建设，带头做好项目征迁，为加速政策处理工作立下赫赫功劳。村级基层治理由此得到重大提升，软弱涣散的基层党组织实现蜕变，凝聚形成了众志成城的巨大合力。

从连轴转到连夜转，打好征迁工作持久仗。该项目征迁工作难点之一是坟墓搬迁量大，一个坟墓往往牵扯一个家族，需要做多户甚至几十户的思想工作，消耗时间和牵扯精力多，而且坟墓搬迁采用新型的生态树葬模式，一开始农户思想上有顾虑，导致有些农户今天签协议第二天就反悔。姜家坞村邵科汉户，迁坟前后三次反悔、一波三折，迁坟日子挑好一次又一次，可每次都变卦。面对“钉子户”的各种突发情况，工作专班发扬“钉钉子”精神，抱着“精诚所至，金石为开”的信念，白天做不通，晚上深夜继续做，“两圈”行不通就找“三圈”和“外围”，十次不行就二十次、三十次，逐户耐心讲政策，宣传项目愿景，争取征迁户的理解支持，一点一滴地融化农户或“坚如磐石”或“粘如麻糍”的态度。有专班工作人员戏称，“你纵虐我千百遍，我仍待你如初恋”。正是征迁过程中的坚韧决心和顽强意志，推动了项目征迁拉锯仗、持久仗全面铺开并节节获胜。

从逐个击破到全面开花，打赢项目征迁攻坚战。一把钥匙开一把锁。在完成 80% 左右的征迁任务后，面对最后一批“钉子户”，特别是针对“铜墙铁壁式”的防守，专班人员转变思路，从征迁户家庭背景、社会关系入手，走亲访邻、摸清“两圈”“三圈”甚至外圈关系，找关键人办关键事，持续强势攻坚，努力以各个击破带动全面开花，最终打赢征迁攻坚战。如在面对由于故意砸坏挖掘机并被行政拘留的邵某时，多方沟通无果后，通过街道干部与村干部找到了一位邵某十分敬重的老大哥，由其做邵某的思想工作，成功软化邵某的态度，打开了邵某的心扉；还有邵梅福户以狗和“铁将军”把关，专班人员无法接近，最后另辟蹊径，从其在宁波柴桥消防中队的儿子入手，将一潭死水的沟通工作做“活了”，让该农户从不见面、不让进家门，到支持工作、热情接待的360°转变。

从“大乱”到“大治”，打胜乡风民风转化仗。乡村振兴，要“塑形”，更要“铸魂”。过去浮石片区村两委矛盾尖锐、家族派系林立，每次开会议事，意见难以统一，村“两委”形同虚设。由于该片区很多年没有引进过大的产业类项目，近年来多以线性工程为主，村民感觉不到明显实惠，加之一些村干部只想“捞工程”，导致新田铺项目启动之初，村民普遍持怀疑态度，对政府更是心存芥蒂。如何把民心汇聚在田野上？衢江区委、区政府广发“集贤令”，召集了60余名当地乡贤，涵盖老党员、老干部、经济文化能人、企业家等不同群体，发挥他们讲政治、懂政策、有本领、能致富的优势，极大地推动了项目建设。如在柯城区工作的乡贤姜益峰接到任务后，带着老父亲姜志昌，利用午休、晚上和周末休息时间，走访姜氏亲人16户，半个月跑了40多趟，有时吃闭门羹，有时被宗族亲人误解为不孝。尽管如此，仍一如既往地做工作，最终功夫不负有心人，家族的21穴墓穴全部完成搬迁。随着村里每天发生的变化，新田铺项目带动的就业岗位和增收渠道更让村民看到实实在在的实惠，村民也从不信任转变为理解支持。干部作风带动了民风、推动了乡风，引领当地形成良好的社会风尚，项目区乡村实现了从“大乱”到“大治”的华丽嬗变。

奏响最强音　打好收官战

——全市农房整治工作取得圆满成效

在衢州“主”字型现代化基层治理体系推行一年的时间节点上，2019年6月10日，市委七届六次全体（扩大）会议召开。市委书记徐文光作了《坚信不疑、坚定不移、坚持不懈，让“党建治理大花园”高高地前进一大步》的重要讲话。会上要求各地在6月底前非法“一户多宅”整治到位，其他应整治建筑7月底基本到位。

这是一项艰巨的任务。各地积极响应全会号召，充分发挥千村万格红色堡垒作用，一个个“红手印”、一张张“作战图”、一份份“请战书”，掀起了新一轮党建治理大花园的大合唱之势，再次拉开党建治理大花园全市域、全区域的大攻坚、大会战的序幕。

高站位引领大愿景。农房整治是乡村振兴大花园建设的“牛鼻子”，更是检验党建统领基层治理的大考验。市委在全会上对这项工作进行部署，体现了市委贯彻中央关于乡村振兴战略的坚定决心，是真学真懂真信真用的创新性转化。以这样一种方式抓工作抓落实，从市域层面来看，体现了市委深刻把握传统县域治理向市域治理现代化转变的辩证思维，是做细、做实、做深、做优的重大决策；从实践层面来看，体现了市委紧扣“党建治理大花园”系统集成、一体推进的工作要求，是党建统领基层治理体系的实践运用。在市委营造的这样一种气势的作用下，各县（市、区）充分认识到农房整治作为乡村大花园建设的“牛鼻子”，是激活党建治理大花园“一盘棋”的关键一招，将是考验县域组织动员能力、党员干部攻坚能力、战略战术执行力的大战场。各地结合工作实际，深学研透，用活用好党建统领基层治理这套体系，开展声势浩大的农房整治收官战。

大战场激活大兵团。越是大攻坚，越要有大气势；越是大攻坚，越要有体系作战；越是大攻坚，越要唤起广大群众一起干。在为时一个多月的农房整治收官战中，党建统领基层治理所汇聚起来的联村组团督导力量、网格“一长三员”攻坚力量、党员先锋引领力量，成为印证这套体系的“磨刀石”。

——这里有基层一线党员的先锋示范引领。6月10日市委全会召开后，借助电视、报纸、微信、钉钉等媒介进行农房整治宣传，唤醒党员、唤起群众，形成上下同欲、凝心聚力的浓厚整治氛围。龙游县横山镇志棠村72岁老党员邵志意在观看会议时，就当场递交了“自愿拆违书”。而在更早的时候，柯城区双港街道五湖村全体党员按下“红手印”，率先带头开展农房整治。目前，全市6.5万农村党员交出了一份合格的答卷。

——这里有组团联村、两委联格的一线推动。全市1481个行政村的组团联村力量精锐尽出，沉到基层，进入网格，进村入户，进行政策宣传；3.8万名“一长三员”一线奋战，连续作战，不达目标不收兵；“平时为掌”的网格服务管理、民生代办、消化矛盾、定分止争，化作了“战时为拳”的攻坚合力，“红色网格联队”日夜“钉钉子”做好思想工作。如柯城区信安街道信安村基础设施陈旧，邻里矛盾较多，干群关系不融洽。自7月中旬以来，街道班子集体下沉网格，班子会从街道办事处开到农户门前，为村庄发展蓄势造势，为村干部撑腰鼓劲，同时督促村干部扛起责任担当。信安村村民从开始的不理解，到后来主动拆除违建并清理到位，从“要我拆”变“我要拆”。

——这里有“最多跑一次”、系统治理的利民惠民。柯城区以“数字+网格”理念为指导，创新构建农房审批监管服务体系。该区在沟溪乡试点运行房地信息系统在线审批，通过线上申请加线下代办相结合，基本实现农房审批从90天缩减到26天，打造了房地信息系统在线审批的样板，这一做法成为推动“最多跑一次”改革向农村延伸的有益探索，也是农房改革的创新举措，进一步巩固了农房整治和风貌提升成果、解决百姓建房难等问题，把整治与利民有机结合，赢得了群众对整治工作的理解和支持。又如江山市区打好“民生牌”，在村庄内零散拆后土地利用方面，指导各地参照“一米菜园”模式进行提升，在附房整治中，针对群众柴火堆放、家禽养殖等实际困难，指导各村统一建设“生态型”柴房和家禽圈养房，供农户免费使用，真正做到以系统理念做好整治“后半篇文章”。

大执纪倒逼大落实。市大督考专班会同党建治理大花园专班认真做好对各县（市、区）农房整治“回头看”，进行一月一督查“一户多宅”及“四类人员”

(党员干部、村两委、两代表一委员、财政供养人员)等清零情况。同时，各县(市、区)纪委启动监督执纪问责全力护航农房整治工作。如开化县对整治率排名后3位的乡镇党委书记，由县委书记、纪委书记、政府分管领导进行了集体约谈；并在全县开展交叉核查，从乡镇纪委书记、派驻部门纪检组长、县委巡察组长中抽调15名干部担任组长，按每乡镇3～7名的规模，从“两代表一委员”、乡镇干部、村社干部队伍中抽调人员组成15个交叉核查组，开展一对一、点对点的地毯式核查摸排。又如衢江区建立“三个一”常态化农房整治工作反馈机制，按照“一日一汇总，一日一排名，一日一通报”的要求开展农房整治每日进度排名通报，持续打擂，相互赶超，形成浓厚氛围，近两个月编发《每日战报》近60期。

截至7月底，全市103个乡镇1482个行政村，排查出各类应整建构筑物共计230870宗，非法“一户多宅”整治如期到位，合法一户多宅、危旧房、围墙、庭院、附属用房、生产性用房等其他建筑整治，完成比例已逾80%。

不叫就到　常态长效

——“三联工程”：衢州市倾力打造主动联系服务群众新机制

如何真正做到“民有所呼，我有所应”“基层有难，各方相帮”，衢州市在深入推进“主”字型现代化基层治理体系落地中，以党建统领为核心灵魂，围绕“全领域建强、全区域提升”目标，全面加强“三个三”基层党建，倾力打造组团联村（社）、两委联格、党员联户“三联工程”，建立形成了“不叫就到，主动报到，常态长效”的联系服务群众、支持帮助基层的工作机制。

全面实施组团联村（社）服务，推动相关力量深耕基层。总结第一书记工作法、农村指导员、部门联系基层等做法，进行整合集成，实行市、县、乡三级力量全市域覆盖下沉村（社）网格，推进一线服务，打造“周二无会日＋组团联村（社）”服务机制。明确每周二市县乡村各级不安排各类会议，周二当天，由238名市、县两级四套班子领导，626名部门负责人，9097名市、县两级部门党员干部，136支专家服务团，789支志愿者服务团队组成的1579个服务团，深入全市1579个村（社）全覆盖开展服务，与村（社）居民一道开展基层治理工作。2019年以来，全市组团联村（社）干部共领办任务5.5万多项，已完成3.6万项，完成进度达65.5%。

全面推进两委联格，落实网格治理主体责任。全市所有村（社）共划分网格4191个，成立专业市场等各类专属网格140个，村（社）两委入格9613人。每个网格均成立党支部（党小组），活动场所按照“有场地、有标识、有设施、有制度、有经费”的“五有”要求布置，并按照“开展一次学习、通报一些情况、汇报一块工作、认领一批任务、协商一些难题”的“五个一”要求开展活动，实现村级组织力量与网格力量双向打通。村（社）党组织书记统揽统筹网格工作，其他村“两委”全部担任网格长或专职网格员、兼职网格员，网格“一长三员”按照工作职责并积极开展服务管理，与联村（社）服务团成员和联户党员一起，组成“红色网格联队”，形成村（社）格一体、责任分明、互相争先的基层工作格局，先后解决民生实事11.6万多件。

全面激发党群主体意识，唤醒基层力量参与治理。全市7.3万名村（社）党员按照“就近、就亲、就熟”原则，建立“1+N”联户机制。党员联户做到“五上门”，即群众生病卧床要上门看望、群众红白喜事要上门帮忙、群众矛盾纠纷要上门劝解、群众有不满情绪要上门疏导、群众有突发事件要上门了解。目前，除部分70岁以上的老弱病党员和长期在外党员外，有条件的党员已实现100%联户，每周至少上门一次的党员占56.2%，每月至少上门一次的党员占97.6%。全面推行机关党员到居住社区和联系社区双报到制度，全市有33000余名机关（事业单位）党员进行了“双联双报到”，通过工作定责、服务定格，有效破解机关党员社区“报而不到”的“空转”问题。全市20000余名党员共组建各类交通劝导、环境整治、矛盾调解、小区巡察等志愿服务队1432支。2019年以来累计开展交通劝导4万余次，带动社区普通群众开展志愿服务时数达30余万小时，人均志愿服务时数达12.7小时。

通过“三联工程”，有效解决了上级机关部门力量资源向基层下沉、实现重心下移、支持基层工作的路径问题，进一步密切了党群干群的关系，破解了基层特别是农村基层组织建设和工作开展不平衡问题，有力加强了基层组织、基层政权、基层基础、基层治理，特别是联系服务基层和群众的工作实现了由“吹哨报到”到“不叫就到”的转变，为打造中国基层治理最优城市提供了坚强的政治和组织保障。全市共谋划了41条乡村振兴党建示范带、20个文明城市党建示范区、122个专班党建示范岗、20个两新组织党建示范圈、125个行业系统党建示范点，以典型带动实现基层党组织“全领域建强、全区域提升”。通过“党建+”模式，全面推进“消薄”工作，全市有375家企业与353个村结对，谋划结对帮扶项目273个，规划投资27.08亿元。

江山抗洪救灾中的“红色网格联队”

2019年6月6日下午，江山遭遇百年一遇的强降雨天气，降水量194.2毫米，贺村镇等地降水量超过300毫米，三个小时的集中降水，造成部分地区山体滑坡、泥石流、洪涝等灾害，灾情非常严重。浙江省委书记车俊、省政府省长袁家军都作了重要批示。

面对这场突如其来的暴雨，江山市坚持党建统领，充分发挥“三联”的作用。联村组团迅速到所在的联系村，现场指挥、一线作战，指导开展救助帮扶；305个村（社）干部、网格员、党员等组建“网格巡逻队”，在防汛重点区域，排查安全隐患、劝离转移群众；各乡镇通过组建“党员突击队”，充分发挥党员的先锋模范作用，自觉地加入救援工作中来。截至6月7日下午5时，江山共转移救灾群众2807人，解救受困群众466人。清湖街道华夏村，1000多个村民在洪灾来临之前短短一小时内全部得到安全转移。该村支部书记感慨地说，以前遇到类似情况，只有6个村干部在着急，根本不可能做到。现在有了“三联工程”，一长三员、联户党员第一时间启动开展组织劝导，把不可能变成了可能，体系治理真好，网格管理真有用。

江山市的这次防汛大考，大联动、大协作机制居功至伟，特别是建立在“三联工程”基础上的“红色网格联队”，经受住了抗洪救灾的重大考验。在突发的洪灾面前，联村组团成员、村“两委”成员、党员等主动汇聚到所在的村格共同作战，充分体现了“主”字型现代化基层治理体系“平时为掌、战时为拳”的作用，进一步证明了在党建这个强大的武器面前，在被组织起来的党员干部群众面前，再大的困难都能攻无不克、战无不胜。

常山：推进网格问效　问出治村新气象

2018年8月份以来，常山县针对基层治理过程中群众参与度不足、满意度不高等问题，探索推出了以问需于民、问效于民为主题的“网格问效”做法，在东案乡开展试点，倒逼村干部摒弃不实作风、提高工作效率，打造“问题不出网格”的基层治理新模式。

问效定在网格上，激活治理“生命力”。一是机制运行制度化。编制全乡“网格问效”实施方案和相关制度，召开动员大会进行思想动员和业务培训，落实“网格问效”制度的意义、流程和具体要求全乡知晓。跟踪“网格问效”过程中群众的现场表现和村干部的现身说法，不断总结活动经验并梳理典型案例，丰富完善“网格问效”的实际操作性。二是网格动员系统化。10个行政村分为35个网格，共有组团联村干部70人，专职网格员、兼职网格员105名，联户党员510名；党员联户群众4400户。规定每个网格一年内至少开展2次以上的“网格问效”活动，并以村为单位，有计划、明主题申报开展“网格问效”，实现全乡周周有问效、月月真整改、季度出成果。三是问题导向具体化。紧扣12个“网格问效”要求，充分结合各村特点，紧贴重点工作尤其是网格内反映民生的焦点、热点和难点问题，以“主题+敞开发问”的形式进行，由网格群众、村民代表和老干部现场发问，网格“一长三员”回答回应。被问的网格“一长三员”直面问题，说明情况，自我批评，表明态度，认领任务。以问题为导向，一个议题不断深入剖析并被网格干部认领后方为告一段落，进而开始下一个问效问题。

问效落地网格中，倒逼干部“执行力”。一是自查自纠促提升。为确保“网格问效”顺利实施，以周二下村日为契机，组团联村干部、网格长、网格员定期将联户党员召集起来，对网格里掌握的大小事进行全面梳理、思考研究解决办法，做到被问有底、答复有据、整改有力。二是群众打分敲警钟。网格问效现场以“群众满意不满意、高兴不高兴、答应不答应”为标准，以群众“打分”为依据进行评估，真正起到让村干部红红脸、出出汗、反反思的作用。从问效情况看，村干部不回避问题，回答诚恳，勇于承担责任的，综合满意度就能达到

90%以上；如村干部认识不足，讲原因的多、落实整改的少，满意度就在50%以下，正向鼓励和反向警示的作用十分明显。三是问题导向重解决。网格问效活动结束后，针对梳理的问题，由村两委立即召开会议，逐一研究分解落实问题整改责任和限期整改时间，并在三天内通过村务公开栏予以张贴公示，公开承诺接受百姓监督，直至问题得到解决为止。

问效成果网格显，提高群众“向心力”。一是直面问题“零容忍”。活动中，通过网格“一长三员”自行领办、乡领导现场点评交办和活动后村两委分工担责三种形式，不让一个问题“漏网”，并以“网格问效”问题整改责任清单方式公开接受监督，确保“网格问效”问出的问题得到整改。二是整改落实“无遗留”。实行“一月一督查”制，采用钉钉交办方式，对各网格问效的问题以图片的形式进行整改进度通报，推进整改落实，确保在第2个“网格问效”日开展前，向群众反馈时有实效；通报监督检查处理结果，维护网格问效的严肃性和有效性，确保“网格问效”交办的问题整改到位。三是跟踪落实“保长效”。借助组团联村干部力量，加强对问效事项清单进行跟踪深化，利用周二下村日奔赴各个问题现场，督促、指导网格内的党员干部加快“网格问效”提出问题的破解。依托联村干部岗位及工作经验，协助村里解决自身难以整改的问题，并举一反三促进各项重点任务落实，拓展“网格问效”成果运用。

2018年11月18日，常山县下发了《关于全面推行“网格问效”制度的通知》，在全县各乡镇（街道）开展“网格问效”活动，全面深化“三联”工作，充分发挥基层网格实战作用。目前，该项制度已在全市推广。

柯城区新荷社区：构建“红色物业联盟”破解小区治理难题

2018年4月，柯城区荷花街道新荷社区荷苑小区成立了全市首个“红色物业联盟”，开启探索“社区网格+业委会+物业服务企业”在党组织领导下的三方联动小区治理新模式。在实践探索中，“红色物业联盟”机制不断完善，在党建统领下，开展标准化、规范化建设，让小区业主、业委会、物业与社区四方形成“一张皮”，团结了多方红色小伙伴，促进了社区建设和居民自治。

规范物业招聘。物业管理是小区治理的基础和难点，“红色物业联盟”的初衷就是为解决小区物业难题应运而生的。如何让物业管理在社区治理中担起应有的角色？新荷社区从规范招聘入手。新荷社区冠苑小区，原是巨化集团公司自建小区，居民大多数以巨化职工为主。该小区共有16幢楼房，60个单元，762户住户。根据网格化管理需要，共分为2个网格，并建有网格联合党支部及2个党小组，在册党员有31名。联系部门是衢州市委党校和柯城区纪委。2019年初，服务冠苑小区20年的新前景物业退出小区物业管理服务工作，小区居民一度担心物业管理如何接续，新荷社区党委依托“红色物业联盟”，在冠苑小区试点实践“信用评价、标书笔试、理念面试”的物业服务选聘方式，社区党委、业委会、业监会全程参与，通过为期两天的实地考察评分、专场的标书评价、犀利的现场提问三个程序的招标评标，加上全场录像、街道纪工委及业监会的三重监督，最终于3月30日成功选聘名家物业开展服务，由此拉开了红色物业联盟体系在柯城区升级提升的序幕。这一整套的物业服务选聘监督标准化体系，为其他小区提供了可借鉴、可复制、可推广的经验和做法。

完善议事机制。社区是我家，共建靠大家。社区治理的提升过程，本质是社区居民共建共治不断加深的过程。新荷社区从“议事机制”入手，通过小区沟通日、楼道议事会、网格议事会、红色议事等各种方式，更多的赋权于民，落实民事民提、民事民议，进一步深化“红色物业联盟”。在党建统领下，规范物业服务，激发业主主观能动性，积极参与小区管理，达到“三治”融合。如面对荷花小区中心公园有人乱扔垃圾、乱围栏杆的乱象，荷花小区召开网格议事会，邀请公园中经常驻足的居民们一同参与议事，大家畅所欲言，并最终形成一个文明公约。冠苑小区10幢的高空抛物、滴水晾晒问题，也通过楼道议事会形成楼道公约得到了解决。通过议事让居民们不仅自己遵守，还化身监督员和劝导员，很好地发挥了业主参与小区治理的作用。

现在，柯城区各个社区的小区内，每月都会开展一次小区沟通日活动，由社区网格员、业委会、业监会、物业公司、党员志愿者等与居民当面交流沟通，对于沟通日中所反映的问题，能解决的问题当场办理解决；难以解决的问题，做好分类汇总，按照红色议事会“六步议事”机制协商探讨处理办法，形成了制度化、规范化、程序化议事办事机制。

强化“三联”服务。每周二的组团联社服务日，是全面落实“三个三”基层治理的主抓手。新荷社区全面落实荷花街道的四个一机制（一日一主题、一组一网格、一月一例会、一员一档案），组织开展各种形式的组团联社活动，做深、做细、做实、做优组团服务。凝聚网格内红色力量，成立以在册党员、在职党员、结对党支部、市和区级联系单位、红手印志愿者、业监会、业委会、物业公司等群体为主的“红色网格联队”，充分发挥网格党支部的先锋模范作用，积极借助部门机关的“双联双服务”力量，发起“联户连心　敲门行动”，落实联户党员包干楼幢片区，专访六类人群，结合网格巡查，做好三报四清上门五件事。

社区治理是一项系统工程，红色物业联盟的核心就是促进小区各方的信任、融合、共享，2019年“红色物业联盟”在原有框架上致力于标准化体系提升。据不完全统计，新荷社区的“红色物业联盟”有效解决物业管理难题89个，累计开展各类活动（文明劝导、环境整治、结亲结对、文体活动）733次，参与群众达3万人次。“红色物业联盟”让老小区焕发新生机，居民们更有获得感！

三治融合　共建共治
——依靠村规民约治出“全国民主法治示范村”

柯城区花园街道上洋村，从曾经环境脏乱差、上访“大字报”的城郊落后村，变成全省文明村、全国民主法治示范村，实现了由乱到治、由脏到美、由穷到富、由弱到强的变化。这一系列变化，主要是坚持了党的群众路线，用好村规民约，村里的事情村民自己议、自己定、自己干、自己管、自己说了算，真正让老百姓成为村庄治理的主人。

随着时代的发展，村庄发展在升级，村规民约也在升级。该村先后修订了8次村规民约，不仅治好了村，而且让村民更团结、生活更和谐，发展更有后劲。

一部《村规民约》带来了450万元的年收入

2003年，上洋村还是一个集体收入只有3000元的薄弱村。当年，专业市场城在上洋村开建，村“两委”察觉到了专业市场城背后的发展商机。经过商议，提出了“建设仓储、服务市场、发展经济”的思路。可是，说说容易动手难。当时建一期集体仓储就需要500万元，但集体年收入只有3000元，怎么建，拿什么建？不仅筹资难、征地更难。一些干部不支持，一些村民不理解，嘲讽村“两委”是“白日做梦、脑子进水了”。有的村民还拿着锄头阻拦征地，“谁拿我的地，我就和谁拼命”。为了争取大家的理解和支持，村“两委”反复做工作，村里开了13次会议，村干部立下军令状，如果仓储建成后赚不到钱，村干部就辞职。在不懈的努力下，村民代表摁下了兴建仓储的红手印决议，终于把思想统一了。集体仓储建成后，该村就赚到了第一笔租金72万元，让党员和群众吃下了“定心丸”。利用第一桶金的效应，该村及时把发展集体仓储写入《村规民约》，以村规民约为发展集体仓储提供了规则保证，通过滚动发展，到今天集体资产达到了4000余万元，年经营性收入达到450万元。该村村民说，如果没有当初的决议，如果没有村规民约的支持，可能就错过了机遇，上洋村就不可能成为村集体经济的“佼佼者”。

一部《村规民约》让全村没有一起非法上访事件

随着集体经济的发展、收益的增加，社员的福利待遇在提高，这本是一件好事。但是，该村"两委"发现，少数村民在享受着社员待遇、拿着集体分红的同时，却不支持、不配合村里的重点项目，甚至阻挠、干扰工作，给其他村民造成了不良影响。多数村民提出要将这种行为写进《村规民约》，取消他们的社员待遇。对于这个提议，有人反对，认为"这个也要写进去吗"，但大多数人支持，认为，"不写进去就不是规矩，写进去了就是规矩，事情就好办"。经过激烈的讨论，最后，该村《村规民约》中明确规定，如果村民无理取闹、非法上访、拒不配合村集体重大工作的，在当年取消社员待遇，直至配合为止。这条规定出来后，威力很大，到目前为止，全村没有发生一起非法上访事件。

一部《村规民约》解决了集体分红分配的矛盾

村里没钱是个问题，有钱了有时也是个烦恼。集体经济壮大后如何分红分配，哪些人可以享受、哪些人不能享受，特别是户籍改革后社员资格怎么认定，成了该村的烦恼。比如，因工作原因户口迁出在外、但在本村还有房子的一些人，他们就想把户口迁回来，借机享受社员待遇。还有农嫁非、非娶农、土地征用工等人员，为了享受社员待遇，争得脸红脖子粗。对于这些情况，该村在《村规民约》中，对村民、社员身份做出了明确规定，原享受村民待遇的为社员，其他为方便生活、夫妻关系等因素迁入本村的为村民。这样一来，理顺了村民与社员的关系，确保了公平公正，每次分红分配都很和谐。现在，该村每年都给每个社员发放1500元的"大红包"；给老年人每月每人发放220～400元不等的生活费，逢年过节还要发放200～500元的红包。先后7次组织村里老年人到北京、南京、海南等地进行疗养，让老年人老有所享、老有所乐，大家齐赞共产党好！

村规民约作用大。28年来，该村把《村规民约》作为村里的"宪法"，依托党员联户，把每一次修订的《村规民约》送给村民进行说明，让每家每户都清清楚楚，让老百姓办事有章可循。从《村规民约》的动议、修订、表决、执行、监督，每个环节都让老百姓参与进来，使基层治理"主"字型的那一点落到实处，让老百姓当家作主，激发老百姓主体意识，实现自我教育、自我管理、自我服务、自我监督。

念好“和”字经　移民变富民

江山市清湖街道清泉村是2008年成立的市级下山搬迁安置新村，有1035户、4211人，来自13个乡镇、78个行政村。经过11年的风雨打拼，清泉村从零起步到党建五星村、从零收入到集体经济百万村、从零产业到破亿电商淘宝村，辐射带动了周边移民村的发展，共同组建了一条“移民筑梦”党建示范带。该村的秘诀就是念好一个“和”字经。

班子“和”舟共济。该村班子共6人，党员158名。换届中，每个班子成员都是90%以上的得票率。11年来，该村班子内部没有出过一次“内讧”，没有一次“家丑”。当然，人总是有脾气的，班子间也有闹意见的时候，但该村的原则是：关起门来各抒己见，打开门时一个声音。有想法不“憋”在心里，而是打开天窗说亮话。一班人坚持“人在一起叫聚会，心在一起叫团队”的道理。曾经村监委主任和报账员之间因为一张发票闹“别扭”，报账员讲监委主任“吹毛求疵”，鸡蛋里挑骨头，拿着鸡毛当令箭，监委主任认为报账员“我行我素”。村支书及时做工作，把他们喊到家里，“杯酒”解摩擦：“村子和，首先就是我们班子和。你们俩都是一心为公，没有私心。都是大老爷们，要是为了这点芝麻小事伤了和气，岂不让老百姓笑话。”这件事的及时处理，不仅使班子更添“和气”，村务也更加规范。2019年6月，江山遭遇了百年一遇的大暴雨，清湖是受灾最严重的乡镇（街道）之一。清泉村全体村干部和党员全力投入抗灾救灾，48名党员组成了志愿服务队，大家一起努力战水灾，还投入到周边九村村的救灾工作中，九村村灾情损失也降到了最低限度。

邻里“和”睦相处。该村是江山最大的下山搬迁安置村，村民虽然不是来自“五湖四海”，却也是来自“十里八乡”，如何把13个乡镇78个村的群众凝聚在一起，是移民村治理过程中最“头大”的问题。建村那一年，该村两委背着泥篓，专门从原来13个乡镇78个村各取来一袋泥土，合在一起，种下一棵桂花树，寓意“和为贵”。百姓之间有了口角、纠纷，村里就让他们到这棵“和”树下坐一坐，聊一聊，敞开心扉、化解心结。2018年以来，该村趁着衢州市委党建统领基层治理的“东风”，推进“三联”工程，实行“夜访夜办”制度，让村民像“石榴籽儿”一样团结在一起。该村支书夜巡时，看到村民婆媳在吵架，就笑眯眯地对着她们拍了两张照片。听到“咔嚓”声，媳妇马上问：“书记，你拍我们做什么?”支书说：“我听了老半天也没听出谁赢谁输，想着把你们吵架的照片传到网格群里，让大家帮忙评评理?”媳妇一听急了：“书记，别别别，这传出去多丢人。”一起难断的家务事就这样依托互联网＋网格，悄无声息地化解了，婆媳再没吵过架。每年的春节、中秋、重阳，该村都会在村里开展“和文化”系列活动，让党建统领下的“和”文化深入人心。该村已经连续3年被评为“无信访村”，连续8年被评为“五星级”党组织，2户农户还荣获衢州市“最美家庭”荣誉称号。

发展“和”气生财。该村建村时“一穷二白”，为了破解发展困局，村两委动了很多脑筋。没钱，就“借鸡生蛋”。开始东拼西凑、闪转腾挪、四处“公关”，最终成功攒到了村庄发展的“第一桶金”。2015年1月，一栋2500平方米的淘宝大楼终于落成。但建成后却闲置了一年。为了“笼络”到第一个回乡“吃螃蟹”的人，村支书带着班子成员“三顾义乌”，感动了在外创业并小有成就的乡贤回村发展，由此带动了一批“电商达人”入驻，光大楼租金每年就有15万元，成为江山市第一批省级“电子商务专业村”。没技术，就“当二房东”。按照习总书记发展要“腾笼换鸟”的要求，针对移民新村村民没有技术但都是“有房一族”的实际，做好村民住房盘活文章，将闲置的43套房子由村里统统“盘”下，进行统一包装打造，与附近企业建立长期合作关系，以“整租”的形式为企业员工提供宿舍，年租金收入达40万元，直接带动村集体年增收近25万元，实现了村民和村集体的“双赢”。没资源，就“搞活物业”。在江山市委的支持下，清泉村因地制宜发展了两大物业经济：一个是冷库，辐射“一体两翼”，既为电商发展提供后勤保障配套，也为江山农贸城提供冷藏仓储，每年可为村集体经济年增收35万元。另一个是“红色物业”联盟。清泉村与兄弟村庄联建“红色物业”经济园项目，每年为村集体带来20万元的增收，形成了清泉村推动发展的“三驾马车”（电商、民宿和物业）。电商是“龙头”，是“点赚”（点着鼠标赚钱）；民宿和物业是驱动的“双轮”，是“躺赚”（躺着也赚钱）。

以礼治村“后进”变“后劲”

开化县齐溪镇丰盈坦村，五年前，既不“丰盈”，也不“坦”，是个经济落后、环境“脏乱差”，连村书记都没人愿意干的后进村。2014 年 1 月 8 日，在组织的召唤和乡亲们的期盼中，有着担任小学校长 20 多年经历的程义法，回到自己村里当起了村党支部书记，该村开启了以礼立规、以礼治心、以礼强村的新生之路。在程义法同志的带领下，村两委全面开展了走访群众以礼治村的工作。

干部守礼，干事硬气。全村 146 户家家听取意见，针对村民反映最多的工程项目乱包问题，两委班子在村民代表大会上承诺对村民当时最关注的三个项目进行审计。三个项目原先要支付 92 万元，审计后只需 75 万元，一下省了 17 万元。在此基础上，村班子趁热打铁，制定了村工程项目和资产管理“五条铁律”，规定：村干部不得直接承建、不得搭股承建、不得为他人承建提供便利、不得违规承租、不得收受利益人礼金礼品。规矩刚出来，在村里承包项目的汪某带着一帮人赶来闹事，还把村里的办公桌砸了个大洞，程义法严正地说：“你人再多，比得上我背后的老百姓多么！只要村民齐心，你就别想着乱来。”汪某当场被镇住。从此，村里没人再敢无理取闹，村里的大小工程项目均由村集体组织实施，统一采购、统一派工、统一施工，既激发了村民参与的积极性，又保证了工程质量。

群众讲礼，村庄和气。丰盈坦村有汪、程两大姓，常常为了一寸滴水打破头、为了几米村道吵翻天，村里风气差是远近闻名。为了消除汪、程两姓之间的隔阂，2015 年，村里筹集了 100 多万元，把一个废弃的老祠堂，改成了文化礼堂。在这里，村民共同祭拜先祖，办起“诗礼之家”“乡村大舞台”“老年幸福食堂”，把留守在村里的儿童、妇女、老人照顾好，让在外务工的青壮年更安心。村里还定下了 10 条村规村训，并发动各家各户亮出家规家训。从 2015 年开始，村里每年开展最美家庭、最美媳妇、最美邻居等“有礼”人物评选。几年下来，抱怨的声音少了，邻里的矛盾少了，村民的笑脸多了，事情也办得快了。2014 年，程义法带着 27 名村民代表外出学习，回来以后，把全村 105 名妇女集中起来，引导她们要讲四个“面”（脸面不干净的女人别人喜欢不喜欢？地面、桌面、灶面不干净的，客人怎么敢到你家里来?)，三色垃圾桶迅速分到位，妇女带头搞起卫生，家家户户、角角落落，连公共区域的卫生都有人认领，不出1个月，垃圾分类齐刷刷，村庄一下整洁起来了。曾经困扰村里多年的旱厕拆除、违法建筑、“一户多宅”和殡葬陋习等问题，在大家的齐心合力下，得到了一一解决。该村成为全县最早实施垃圾分类的村。

村子有礼，发展有气。丰盈坦村的礼，既是文化之礼，更是发展之礼。一个人人有礼的村，才可聚民心，更能聚商气、人气。该村成立了留耕旅游开发有限公司，打造礼文化研学基地，办起了“梦想课堂”，举办开蒙礼、国学夏令营等活动，把大城市的孩子引到村里，体验乡村生活。2017年以来，累计吸引了上海、苏州、杭州等地1万余名城里孩子前来学习体验。随着来客越来越多，该村顺势建起茶山竹海游客接待中心，开办农家乐，发展起了乡村旅游。此外，还计划把“一户多宅”整治中，村集体收回的两幢老房子，改造成为高端民宿，增强接待能力。截至2018年底，村集体收入实现了从零到18万元、村集体资产从零到500万元的大翻身。

丰盈坦村坚持党建统领、以礼治村，治出了山清水秀，治出了人和心齐，摘掉了集体经济“空壳村”的帽子。

推广诚信体系建设　打造“三治融合”升级版

常山县球川镇把诚信体系建设作为基层党建“三个三”工程和基层治理“主”字型架构落地的重要抓手，结合县委提出的打造“信、德、过”城市要求（“信”就是诚信、有礼；“德”就是文明、品德；“过”就是通过、认可），先行先试、边试边改，努力探索党建统领基层治理的“球川模式”。

问题导向探路子

该镇在工作推进中面临两大问题，**一是党员群众参与村庄治理的主体意识不强**。在农村，普遍存在“政府在干、群众在看”的“两张皮”现象。部分党员群众缺乏“主人翁”意识，难以与政府形成治理合力。如一户多宅整治中，市、县、镇各级众志成城、声势浩大，但在村一级往往存在“中梗阻”，少数党员不带头、不示范，普通百姓不配合、不支持，导致工作难以快速推进。**二是“村内小事”不好管**。虽然随着法制日益健全，农村犯罪、犯法之事不能干已经逐渐深入民心，但针对家庭矛盾纠纷、配合村中心工作、志愿服务等“家务事”“村务事”往往缺乏有效的约束手段，导致村级“三治融合”推进、精神文明建设等工作难以凸显成效。如试点村黄泥畈村，在推进畜禽养殖整治工作中屡屡碰壁，少数农户不理解、不配合，将家禽散养于村落，严重影响村庄环境。针对这些问题，该镇积极响应市委“衢州有礼”和县委“信德过”战略决策部署，结合球川原有的淳朴民风，从推广诚信体系建设入手，打响“村村有礼、人人有礼”的“君子之乡”品牌。

“三步走”推进落地

目标导向定规则，让“村内无小事”成为一种共识。以“衢州有礼”品牌打造为导向，围绕社会公德、职业道德、个人品德、家庭美德四个方面，确定了村庄环境、和谐稳定、融入中心工作、一票否决等4大项75小项“千分制”共性考评内容，并细分为上门打分和联席评分两大块。根据镇、村中心工作实际，增设附加考评项。同时，党员增加联户绩效、网格治理、志愿服务等“百分制”个性化考评内容，按照一定比例折合计入总分。通过考评，推进基层治理工作可视、可量、可考，让农村“家务事”“村务事”“细节事”事事能评判。

公正考评晒结果，让“好坏大家看”成为一种习惯。坚持一把尺子量到底，专门成立由两委成员、联户党员、村民代表、退职老干部组成的考评小组，采取网格交叉回避的方式开展“月月评”，组团联村成员对考评结果不定期抽查核实。建立考评结果晾晒机制，将排名前后5%的农户在常山慢城百事通、平安APP、村远教广场进行“红黄榜”公示，增强群众的参与感和荣辱感。试点村党员严森华感慨说，以前村里收卫生费总会碰到不配合的村民，“诚信体系”推出后，这样的情况变少了，一位曾拒绝缴费的联系户，看到自家诚信考评分排名靠后，主动找他把费用补上了。

正反激励强运用，让“信用大家追”成为一种常态。该镇推动村村专门制定考核结果运用细则，年终为年度信用积分排名。排名前5%的农户，颁发信用户牌，并在信用贷款、就业推荐、政策享受、党员先锋考评等方面给予优先优惠；排名后5%的农户，在不得享受上述优惠政策的同时，须通过志愿服务、问题整改等方式进行信用修复。推出诚信积分兑换超市，每月、每季、每年信用户可到超市兑换价值20~300元不等的生活用品，以此褒扬先进、鞭策落后，形成“守信者受益、失信者追赶”的良好氛围。如2019年该镇某村聘用村务员，两名对象共同竞争1个名额，一时难以抉择。为公平公正，村两委提出以两人所在户的信用考评积分为标准，分数高者录取，最终那名违法附房未拆的户主遗憾落选，十分后悔，表示以后一定要积极配合村各项工作。

“四效”彰显体系作用

扭转了“干部拼命干，群众边上看”的被动局面。通过考评捆绑，激发党员群众参与村庄治理的主体意识，实现基层治理由“单打独斗”向“团队作战”转变。如西村村之前是全镇中等村，仅25天时间就完成165户一户多宅拆除，其中党员群众自拆率高达88.6%，真正拆出了美丽环境、发展空间和资金指标。

改变了“大事有约束，小事无人管”的尴尬境地。诚信考评让农村“家务事”“村务事”“细节事”事事能评判，营造人人“守信向善”的良好氛围。通过把垃圾分类纳入考评后，全镇10天内即完成38.6万保洁费收缴，收缴比例达91.3%，同比增长19.7%。信访重点村馒头山村开展诚信考评后未发生一起越级访、重复访事件，全村矛盾纠纷发生率下降了31.6%。

转变了“党员不党员，就差两毛钱”的不良印象。该镇部署开展了“我是党员我带头”活动，以诚信体系建设为载体，为党员联户、跑腿代办等工作搭建舞台，有效激发了党员干事激情。如球川村有党员206名，少数党员“平常看不出来、关键时刻站不出来”，难以找到干事平台。现在，把党员上门反馈、帮助整改、代办服务作为必修课，群众对党员认可度明显提升，许多党员纷纷表示“当一名党员很有面子”，干事激情持续高涨。目前，全镇“五四三”、一户多宅整治等工作综合排名全县前列。

营造了“风清气正、山清水秀”的农村环境。考评实施以来，该镇农村家庭矛盾纠纷、赌博、打架斗殴等歪风邪气比例明显下降，敬老孝老、团结互助的乐善民风得到大力弘扬。结合五水共治、垃圾分类等志愿服务活动开展，村庄环境明显改善，宜居宜业的幸福大家园建设快速推进。如黄泥畈村，依托诚信体系试点，改变了工作推不进、深不了的现象，打响了“诚信黄泥畈 有礼好村风”的特色品牌，彰显了山青绿道沿线洁美的生态田园风光。

党建统领　头雁引路

——党员联户“三步走”　花园建设“加速度”

龙游县湖镇镇地圩村作为党建工作的老先进，这两年村里变化越来越大。村口建起了公园，旱改水100多亩，“龙游通”体验馆落户、“一村万树”成示范。为什么该村工作干得这么快？这么好？首先是老百姓的支持配合，更根本的还是落实了党员联户“三步工作法”这个治村法宝。

第一步，牵红线、结对子，解决谁联系谁的问题

之前村里浇路、杆线迁移，村两委没日没夜地干，身心俱疲。路是浇好了，但一些老百姓还是不理解，村“两委”感觉吃力不讨好。村党组织总结反思，干工作还得发挥党员带头作用，从党员入手，让大家都参与到村里的工作中来。村“两委”讨论后决定进行考试，先给每个党员安排了“任务”，一个人联系几户，这几户的大事小事就由你管。搞了一段时间，问题出来了，好几个老百姓反映“我不想他管”。为什么好心未有好结果，村两委分析后发现，这联户就跟谈恋爱一样，强扭的瓜是不甜的。于是讨论决定让老百姓和普通党员自己选，像相亲一样，你选了我，我选了你，才能配对成功。普通党员没选上的村民和村两委互选，由村干部联系；几个确实难沟通的对象，就由党小组长负责，最后由村党支部书记兜底。村里专门制作了联户的“红卡”（党员联户卡），党员和农户一起在上面签字，定下“契约”，每季度由联系农户对党员打分。这样联起来以后，大家都开心，有事没事上上门，邻里矛盾纠纷都少了。该村把这一做法总结为“党员群众先申报、两委干部再认领、党小组长包干统筹、支部书记最后兜底”。

第二步，搭台子、压担子，解决联了以后怎么干的问题

全市上下农房整治风貌提升搞得如火如荼，该村也成了县里先拆先整的试点。村两委下定决心，利用党员联户这个抓手，让党员上门讲政策，做思想工作。刚开始的时候，很多人都吃了闭门羹，平时笑脸相迎的老百姓，到要拆的时候连门都进不去。村两委分析后，原因还是在村班子，在村党员干部。村里把要拆的农户进行分类，商定村两委先拆，村书记带头第一个把自己家的围墙拆了，然后村两委干部一个接一个跟着拆，再轮到党员拆、干部家属拆，最后是普通老百姓拆。为了做实党员联户，使联户工作真正发挥推进作用，该村建立制度，给党员赋权，规定农民要建房子、去当兵、申请低保等，第一步就要由党员同意、审核，把权力责任统一起来，办事情有抓手。通过党员干部带头、全村上下共同努力，该村创造了从一天拆除七八户，到一天拆除22户的“地圩速度”，南北主干道拓宽了一半以上。高度重视拆后的后续工作，通过向县里、镇里争取项目，用拆除的物料回收利用，做成生态围墙，打造美丽庭院+美丽菜园，老百姓穿着皮鞋在家门口脚不沾泥巴就能种菜，又好看、又实用、又省钱。老百姓看到村庄变美，得到实惠，很多以前吃闭门羹的党员，都成了老百姓的“座上客”。

第三步，抽鞭子、赛面子，解决怎么调动积极性的问题

该村党建按照上级“三个三”要求有先锋指数考评，怎么给它考准考实，还要接地气。该村主动完善实现了“三级跳”，从1.0版本的零基积分考评，到2.0版本的先锋指数考评，再到3.0版本囊括所有村民的“有礼”指数考评，根据形势发展和实际情况适时进行调整。如原来考评办法里没有家禽监管这一栏，很多鸡、狗在路上乱跑没人管，村“两委”商量定下来，单独给予赋分。又如2018年农房管控“四必拆”，市、县有要求，村里就对这块考评调高分值。有一次，县农业银行到该村里搞活动，该行行长对村支部书记说你们村的这个考评就像银行的信用体系一样。说者无心，听者有意，该村就借力农行，推出了“党建+金融”，就是考评分数高的人可以享受到“贷款多、利率低”的优惠，优秀党员最高能贷15万元，月利率低到3.98‰，虽然钱不多，但支持做小生意还很管用。该村根据打造“衢州有礼”品牌要求，成立了“有礼指数银行”，根据积分评出优秀，每年在该村“我们的村晚”上进行表彰，在“村情通”上公开，让村民有种体面感。对于履职不到位的党员，同样也在“村情通”、党建长廊上晒一晒，并结合镇里“三个一”（一次全镇通报、二次调离教育、三次党内除名）做法，抽鞭子、敲警钟，这样把大家的积极性都调动起来了。

该村资源不多，位置也不是最好，但村“两委”坚持不靠天不靠地，靠党的好政策，靠党群心连心，通过党员联户，村里31名党员心往一处想，900多名老百姓劲往一处使，众人一条心，黄土变成金，把地圩村建成了全市乡村大花园建设的示范村。

“早上好书记”的发展经

近年来，常山县新昌乡达塘村乘着“美丽大花园”建设的东风，抓住“党建统领”这个牛鼻子，2017年以来，在村支书陈重良的带领下，形成了干部领着干、党员带头干、村民一起干的良好氛围。村里人人都喊“早上好”，达塘村逐渐褪去了“落后村”“矛盾村”的印迹，变成一个乡风文明、生机勃勃、厚积薄发，有激情、有发展、有梦想的“先进村”“和谐村”，群众的幸福感、获得感不断攀升，隔壁村的人都羡慕说“当达塘村的村民真幸福”。

有一种精神叫“早上好”。达塘村是由三个行政村合并而成的，原先基础条件差且人心不齐。2017年换届之后，产生新一届村“两委”班子。当时第一次召开党员大会，参会人数还不到一半。部分党员不仅不买账，还当面调侃新上任的村书记陈重良。面对这样一种支部内部涣散的现象，陈重良下决心一定要带出一个强有力的党支部。每天早上六点到村会议室，是他雷打不动的习惯，不管是早上、下午还是晚上，始终保持“早上”的充沛精力投入工作。久而久之，达塘村的两委班子心齐气顺，每天都很主动地到村里工作，从无怨言。村两委干部有时候开玩笑说：“我们每天都和村里谈恋爱，一天不到村里心里就难受”，大家都把村里的事当作自己的事情，争着做抢着做，每天精神满满，时时刻刻都是“早上好”。干部动起来了，党员群众跟着上。达塘村依靠“三个三”基层党建工程，充分激发党员和群众的主人翁意识，每月15日召开“村民说事会”，鼓励村民将疑问、矛盾和意见建议直接带到会上说，切实解决一些群众最在意、最迫切需要解决的难题，一下子干群的心拉近了。在项目建设征地、“厕所革命”“一户多宅”整治等工作中，群众积极支持、全力配合。2019年3月，该村举办了石林桃花节，吸引了各地游客2万多人，村民主动担当志愿者，更为村里的土特产找到了销路。村民脸上笑容洋溢，村“两委”成员更从中体会到“幸福是奋斗出来的”这句话的内涵。

有一种颜色叫“申山黑”。该村附近里有座山，村里人都叫“猴山”，又叫“申山”，山体表面石色黝黑。现在该村两委走出去，别人都说“你们怎么晒这么黑，跟猴山石头一样”；晚上去群众家做工作，群众都说“你们做事情怎么没有白天黑夜的”。这种“皮肤黑、黑夜干”，是该村干工作过程形成的特有的“申山黑”。在达塘，无论做什么工作都把速度和执行力放在首位，从不为困难找理由，就是一干到底。在2018年“一户多宅”清理整治工作中，该村书记陈重良最先拆除了自己父亲的一个厨房，他父亲三个月没和他说过一句话。为加快工作推进，该村划分为“三网六区”，在工作上让党员去宣传、去带头，网格之间互比互赛，亮成绩、晒进度，全村仅用两个月时间就完成了“一户多宅”清理整治工作。

有一种情怀叫“达塘梦”。“村子更美、村民更富、邻里更和谐。”这是该村广大村民的“达塘梦”。但达塘村发展起步较晚，基础较差，该村村两委意识到想要圆梦，不能“等”，只能“冲”，更应该抢着干、跑着干、拼命干。村班子抓住乡村振兴党建示范带建设契机，踏准全域旅游发展方向，在村庄发展资金“断档”的情况下，村书记陈重良个人出资100多万元，收购村里的废旧水泥厂，用于高端民宿“申山乡宿”建设，打响了达塘乡村旅游的第一枪。为了加快发展，早些圆梦，村两委感到单打独斗不行，必须团结一切可以团结的力量。2019年春节，在村两委的真诚感召下，达塘村数十位寓外人才济济一堂，共谋发展，其中乡贤刘长春，2019年就流转村里土地300余亩，开发“常椿种植园”。目前，村里的猴山景区、泉水鱼池、石林桃园等旅游项目已经建成，村庄变成了景区，村民们也在景区实现了就业，达塘村一跃成为全市乡村大花园建设示范村。

“三千万”精神　干部归位　百姓归心

衢江区浮石街道姜家坞村是该区新田铺康养综合体项目征迁重点村，在2018年10月29日全市基层治理推进大会上，该村因项目推进不力、党建工作不实成为全市反面典型，村主任在台上讲了“三个对不起”“三个不应该”，还立下了“三个军令状”。到2019年6月，该村全面完成了征迁任务，村庄也发生了天翻地覆的变化。是什么让这个难点村、落后村发生了变化？概括起来就是三个三，即三组数据、三个办法和“三千万”精神。

“三组数据”看变化

第一组，从“-3”到“+3”。2018年，该村因推进工作不力，一名干部被定为灰色干部，两名干部被定为黄色干部，村干部队伍减员3名。2019年，在大整治中，3名80后乡贤回村担任村干部，放下手头生意，和现任干部冲在一起、干在一起，带起了整个干事氛围。

第二组，从“1万减”到“2万加”。过去，该村干部做工作就是带带路，一天下来不足1万步。2019年是早上八点到晚上九点，有时到凌晨两三点，每天都超过2万步。

第三组，从“近1年”到“15天”。2018年，该村用了近一年时间，在市、区一体的强大威力下，才完成新田铺项目政策处理。2019年，该村仅用15天时间，完成了193户房屋签约，40天完成近2万方全部拆除。

“三个办法”强保障

该村在短短半年时间有这么大的变化，最主要的是按照“三个三”基层党建工程要求，让干部归位、百姓归心，结合村里实际，摸索出了“三个办法”：

一是干部有规矩。没有问题群众，只有问题干部。该村班子从老百姓最不满意的地方改起，从改变自己做起，制定了村干部“八大纪律”和党员“五要五不要”，张贴在村办最显眼的地方，让大家看到村干部改变的决心。要老百姓做到的，党员干部率先做到。在农房大整治、村庄环境提升中，村两委班子从自身做起，从亲属破题，从党员立标，逐渐换来了群众的笑脸，赢回了群众的信任。

党员老干部姜云良，现在是专职网格员，家里800多平方米的生产性用房，没有二话，带头拆。正是坚持了要群众拆，党员先拆；要党员拆，干部先拆的铁的纪律，该村实现了“奋战128、喜迎519”（519是指5月19日，全市召开农村改革现场会）的目标。

二是落实有制度。制度缺位是因为规矩缺失。规矩有了，制度就能高效操作。为了快速完成整治任务，该村狠抓网格支部建设和作用发挥，提出网格三战（网格领战、网格比战、网格评战）工作法。每个网格都配备工作小白板，每天公开当天工作情况和明天工作计划，做到一日一清、一事一销。不断夯实干部联党员、党员联群众的双联机制，让每个干部不闲着，让每个党员有事做。定期进行网格互评互比，激发网格干部干事积极性。同时，借力区乡组团联村“点兵点将”服务，及时解决整治过程中的问题。

三是沟通有渠道。拆只是手段，建才是目的。为了让更多群众参与进来，村里在加强党员联户走访和定期召开乡贤座谈会的基础上，开通了“三路热线”：“群众微信群”“一村一码”（扫码向组团成员反映信息）和民情收集专员，方便群众反映问题。特别明确一名民情收集专员，专门一本本子收集民情，并明确七天必须上门反馈。如村里要种树，围绕是种名贵的树还是种其他的树，种花还是种菜有过一次激烈的讨论。后来，有百姓提出来，种些果树吧，既能节约成本，又便于管理，还能有收获。村“两委”尊重多数村民的意见在停车场四周和村道旁种了梨树，让党员带领所联系的农户一起来管理。

“三千万”精神解难题

短短的半年时间，该村旧貌变新颜，关键是“三千万”精神扎根于心，见之于行。

一是千难万难，直面问题就不难。“大大姜家坞，小小衢州府”，有问题不可怕，可怕的是畏难不进。该村针对项目推进慢、以往村干部重利益、轻发展、不愿得罪人等关键问题，直面问题，解决问题，坚信办法总比困难多。在大整治摸排过程中，该村排查出193户，开始想报个80来户，留有余地减少压力。后来，经过集体讨论，这样做就是干部身上最大的问题，最后定下实事求是报193户。突破了自我，就形成了工作上的破竹之势。

二是千言万语，干了才有话语权。干部干部，只有干了才有威信，只有干出成绩，才能挺直腰杆。干部没带好头，百姓也不会好，干部心思正，百姓就不会歪。通过两个月时间，该村收集了各类问题建议160多个，目前已经解决了110多个，先后硬化道路2350米，安装路灯107盏，建成占地面积212平方米的老年活动中心，4个停车场，粉刷外立面82栋，改造庭院35户，并启动了姜氏祠堂修建工作，群众满意率达95%以上。问题解决了，党员干部的威信就上来了。

三是千辛万苦，百姓满意就不苦。村看村，户看户，党员看干部，百姓看党员，只有干部能吃苦，百姓才能信服。吃苦在前，少说多做，老百姓自然就支持理解。该村干部的改变，换来了百姓的转变。村民姜甘生第一个支持，主动拆了自家围墙。村民姜下坦侬、姜老四更是主动让出数尺土地，他们说："干部每天都在现场，他们都这么辛苦了，他们又带不走！我们再不支持，心里对不住他们。"干部的作为，百姓看在眼里、记在心里，从观望到参与、配合，"我家姜家坞"的意识和氛围正在该村形成，干部们同样充满成就感："看到老百姓的理解和支持，干得再苦，心里也甜。"

姜家坞村已扬帆起航，正依托新田铺项目，打造"百花千艺村"，努力发展美丽经济、幸福产业。

第二部分

县级集成改革“江阴样本”

摘要：县级政府作为国家行政系统中的基础治理单元，既是中央全面深化改革部署的落实者，又是改革先行先试的探路者，在全面深化改革中扮演着不可替代的重要角色，肩负着重要的历史使命。江苏省委、省政府深刻领会中央全面深化改革精神，着眼于为全省面上改革撕开一道口子，为全国全面深化改革探索路子，积累经验，在江阴市开展了县级集成改革试点。自 2017 年 7 月被确立为江苏省唯一县级集成改革试点以来，江阴市坚持以推进县城治理体系和治理能力现代化为目标，聚焦重点领域和关键环节，加强顶层设计、统筹谋划，以系统思维和集成理念促进改革的系统性、整体性、协同性，破除以往改革碎片化、片面化、应急式的弊端，构建起集政务服务、基层治理、社会救助、生活服务、公共安全于一体的县域治理“1 +5”总架构，形成了一批可复制、可推广的“江阴经验”，打造了改革方法论创新的“江阴样本”，对全国县城改革具有重要的探索价值和示范意义。

关键词：县域治理　改革方法论　集成改革　江阴样本

党的十八大以来，以习近平同志为核心的党中央高擎改革发展大旗，高屋建瓴，总揽全局，领航全党全国人民共同开启全面深化改革的新征程。面对宏大的改革课题，习近平总书记多次强调，要以全局观念和系统思维谋划改革，要着眼于长远战略眼光和普遍联系观点把握改革规律，着力增强改革的系统性、整体性、协同性，并将其作为改革的宝贵经验纳入党的十九大报告和党章之中，这不仅为协调配套、系统集成推进改革提出了新的更高要求，也为开展地方改革工作指明了前进方向，提供了重要遵循。

站在新时代改革再出发的重大历史节点上，江苏省委、省政府积极贯彻落实党中央全面深化改革的战略部署，按照习近平总书记视察江苏时提出的“在全面深化改革中走在前列”的指示要求，将县域改革作为改革率先破局的突破点、发力点，于2017年7月13日，正式将江阴确立为全省唯一的县级集成改革试点，并印发《江阴市县级集成改革试点总体方案》，要求到2020年，把江阴建设成为全省人民群众获得感最多、服务质量最好、创新活力最强、发展环境最优的改革发展示范区，为全国县域治理体系和治理能力现代化建设作出示范。目前，江阴集成改革已逐步释放出体制改革的叠加效应、机制创新的集约效应和政策调整的聚合效应，全面总结江阴创新县域治理的先进经验和推进集成改革的成功实践，不仅对推动全国县域治理具有复制推广价值，对新时代的改革再出发也具有重大实践意义。

一、江阴集成改革基本背景

改革开放四十多年来，经过不断改革探索和创新推进，党和国家事业取得了全方位、开创性的历史成就，发生了深层次、根本性的历史变革。然而，经济高速发展的同时也带来了与社会发展之间的结构性失衡，基层社会治理面临着分散化、碎片化、矛盾多发等诸多现实困境。党的十八届三中全会通过的《中共中央关于全面深化改革若干重大问题的决定》，明确提出将“完善和发展中国特色社会主义制度，推进国家治理体系与治理能力现代化”作为全面深化改革的总目标，为全面深化改革、创新社会治理指引了方向。对于如何全面深化改革、取得改革实效，习近平总书记强调，试点是改革的重要任务，更是改革的重要方法，试点能否迈开步子、趟出路子，直接关系到改革成效。江苏省委、省政府积极做出改革试点探索，将江阴确立为全省乃至全国唯一县级集成改革试点城市，这既是着眼全省改革发展大局、推动面上改革的一个重要抓手，更是一种改革方法论的创新探索，对推动地方全面深化改革和县域治理创新具有重要实践价值。

（一）我国县域治理特征与困境

县域作为一个相对独立和完备的行政单元，在整个国家行政系统和治理体系中发挥着重要的基础性作用，是一个不可忽视的基础层次和治理单元，面对全面深化改革的攻坚克难和政府管理体制机制的改革转型，当前我国县域治理显现出一些新的特征和困境。

1. 我国县域治理的基本特征

随着改革开放的不断深化和推进，我国县域治理呈现出多重特征。

一是基础性。我国县域人口众多，面积大，经济占比高。据统计，目前我国县域人口占全国总人口的70%以上，面积占全国土地面积的80%以上，经济总量约占国民经济总量的50%。人们耳熟能详的“苏南模式”“温州模式”等也皆源于县域治理层面的改革创新，县域治理作为承上启下的关键环节，对提升省、市乃至全国的生产力发展水平和治理能力都发挥着举足轻重的基础作用。

二是根本性。当前中国正处于社会转型的关键期，转型能否成功，重点和关键在县域，这将直接关系到中央大政方针的贯彻落实、人民群众的民生福祉和基层社会秩序的稳定。一方面，长三角、珠三角等经济先行区通过改革创新逐步迈入更为优质的社会形态，引领探索地方改革发展的创新路径；另一方面，中西部等后发地区在学习借鉴先发地区改革经验的基础上，也在积极探索符合自身特点的发展途径。

三是独立性。县作为地方行政区划的一种建制，在我国已有两千多年的历史，早在秦朝时期便已经作为一种具有一定独立性的行政区域存在。当前，县级政府作为我国政府管理体制的基本行政单元，拥有非常完整的政府行政管理功能和社会生态治理系统，可以为县域的运行发展提供较为完备的基础设施和生产生活资料，具有相对完整性和独立性。

四是繁复性。县域就如同一个具有完整治理系统的“微型国家”，县域组织结构纵向形成“县—乡（镇、街道）—村（社）”金字塔式结构，横向形成“县党委—机关—团体与社会组织”的同心圆式结构；县域治理包括政治建设、经济建设、文化建设、社会建设、生态文明建设等，形成完整的治理生态链；县级治理职责具有执行性和事务性特征，既无法上推也无法下移。因此，从结构功能视角看，县域治理充满复杂性。

2. 我国县域治理的现实困境

从全国范围来看，我国县域治理存在诸多困境。

一是政府权能边界不够清晰。县级政府作为国家政治权力在县域的延伸，发挥着重要的治理作用，但受到行政层级、制度保障等多方限制，日常行政中政府权能边界模糊问题屡屡发生，常常出现政府职能的缺位、越界或交叉，使县级政府的公共服务能力难以满足民众日益增长的需求，也直接导致部分群众的合法权益无法得到保障，从而阻碍了县域治理的创新发展和现代化推进。

二是政府与市场关系处理失当。市场在资源配置中发挥着决定性作用，但由于我国各级政府尤其是县级政府正由管制型政府向服务型政府转型，从管理思维向治理思维转变，在县域经济发展中难以真正厘清并正确处理好政府和市场的关系，容易导致政府与市场职责分工混淆不清，政府既是“裁判员”又是“运动员”等情况，政府对市场的过度干预或管理缺位都会影响县域治理的现代化发展。

三是法律法规建设滞后制约改革。虽然县级政府处在国家行政体系的下层，但一些先行先试的县域地区往往发挥着“改革排头兵”和“改革最先一公里”的作用，目前我国立法、修法依然滞后于这些县域的改革步伐，相关法律法规以及改革政策和方案制定，主要从国家、省级层面考虑多，从县域层面考虑少，尽管地方改革试点被赋予了相应权力，但不具有普适性、广泛性，客观上制约了地方改革的有效推进。

四是部分地区改革动力不足。思想认识是行动的先导，进入改革深水区、攻坚期，面对体制机制突破、既得利益调整等难啃的硬骨头，有的地区尤其是相对落后的地区，地方领导干部的改革动力不足，积极性不强，出现因循守旧、得过且过、驻足观望、缩手缩脚等不良心态，惰政、懒政、推诿的现象时有发生，导致部分县域政府治理效能大打折扣。

3. 江阴县域治理的现实困境

从江阴的改革发展来看，县域治理也面临现实困境。

一是产业发展质量有待提升。尽管江阴经济实力强，但产业结构不尽合理，服务业产值占 GDP 的比重仅为 44.6%，低于江苏省和全国平均水平。工业经济结构偏重，金属制品、冶金、纺织服装等传统支柱产业的比重达56.2%；产业层次以传统产业为主，自主研发水平不高，行业竞争力不佳，转型升级动力不足，缺乏自主知识产权和自主创新品牌；产品结构以原材料加工为主，高科技产品少，高附加值产品少，高新技术产业比重低，许多高性能产品都依赖进口。

二是科技创新能力相对不足。科技创新能力不强是江阴发展的突出短板，当前江阴存在大型公共研发平台建设不足，企业科技人才、信息、资金等资源短缺，外部合作较少，获取外部创新资源能力较弱等突出问题，企业研发投入目前只占到3%，高新技术企业数384家，与周边先进地区相比存在差距；高新技术产业产值占规模以上工业总产值的比重为33.4%，低于周边县市（昆山48.8%）和无锡市（46.02%）。

三是环境资源矛盾非常突出。作为“中国制造业第一县”，江阴市在发展中消耗了大量矿产资源、土地资源，空气、河流、土壤等环境污染问题日益凸显，资源环境容量承载力趋于饱和。目前，江阴市规上工业综合能耗约占无锡全市的60%，土地开发强度已超过41%，铁矿石、棉花的消耗量占比达到无锡全市的一半以上，资源依赖型增长模式已难以为继。

四是各领域发展不平衡不充分。江阴虽然一直走在县域改革前列，但经济、社会、文化、生态、民生等各领域发展不平衡不充分的矛盾依然存在，关系人民群众切身利益的基本民生诉求需求更高，就业、教育、医疗、养老、社会救助等领域的发展水平，与群众对美好生活的需要仍有一定差距。

（二）江阴集成改革试点的含义与目标思路

党的十八大以来，习近平总书记多次要求有条件的地方和领域实现改革举措系统集成。江阴率先开展县级集成改革，有其自身的深刻内涵。

1. 江阴集成改革试点的含义

县级集成改革试点的核心在于“集成”。从本质上讲，集成改革是一种改革方法论创新，主要包括五层含义。

一是支持政策集成。江苏省委、省政府明确表示，江阴的集成改革可享用所有的省级改革试点政策，且可根据实际需要提出新的政策需求，这是上级政府对试点地区的实质性支持，为地方改革探索提供了广阔空间。

二是改革思路集成。通过对制约当前区域发展的突出矛盾问题，提出一揽子的系统性、全面性、整体性的改革方案，稳步推进、统筹协调各领域、各子项、各事项间的改革结构，增强改革步伐的协调性和一致性，保障改革推进速度与质量的统一。

三是成果借鉴集成。吸收借鉴各地创新成果并开展创造性集成运用，形成更优化的创新做法，实现集成超越，后来者居上。

四是推进机制集成。同步谋划、一体部署改革的推进落实机制，按照路线图、任务书、时间表、责任链保障改革顺利推进和落地生根，不仅注重顶层设计和内部协同，而且比单项改革涉及面更广、比综合改革系统性更强，同时也最能彻底解决矛盾问题根源。

五是改革效应集成。改革项目具有跨领域关联、诸要素协同的改革效应集成。这是本轮改革的重点、难点、焦点和突破点，体现出集成改革具有牵一发而动全身的时代特征。

2. 江阴集成改革试点目标

党的十八届三中全会将推进国家治理体系和治理能力现代化作为全面深化改革的总目标。县域治理体系和治理能力是国家治理体系和治理能力的重要组成部分，起着基础支撑作用，具有核心破局意义。如果说，全面深化改革前一阶段的重点是在国家层面进行夯基垒台、立柱架梁的话，那么后一个阶段的任务应该是在县一级系统集成、落地破局。由于县一级同时具有改革“最先一公里”和“最后一公里”的双重地位作用，因此县域改革必将成为全面深化改革的下一个风向标、主战场和突破口。

江阴集成改革对县域治理的探索主要分为两个层面：首先，要针对县域治理的普遍特点，探索出一套无论是先发地区还是后发地区，都可学好用且行之有效的改革方法；其次，要探索构建县域治理体系的基本骨干框架，尤其是具有根本性、全局性、长远性的重大制度安排，力争形成一批满足急需和社会获得感强的基本经验。

江阴对县域治理的探索，突出了对政府、市场和社会三者之间关系的处理。

在政府组织层面，重点推动政府职能转变，核心是推进市场化改革、管好基本公共服务。推进市场化改革的重点是“放手”，通过发挥市场配置资源的效率优势，把政府不该做或做不好的放给市场主体或专业化机构，使服务功能更加优化。管好基本公共服务是要把该管的坚决管住、管到位、管出成效来，体现公平、正义，体现改革发展成果为人民群众共享，力争在社会主义现代化中探出路径、当好模范。在市场或营利组织层面，坚持围墙分界法则，政府主要管好企业围墙外的，引导并支持企业管好围墙内的。政府着力营造良好的企业外部发展环境，提供优质政务服务，同时，在加强企业党建上给予帮扶，在建设企业文化上实行共建，在产业转型升级上给予引导，共同打造有利于企业发展的亲清政商关系。在社会组织层面，着力发挥江阴同类别城市慈善指数第一、省级注册慈善基金多达 20 家等多种本地资源优势，加强鼓励引导，积极开辟阵地，广泛提供机会，推动社会公益特色化、品牌化发展。

3. 江阴集成改革试点思路

江阴集成改革的总目标是提升县域治理体系和治理能力现代化水平，根据总目标定位，系统谋划出了“12355”的集成改革总体思路。即瞄准“一个定位”。围绕提升县域治理体系和治理能力现代化水平，把江阴建设成为全省乃至全国同类城市中服务效率最高、发展环境最优、创新活力最强、人民群众获得感最多的改革发展示范区，探索出更多可复制、可推广的改革成果。突出“两个重点”。坚持问题导向、需求导向和效果导向，着力破解当前亟须解决的突出矛盾问题和制约江阴长远发展的根本性问题。区分“三个阶段”。第一阶段，重点突破、构建体系。2017 年 7 ~ 12 月，以行政管理体制改革为“先手棋”和“当头炮”，以“放管服”改革为突破口，将徐霞客镇改革试点经验推广至江阴全市，组建市级“三局三中心”和镇街“三大平台”。第二阶段，合围攻坚、提升能力。2018 年 1 ~ 12 月，通过对 7 大领域 38 个方面 356 项改革任务全面推开、实施到位，在重点领域和关键环节取得突破，持续推进县域治理能力现代化。第三阶段，深化总结、可供复制。2019 ~ 2020 年，提升完善县域治理“1 + 5”总架构，全面完成试点任务，梳理总结集成改革经验做法，使县域治理体系更加成熟、更加定型，为其他地区提供更多可复制、可推广的制度性成果，打造江阴“集成改革”的金字招牌。聚焦“五个目标”。以党建统领为根本保障，着力构建便捷高效的政务服务体系、沉底到边的基层治理体系、精准有力的社会救助体系、温馨周到的生活服务体系、全域覆盖的公共安全体系，形成县域治理的基本框架。彰显“五大主题”。始终将“优化营商环境、市场化改革、绿色转型、城乡融合、优质基本公共服务”理念贯穿改革各领域全过程，实现改革方案的系统集成。

（三）江阴集成改革试点的机遇与基础

1. 党中央全力支持改革举措系统集成

党的十八大以来，以习近平同志为核心的党中央围绕全面深化改革总目标，强化顶层设计，谋划改革方案，处处彰显中央推进改革的坚强决心和政治担当。全面深化改革是一项非常复杂而又艰难的系统工程，党的十八届三中全会明确提出要以全局观念和系统思维抓改革，《中共中央关于全面深化改革若干重大问题的决定》强调：“必须更加注重改革的系统性、整体性、协调性。”习近平总书记在多个场合反复强调要抓顶层设计和系统集成，要注重整体谋划、协调推进和联动集成。2017 年 6 月，习近平总书记在中央全面深化改革领导小组会议上强调：“改革越深入，越要注意协同，既抓改革方案协同，也抓改革落实协同，更抓改革效果协同。”2017 年 10 月，党的十九大又明确提出要把“着力增强改革系统性、整体性、协同性”作为改革取得重大突破的宝贵经验，并把“更加注重改革的系统性、整体性、协同性”写入党章，成为新时期指导地方推进全面深化改革必须坚持的重要原则和方法。

2. 江苏省委、省政府全力支持江阴集成改革试点

基于对中央全面深化改革的深刻理解和把握，江苏省委、省政府积极谋划集成改革试点，在广泛调研、充分论证的基础上确定了由江阴承担改革试点任务。2017 年 5 月 15 日，时任江苏省委书记李强同志在省委举办的第五期县委书记工作讲坛上，首次提出要在江阴开展集成改革试点，把点上的“盆景”集合成面上的“风景”，形成一批能够在全省乃至全国可复制、可推广的经验；5 月 28 日，李强同志又对“改哪些、怎么改”作出批示，提出江阴的集成改革

要以“急需、有一定普遍意义、能改成”为原则；6 月 12 日，江苏省委深改组召开第 22 次深改组会议，明确要求把各地的试点经验放在江阴进行系统集成；7 月 13 日，江苏省委办公厅、省政府办公厅正式印发《江阴市县级集成改革试点总体方案》；8 月 17 日，李强同志专门赴江阴开展集成改革试点工作调研，并组织召开省、市、县三级工作座谈会，明确提出派专人赴江阴指导开展集成改革工作；2018 年初，江苏省委书记娄勤俭同志对江阴集成改革提出明确要求，“县级集成改革要加紧试点、及时总结，条件成熟时向面上推开”。江苏省委、省政府的高度重视和大力支持，为江阴集成改革提供了坚强后盾和精神动力。

图 1　2017 年 8 月 17 日，中央政治局委员、上海市委书记，时任江苏省委书记李强（左三），江苏省委常委、省委秘书长兼省委改革办主任樊金龙（左一）一行专程来澄调研新桥镇集成改革试点工作，江苏省委常委、无锡市委书记李小敏（右二）和无锡市委常委、江阴市委书记陈金虎（右一）陪同调研。

3. 江阴具备开展集成改革试点的基础条件

江阴具备承担县级集成改革试点的良好条件和独特优势。

一是江阴经济基础好、综合实力强。作为县域发展第一方阵成员，江阴经济发展始终保持领先率先。2018 年，江阴地区生产总值达 3806 亿元，一般公共预算收入超过 254 亿元，居民人均可支配收入超过 5 万元，其中城镇居民人均可支配收入达 63597 元，农村居民人均可支配收入达 33136 元，农民收入连续 19 年位居江苏省同类城市第一，总体经济实力超过全国 81% 的地级市，蝉联全国县域经济和综合发展“十六连冠”、中国全面小康十大示范县（市）“十一连冠”。

二是江阴改革基础实、改革氛围浓。作为全国改革先行区，曾率先发展乡镇企业积极推动“苏南模式”大放异彩，率先启动产权制度改革造就民营经济辉煌成绩，大胆探索资本经营成就“江阴板块”独树一帜，创新建立江阴—靖江工业园区开启全国跨江、跨行政区的合作先河，先后被评为改革开放 30 年全国 18 个典型地区之一，改革开放 40 年全国“百城百县百企”重大典型。作为“科学发展的先行者”，江阴具有强大的改革基因，形成了浓厚的改革氛围。

三是江阴实体经济发达、改革预期好。截至 2019 年 9 月，江阴有近 19 万家市场主体，其中企业超过 6 万家，制造业企业超过 2.4 万家，11 家企业入围“中国企业 500 强”，13 家企业入围“中国民营企业 500 强”，19 家企业跻身“中国制造业企业 500 强”，8 家企业进入“中国服务业企业 500 强”，拥有全国行业单打冠军产品 111 个，行业“隐性冠军”企业 150 多家，主持或参与制定国际标准 15 项，国家、行业、地方标准 457 项，多年蝉联中国工业百强县（市）第一名，市场主体对改革充满期待。

二、核心成果：县域治理“1 +5”总架构

江阴积极抢抓集成改革试点“窗口期”和“机遇期”，注重系统集成、协同推进，目前已基本形成以党建为统领，以政务服务、基层治理、社会救助、生活

服务、公共安全为一体的县域治理“1+5”总架构。江阴集成改革的创新探索和经验，得到了社会各界广泛关注，中央改革办、中央党校、中国经济体制改革研究会、中国（海南）改革发展研究院、《人民日报》、新华社等密集调研集成改革工作，给予了较高评价；江阴综合行政执法改革经验在全国复制推广，徐霞客镇镇村治理“1+4”创新模式在江苏省全面推广，首批8项试点经验已在无锡市各县区复制推广；江阴县级集成改革试点作为重要典型成功入选“改革开放40年地方改革创新40案例”，江阴被誉为“集成改革第一县”。可以说，县域治理“1+5”总架构，成为新时代江苏贡献给全国的重要理论突破与实践创新成果。

图2　2018年12月27日，中国改革（2018）年会暨改革开放40年地方改革创新40案例高层研讨会在江阴召开，江阴集成改革试点案例成功入选“改革开放40年地方改革创新40案例”

（一）强化党建统领保障作用

江阴在集成改革谋划推进过程中，始终坚持把加强党的领导作为基层治理核心，在组织体系、工作机制、组织功能、支撑保障等方面积极探索，推动基层党建任务落地见效，夯实了改革试点的工作基础，提供了组织保障。

1. 六个突出：党建统领成为江阴集成改革重要特征

突出聚共识。江阴市委、市政府始终坚持把思想认识放在首要位置，用改革意识倒逼改革举措、推进改革实践，通过江阴市委全会、市委集成改革领导小组会、市委集成改革工作推进会、“一把手”访谈等形式，在全社会形成了上下齐心、协力推进集成改革的浓郁氛围。

突出强组织。成立了由市委书记担任集成改革领导小组组长，市长、人大常委会主任、政协主席担任副组长，市委常委分别担任7个专项工作小组组长的领导机构，实现了对改革工作的高位领导、高位统筹；全市抽调10名骨干力量充实到市委改革办，依托市委党校选拔13名骨干教师在全国率先成立县级改革发展研究院，形成了改革工作专门力量。

突出优方案。江阴市委将方案作为推进改革的“首道工序”，在改革方案的谋划、制定、讨论和完善的各个环节，注重群策群力、集体协商，系统制定了以七大专项领域改革方案、改革推进机制和改革宣传方案为主要内容的“7+2”方案，确保了改革方案的方向性、针对性和可控性。

突出立机制。采用领衔制、项目化的工作方式，将17个镇（街）、41个改革牵头部门党委（党组）作为改革主体，将“一把手”作为改革第一责任人，确立了改革推进的18项机制，确保了集成改革任务的推进与落实。

突出严督考。专门制定了集成改革督察办法、评估办法和考核办法，按季度由市领导牵头对重点改革项目进行专项督察，并邀请有专业资质的独立第三方开展评估，确保了集成改革试点工作的蹄疾步稳、顺利实施。建立健全鼓励激励、容错纠错、能上能下“三项机制”，对改革落实不到位的部门负责人实行约谈，对6项改革内容进行容错纠错创新备案，提拔任用38名在改革工作中表现突出的干部，有力提升了基层党组织和党员领导干部的执行力。

突出集民智。注重开门搞改革，在方案谋划阶段注重征集社会各界意见建议，在试点推进过程中注重发挥人大、政协的监督、参政议政作用，注重吸纳各地改革创新经验，为江阴集成改革成功试点汇聚了强大的智慧和合力。

2. 党建统领是江阴推进集成改革的政治自觉和第一动能

当前，基层党组织不适应改革发展的问题逐渐凸显：基层党组织对改革的统揽、谋划和推进的作用有所弱化；对上级的改革要求满足于以会议落实会议，以文件落实文件，不能解决实际问题；抓改革的议事能力不强，该管的没管住，该放的没放开，大事议不透，小事议不完。在改革过程中，江阴以集成改革探索党建引领社会治理的全新路径。比如，在江阴全市推行网格化管理中，共划分 17 个一级网格、271 个二级网格、1558 个三级网格，实行支部建在网格上，配备“一长五员”，由各级党组织书记担任网格长，由党员骨干担任网格员、督察员、信息员、巡查员和联络员；在全市实行党员联户“1 + 10 + N”制度，由每个党员中心户联系 10 名党员，由每名党员联系若干居民户；创新建立党建联盟，组建公益组织、科技社团、商会、行业市场等各类党建联盟 17 个，覆盖“两新”组织 846 家，党建统领成为新时代高质量发展的原动力与强动能。

（二）推进四大改革，构建便捷高效的政务服务体系

为大力破解群众办事难题，江阴加大资源重组、体制重构、权责重配的力度，以“大精简”“大清单”“大提速”“大数据”营造简约利民、透明高效的政务环境，构建起便捷高效的政务服务体系。

1. 构建了便捷高效的政务服务体系

（1）镇街机构大精简

坚持“精简、统一、效能”原则，积极发挥徐霞客镇改革示范效应，市级层面设立“三局三中心”（行政审批局、城市综合管理局、综合行政执法局，政务服务中心、综合管理服务指挥中心、社会救助中心），镇（街）层面构建“三大平台”（综合执法局、政务服务中心、管理服务指挥中心），进一步压缩管理层级。设立综合职能机构，统筹使用行政、事业编制，对人才资源进行分类管理、择优选拔。重新整合镇（街）属事业单位职责与相关职能机构，各镇（街）职能机构由过去的 30 多个压缩为 7 ~ 8 个，两个开发区职能机构精简为 10 个。

江阴市政务服务管理办公室
中国共产党江阴市行政审批局委员会
江阴市行政审批局
江阴市政务服务中心
阴市综合行政执法局
共江阴市城市综合管理局委员会
阴市城市综合管理局
阴市综合管理服务指挥中心

图3　三局三中心

（2）市镇权责大清单

按照“法律允许、上级能放、本级急需、市县同权”的原则，建立市级权责、权力划转和基层赋权三大清单，突出“理清单、用清单、管清单”，形成了纵向到底、横向到边的基层新型权责体系。截至 2019 年 6 月底，已厘清和明晰各部门行政权力事项 5851 项、责任事项 785 项，编制市县同权需求事项清单 317 项；承接江苏省赋权 14 项、无锡市赋权 282 项；根据“能放则放、应放尽放”原则，赋予所属镇（街）经济社会管理权限 861 项；江阴高新区、临港经济开发区承接设区市经济管理权限 187 项。

（3）行政审批大提速

按照“编随事转、人随事走”原则，将所有涉及市场准入、建设投资等 69 项许可事项和工作人员进行集中，组建市行政审批局，实施“一枚公章管审批”。全面推行“网上办、集中批、联合审、区域评、代办制、不见面”，基本实现“企业注册登记 2 个工作日、不动产登记 4 个工作日、一般工业建设项目施工许可证办理 40 个工作日”的“2440”高效审批服务目标。围绕企业群众办事需求，以联审联办、专职代办、全网通办延伸审批服务半径，实现审批事项一窗受理、全域通办。截至 2019 年 6 月底，已公布“可不见面”审批服务事项 1045 项，90% 以上的政务服务事项实现“可不见面”审批。

图 4　江阴市行政审批局办事大厅

(4) 政务互通大数据

以建设智慧城市为引领，在江苏率先建成“共享、开放、融合”市（县）级大数据中心。梳理政务信息资源，厘清部门条线数据目录，建设统一的事项库、企业库、人员库、投资项目库、电子证照库，并进行常态化更新。坚持民生为本原则，以大数据应用助推高效政务服务、精准社会救助、周到生活服务、精致城乡融合的实现，增强信息数据的多元化场景应用。截至 2019 年 7 月底，已完成 61 个部门 12.7 亿条数据接入，实现审批、服务、执法、监管政务信息互联共享，形成了大数据思维日益普及、大数据资源日益增加、大数据应用日益完善的良好局面。

2. 化解了当前制约政务服务体系建设的典型难题

实践证明，简政放权、放管结合是推动政府职能转变的“牛鼻子”，是全面深化改革的突破口与重要任务。当前，以构建新型政务服务体系为指向的“放管服”改革正在全国范围内展开，并涌现出上海“一网通办”、江苏“不见面审批”、浙江“最多跑一次”、福建“马上办、网上办、就近办、一次办”等典型模式。但是，仍然存在诸多制约政务服务体系建设的突出问题。

(1) 条线分割不融合，部门“跑多次”

不少地区各个条线彼此割裂分离，窗口和人员的简单物理位移无法带来审批提速的化学反应，办事者或许跑腿次数少了，但部门之间的业务往来需要跑多次。

(2) 运行机制不规范，推进不到位

比如，“一窗受理、提前介入、同步审查、信息共享、公开透明、限时办结”的审批工作运行方式尽管提高了办事效率，促进了许多项目快速落地、开工建设，但在实际运行中，很多地方未能建立相应的规范机制保障运行，造成协调不畅、配合不好、推进不力的窘境。

(3) 信息化投入不足，协同性弱

不少地区对政务服务的信息化建设缺少人才、资金和基础设施的投入，缺乏持续的更新维护，造成整体的政务服务效能提升缓慢、可持续性不强。

江阴集成改革的探索实践基本化解了目前制约政务体系建设的主要问题，对其他县域地区具有重要的样本价值。一是强化审批权责的刚性集中，整合相关领域条线，实行受理审批一体化，有效减少部门间的跑腿次数；二是制定标准化的政务服务运行机制，保障各部门、各镇（街）严格按照既定流程和原则办理；三是注重加大政务服务的信息化投入，通过数据信息“大共享”，打破部门壁垒，实现了政务服务协同高效。

（三）实行“四化管理”，构建沉底到边的基层治理体系

针对基层治理中“看得见的管不着、管得着的看不见”的体制痼疾、自治基础薄弱的先天不足、环境承压大的先发烦恼以及多头重复执法等现实问题，江阴市大力推进资源、力量向基层倾斜，不断提高基层社会治理能力和水平。

1. “四化一体”构建沉底到边的基层治理体系

（1）市域治理网格化

把江阴市域划分为 17 个一级网格、271 个二级网格、1558 个三级网格，将“人、地、物、事、组织”等要素全部纳入网格，覆盖 31 个部门 145 项数据信息和 148 项日常巡查事项。实行定人、定时、定岗、定责、定管理标准、定奖惩制度的“六定”管理模式和天上有云、地上有格、格中有人、人能管事、管理有序、序后评估、评后考核、考核入档、归档入云的“九步工作法”，配齐配强网格长、网格员、督察员、信息员、巡查员和联络员等“一长五员”，配备信息化移动终端，及时收集、受理、监督、处理各自网格范围内的城管、环保、国土等问题。建立市级智慧城市综合管理指挥中心、镇（街）综合管理服务指挥中心和村（社）管理服务工作站，形成“市指导、镇（街）主抓、村（社）负责”的三级联动机制，做到“上面千条线、下面一张网”，推动基层治理全域联动、精准精细。

（2）综合治理全能化

坚持综合执法取向，变条为块、化零为整、重心下移，提高执法效能。在市级层面，以城市管理局为基础成立城市综合管理局（挂综合行政执法局牌子），在市场监管、交通运输、城乡建设、国土规划、农林水利、安全生产、卫生监督领域归并组建 7 支综合执法队伍，集中行使分散在各部门的 790 项行政处罚权和 33 项其他权力事项，实现跨区域、跨部门、跨行业的综合执法。镇街层面按照

“一支队伍管执法”原则，分别组建综合执法局，统一承接所有下放、委托执法权限，统一行使所有行政处罚权，从而构建起了市镇联动、权责统一、精简高效的综合执法体系。

（3）乡村治理规范化

在全省率先建成农村三务公开“户户通”，做到党务村务见规程、产权交易见过程、工程项目见流程、财务兑付见凭证，实现了村务公开栏、互联网、手机屏、触摸屏、电视屏“一栏一网三屏”全媒体公开，规范了村级权力的运行，加强了对村级权力的有效监督，创新了村民自治模式。其中，以山泉村为代表的新农村，不断深化村民自治实践，以公平公正公开、共建共创共享为发展理念，建立了村务公开制、民主监督制、村民议事制、民主理财制，充分保障了村民的知情权、决策权、管理权和监督权，打造了以民主促民生的“山泉样本”，打响了江阴民富村强的品牌。

图 5　让老百姓可以随时看有线电视“户户通”专版

（4）环境治理一体化

运用市场化方式建设水气一体“天网工程”，在江苏省率先实现水和大气监测站的市域覆盖。设立污泥处置专账专车专频管理，实现全程留痕有记录。实施治污设施用电工况监测，采取企业投入服务商运维的方式，为企业污染治理设施安上“千里眼”，确保企业生产设备和治污设施同步有效运行。截至2019年6月底，已有800余家企业接入统一监控平台。实施“一票否决”、区域有条件审批、生态文明绩效考核等制度，初步构建了集污水、大气、固废等领域“监测、管理、治理”一体化的管理工作新体系。

2. 江阴基层治理体系建设成为基层实践样本

基层社会治理是国家治理体系与治理能力现代化建设的重要因素。江阴在改革过程中形成的系统推进、党建统领、网格化管理、信息化支撑等一系列成功经验，丰富了社会治理的实践内涵。

（1）系统谋划推进

党的十八届三中全会明确提出，要以全局观念和系统思维抓改革，这为地方治理提供了路径和方法。江阴市“四化一体”构建沉底到边的基层治理体系，与其他地区的基层社会治理模式，都体现出系统化思维和统筹谋划、协同推进的原则。但需要指出的是，江阴的治理体系涵盖了经济社会发展的各个层面，涉及区域更广泛，内容更丰富，覆盖更全面，系统性更强。

（2）“一核多元”共治

客观而论，江阴构建以党建为引领，政务服务、基层治理、社会救助、生活服务、公共安全为支撑的县域治理“1+5”总架构，是“一核多元”共治体系的生动诠释，走在了全国前列。研究发现，越是经济发达地区，对党建工作越重视、抓得也越紧。这也反映出党的领导是经济社会发展的重要力量与组织保障，在基层社会治理中要不断完善党委领导、政府负责、社会协同、公众参与、法治保障的社会治理格局。

（3）网格化精准管理

在创新社会治理的实践中，以不同的方式推行网格化管理，使社会治理更加精细化，已基本在全国展开。江阴创新设立综合网格，打破部门壁垒、层级壁垒，以功能设置为主线，整合分散在各部门的传统网格，变单一要素网格为全要素网格，服务于社会治理、经济发展、公共服务，以及政府电子政务建设等方面，提升了网格化的综合服务功能。

（4）信息化建设支撑

信息化是当前基层治理体系和治理能力现代化建设的重要基础。江阴依托互联网，以大数据为核心，与智慧城市建设相结合，通过“大整合”“大联动”“大治理”，打造形成了一个“互联网 + 社会治理”的智慧治理模式。江阴实践表明，信息化建设是先发地区率先推动改革的突破口和加速器，是基层社会治理的一项基础工程。

（四）强化“三式救助”，构建精准有力的社会救助体系

针对社会救助碎片化、不充分、不精准等问题，江阴进一步整合救助资源，优化救助机制，构筑起精准有力的社会救助新体系，为脱贫攻坚提供了坚强有力的保障。

1. 多措并举构建精准有力的社会救助体系

（1）实施一站式集中救助

以职能集结为核心，以数据集成为支撑，以保障集聚为重点，以社会救助“精准化、高效化、密网化”为目标，组建“综合性、一门式、便捷化”社会救助中心，将原先分散在 12 个部门的职能、政策、资金进行统筹协调，实现了部门救助全参与、内容全覆盖、信息全共享；规范项目管理，固化办理流程，实现了统一救助、精准救助、常态救助、阳光救助；创新拓展困难对象的救助渠道，构建一体化的社会救助工作机制，组建大数据综合平台，统筹构建了城乡低保应保尽保、特困家庭兜底救助、大病医疗村级互助、公益慈善共建共享的多层次救助体系。

（2）实施定向式慈善救助

作为公益慈善的“首善之城”，江阴以“爱心成就梦想”等慈善品牌为引领，常态化组织开展“帮困千户”等二十余个慈善项目，动员以企业家为主体的社会各界对贫困群体实施定向救助。目前，江阴共有 300 多家社会组织、500 多家企业、2 万余名慈善义工和社会工作者常年活跃在公益慈善一线。

图6 江阴市慈善大会现场

(3) 实施互助式深度救助

在城乡医保、大病保险、医疗救助、商业保险等基础上，专门设立7000万元大病专项救助基金、3000万元深度救助资金。在全国首创“政府引导、村委主办、社会共建、村民共享、平台服务”的村级医疗互助“福村宝”模式，采取“村民自愿出一点、村集体支持一点、社会赞助一点”的资金募集方式，创新了基层社会互助式深度救助。截至2019年6月底，村级医疗互助已覆盖江阴208个村，受益村民达13.8万人次；全国已有7个省1424个村复制江阴村级医疗互助模式，覆盖人群超过400万。目前，江阴职工医疗互助“福企宝”计划也已启动实施。

2. 对地方构建救助体系的几点启示

当前我国社会救助体系建设主要存在以下几个方面的问题：一是社会救助多头分散，各自为政，缺乏统筹安排，有的地区的社会救助主要体现为逢年过节给贫困群体一袋面、一桶油，有的地区是民政等部门有钱便救助，没钱不救助；二是社会救助没有形成系统的规章制度，很多是撒胡椒面式的救助，不能有效服务脱贫攻坚，更说不上精准有力；三是社会救助资金缺乏保障，尤其是部分经济欠发达地区，由于是“吃饭财政”，很难拿出有限的财政资金用于救助。

针对社会救助存在的问题，研究发现，江阴经验带来以下五点启示：一是只有形成城乡一体化的社会救助体系，才能解决社会救助“九龙治水”、缺乏制度保障、系统性差的问题；二是只有形成规范精准的救助政策，才能有效推动社会救助法制化进程，使社会救助有章可循；三是只有整合社会救助资源，才能让社会救助资源统一调配，使有限救助资源的效益最大化；四是只有形成专门的社会救助队伍，才能切实改变“无统筹部门、无专人负责、无自上而下社会救助网络”的“三无”状态；五是只有发挥市场的作用，才能使社会救助实现政府与市场双轮驱动、良性互动。

（五）聚焦四个重点，构建温馨周到的生活服务体系

江阴经济基础较好，人民生活水平较高，市民对物质文化需求和美好生活向往也更为突出，为大力破解便民服务集成之难，江阴以生活服务功能全面集成为重点，按照“政府主导、市场共建”方式，全力构建温馨周到的生活服务新体系。

1. 整合资源构建温馨周到的生活服务体系

（1）打造一屏智享“最江阴”

以便捷高效、温馨周到为目标，依托市民卡、“12345”热线和手机客户端等载体将原先分散在各部门的服务资源进行有效整合，以市场化方式打造“一体化、一端口、一站式”的“最江阴”APP 客户端，构建 24 小时在线的“五位一体”服务（行政服务、公共服务、便民服务、公益服务、资讯服务）平台，用“互联网 +”打通了服务百姓的“最后一米”。截至 2019 年 6 月底，“最江阴”APP 客户端已整合 62 个部门单位 73 个客户端，集成了 16 个行政服务模块共 1158 项行政服务、119 项公共服务、102 项便民服务、7 项公益服务以及 8 项资讯服务，APP 下载量超过 27 万，注册用户数超过 22 万，保障了江阴群众“一机在手、生活无忧”。

（2）构建联体同心“医联体”

以居民健康为取向，坚持信息化为支撑，突出责任共担、服务同质、管理共赢、利益共享，依托江阴市人民医院、江阴市中医院分别组建两大医疗集团，在

医联体内部建立财务管理、药品保障供应等“九大中心”，实施行政、医保、药品、信息等“八合一”统筹管理，创新“总额付费、定额包干、结余留用、合理超支分担”医保管理模式，建立了三级联动的县域医疗服务体系，提升了人民群众就医的满意度。

（3）创新“名校+普校”集团化办学模式

以“均衡发展、特色发展、创新发展”为原则，以传统名校为龙头，试点探索“名校+普校”集团办学模式，挂牌成立江阴市实验小学教育集团；采用“紧密型单法人”办学体制，在教育集团内部采用“垂直+扁平”管理模式，实行总校长指导下的执行校长制；通过“名校+普校”模式，全力推进8个教育集团4个学段的集团化办学，到2022年江阴所有义务教育学校将基本纳入集团化办学。通过集团化办学，推动了江阴区域内教育资源优质均衡发展，推进了“公平而有质量的教育”，各学校师生家长对教育质量的满意度大幅提升。

图7 2018年6月28日，江阴市实验小学教育集团正式成立

（4）打造全民阅读社会化的江阴范本

以“政府主导、社会参与、全城共建、全民共享”为思路，制定统一的建

设标准、评估标准和工作协作标准，借助社会力量和市场机制，在全国首创“公共图书馆＋咖啡馆”合作模式，形成“三味书咖”城市阅读联盟，积极培育以“香山书屋”为代表的公益组织和阅读推广人队伍，构筑覆盖全市的全民阅读和公共文化服务体系。截至2019年6月底，已形成由1家总馆、42家分馆、100多个全民阅读点组成的全民阅读网络，年均图书借还突破200万册次，年均接待读者逾310万人次，领先全国同类城市。

图8　随处可见的读书借阅点

2. 江阴实践创建了公共服务体系新标杆

当前，国家层面公共服务体系建设还存在诸多矛盾与问题，主要是经济欠发达地区财力不足，公共服务体系建设滞后；部分地区政府服务理念尚未到位，管控意识依然浓厚；大部分地区公共服务体系尚未完全建立，条块化现象比较突出；不少地区由于经济转型、政府转型不到位，公共服务体系基础不牢，可持续问题依然突出。江阴初步构建了媲美发达国家水准的公共服务体系，实现了政府职能由“管控”向“服务”转型。江阴探索的生活服务体系建设经验，对构建新时期公共服务体系具有重要借鉴价值和启示意义。

（六）突出“六个一”，构建全域覆盖的公共安全体系

针对城市公共安全治理中防范意识滞后、条块分割、基础薄弱、监管弱化的现状，江阴坚持系统化、法治化、智能化、专业化、社会化，突出市域一体、功能整合、信息共享，着力构建多元参与、合作共治的公共安全治理机制。

1. 强化联防共治，构建全域覆盖的公共安全体系

公共安全体系是江阴县域治理“1＋5”总架构的重要组成部分，江阴将着力构建“全域全民、防救集成”的公共安全治理机制，努力实现安全规划先进可靠、安全文化普及全民、安全预警及时准确、安全规范系统完备、安全应急联动高效、安全责任齐抓共管，确保到2025年，基本构建起集“防范、处置、监管”一体化的公共安全防控体系，努力将江阴打造成全省乃至全国同类城市中最安全城市。在体系建设过程中，着力实现“六个一”重点建设任务。

（1）制定出台一个与江阴高质量发展相匹配的《江阴市公共安全体系总体规划纲要（2019～2025年）》

与中国人民大学合作，对江阴公共安全风险底数和状况开展全面调查和科学评估，运用公共安全理论研究的最新成果，对标国内外公共安全治理的最高水平，坚持理念领先、思路前瞻、系统全面，围绕“怎么不出事、怎么解决事”两大核心，有机融入江阴战略规划、城市发展规划布局、产业结构优化调整布局，科学且高标准编制全市公共安全总体规划和重点领域专项规划，作为今后和“十四五”期间江阴安全发展的纲领性文件。

（2）健全完善一个全覆盖的职责体系

坚持“党政同责、一岗双责、齐抓共管、失职追责”“管行业必须管安全、管业务必须管安全、管生产经营必须管安全”“谁主管，谁负责”原则，全面厘清公共安全权力和责任清单，全力压紧压实党委政府领导责任、部门监管责任、属地管理责任、单位主体责任、员工岗位责任、社会协同责任，完善公共安全信用管理制度，全力堵塞安全漏洞，打破安全孤岛，实现安全责任无缝隙。

（3）健全一套全域标准化管理体系

持续强化法律法规及制度标准对公共安全的规范作用，严格执行在公共安全

各领域已有的规范标准，凡是没有标准的，采取聘请专家和自主研究方式，制定出台切实可行的地方性安全标准或纳管办法，加快形成一整套系统完备的公共安全“江阴标准”体系。

（4）建立一个智能化的公共安全信息化平台

按照“互联网＋现代治理”思维，打通条块信息壁垒，在集成交通、消防、城管、公安、综治、安监、住建、气象、防灾等重点行业领域信息化建设的基础上，充分应用物联网、互联网、大数据、传感器、人工智能等高新技术，绘制形成安全风险“四色图”，构建公共安全信息化网格化管理与运行中心，实现实时监测、实时预警、实时处置。

（5）建立一个公共安全快捷高效的应急指挥体系

建立健全公共安全快捷高效、专业精准、联动协同的应急救援体制机制，健全完善各级各类应急预案系统，定期开展应急演练，提高应急救援实战能力，科学规划和建设应急救援装备和应急物资储备点，切实提升防灾减灾救灾能力和公共安全突发事件处置水平。

（6）打造一支专业化的综合应急救援队伍

依托江苏（江阴）沿江危险化学品应急救援基地，培育以综合队伍为骨干、专业队伍为依托、专家队伍为指导、企事业单位专兼职队伍为基础、社会市场救援队伍为辅助、志愿者队伍为补充的立体化综合应急救援队伍；大力引进智囊支持，建立覆盖主要灾种及行业领域的各类安全和应急管理专家库。

2. 江阴公共安全体系对县域公共安全体系构建具有借鉴作用

当前，站在完善县域治理体系的战略高度，如何建立起综合性、全方位、系统化的公共安全体系，成为各级政府发展之需、当务之急。北京、深圳、合肥、嘉兴等先发地区，从不同的视角对构建区域公共安全体系都进行了创新实践。江阴先行先试、率先探索县域公共安全体系建设，以其高点定位、系统集成、精准发力的创新实践，丰富和拓展了公共安全体系内涵，有其现实的针对性和创新引领意义，主要有四个方面的借鉴价值。

（1）秉持底线性思维

江阴在公共安全体系构建中，鲜明提出要像谋发展一样谋安全，像重视城乡基础设施建设一样重视公共安全基础设施建设，像抓民生保障一样抓公共安全保障，像聚力事故救援一样发力公共安全体系打造，其以底线思维设计“1＋N”总体规划和专项规划，把公共安全体系融入经济社会发展的各个方面，凸显了瞄准问题、精准靶向的建设指向。

（2）突出系统性谋划

江阴公共安全体系构建，以总体安全、系统安全、长效安全和“全域全民、防救集成”为“三位一体”，这充分体现了大安全的建设理念；在安全生产系统性防范上，以“无短板”和“规避系统风险”为目标，全面系统排查、评估、管控各类安全风险，绘制“红、橙、黄、蓝”四色公共安全风险空间分布图，实现对重点企业、重点领域、重点区域、重大危险源的一表清、一网控、一体防的动态安全监控与预警。

（3）注重前瞻性研究

江阴的公共安全体系，主动对标日本、欧美等发达国家和地区，全面夯实公共安全责任，建立统一的公共安全专家库，创新开展企业体检，在全国县级市率先购置价值6000多万元的高空灭火进口装备，支持万事兴、圣华盾等江阴本地应急企业与国际接轨对接，这都体现了江阴安全体系建设的超前性和引领性。

（4）强化常态化运行

江阴抓好源头性、基础性工作，建立健全公共安全风险评估和形势分析、安全文化建设、安全应急信息化建设、应急装备和应急处置等长效机制，将应急救援基地定位为江苏省首个危化品应急救援基地，率先开展安全村（社）、安全企业标准化建设，将日常工作落实落细，推动公共安全治理由运动式治理向常态化模式转变。

三、江阴集成改革的方法策略

作为新时代新一轮县域改革的探路实践，江阴在集成改革谋划与推进过程中，注重把当前改革和长远改革、单项改革和系统改革、结构性改革和体制性改革、局部改革和全局性改革结合起来，通过“破五难、抓五环”，使各项改革举措在政策取向上相互配合、在实施过程中相互促进、在改革成效上相得益彰，全力推动集成改革落地生根。

（一）破解认识之难，凝聚改革闯关的决心和意志

县级集成改革是一项系统工程，知易行难，障碍重重。推进落实好集成改革，需要坚定最大决心，凝聚最大共识，形成最大合力。

1. 以“三个超越”凝聚改革共识

改革的坚定源于改革认识的清醒。改革开放四十多年来，江阴坚持吃“改革饭”、走“开放路”、打“创新牌”，发展成就巨大，但遇到的体制障碍和累积的复杂矛盾也比较突出，在发展中遇到的问题比其他地区相对要早，以改革求突破的需求和愿望比其他地区更为迫切、更为强烈。为推动全市上下形成改革合力，江阴提出了“超越一时之需看改革”，着眼为未来新一轮发展拓展空间、提供动力、形成保障，建立长效机制；“超越一事之作谋改革”，着眼建立经济社会发展的长效支撑，系统谋划改革；“超越一己之念促改革”，着眼为全国县域改革探新路、作示范、出经验，超越小我、凝神聚力，率先探路、勇当先锋。

2. “一把手”抓改革，改革抓“一把手”

改革是“一把手”工程。中共无锡市委常委、江阴市委书记陈金虎同志担任市集成改革领导小组组长，每月组织召开一次市委集成改革领导小组会议，研究推进工作落实，明确要求各级领导干部要拿出1/3时间抓改革；由常委同志任各专项小组组长，负责七大领域改革任务；领导小组、专项小组与41个改革项目牵头部门主要负责人逐级签订责任状，传递改革压力，压实改革责任。

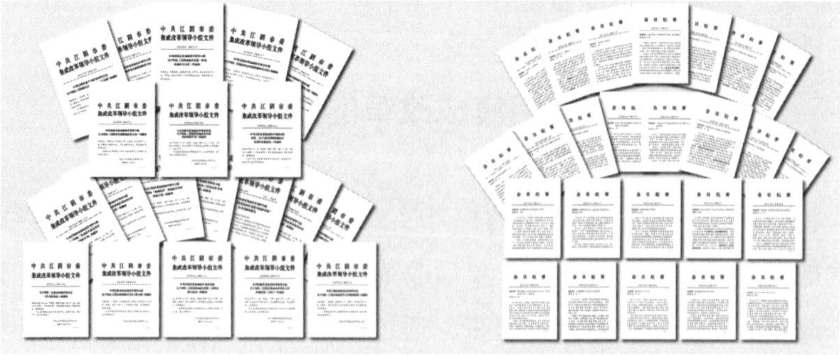

图9　市委集成改革领导小组文件、会议纪要

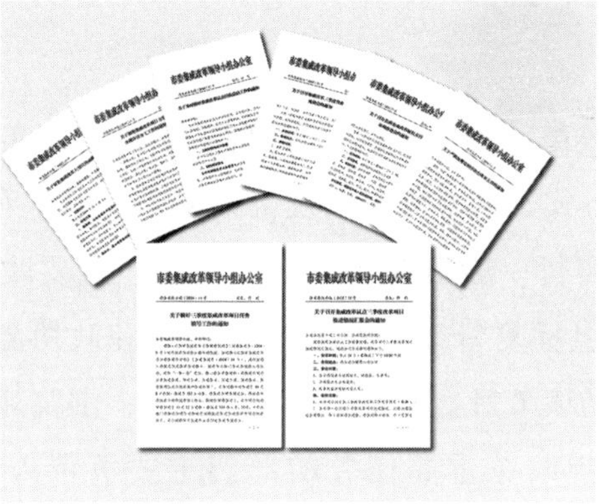

图10　市委集成改革领导小组办公室通知文件

3. 上下联动合力攻坚

江苏省委、省政府高点谋划、高位推动、强力支持，主要领导调研、协调、部署、推进，不仅给予了优惠政策支持，提供改革探索空间，而且派出改革骨干赴江阴挂职支援、推动落实；无锡市委、市政府积极配合、大力支持，不仅及时批复市县同权清单，而且在全市域适时推广江阴试点经验。省、市两级支持力度之大、重视程度之高，前所未有，为江阴探索集成改革创造了良好的外部环境，提供了强大支撑和保障。

（二）破解协调之难，充分发挥改革办“一部三队”作用

江阴市委改革办是推进集成改革的参谋部、督察队、突击队、宣传队，承担了谋划设计、资源整合、组织协调、监督执行、总结推广等多项职能，是一支特别能吃苦、特别能战斗的改革中坚力量。

1. 当好参谋部

先后历时118天，召开28次协调会、论证会、推进会，广泛征集社会意见建议，组织社会各界开展改革论证，先后进行四轮大的方案修改，形成了涉及38个分领域153个方面356项改革任务的七大领域改革方案；同步谋划部署了《江阴市集成改革宣传工作方案》《江阴市集成改革工作推进机制》，分解制订了操作性、可控性强的季度推进计划，形成了明确清晰的任务书、路线图、时间表

和责任链。

2. 当好督察队

围绕以督察推进改革，制定出台集成改革督察工作实施办法，明确督察主体、督察内容、督察方式、督察程序以及督察成果运用。采取“一次一组建、一次一授权”的方式，实行一般改革项目部门自查、重要改革项目市领导牵头督察、复杂事项专项小组反复督察、面上事项人大和政协随机抽查的“全覆盖”督察。组织大型电视访谈节目《集成改革进行时》，围绕建立改革倒逼、推动改革破题，策划安排承担改革重要任务的部门主要负责人接受访谈，畅谈改革思路。

图 11　大型电视访谈节目《集成改革进行时》

3. 当好突击队

围绕改革任务破题，凡涉及面广、无明确牵头部门的，或部门不积极、未能破题的，改革办积极牵头；凡涉及复杂历史遗留问题，或涉及政策突破风险，需拍板担当的，改革办主动承担。针对构建温馨周到的“最江阴”生活服务平台，改革办广泛调研、系统谋划，深入论证、强力推进，召开 5 次推进会，整合所有部门单位的生活服务资源，提供“一站式”解决方案，以市场化方式打造了服务市民的改革金字招牌。

4. 当好宣传队

着眼江阴改革经验总结推广和价值挖掘，根据改革发展进程，适时梳理好经验、好做法，及时报请有关部门进行面上推广；应邀“走出去”宣讲集成改革，先后赴山东、福建、河北、安徽及省内 10 多个地区进行宣讲，听众超过 2800 人，其中县级以上改革分管领导超过 600 人；高位谋划出版县域改革蓝皮书；积极在《改革内参》《学习时报》《群众》《小康》等报刊发表解读集成改革的理论文章。

（三）破解方案之难，确保改革谋定后动、行稳致远

习近平总书记多次强调，要加强改革顶层设计和整体谋划，把提高改革方案质量放到重要位置。江阴市坚持以系统化思维筹划改革方案，注重各领域改革方案之间的协同融合，确保了方案的协同性和耦合度。

1. 坚持创新理念

江阴集成改革是一项系统性工程，在方案谋划时，坚持“优化营商环境、市场化改革、绿色转型、城乡融合、优质基本公共服务”五大理念，着力解决改革方案零散化、碎片化问题，体现主题主线、系统集成，确保了总体方案和专项方案之间、专项方案与季度推进计划之间的有机衔接、相互支撑。比如，江阴在制定七大领域改革方案时，提纲挈领地设计了市场化改革理念，并贯穿教育集团化办学、公用事业领域改革、国有企业混改、社会化办医、“最江阴”生活服务平台打造等多项改革方案之中，正是尊重了市场规律、运用了市场机制，江阴经济社会事业发展的动力才愈加强劲，活力不断显现。

2. 强化问题导向

江阴集成改革注重精准施策，无论在总体方案还是在具体实施方案的制定过程中，都始终坚持把找准问题与对症施策作为出发点和落脚点，从矛盾最突出、改革呼声最高、人民需求最迫切的问题上进行集中攻坚、重点突破，以重点工作带动全局工作，以关键突破打开整体局面，力求“一子落而满盘活”。比如，在制定《生态文明体制改革总体方案》过程中，为破解经济快速扩张和环境承载力有限，以及资源利用效率低下、污染物排放总量偏大等矛盾，积极引入市场化

机制，借助专业化力量，提出了覆盖大气、污水、固废的“监测、管理、治理”系统化解决方案，实现了生态环境全天候监测，全过程监管，全手段治理，全市域覆盖，全数据考核，用实际行动积极促进生态环境向更高质量、更高层次发展。

3. 固化方案流程

为确保改革方案质量，江阴坚持长远需要和当前急需相统一、现实需求与实现可能相一致、体制改革和机制创新相协调，按照“日常业务工作不纳入、单纯依赖财政投入或单纯解决编制的不纳入”原则，先后邀请97名上级业务部门主要负责人、人大代表、政协委员、镇街园区相关负责人、企业家和群众代表参与七大领域改革方案论证。为保证实施方案不偏离方向，科学制定了调查研究、咨询论证、党（工）委（党组）讨论、分级审议等程序，明确各具体实施方案要有3名以上专家参与论证，或通过座谈会、听证会、新闻发布会、网络平台公开征集意见。比如，规定88项重点改革方案和党建领域改革方案须经市委常委会或市委集成改革领导小组会议审议，避免了“拍脑袋”决策或部门说了算。

（四）破解决策之难，以科学民主决策确保改革意图

江阴始终坚持主动谋改革与开门搞改革相结合，通过改革内容公开、进展公开、评价公开和广泛的公众参与，确保改革的科学性和实效性。

1. 坚持群众参与

围绕改革谋划，利用“报、屏、声、网、微”五大平台，面向社会公开征集改革议题216条，反馈193条，吸纳借鉴29条。围绕破除群众和企业密切关注的堵点、痛点，先后组织1600多人参与8期电视访谈《集成改革进行时》系列节目摄制，主动接受企业和群众代表的现场提问和意见建议。围绕改革抓落实、督成效，充分发挥人大代表和政协委员作用，积极组织开展市人大代表履职活动周和政协专题议政会，看改革进展、议改革变化、谈改革体会，为后续改革推进建言献策。

2. 开展第三方评估

主动开展第三方评估，肯定成绩，查找不足，充分发挥以评促改的推动作

用。出台第三方评估办法，明确评估主体、评估内容、评估模式、评估程序方法以及评估结果运用。首批已邀请上海社科院、江苏省社科院、江苏城市智库、复旦大学、南京大学、苏州大学 6 家第三方智库机构，对行政管理体制改革、社会事业体制改革等 7 个具有先导性、引领性、支撑性的改革领域和项目开展了评估，为客观评价集成改革成效提供科学依据。目前，已启动第二批 7 个项目的第三方评估。

图 12　2018 年 12 月 1 日，江阴市举行集成改革项目第三方评估集体签约暨开题仪式，上海社科院、江苏省社科院、江苏城市智库、复旦大学、南京大学、苏州大学等评估机构对 7 个改革项目进行专项评估

3. 强化智库支持

依托江阴市委党校成立了全国第一家县级改革发展研究院，充分发挥方案论证、改革评估、案例挖掘、经验总结、前瞻研究、协作交流等职能，为地区改革发展提供理论研究和智力支持。与新华传媒智库合作，邀请专家学者召开集成改革咨询论证会；与中国经济体制改革研究会、江苏省委改革办、南京大学合作开展改革课题研究；在中央党校组织召开江阴集成改革实践与理论研讨会，积极承办中国改革（2018）年会暨改革开放 40 年地方改革创新 40 案例高层研讨会，依托高端平台全面梳理、系统总结集成改革的经验、做法和成效，为打响江阴集成改革品牌奠定了良好基础。

图13　中央党校（国家行政学院）报刊社和江阴市委、市政府，联合主办江阴集成改革实践与理论研讨会

（五）破解落实之难，确保改革抓铁有痕、踏石留印

改革重在落实，也难在落实。习近平总书记反复强调“要投入更多精力、下更大气力抓落实，加强领导，科学统筹，狠抓落实，把改革重点放到解决实际问题上来”。江阴坚持对改革项目进行过程管控、精细管理，保障集成改革的顺利推进。

1. 实行限时办结机制

为有效推进集成改革，江阴紧紧围绕356项改革事项，每季度对照进度安排表盘点改革任务推进情况，并及时发出提醒告知单进行督促，对情况特殊需要延期或取消的，由牵头部门和专项小组以书面形式向集成改革领导小组作出说明；无正常理由超过时限仍未办结的，对牵头部门负责人进行约谈，仍无进展的进行通报问责。截至 2018 年底，356 项改革事项已完成 337 项，完成率达 94.7%。

2. 推行任务销号机制

对拟完成项目，由牵头部门提出销号申请、专项小组进行初审、市委改革办对照季度推进计划明确的成果形式开展形式审查，由市人大、政协相关领域的工（专）委主任牵头，专项小组联络员、办事员、部门和镇街负责人以及改革发展研究院和改革办的同志参与，对改革任务进行实质性审查，并形成综合审查意见，报请市委集成改革领导小组审批。一批未通过的项目退回牵头部门限时整改。

3. 建立三方约谈机制

对在改革推进过程中出现的无特殊理由未启动既定改革项目、未制定改革项目实施方案、改革工作未按既定时序推进、未按时完成既定改革任务、改革工作中出现相互推诿、改革工作出现重大偏差并造成不良影响、被上级单位或主流媒体曝光通报七种情况，由市委改革办、市纪委监委、市委组织部联合约谈部门“一把手”，压实了改革责任链条。截至目前，已约谈 5 批 35 个部门“一把手”。

4. 实施督察督办机制

坚持一月一督察、一季一通报，在每次督察前，集中开展督察培训，有效避免了不敢督、不会督、不愿督的问题；在督察中，既察进度、察成果，又察责任、察作风，有力保障了改革稳步有序推进，形成了以督察推进改革的高压态势。实施专项集中式督察，分 3 批安排 124 名市领导和市人大、政协、部门与镇街主要负责人督察 98 项改革任务；开展领衔式督察，每个市领导挂帅推进 1 项重点改革项目、牵头督察 1 项重点改革项目；创新开展介入式督察，由改革办直接参与 35 项重点改革任务的项目调研、内部讨论、方案论证等环节。对督察通报的问题，列清单、限时改、“回头看”，确保了改革快推进、真落地、见实效。

5. 形成考核考评机制

坚持定性定量与奖优罚劣相结合、季度考核与年终考核相结合、注重实绩与群众公认相结合，对组织推进得力、表现优异的进行加分，对敷衍塞责、被负面曝光的进行扣分。季度考核侧重于考核改革项目计划进度和方案质量，年终考核侧重于考核改革项目的具体成效、外部影响力以及改革单位的主动性、创新性。

将考核结果与先进评比、年终考核、绩效评定、干部选任相挂钩，提升公信力、精气神，激励更多党员干部在改革中主动担当、争先创优。2018 年先后有 38 名干部因改革工作突出得到提拔，11 个单位被表彰为集成改革绩效考核优胜单位。

四、江阴集成改革的实践价值

江阴集成改革是新时代县域改革的生动实践，既有丰富的实践意义和示范导向，又有深刻的方法论创新和理论价值，体现了全面深化改革的方向和要求，为推动县域治理体系和治理能力现代化探索了新路。

（一）践行习近平总书记系统集成改革要求的具体行动

任何一项改革实践，都不是孤立的，都是普遍联系的，零敲碎打的调整不行，碎片化的修补也不行，单兵式的突进也不行，必须加强全面深化改革各项措施的系统集成。习近平总书记强调，“推进改革要树立系统思想，推动有条件的地方和领域实现改革举措系统集成”，要“着力加强全面深化改革开放各项措施系统集成”“对领域相近、功能互补的改革试点，可以开展综合配套试点，推动系统集成”。这些重要论断为江阴集成改革试点提供了重要遵循和路径方法。在集成改革试点中，江阴根据系统集成的改革要求，注重把握改革的内在联系和辩证关系，不断提高改革系统集成能力，避免出现“碎片化”“分散化”“单打独斗”等不利于推进改革的现象和局面。通过构建以党建为统领，政务服务、基层治理、社会救助、生活服务、公共安全为一体的县域治理“1+5”总架构，制定出台行政管理体制改革、经济体制改革、生态文明体制改革、开发开放体制改革、社会事业体制改革、城乡发展一体化体制改革、加强党的建设制度改革和改革工作推进机制、改革宣传工作方案等“7+2”改革制度体系，江阴从体制机制和政策措施上全面系统地推进县域治理体系和治理能力现代化，充分体现了改革的系统性、整体性和协同性。

（二）探索制度有效供给的生动实践

改革的关键是以政府为核心的各类制度创新与制度供给。作为制度供给主体的政府，要针对经济社会生活中的新情况、新需求，增强制度供给的有效性、及时性。习近平总书记强调，“多从基层和群众关心的问题上找突破口，多推有地方特点的改革”。各地只有加强制度创新和制度供给，不断完善治理体系、提高治理水平，才能解决改革中遇到的矛盾和问题，为发展营造良好的制度环境，形成区域发展的制度新优势。作为先发地区的江阴，伴随着经济社会的快速发展，原有的制度体系已经力不从心，市场活力激发不够、政府市场化理念滞后、生态环境治理手段跟不上、社会均衡化公平度有所不足、城乡发展原动力有待挖掘，只进行简单修修补补的改革，已经很难从根本上破解发展瓶颈，必须在体制机制乃至制度层面进行改革，提高制度供给的质量和水平。江阴在行政管理体制改革中，针对行政审批服务效能不高、基层政府权责失调、政府数据资产效能低下等问题，着力降低制度性交易成本，加强资源整合，加快体制重构，打破利益藩篱，在经济社会管理权限、行政审批权限、行政执法权限等方面做到“能放则放、应放尽放”，全面推行“网上办、集中批、联合审、区域评、代办制，不见面”，实现全市域“一窗受理、一站服务、一章审批”，构建形成了快捷高效的政务服务体系，营造了良好的政务环境和营商环境，形成了“放管服”改革和供给侧结构性改革的全国样本。

（三）体现“以人民为中心”的价值追求

人民有所呼，改革有所应。只有让人民群众共享改革发展成果，让改革红利惠及全体人民，增强获得感，提升满意度，才能使人民群众的切身利益同改革的命运紧密联系在一起，使改革得到更广泛的认同、拥护和支持。习近平总书记强调，要把是否促进经济社会发展、是否给人民群众带来实实在在的获得感，作为改革成效的评价标准，科学统筹各项改革任务，推出一批能叫得响、立得住、群众认可的硬招实招，让人民群众有更多获得感。在集成改革试点中，江阴始终坚持“以人民为中心”的改革价值取向，从大处着眼、小处入手，加快推进民生领域体制机制改革，着力提高保障和改善民生水平，着力解决人民群众关心的现实利益问题。江阴将此前分散在各职能部门的民生服务内容最大限度地集成到一起，在网格化管理、不见面审批、“最江阴”APP、社会救助、集团化办学、医联体建设等30多个领域实现了跨部门的数据共享和业务协同，变群众来回跑为内部协同办，变“百姓跑腿”为“数据跑路”，打通联系服务群众“最后一米”，以“不见面”改革的“减法”换取市民满意度的“加法”，清晰勾勒出了集成改革的民生逻辑和价值追求。

（四）引领县域改革的发展方向

郡县治，天下安。县域改革关系整个社会主义现代化建设全局，是这轮改革的重点。县一级在国家治理体系中处于承上启下的枢纽地位，习近平总书记把县域治理的特点形象地概括为既“接天线”又“接地气”。县域基层改革一头连着中央和省委，一头连着广大企业和群众，选择什么样的改革目标、方法和路径，关系到县域改革举什么旗、走什么路。只有坚持正确的改革方向，有的放矢地开展系统集成政策改革，才能最大限度地提高改革效能。江阴在集成改革试点中，瞄准提升县域治理体系和治理能力现代化水平这个目标，坚持“超越一时之需看改革、超越一事之作谋改革、超越一己之念促改革”，基于省级层面给予改革政策集成，试点地区进行改革思路集成、成果借鉴集成、推进机制集成，着眼于解决制约长远发展的体制问题和当前亟须解决的矛盾问题，围绕经济、政治、文化、社会、生态五位一体建设，由易入难、逐步深入，由试点之初的徐霞客镇强镇扩权的经验推广，到最终构建新时代县域治理“1+5”总架构，一批试点实践上升为制度性成果，由试点变示范、“盆景”变“风景”，呈现出改革效应集成，县域治理能力不断提高，对其他地区县域改革具有较高的借鉴价值。

（五）形成系统集成的改革方法论

江阴在改革中，统筹改革项目谋划、协调、调度、督察、评估、考核、宣传等关联要素，系统谋划形成了集成改革18项工作推进机制，构建了制度化、程序化、精细化管理的“链条式”运转体系，有效解决了改革过程中存在的突出难点问题。为谋实落细改革方案，由改革办与任务牵头部门共同提出改革议题，报经改革领导小组确定形成改革项目体系；对每个改革实施项目作出安排，明确改革分领域目标，列出牵头部门与参与部门，排定季度完成进度、成果形式、完成时限，形成清晰的改革任务书、路线图、时间表和责任链。为保证方案质量，围绕方案制定环节容易出现的避重就轻、“跑题”、部门化改革、虚化党组织统领、议不透议不完等问题，设计调查研究、方案论证、党委（组）讨论、分级审议四步流程，以科学的流程设计保证改革方案不发生偏离。为确保改革责任落实，始终把改革工作定位为“一把手”工程，在推进过程中，始终盯着改革抓“一把手”。比如，着眼压实责任链条，逐级签订了改革责任状，把责任承诺与绩效考核挂钩，对专项小组任务进度不达预期的，在绩效考核时实行专项小组所有成员单位连带扣分，从而压紧压实各专项小组组长责任；着眼推动部门改革破题，实施社会舆论倒逼，创办改革访谈电视节目《集成改革进行时》，安排任务牵头部门主要负责人上台介绍改革思路、谈改革体会，有力地促进了部门真抓、真改、真落实；着眼加强党对改革工作领导，根据改革进程安排，预设出了不应当出现的情形，对“触网”的动真碰硬，开展组织监督约谈，从下级党组织贯彻落实上级党组织要求、发挥党员先锋模范作用和党员领导干部履职尽责角度，对部门单位主要负责人和所在党组织提出整改要求，夯实党的统领。为营造有利于改革的浓厚氛围，建立了横向覆盖社会各界、纵向联结市镇村乃至企业家和普通市民的多层次广泛参与机制，不论是在改革谋划阶段，还是推进过程之中，抑或评估考核验收关口，始终主动安排、积极引导、热情鼓励市民群众广泛参与，打造形成了市民群众关心关注改革、参与支持改革、投身包容改革的良好环境氛围。

五、江阴集成改革面临的问题与挑战

两年来，江阴集成改革有序推进，成效显著。截至目前，全国已有超过 800 批次 1 万人到江阴考察学习集成改革经验，初步显现了“集成改革第一县”的品牌效应。但试点工作仍然存在一些不足，需要优化提升。

（一）改革的集成效应有待提升

按照总体方案设计，七大领域改革应整体推进、协同并进，但从实际运行成效看，七大领域改革存在不均衡性。总体来看，行政管理体制、社会事业体制、生态文明体制等领域因与群众和企业的需求贴得比较紧，各级关注度比较高，推进比较扎实，社会的获得感比较强。相比之下，其他领域改革特色不够鲜明、破题力度不够大，虽然也形成了一些改革亮点，但不够系统、全面，尤其是在经济体制改革领域，创新型、引领型经验较少。

（二）改革的协同效应有待加强

江阴在具体改革中仍面临向上衔接的“中梗阻”问题，改革的整体协同性有待进一步加强。特别是在涉及业务条线权限下放、端口开放、数据互联、政策支持等方面，存在不愿放、不给接、难共享等现象，由于授权不充分，先发地区发展中遇到的一些政策和法律的“天花板”仍无法有效突破。

（三）改革的品牌效应有待扩展

“集成改革第一县”要实现品牌的可持续性，需要进一步丰富内涵、加大宣传。从打造品牌来看，还需要进一步提升改革的开放性、示范性和可推广性。当前，在全面深化改革中，各地都涌现出一批改革亮点，比如上海的“一网通办”改革、浙江的“最多跑一次”改革、山东的“一次办好”改革、天津的“一制三化”改革、湖南的“一件事一次办”改革，这些都为江阴深化改革提供了借鉴。江阴的改革经验既有方法论层面的，又有具体领域层面的，要进一步制度化、规范化、科学化，让经验更成熟、更定型、更禁得起时空的检验。江阴集成改革经验既要能够向先发地区复制，也要能够向欠发达地区推广，要兼顾到普遍性和特殊性的需要。

（四）改革的宣传效应有待强化

当前的江阴集成改革宣传主要存在以下问题：一是缺少改革典型宣传，虽然形成了一批改革亮点，但深入挖掘不够，表现形式单一，推广渠道不多，未能引起社会持续关注，导致改革的标杆效应不强；二是缺乏系统深入宣传，已有媒体报道大都停留于表面，对改革项目的必要性、改革措施的先进性、改革机理的科学性、改革担当的示范性等缺乏深度探析；三是缺失改革全面报道，目前宣传主要集中在行政管理领域，其他领域虽然也涌现了集团化办学、环保测管治一体化、医联体、三务公开“户户通”、“互联网＋”医疗互助等改革经验，但未见深入报道。

六、对进一步推进县域集成改革的对策建议

（一）对深化江阴集成改革的对策建议

1. 及时总结推广改革创新实践经验

探索经验、总结推广既是贯彻落实江苏省委、省政府明确要求的有力举措，更是推动江阴集成改革走向纵深的重要抓手。一方面，江苏省和无锡市层面要建立健全改革经验推广机制。当前，各地创新实践比较踊跃，成果丰硕，一些地方优秀的改革案例和经验，很难及时反馈到上层，更难以及时得到推广；江阴集成改革紧扣县域治理这一时代命题，在方法论层面和具体改革领域探索形成了一系列成功经验做法，省市层面要主动建立便捷高效的信息反馈机制，帮助挖掘亮点，协调推进，对集成改革经验进行及时总结与推广。另一方面，江阴市要进一步加强标准化建设。要以社会治理标准化试点为契机，在现有政务服务、生活服务、社会救助、基层治理等领域业已形成758项标准基础上，进一步拓展更多领域、更多标准，兼顾共性与个性、普遍性和针对性，使其易学好用、左右兼顾，为改革经验的复制推广提供蓝本和便利。

2. 全力营造有利于改革担当的浓厚氛围

集成改革越深入，越需要韧劲和担当，党员领导干部是否具有担当精神是事关改革成效的重要因素。改革需要把真正能担当、心系人民、踏实肯干、年富力强的干部及时选拔到关键岗位，承担重要使命，为全面深化改革夯基垒台，添砖加瓦。为破解部分基层干部思想倦怠、担当积极性不足等难题，江阴需要优化和完善既有的改革容错机制和激励机制，树立改革者上、慵懒者下的用人导向，提振干部改革的精气神，营造为担当者撑腰、为实干者点赞的良好氛围。特别是要

细化重点领域容错纠错的改革事项，明确合理的容错纠错的认定标准；注重激发各部门和单位主要负责人的担当精神，健全崇尚实干、带动担当、加油鼓劲的正向激励体系；注重及时发现敢突破、敢担当的个人，大胆破格使用“李云龙”式的干部，及时调整到关键岗位，及时发挥以点带面的改革示范效应。

3. 持续健全集成改革推进机制

制度性建设是改革落实推进的根本保证，江阴集成改革的18项工作机制为确保改革落地生根发挥了关键作用，随着改革持续深入推进，工作机制也需要加以持续完善。比如，党管改革还需要细化、深化、具体化，分级审议应当进一步细化把关要点，明确把关职责，项目领衔需要明确具体任务和应当承担的责任，第三方评估应加强结果反馈应用。唯有坚持持续健全推进机制，方能以制度的常态化、科学化实现改革的再深化、再优化。

（二）对其他地区开展集成改革的对策建议

1. 探索顶层设计和基层创新的有机结合

当前，基层治理面临许多单靠基层无法啃下的“硬骨头”，改革必须加强顶层设计，突出上级的统一谋划、强力推动，同时要鼓励不同区域进行差别化探索，为基层留足创新发展的空间。一方面，上级政府与部门要对地方给予高度重视和权威性支持，提供一揽子的政策扶持，指导编制好改革总体方案及专项方案，营造上下一盘棋、齐力抓改革的良好氛围。另一方面，鼓励支持有条件的地方先行先试，主动创新实践，最大限度地调动基层积极性、创造性，增强推进改革的内生活力，为顶层设计提供脚本、积累经验。

2. 加强改革力量的投入与保障

集成改革的破浪前行离不开改革力量的汇聚，在推进地方集成改革过程中，一是要加大对改革领域的资金投入，尤其要加大对地方长远发展的重点领域和行业的改革项目的支持；二是要借智借力促改革，邀请相关智库、科研机构为改革问诊把脉，提供智力支持；三是要发挥好“一把手”“一班人”特别是主管领导的关键作用，压实各级部门和单位“一把手”的主体责任；四是要抽调精干力量，建立实体化运作的改革办，充分发挥好改革办谋划、协调、指导、督察等职能。

3. 坚持开门搞改革

开门搞改革，必须坚持改革立项、推进、评估的全流程开门，实现改革从政府出题、答题、阅卷的“自拉自唱”“体内循环”向多主体提议、参与、督评的“群策群力”“内外交互”转变。在立项阶段，要大张旗鼓地公开征集各方的意见和建议，尽可能吸纳群众的诉求，同时邀请各领域的专家学者召开专题论证会，共同论证改革事项与方案；在推进过程中，积极发挥普通群众与社会组织的主动性，充分参与改革项目，并对改革进程进行及时纠偏；在结果评估上，既要依照群众的获得感和满意度评价进行评估，又要开展独立自主的第三方评估，使改革方案、措施和成效禁得起实践和时间的检验。

4. 充分发挥市场机制作用

面对“深水区”“攻坚期”的改革，单纯依赖政府行政手段的单兵突进难以满足复杂多样的现实诉求，必须牢牢把握住市场化主线不动摇，让市场活力成为改革的原动力。地方政府要秉承“专业人做专业事”的理念，将政府不该做、不善做、做不好的事项尽可能地交给市场，大力培育社会组织，努力发挥市场在公用事业、环保、医疗卫生、产业转型、生活服务等改革领域资源配置中的决定性作用，同时更好地发挥政府的效用。以往不少地区的公用事业服务主要依靠政府自身招兵买马、大包大揽，依靠有限的财政投入，导致成本高昂、服务低质、人力负担重等问题，难以持续保证服务的高效利民。面对未来的集成改革，政府亟须主动转变职能定位，充分运用市场化这一有力工具，实现服务的专业化、智能化和高效化。

参考文献

[1]孔泾源，聂高民. 制度创新与统筹城乡发展[M]. 北京：中国财政经济出版社，2011.

[2]习近平. 习近平谈治国理政(第一卷)[M]. 北京：外文出版社，2014.

[3]宋晓梧，孔泾源，彭绍宗，马克. 国家综合配套改革试验区评估报告[M]. 北京：中国财政经济出版社，2015.

[4]中共中央文献研究室. 习近平关于社会主义经济建设论述摘编[M]. 北京：中央文献出

版社,2017.

[5]高尚全. 有效市场和有为政府(修订版)[M]. 北京:中国金融出版社,2017.

[6]彭森. 十八大以来经济体制改革进展报告[M]. 北京:国家行政学院出版社,2018.

[7]笪素林. 转型时期县域治理的困境与出路[J]. 群众,2017(12).

[8]洪文琴. 新形势下对江阴经济转型升级的调研与思考[J]. 江苏商论,2017(12).

[9]陈金虎. 下好集成改革试点“先手棋[J]. 群众,2018(9).

[10]车文斌. “放管服”改革的县域担当[J]. 当代县域经济,2018(10).

[11]高尚全. 新时代的改革方法论[J]. 政工学刊,2018(12).

[12]仲剑. 集成改革:让县域改革落地生根——江阴集成改革试点的实践探索及启示[J]. 群众,2019(3).

[13]冯俏彬. 供给侧改革:核心是制度创新与制度供给[J]. 政策瞭望,2016(5).

[14]陈金虎. 奋力当好县域发展排头兵和领头羊[N]. 江苏经济报,2016－9－19.

[15]桐庐县:互联网＋社会治理的小县“大”思路[N]. 人民网,2017－7－3.

[16]合肥市用法治思维推进社会治理积极服务和改善民生[N]. 人民网,2017－6－29.

[17]珠海市香洲区:以居民需求为导向的“议治相济”[N]. 人民网,2017－8－9.

[18]改革再发力！江阴构建“四大体系”,提升基层治理能力现代化水平！[N]. 搜狐－财经,2017－12－2.

[19]集民智 福民生 天心区探索“1＋3＋X”基层社会治理模式[N]. 华声在线,2018－2－5.

[20]学习时报调研组. 江阴:集成改革第一县[N]. 学习时报,2018－12－19.

[21]江阴集成改革实践与理论研讨会在中央党校(国家行政学院)举行[N]. 新华网客户端,2019－1－6.

执笔：贾存斗　徐照林　刘现伟　贺真

第三部分

唐山推动新旧动能转换实现高质量发展

总报告

党的十九大指出，我国经济已由高速增长阶段转向高质量发展阶段，必须坚持质量第一、效益优先，推动经济发展质量变革、效率变革、动力变革。党的十八大以来，在以习近平同志为核心的党中央坚强领导下，全国上下坚持稳中求进工作总基调，深入贯彻创新、协调、绿色、开放、共享的新发展理念，推进供给侧结构性改革，努力在促进经济转型升级、实现高质量发展上迈出更大步伐。推动新旧动能转换是适应经济高质量发展阶段的必然要求，是迎接全球新一轮科技革命和产业变革的战略选择，是建设社会主义现代化国家的重要基础。中央高度重视新旧动能转换问题，国务院办公厅已出台《关于创新管理优化服务培育壮大经济发展新动能加快新旧动能接续转换的意见》，全国各地都把推动新旧动能转换作为重要任务，全力推进相关工作。

新旧动能转换的实质是实现经济转型升级和高质量可持续发展。推进新旧动能转换必须要加大新技术研发和推广使用力度，在关键核心技术研发和产业化应用方面取得突破，提升传统产业核心能力，大力发展新产业，实现产业智慧化和智慧产业化，实现创新驱动发展；必须要建立适应新旧动能转换的体制机制，持续深化“放管服”改革，进一步转变政府职能，以改革营造优良营商环境；必须要加大开放，以开放促改革，以改革促发展，拓展发展空间；必须要深化供给侧结构性改革，既要培育发展前景广阔的新兴产业，也要化解淘汰过剩落后产能，运用新技术改造提升传统产业，促进社会生产力整体跃升；必须要深入推进生态文明体制改革，树立和践行绿水青山就是金山银山的理念，坚持节约资源和保护环境的基本国策，实行最严格的生态文明建设保护制度，形成绿色发展方式和生活方式，坚定走生产发展、生活富裕、生态良好的文明发展道路，建设美丽中国。

习近平总书记对唐山作出了“三个努力建成”（努力把唐山建成东北亚地区

经济合作窗口城市、环渤海地区新型工业化基地、首都经济圈重要支点）和“三个走在前列”（在转变发展方式、调整经济结构、推动供给侧结构性改革等方面走在前列）的重要指示，河北省委对唐山提出“两个率先”（率先全面建成高质量小康社会和现代化强市）要求，为唐山未来发展指明了方向。近年来，唐山适应经济发展阶段变化，主动顺应发展大趋势，以供给侧结构性改革为主线，深化“放管服”改革，实施创新驱动发展战略，加快“一港双城”建设，强力推进生态文明建设，全力推动新旧动能转换，努力向更有质量、更有效益、更可持续的发展方式转变，加快实现高质量发展，成绩显著。作为典型的资源型城市、老工业重工业城市，唐山新旧动能转换的创新实践具有广泛的代表性和示范意义，深入研究唐山推动新旧动能转换、实现高质量发展的成效与经验，对全国加快新旧动能转换进程、实现高质量发展具有重要参考和借鉴意义。

一、唐山推动新旧动能转换的背景及意义

（一）推动新旧动能转换是适应经济发展新阶段的必然选择

中国特色社会主义进入新时代，我国社会主要矛盾已经转化为人民日益增长的美好生活需要和不平衡、不充分的发展之间的矛盾，经济发展已由高速增长阶段转向高质量发展阶段。全社会低端产品和服务需求逐渐减少，满足人民美好生活需要的高质量产品和服务需求将大幅增加，相应地，对产业结构、产品和服务供给质量提出了新的更高要求。同时，新时代恰逢新一轮科技革命和产业变革，正呈现多领域、跨学科、群体性突破新态势，正在向经济社会各领域广泛深入渗透。新阶段的新型工业化必然是顺应新一轮科技革命和产业变革趋势的工业化。为适应新时代、新阶段发展要求，中央高度重视新旧动能转换和高质量发展，山东、湖北、内蒙古等全国各地区纷纷积极行动，以供给侧结构性改革为主线，以新技术、新产业、新业态、新模式为重点，以知识、技术、信息、数据等新生产要素为支撑，采取强力措施，全力推动传统产业提质增效、新兴产业做大做强，

并取得了积极成效。

当前，唐山正处于转方式、优结构、换动力的关口，亟须推动传统产业迈向中高端、新兴产业实现大突破。只有抢抓新一轮科技革命和产业变革机遇，全面推进工业化与信息化的融合互动、技术创新与商业模式创新的融合互动、制造业与服务业的融合互动，才能有效解决结构性矛盾和深层次问题，大幅提高供给体系质量和效率，走出一条具有唐山特色的新型工业化发展路子，才能重振唐山工业的雄风，完成由大变强的战略任务。在实现由大到强战略性转变的关键时期，牢牢把握高质量发展这个根本目标要求，加快推动新旧动能转换，实现质量变革、效率变革、动力变革，是唐山适应经济发展新形势、新阶段的必然战略选择。

专栏1　新旧动能转换综合试验区建设吹响山东高质量发展的进军号

山东省提早行动、及时谋划，新旧动能转换走在全国前列。《国务院关于山东新旧动能转换综合试验区建设总体方案的批复》《山东新旧动能转换综合试验区建设总体方案》《山东省新旧动能转换重大工程实施规划》和《关于推进新旧动能转换重大工程的实施意见》，分别明确了试验区建设的总要求、设计图、施工图和责任书，共同构成了新旧动能转换的顶层设计。

重点创新“四个机制”：一是创新市场主体健康发展机制，推进国有经济布局优化、结构调整、战略性重组，实施民营企业规范化公司制改制三年行动计划，培育具有全球竞争力的世界一流企业等。二是创新要素市场配置机制，加快落实电力、交通、电信等领域价格改革措施。三是创新财税激励约束机制，统筹用好中央财政补助，落实支持新旧动能转换的各项税收政策。设立总规模为6000亿元的动能转换基金，重点支持“四新”“四化”项目建设。四是创新城乡融合发展机制。

重大项目引领：鼓励企业牵头建设产业技术创新联盟，在人工智能、生命科学、量子技术等领域规划建设制造业创新中心和技术创新中心，鼓励企业和科研机构积极承担和参与国家重大科技项目，加快推动重大创新平台、大型科研仪器设备和专利基础信息等资源面向社会开放共享等。建立了“四新”“四化”项目库，研究出台重大项目扶持政策和管理办法，对接用好动能转换基金，分批推进900个入库项目尽快落地。

明确动能转换总体布局：概括为“三核引领、多点突破、融合互动”，确定新旧动能转换综合试验区建设的区域范围、定位和功能作用，针对性地实施效果评价和考核。

三核引领：充分发挥济青烟3市经济实力雄厚、创新资源富集等综合优势，先试先行、率先突破、辐射带动，打造新旧动能转换主引擎，为全省新旧动能转换工作树立标杆。比如，济南市实施北跨东延、携河发展，在黄河沿岸高起点、高标准、高水平规划建设国家新旧动能转换先行区。通过新旧动能转换，提高省会城市首位度，建设“大、强、美、富、通”的现代化省会城市。

多点突破：支持其他14市依托域内省级以上园区，坚持优势互补、错位发展，围绕布局未来产业、壮大新兴产业、改造传统产业，培育壮大特色经济和优势产业集群，打造若干具有核心竞争力的区域经济增长点。

融合互动：牢固树立全省一盘棋的思想，坚持深度融合、互利共赢，创新区域协同发展机制，着力在产业升级协作、要素资源配置、基础设施互通、生态环保共建等重点领域深化改革积极探索，努力实现全省整体效益最大化。

专栏2 湖北新旧动能转换政策措施货真价实

湖北省委、省政府高度重视新旧动能转换，印发《关于加快新旧动能转换的若干意见》，提出建设全国重要的先进制造业中心和新经济发展聚集地，实现高质量发展走在全国前列，相关配套措施货真价实、掷地有声。

推动产业转型升级：一是开展“传统产业转型升级3年攻坚行动”，滚动实施万企万亿技改工程，形成逾400个中国驰名商标、1200个湖北名牌。二是实施战略性新兴产业倍增计划，聚焦新一代信息技术、生物、高端装备、新材料、绿色低碳、数字创意6大产业16个高端细分领域，力争主营业务收入之和突破3万亿元；聚焦存储器、新型显示、网络安全等产业，培育形成若干个具有国际竞争力的原创性新兴产业集群。三是加快新产业、新业态等“破土萌发”，实施“互联网+先进制造、现代农业”行动，建成200个标志性智能制造示范工厂（项目）。

激发创新活力：大力扶持工业企业研发机构建设，2018年主营业务收入5亿元以上工业企业实现研发机构全覆盖，到2022年半数左右规模以上工业企业建立研发机构。通过“高新技术企业培育计划”和“科技型中小企业培育工程”，全省高新技术企业由近5000家增至1万家，涌现200家“隐形冠军”，蹦出1000家“瞪羚企业”，成长出20家“独角”。建立省级以上企业技术中心600家，形成3～5个具有鲜明特色的世界级科学研究中心。建设国家科技成果转移转化示范区，在国内外唱响“光谷青桐汇”“东湖创客汇”等双创品牌。加快建设武汉光电国家研究中心，推进脉冲强磁场实验装置、精密重力测量研究设施等国家重大科技基础设施建设，力争国家（重点）实验室、重大科学装置数量居全国前列，培育若干科学研究领域的国际“领跑者”和未来产业变革核心技术的“贡献者”。在集成电路、智能汽车、商业航天、北斗卫星等领域组建10个产业创新中心。

改革和支撑政策强力配套：深入推进“放管服”改革，企业开办时限再减少50%，项目审批时限再压缩50%，货物通关准备、货物提留时间压缩三分之一。强化财税激励，省级认定的产业领军人才和高水平创新团队，直接给予50万元到200万元的奖励补贴，形成总规模500亿元的新旧动能转换引导基金，推动设立2500亿元的新旧动能转换基金群。对企业牵头组建的国家、省级创新平台、检测技术中心，补助建设经费1000万元和500万元。提高科研人员成果转化收益分享比例等。建设8万亿元以上的全省新旧动能重大项目储备库和建设库。对新经济实施水电气等生产要素优惠供给。

（二）推动新旧动能转换是唐山落实总书记“三个努力建成”“三个走在前列”重要指示的根本举措

习近平总书记对河北知之深、爱之切，对唐山尤其关怀、特别关心，两次亲临唐山视察时，亲自为唐山谋划发展之路、为唐山转型升级把脉定向，作出了把唐山“努力建成东北亚地区经济合作窗口城市、努力建成环渤海地区新型工业化基地、努力建成首都经济圈重要支点”和“争取在转变发展方式、调整经济结构、推进供给侧结构性改革等方面走在前列”的“三个努力建成”“三个走在前列”重要指示。这是总书记在准确判断国际国内发展大势，立足全国和区域发展大局，深入分析唐山的区位、基础、条件和潜力的基础上提出的，为唐山发展指明了方向，是唐山做好一切工作的根本遵循。“三个努力建成”是目标、是方向，“三个走在前列”是路径、是抓手，必须以“三个走在前列”加快实现“三个努力建成”。

新旧动能转换的核心就是发展方式要从依靠要素大规模投入的传统增长模式转向依靠科技创新和要素质量提升的新增长模式；产业结构要从传统产业、制造业、重化工业为主转向以高新技术产业、新兴产业和服务业为主；需求结构要从以低端产品和服务消费为主转向以满足美好生活需要的高质量产品和服务消费为主；相应地，供给结构也要由以中低端的要素和产品供给为主转向以高质量的要素和产品、服务供给为主。作为典型的资源型城市、重工业城市，在新时代经济转型、高质量发展的大背景下，唐山发展面临一定的困难。唐山加快新旧动能转换，将从根本上改变过去依靠资源、能源、大规模投资和大量要素投入推动经济增长的传统发展模式，转而依靠科技、人才和创新，依靠高质量的要素、产品和服务供给，推动经济转型升级和可持续发展，这是落实总书记“三个努力建成”“三个走在前列”重要指示、实现高质量发展的根本举措。

（三）推动新旧动能转换是落实河北省委对唐山“两个率先”目标的必然要求

唐山作为河北第一经济大市，作为“一带一路”“京津冀协同发展”两大国家战略的交汇点，唐山肩负区域经济社会转型升级和高质量发展的重要历史使命。河北省委对唐山提出了“率先全面建成高质量小康社会和现代化强市”的“两个率先”目标要求，这是贯彻落实总书记“三个努力建成”“三个走在前列”的具体要求，其核心要义就是推动唐山高质量发展，目标指向就是要求唐山各项工作走在全省前列，为全省做出示范。唐山在决胜全面建成小康、基本实现现代化、建成现代化沿海强市上，不仅要提前完成既定目标任务，还要努力走在全省乃至全国的前列，这既是中央的期望也是省委的重托。

率先全面建成高质量小康社会，是发展速度和质量效益高度统一的小康，不仅要率先实现，还要有更高的质量，经济社会发展主要指标、小康社会指标完成情况要走在全省前列、高于全国同类城市。现代化沿海强市，必须要有支撑高质量发展的现代化经济体系，必须要持续叠加释放唐山的产业优势、区位优势和港口优势，必须要大力培育科技、人才和创新等新优势，打造特色优势产业领跑全球的国际制造业强市。推动新旧动能转换，持续推动经济社会高质量发展，是唐山落实“两个率先”目标的治本之策和内在必然要求。

（四）推动新旧动能转换是唐山绿色可持续发展的必由之路

党的十八大以来，习近平总书记站在中华民族永续发展的高度，对建设生态文明、加强环境保护作出一系列重要指示，深刻指出了生态环境建设的重大意义，把生态文明提到了前所未有的高度，为唐山做好工作指明了方向，提供了根本遵循。唐山是典型的资源型城市和重化工业城市，发展存在着产业结构重、质量效益低、资源消耗多、污染排放大等问题，长期过度依赖能源资源导致的资源环境问题已成为制约城市进一步发展的主要瓶颈，城市的长远可持续健康发展面临严重的环境容量制约。

要解决唐山面临的生态环境和可持续发展问题，必须要转变发展方式、调整经济结构、加快新旧动能转换、强力推进生态文明体制改革，最大限度地实现清洁生产、绿色发展。建立健全生态环境保护体制机制，倒逼高耗能、高污染、落后过剩产能加速淘汰，加快产业转型升级，可以有效减少资源过度开发和能源大量消耗，推动企业治污制度约束和自我约束，实现资源节约和能源高效利用，减少污染物排放，促进生态文明建设。转变发展方式、调整经济结构、加快推动新旧动能转换、建设“美丽唐山”是唐山实现长期绿色可持续高质量发展的必由之路。

二、唐山推动新旧动能转换和高质量发展的重大举措

（一）扎实推进供给侧结构性改革

1. 做好“加法”，狠抓新的经济增长点

抓出一批新的经济增长点，做好供给侧结构性改革的“加法”，既是唐山经济调结构的重要推动力，也是稳增长的关键。唐山围绕“七个重点”，突出抓好“七个一批”：围绕传统产业升级，抓一批新兴产业和技术改造项目；围绕发挥沿海优势，抓一批临港产业项目；围绕抢抓京津冀协同发展机遇，抓一批承接京津产业转移的项目；围绕做大做强中心城市，抓一批城市服务业、高新技术产业和公共服务项目；围绕开发区（园区）建设，抓一批入园项目；围绕大众创业、万众创新，抓一批科技型企业项目；围绕农业现代化，抓一批既富民又强县的产业化项目。

2. 做好“减法”，坚定不移去产能、去库存

唐山坚定不移地化解过剩产能，做好供给侧结构性改革的“减法”。采取“标准约束＋差别政策＋末位淘汰”办法，精准推动低效产能加速退出，分类化解过剩产能。对环保、能耗、安全生产等不达标的钢铁产能坚决依法关停，拆除动力装置，鼓励兼并重组，提高产业集中度。对停产半年以上的钢铁企业复产实施严格监管，同时牵住处置“僵尸企业”这个牛鼻子，通过兼并重组、债务重组乃至破产清算，积极稳妥推进钢铁、煤炭、水泥等行业企业优胜劣汰，实现市场出清。抓好房地产去库存，对商品房库存较大的县（市、区）有针对性地采取措施，扩大有效需求，打通供需通道，消化房地产库存，稳定房地产市场。出台《“降费减负”专项行动工作实施方案》，清理规范涉企收费，加大对乱收费、乱摊派的查处和整治力度。综合采取多种措施，切实降低实体企业用能、用地、

用工、融资成本和税费负担。

3. 做好“乘法”，全力实施创新驱动战略

唐山全面推进科技、管理、市场、商业模式创新，最大限度地发挥创新的乘数效应。围绕改造提升传统产业、培育壮大新兴产业，出台创新驱动发展行动方案及一系列配套政策实施细则，全力推进科技创新，强化企业创新主体地位，引导企业通过技术创新实现倍增式、跨越式发展。推进管理创新，培养造就一批适应转型升级需要、具有战略眼光和社会责任感的行业领军人物和优秀企业家，提高企业管理水平。同时，积极推进市场创新和商业模式创新，引导企业依托“互联网＋”，加快信息基础设施建设，助力新产业、新业态发展。

4. 做好“除法”，提高全要素生产率

唐山加大重点领域和关键环节改革力度，清理僵尸企业，化解淘汰过剩落后产能，优化资源要素配置结构，提高资源配置效率，将发展重点锁定在投入产出高、质量效益好、发展前景广阔的优势领域、新兴领域、创新领域和高技术领域。通过深化行政审批制度改革、国有企业改革、农村改革等，充分发挥市场在资源配置中的决定性作用，进一步转变政府职能，营造优良营商环境。综合采取多种措施，切实降低企业成本，提高企业的劳动生产率、资本回报率、资源投入产出率，从而提高全要素生产率，全力提高经济发展质量和效益。

（二）深化“放管服”改革，打造“四最”营商环境

1. 强化政策引领，持续优化营商环境

唐山市委、市政府出台《关于进一步优化全市营商环境的意见》《进一步优化营商环境工作方案》《县（市、区）、开发区（管理区）及市直部门优化营商环境考评排名办法》等一系列政策措施，为深入推进“放管服”改革，持续优化营商环境提供政策支撑。出台《“降费减负”专项行动工作实施方案》，继续清理规范涉企收费，加大对乱收费、乱摊派的查处和整治力度，切实降低实体经济成本。围绕“放管服”改革，优化营商环境，多次召开调度会议，细化任务分工、明确时间节点、提出标准要求，督促改革任务落地、落实、落细。立足本土实践，以刀口向内的决心和魄力，下大力减事项、减次数、减材料、减时间，

打造“审批事项最少、收费标准最低、办事效率最快、服务水平最优”的“四最”唐山营商环境品牌。

2. 深化行政审批制度改革，全力打造“四最”品牌

一是围绕“审批事项最少”，编制公开了《河北省市级行政许可事项通用目录（唐山市 2016 年版）》，并结合“放管服”改革要求，进行动态修订调整。推进“减证便民”专项行动，制定了《公开保留和取消的市政府部门设定的涉及群众办事创业各类证明事项清单》，将证明事项精简到 37 项。开展民生领域证明材料清理规范，将重点领域证明材料由 108 项规范为 17 项。扎实推进向曹妃甸区放权工作，形成了《向曹妃甸区下放的市级行政审批事项目录》，向曹妃甸下放 76 项。组建市、县两级行政审批局，在全市开启了“一个部门一枚印章管审批”的全新审批模式，构建了“一章制审批、一门式办理、一条龙服务”的行政审批和政务服务新平台。

二是围绕“收费标准最低”，进一步清理规范各项收费。出台《唐山市财政局关于对行政事业性收费政策落实情况进行检查的实施方案》等文件，梳理精简行政性收费项目。着力解决“红顶中介”服务收费的问题，制定并公布《中介服务事项清单》和《中介服务事项收费清单》，设立强制性中介服务和指定中介机构，破除中介机构乱收费难题。

三是围绕“办事效率最快”，全面深化行政审批制度改革。成立改善营商环境加快推进项目审批“最多跑一次”工作领导小组，负责各项工作全面落实。推进流程再造改革，实行“互联网＋政府政务”审批平台，推进房产交易和不动产登记领域“一窗受理、集成服务”改革，落实“多证合一”“证照分离”等多项改革，不断压缩审批事项，缩减审批时限，提高审批效能。

四是围绕“服务水平最优”，建立了“一个窗口对外、一站式审批、一条龙管理”机制，极大地方便了企业、方便了群众，服务满意度不断提升。同时，提供微笑服务、主动服务、预约服务和延时服务，在提升行政效率的同时提高服务质量。在各个区县积极推进服务品牌创建活动，鼓励各区县不断创新服务意识与服务水平。市营商办研究起草了《弘扬“店小二”精神打造一流营商环境工作方案》，当好服务企业的“店小二”。

3. 推进商事制度改革，释放企业发展活力

唐山持续推进商事制度改革，扩大市场主体规模，激发市场活力。一是巩固扩大“五证合一、一照一码”登记制度改革和个体营业执照与税务登记证“两证整合”工作。积极落实总局、省局“多证合一”改革部署要求，切实降低制度性交易成本，激发市场活力。

二是继续深化“先照后证”改革。持续削减工商登记前置审批事项和后置审批事项，放宽登记住所要求，并及时跟进结果，确保按照上级要求及时贯彻落实到位。

三是进一步完善退出机制。在企业简易注销试点的基础上，探索建立普通注销登记和简易注销登记制度相互配套的市场退出机制，同时加大对僵尸企业的清理力度。

四是全面推广企业登记全程电子化改革。探索推动申请、受理、审核、发证、公示全流程网上办理。出台了《关于推行工商登记便利化促进市场主体增量发展的实施意见》，从 6 个方面推出了 27 条创新性措施，推进工商登记注册便利化。

4. 深化市场监管体制改革，强化事中事后监管

全面落实“双随机一公开”，出台《唐山市实施“双随机”抽查规范事中事后监管工作方案》，成立了唐山市“双随机一公开”工作领导小组。制定了《唐山市实施“双随机”抽查规范事中事后监管工作方案》《唐山市市场主体“双随机”抽查实施细则》，建立“两库一单”制度，形成“唐山市随机抽查事项清单”，并在市政府网站上公布。加强重点领域的监督监管工作，通过持续宣传、督导，做好年报和即时信息公示工作，并推进行政处罚信息公示。印发《唐山市深入推进城市执法体制改革改进城市管理工作的实施方案》，加快综合行政执法体制改革。

（三）全力构建区域现代产业体系

1. 加快构建“4 +5 +4”现代产业体系

唐山结合自身实际、产业基础和资源优势，全力加快构建“4 +5 +4”现代

产业体系。

一是着力做强四大支柱产业。始终坚持把传统优势产业作为转型升级的突破口，集中精力抓好精品钢铁、装备制造、现代化工、新型建材及装配式住宅四大产业发展，力促传统产业跨越式发展、迈向中高端。

二是着力做大五大新兴产业。大力发展智能轨道交通装备、机器人、电子及智能仪表、动力电池、节能环保五大新兴产业，从政策支持、要素投入、人力资源等方面加大扶持力度，着力构建唐山新旧动能转换、高质量发展的强大新兴产业支撑。

三是着力做优四大生产性服务业。围绕制造业与服务业深度融合，着力做优现代物流、现代金融、新兴信息服务、研发设计四大生产性服务业。尤其是把现代物流业作为重中之重，推动海铁联运、公铁联运、陆空联运和集装箱多式联运，建设立足京津冀、服务环渤海、辐射东北亚的现代物流产业基地。

2. 大力发展战略性新兴产业

唐山高度重视新产业发展，全力培育经济发展新动能。成立了由市长任组长、分管副市长为副组长，市直相关部门为成员的市战略性新兴产业发展工作领导小组。领导小组定期发布年度重点任务和工作目标。加大市级财税政策支持，设立新兴产业发展专项资金，优化调整产业引导基金、天使投资基金、科技风险投资基金运营模式，引入专业的基金运营团队，扩大基金规模。建立目标考核督导机制，增加新兴产业发展的考核权重，建立新兴产业考核激励机制。

出台了《关于实施创新驱动发展战略加快新兴产业发展的实施意见》《唐山市战略性新兴产业发展三年行动计划（2018—2020 年）》等一系列政策文件。按照高质量发展的要求，深化供给侧结构性改革，以做大做强战略性新兴产业为目标，深入实施创新驱动发展战略，组织开展智能轨道交通、机器人、电子及智能仪表、动力电池和节能环保五个产业发展专项行动，并针对这五大新兴产业分别出台了“产业发展专项实施方案”，全力加快推进一批新兴产业攻坚项目，打造产业竞争新优势，为构建唐山“4 +5 +4”现代产业体系提供有力支撑。

3. 加快推进环渤海新型工业化基地建设

为贯彻落实习近平总书记对唐山作出的“三个努力建成”“三个走在前列”

重要指示和省委对唐山提出的“两个率先”要求，在新时代新起点加快推进环渤海地区新型工业化基地建设，唐山市委、市政府出台了《关于加快建设环渤海地区新型工业化基地的意见》(以下简称《意见》)。《意见》明确了新型工业化基地建设的思路、目标、原则和路径，以及现代产业体系建设重点任务，再次明确了“4 +5 +4”现代产业体系建设思路、目标、方向和重点，并明确提出了40条具体的支持政策。同时，同步推出了推进钢铁产业、装备制造业、化工产业、建材及装配式建筑部品产业这四大支柱产业高质量发展工作方案。唐山以环渤海新型工业化基地建设为抓手和突破口，全力构建现代经济体系，促进新旧动能转换，推动高质量可持续发展。

(四) 大力实施创新驱动发展战略

1. 以建设创新创业平台重点，完善科技服务体系

制定了《创新驱动发展三年行动计划实施方案》及一系列配套政策实施细则，加快构建以市场和需求为导向、以企业为主体、政产学研用紧密结合的协同创新体系。全力实施“创新驱动发展三年行动计划”和“凤凰英才”计划，支持高新技术企业和创新型人才快速成长。以重点实验室、技术创新中心等平台为重点，引进京津创新资源，争取更多的省级和国家级平台落户唐山。出台了《唐山市工程技术研究中心和重点实验室管理办法》《唐山市产业技术研究院建设与管理办法》等文件，在已有工程技术研究中心、重点实验室的基础上，开展产业技术研究院、产业技术创新战略联盟等新型研发机构的创建工作。围绕新兴产业共性技术开展研究，重点开发具有唐山特色的新技术、新工艺和新产品，制定新技术标准，推动行业领域科技创新，努力突破唐山新兴产业发展核心技术。

2. 以创新能力提升为核心，培育技术创新主体

出台了《唐山市高新技术企业培育活动实施方案》，按照产业规模大、创新能力强、发展潜力好、带动作用明显四个标准，从现有企业和重点项目中筛选和培育龙头企业，让各类要素资源逐步向其倾斜，重点培育。支持高新技术企业通过兼并重组等多种方式，进行改造升级，实现规模经济。出台《唐山市精准服务重点科技型中小企业活动实施方案》，坚持把培育发展科技型中小企业作为发展

战略性新兴产业的重要抓手，将科技型中小企业和高新技术企业数量纳入县级领导班子考核体系，"真金白银"地支持企业创新发展。

全面加强人才队伍建设。深入实施"凤凰英才"计划，制定出台了11个配套文件。编制发布最紧缺人才需求目录，涉及13个产业、428个专业、3635个岗位。出台《企业家十年培训计划纲要》，市级财政每年拿出1000万元，定期组织全市传统产业50强、新兴产业成长50强企业到著名商学院参加培训。

3. 以新技术开发应用为引领，加强科技创新有效供给

加强科技计划项目实施，围绕唐山产业转型升级、新兴产业发展、社会民生发展科技需求，组织实施重大科技专项和重点研发计划。深入实施科技招商成果转化计划，紧盯京津等高校院所研发的新兴产业科技成果，通过"走出去"与"引进来"相结合的方式，深入挖掘京津等地新兴产业资源的"富矿"，实施精准对接和落地转化，加快引进一批新技术、新产品、新业态、新模式，推动新兴特色产业集群式发展。2016年以来组织引进了全自动大型钢管打捆包装机器人、昆虫触角电位仪等科技成果项目169项。2018年以来，先后引进了西安交通大学国家技术转移中心唐山分中心、中科院天津工业生物技术研究所生物质绿色制造产业孵化平台、曹妃甸高耐盐植物原土绿化示范基地科技成果项目等23项。

（五）加快推动"一港双城"建设

1. 对标国际水准，科学编制"一港双城"规划

唐山坚持世界眼光、国际视野、战略思维、唐山优势，科学发展、规划先行，高标准规划打造新旧动能转换高质量发展的"一港双城"承载平台。围绕港产城一体化融合发展，做好唐山港、城市主城区、曹妃甸新城和区县的总体规划、控制性详细规划和各专项规划，科学确定开发边界、人口规模、用地规模和开发强度，优化空间布局和形态功能，做到规划一步到位，实现多规合一。目前，已经完成了空间发展战略、空间布局和分区定位研究初步方案，编制了《唐山市口岸发展规划（2018—2025年）》，出台了《2018年"一港双城"（城镇化）建设实施意见》。高度重视规划的权威性，坚持"规划一张图、建设一盘棋"，坚定不移干下去，避免"翻烧饼"。

2. 建设世界一流大港，提高唐山核心竞争力

唐山港包括曹妃甸港区、京唐港区、丰南港区，是城市发展的核心战略资源，是唐山发展的独特优势，是“一港双城”建设的重中之重。唐山积极建立大港口管理体制，实现“全域一港”，按照差异化和地域综合体战略，统筹规划港口发展，形成“一港三区”格局，扩大港口规模，提高集装箱运力，壮大临港产业，调整优化集疏运体系，促进港城协调发展。密切与“三北”腹地和亚欧地区的交通联系，发挥欧亚大陆桥作用，加快建设以大宗物流交易为主的综合性枢纽大港，成为北京的重要出海口，增强港口对城市和区域的辐射带动功能。完善集疏运体系，推进集疏分开、专业运营的港口集疏运新模式，推进区域大宗物流运输“公转铁”。推动港口从装卸、运输向贸易、金融、实业转型，打造一批集储备、配送、商贸及深加工于一体的交易基地和市场，提高港口贸易附加值。

图 1 巍巍大港“唐山港”（摄影：李智信）

3. 建设宜居宜业宜游的现代化城市主城区，提高城市首位度

首位度是指一个地区各种资源要素的集中程度，是衡量一个城市发展集中度

的重要指标，也是城市地位和竞争力比较的重要指标。唐山着力加快城市主城区建设，开展了大规模的城市建设改造，城市空间、品位、特色都发生了深刻的变化。中心城区路北、路南、高新、丰南、开平五大片区开发建设全面铺开，污水处理厂搬迁及湿地涵养工程建设、棚户区改造、老旧小区改造、背街小巷改造、重点功能区建设和城市畅通工程加快推进。

图 2　唐山市主城区

唐山主城区坚持工业做“除法”，服务业做“乘法”，打造以现代服务业和高新技术产业为支撑的现代化经济体系，重点发展战略性新兴产业、现代金融业、文旅产业、现代信息技术产业、现代物流产业、大健康产业、房地产业等，成为全唐山的创新要素集聚中心，对全域经济产生更大的示范引领、辐射带动作用。进一步改善主城区基础设施，加大教育、医疗等公共资源投入，使城市设施功能齐全、配套完善，成为配置优质资源要素的重要载体，形成对人流、物流、商流的巨大吸附和集聚能力。

4. 建设曹妃甸滨海新城，加快港产城一体化发展

曹妃甸区打造现代化滨海新城，必须有强大的现代产业体系支撑。曹妃甸从“港产城一体化”发展入手，以港聚产、以产兴城、以城促港，加快构建现代产业体系。着力将主城区及周边地区钢铁、现代化工、海工装备等依托港口或集疏

运体系大进大出的产业向曹妃甸集聚。加快曹妃甸新型工业化基地建设，吸引更多大型企业和项目落户。对接“中国制造 2025”，发展重型装备、海工装备、轨道交通装备、节能环保装备等。依托港口枢纽优势和辐射效应，推动港产城融合发展，集聚航运、仓储、集疏运等临港产业和贸易、钢铁、石化等依存产业，以及包括港口金融、维修、代理等在内的衍生产业，形成产业体系。加速产业临港落地，加快人流、物流、信息流向曹妃甸新城聚集，不断扩大城市规模、完善城市功能、提升城市品位，带动城市服务功能和资源要素集聚，推动曹妃甸新城高起点、高标准、高质量发展。

图 3　曹妃甸城区风光（赵柏林摄影）

（六）强力推动生态文明体制改革

1. 明确生态唐山建设路线图和考核表

明确生态唐山建设路线图和工作方案。出台《建设生态唐山实现绿色发展工作方案》，明确在打赢蓝天保卫战、加快水和土壤污染防治、加大生态系统保护和修复力度、强化环境监管四大方面的 100 项具体工作任务，逐项明确完成时限和责任部门，形成全市生态攻坚的总作战图。同时，各级各部门根据工作目标任务，逐级制定工作方案，形成人人有任务、人人有责任，一级抓一级、层层抓落实的科学明晰的目标责任体系。尤其是2018年以来，唐山相继召开生态文明建设大会、推进高质量发展大会，汇聚全市之力，以壮士断腕的意志和决心治污减排，向生态优先的绿色发展道路迈出了坚实的第一步。

刚性量化的奖惩考核机制倒逼方案落实。出台《建设生态唐山实现绿色发展考核奖惩办法》及14个配套考核细则，逐月对各县（市、区）进行排名，实行严于省奖惩办法的财政奖励或惩罚性扣减资金措施。每月排名倒数2名的县（市、区）由党委书记做检查性发言，连续3次检查发言的，对党委书记进行谈话，对年度考核不合格的实施问责，实行区域项目限批。建立“双罚”机制，市级在处罚违法违规企业的同时，等量扣减相关县（市、区）财政资金，纳入市级环保专项资金，倒逼各级党委、政府落实生态环保主体责任。

2. 生态环保领导和督导体系全覆盖

权威高效的领导体系全面覆盖。为集中力量抓落实，市、县两级均成立由党政一把手任“双组长”的生态环保工作领导小组，严格落实环保工作党政同责、一岗双责，各级领导干部将本职工作与环保工作同谋划、同部署、同落实。建立领导小组月调度工作机制，每月召开一次生态唐山建设重点工作调度会，对工作开展情况进行调度、会诊、通报、部署。同时成立扬尘治理、矿山违法开采治理、全域治水清水润城、机动车污染治理、“散乱污”企业出清、工业企业环保驻企督导六大专项工作领导小组，制定出台六个专项工作方案，推进重点突破，全面攻坚。

令出督随的督导体系全程跟踪。整合市委、市政府“两办”督查室、市环保局、新闻媒体等力量，组成3个环保暗访组，围绕工作目标和重点任务，对全市实行常态化随机暗访，发现的问题纳入各县（市、区）月考核评分。强化公开曝光，对暗访发现的环境污染问题指名道姓进行公开曝光。每月在媒体公开生态环保工作完成情况及下步工作安排，接受公众监督。同时密切联系群众，上线环保微信举报平台，广泛开展“环保随手拍”等活动，让群众成为环保工作的监督员、侦察兵。

3. 精准监测管控严防污染

推进“点对点”精准指挥。充分发挥环保指挥中心作用，在整合近4000个监控监测点位的基础上，增设网格监测点位和视频监控点位，扩大覆盖范围。制定针对性的管控措施，启动应急响应及主动应急减排措施。同时，进一步完善工作机制，坚持线上调度与现场督导相结合，全面提高指挥效率。

实施错峰生产精准管控。为持续有效控制污染排放，唐山市又综合考虑环境空气质量现状、钢铁企业所处区域和气象条件，出台《钢铁行业 2018 年非采暖季错峰生产方案》，有针对性地实施钢铁等行业精准化、差别化、区域化错峰生产，唐钢本部、东盛烧结等 8 家市中心区及周边重污染企业实行常态化错峰生产，其他区域企业实行指令性错峰，最大限度地进行削峰降速。

健全精准监测监控网络。全力推进水站和空气站建设。建立高排放车辆监控网，在全市 55 家重点企业安装车流量视频监控终端。两港区和重型柴油车运输通道的遥感监测设备已进入调试阶段，初步形成重型柴油车管控决策平台框架。同时，安装秸秆焚烧红外线视频监控，在转炉烟气排放筒安装一氧化碳在线监测设备。

图 4　坚决打赢污染防治攻坚战留住蓝天白云清水绿岸

4. 专项行动提升环境治理效能

实施大气综合治理行动。以重点行业深度治理、挥发性有机物、陶瓷铸造企业、面源污染治理、机动车污染防治、散乱污企业出清六个领域为重点，进一步提高重点行业企业大气污染防治水平，推进污染物排放稳定达标。开展钢铁、焦化、电力等五个重点行业深度治理，实施挥发性有机物综合治理，实施陶瓷铸造行业治理。强化面源污染治理，实施机动车污染防治。开展“车、油、路、场”污染整治和货车污染整治专项行动。

扎实开展水污染防治行动。全力推进全域治水、清水润城工作，完成“一河一策”方案制定。强化污水直排企业专项检查，对超标企业立案处罚并实施停产治理。重点督导2017年被国家和省限批的工业园区，加快推进污水处理厂建设和在线监测联网。

图5　实施“清水润城”工程建设环城水系

开展土壤污染防治行动。开展农用地和疑似污染地块污染状况调查。建成危险废物智能监控平台并投入试运行。开展固体废物环境风险排查整治、皮革加工行业、涉酸企业以及危险废物（含医疗废物）环境隐患排查等专项行动。稳步推进“绿盾2018”自然保护区监督检查专项行动。

三、唐山推动新旧动能转换和高质量发展取得的成效

（一）经济实力显著增强，经济结构不断优化

1. 经济实力显著增强

2017 年，全市地区生产总值达到 7106.1 亿元，在全国地级市中排名第 27 位，同比增长 6.5%；全部财政收入 733 亿元，增长 20.6%，其中一般公共预算收入 380.3 亿元，同比增长 7.1%；地区生产总值和一般公共预算收入分别占河北省的 19.8% 和 11.8%。2018 年上半年，地区生产总值完成 3201.4 亿元，同比增长 6.6%。1 ~7 月份，一般预算收入达到 266.6 亿元，增长 15.4%。

2. 经济结构调整取得新进展

2017 年，唐山第三产业增加值完成 2424 亿元，增加值增速 10.9%，对 GDP 增长的贡献率已超过第一、第二产业的总和，达到 61.8%。高新技术、装备制造、三产服务业正在成为支撑经济发展的主要动力。2017 年港口货物吞吐量为 5.7 亿吨，跃居全国第四。唐山现代物流、金融、会展等行业呈现蓬勃发展态势。2018 年上半年，三次产业比重由 2017 年底的 8.5∶57.4∶34.1 进一步优化为 5.4∶55.9∶38.7，三产占比创历史同期新高，第三产业已经成为唐山经济的最大亮点。

3. 高新技术产业加快发展

2017 年，唐山高新技术产业增加值增长 17.2%，装备制造业增加值增长 16.3%，对工业增长贡献率达到 35% 以上，超过钢铁产业成为工业经济的第一拉动力。战略性新兴产业占规模以上工业增加值的 7.1%，虽然还处于培育期，但已显现出积极的拉动效果。2017 年全市新增高新技术企业 80 家，省级以上众创空间（孵化器）达到 29 家，增长 38.1%。2018 年上半年，高端装备制造业增加值同比增长 25.7%，尤为亮眼的是，工业机器人、改装汽车、动车组产量同比分别增长 49.9%、111.5% 和 36.1%。

（二）供给侧结构性改革成效显著，质量效益明显提升

1. 产业转型升级加快

坚定不移淘汰化解落后过剩产能。2013 年至今累计化解炼钢产能 4469 万吨、炼铁产能 2553 万吨，分别占全省的 63.9% 和 39.6%，超额完成省下达的化解任务，钢铁企业由 58 家减少到 40 家，钢铁行业效益大幅回升。钢铁去产能涉及的 7.29 万名职工全部得到妥善安置，担当了全省、全国去产能的“唐山责任”。加快培育发展新动能，2018 年上半年，高新技术产业和新兴产业增加值分别增长 16.1% 和 12.1%，高端装备制造业增加值增长 25.7%，分别高于规上工业增速 9.5 个、5.5 个和 19.1 个百分点，成为京津冀地区最大的高铁装备、特种机器人产业基地。着力激发市场主体活力。1～7 月份，全市新登记各类市场主体 5.4 万户，总量达到 50.48 万户，比 2017 年底净增 2 万户，实体经济焕发出新的生机活力。

2. 经济质量效益大幅提高

坚决推进供给侧结构性改革，加大去产能、去杠杆、降成本力度，传统钢铁、煤炭、水泥行业效益大幅回升，高新技术行业投资快速增长，高质量、高附加值产品比重大幅提高。2017 年，规上工业企业实现利润总额 707.7 亿元，同比增长 70.7%；工业技改投资同比增长 12.7%，占工业投资的 63.9%；高新技术产业投资 690.3 亿元，增长 20%。钢铁高附加值产品比重由 2014 年的 9.7% 提高到 21.5%。2018 年上半年，规上工业企业实现利润总额 303.7 亿元，同比增长 79.6%，工业技改投资同比增长 27.5%，高新技术产业投资增长 21.2%。

3. 创新要素供给能力逐步提升

科技、人才等创新要素的贡献开始显现，创新能力持续提升。2017 年末，全市拥有规上高新技术企业 330 家、中小科技型企业 5303 家，市级以上工程技术研究中心 179 家，增加 46 家，申请专利 6712 项，增长 19.5%。2018 年上半年，全市新增科技型中小企业 759 家，申报高新技术企业 140 家，技术合同交易额增长 141%，培育科技企业孵化器（众创空间）20 家、院士工作站 9 家、科技创新团队 21 个、研发机构 29 家、科技创新园区 5 家。

（三）“四最”唐山建设逐步深入，营商环境明显改善

1. 实现“审批事项最少”，市场活力逐步释放

唐山本着“应放尽放、真放实放”的原则，精简审批事项，下放审批权限，在全国设区市实现了“审批事项最少”。各类审批事项精简到最佳水平，市场活力逐步释放。行政许可事项由229项减少到92项，并时刻与全国先进城市对标，保持全国设区市审批事项最少的领先水平。扎实推进向区县放权工作，激发了区县的市场活力。曹妃甸作为“一港双城”建设的重要部分，市委、市政府向曹妃甸下放76项行政审批事项，并在曹妃甸行政审批局开设市级审批办理窗口，进一步简化了审批程序、缩短了审批时间、避免了审批程序的烦琐复杂。

2. 实现“收费标准最低”，经营成本不断降低

唐山以“为创新创业降门槛、为市场主体降成本”为目标，不断清理各项违规收费和中介乱收费现象，营造公平公正的市场环境，不断降低市场主体的经营成本。停征行政事业性收费4项，取消经营性收费1项。商标注册费用从1500多元直降至300元，节省了企业注册费。注册资本实缴改认缴，实行了“两取消三不限”的优惠政策，有效地解决了困扰创业者的创业资金问题，极大地降低了创业门槛和创业成本。同时，采取多种综合措施，有效解决了“红顶中介”服务收费问题，彻底清理了中介服务事项，打破中介服务垄断局面，切断中介服务利益关联，规范中介服务收费，中介组织充分走向市场、公平竞争，服务效率和水平不断提升。

3. 实现“办事效率最快”，政府效能水平持续提高

唐山强调各个审批部门的协调控制，简化办事流程，优化办事通道，实现了“办事效率最快”，政府效能水平不断提升。一枚印章管审批，提升审批效率。“一窗受理”新模式，实现“前台分类受理、后台分别审批、统一窗口出件”。“一个窗口流转、车间式流水线审批”，让群众和企业“推开一扇门、办成百家事”。审批服务提质增速，审批局的197项审批职能压减到169项，审批事项再缩减。“135”审批办结制，办理环节由631个压缩到539个，压缩率达14.58%。全部事项办理时限由法定的4023个工作日压缩到540个工作日，压缩率86.6%，

效率提高了6倍多。编制“最多跑一次”事项目录清单，并成功应用，办事效率大幅提升，大大减少了群众和企业的时间成本。

4. 特色服务层出不穷，服务水平持续提升

唐山本着“创优质服务、实现服务水平最优”的原则，开展本土特色服务，服务理念不断优化，服务意识明显提高，服务水平持续提升。广泛开展了“一个单位一个品牌、一个部门一个特色”创建活动，各类品牌、各项举措落地生根、开花结果。比如，丰南“政企直通车”、遵化“金牌保姆”等。倡导“店小二”精神，当好企业、群众的“店小二”，做到为企业、群众真办事、办实事。全市范围内“店小二”的宣传推广活动，营造了“店小二”精神的服务氛围，政府的服务理念不断优化。以大讨论、大宣传、大行动等方式，迅速掀起“凝心聚力、狠抓落实”宣传“四最”品牌浪潮，聚焦思想和行动的统一，促进唐山“四最”品牌在全市、全国范围内的宣传推广，“四最”品牌的影响力在不断提升。

（四）创新能力逐步提升，新旧动能加快转换

1. 产业结构不断优化，唐山“智造”初步显现

传统制造业转型升级加快。去产能成效明显，仅2017年就化解炼钢产能993万吨、炼铁产能576万吨，切实担当了全省去产能的“唐山责任”。产品附加值不断提升，企业盈利能力增强，工业投资和技改投资分别增长12.1%和12.7%，钢铁高附加值产品比重提高到21.5%。装备制造业增加值增长16.3%，规模以上工业企业利润增长70.7%。创新化解工业用地遗留问题，盘活工业用地5213亩，305家停产半停产企业实现“腾笼换鸟”。

高新技术产业异军突起。全市新增科技型中小企业1863家、高新技术企业80家，高铁装备、特种机器人成为京津冀最大的产业基地，高新技术产业增加值增长17.2%。扎实开展国家小微企业创业创新基地城市示范，引进京津科技成果和产业化项目49项，省级以上众创空间达到13家。新增主板上市企业2家、“新三板”挂牌企业10家。

2. 创新成果不断增多，技术创新能力明显增强

近年来，唐山研发投入不断增加，创新驱动发展战略得到了全面实施，创新作为引领发展的第一动力，带动经济发展的态势良好。研发经费投入强度提高，研发实力进一步增强，科技水平不断提高，为实现新旧动能转换提供了有力的科技支撑。高新技术企业数量明显增多，由 2008 年的 23 家增加到 2017 年的 304 家，增长了 12 倍多。发明专利授权数量呈逐年增加态势，创新能力不断增强，2008 年发明专利授权数量仅有 76 个，到 2017 年增长为 640 个。技术合同交易额显现爆发式增长，从 2008 年的 2.43 亿元增长到 2017 年的 63.9 亿元，增长了 25 倍多，有力地促进了科技与经济结合，为加快科技成果转化、推进自主创新、促进经济和社会发展起到了重要作用。

市级以上工程技术研究中心、重点实验室达到 233 个，近年来市级以上科技创新平台共承担研发项目 1700 余项，其中省级以上研发项目 409 项，开发新产品、新装备、新工艺 1215 项，组织或参与制定标准 231 项，获得授权专利 700 余项。在轨道交通、机器人等战略性新兴产业领域创新成果尤其突出，河北省绿色智能交通产业技术研究院围绕高速动车组研发的多项技术，达到了国际先进水平，为高速动车组系统集成创新和产业化提供了技术支撑。

图 6　中国北车唐车公司高速动车组总装配生产线

3. 双创双服举措务实高效，创新氛围更加浓厚

在“大众创业，万众创新”的时代背景下，唐山采取多种方式鼓励各类市场主体创新创业，成效突出，为实现创新驱动高质量发展提供了有力支撑。众创空间（孵化器）发展取得新突破，数量呈现爆发式增长，目前市级以上科技企业孵化器、众创空间和星创天地总数达到74家，其中国家级20家、省级30家，连续三年实现快速增长。

实施科技创新三年行动计划和“凤凰英才”计划，打造“1+N”政策支撑体系，落实加计扣除、创业服务、高企补贴等各类奖补资金近3000万元。支持大学生创新创业项目70个，支持创新创业大赛项目50个。加大了对小微企业创新创业的扶持力度，设立天使及风投基金、创新金融服务、鼓励直接融资等，缓解了小微企业融资难、融资贵的问题。2017年全市小微企业营业收入达到4592.5亿元，占全市企业营业收入的29.89%。

（五）“一港双城”建设加快推进，高质量发展平台持续完善

1. 世界一流贸易大港建设稳步推进

唐山港加强港口改造，实施京唐港区25万吨级航道工程、多用途泊位工程等重点项目，启动曹妃甸港区新的航道工程和原油泊位工程、液体化工码头续建工程等。持续推进内陆港建设，开行中欧班列，丰富口岸资质。创新报关制度，简化单证手续。推动河钢唐钢公司塞尔维亚钢铁厂项目，成为我国与中东欧国际产能合作的样板工程。2016年，唐山被国家列为构建开放型经济新体制综合试点城市，近日又成功入选国家第三批跨境电子商务综合试验区。唐山港作为我国4个可停泊40万吨级货轮的港口之一，已先后获批汽车整车、木材、水果、肉类等进口口岸资质，并开通了曹妃甸至乌兰巴托国际班列、唐山港首发比利时安特卫普中欧班列，在内蒙古、新疆等地建设内陆港16个。

图7　曹妃甸港靠泊40万吨级大船实现常态化

2017年，唐山港完成货物吞吐量5.73亿吨，占全省吞吐量的52.7%，跻身全国第四位、沿海第三大港口。集装箱吞吐量达到253万标箱，占全省集装箱吞吐量的68%。2018年1~7月份，唐山港完成货物吞吐量3.55亿吨，集装箱吞吐量143.9万标箱，同比分别增长6.27%和9.43%。唐山港已经成为“一带一路”倡议海陆运输的重要交汇点。

2. 唐山主城区高质量发展承载功能更加完善

唐山主城区强力推进污染退城，推动中心25公里范围内所有重点排放企业逐步退出，对42家重点企业，分门别类制订退城、提标计划，启动唐钢和唐银钢铁向沿海地区搬迁，年内核心区45家陶瓷企业全部迁出。对未列入搬迁的其他企业，制定高于国家和省的环保标准，确保超低排放。开展“散乱污”企业排查整治，年内实现市区内“散乱污”企业彻底出清。大力推进棚户区、老旧小区和背街小巷改造，出台城市治堵方案，推进城市畅通工程，优化城市交通结构，全面提升通行、照明、排水、环卫、绿化水平，增加公园绿地和公共空间，为群众创造更加舒心的工作、居住和生活条件，提升主城区对优质高质量要素的吸引力和集聚能力。近年来，唐山成功举办了2016年世界园艺博览会、中国—中东欧国家和地区领导人会议等国际性重大活动。

推进重点功能区建设，将南湖中央商务区定位为唐山新名片，加快推进土地出让、规划等前期工作，打造反映唐山发展实力、代表唐山城市形象、具有浓郁现代气息的标志性区域。将城南经济开发区定位为产城融合示范区，加快村庄征收搬迁、道路等重大基础设施和重点项目建设，承接主城区功能外溢。唐山站西片区依托京唐城际铁路，加快城市设计、控规编制、村庄搬迁等工作，打造成吸引投资消费的热点区域，成为展示唐山形象的窗口。京唐智慧港以吸引京津产业转移和成果转化为重点，打造成京津冀协同发展的重要平台和高新技术产业聚集区。丰南国丰北区改造以区域内钢铁企业搬迁和棚户区改造为重点，建设高质量发展的特色功能区，加快在城市形态、城市功能上融入主城区。

3. 曹妃甸滨海新城建设初见成效

曹妃甸新城土地面积约40平方公里，现有人口约6.8万人。2014年8月，唐山工业职业技术学院完工并整体搬迁至新城。2016年8月，省属重点骨干大学、省重点支持的国家一流大学建设高校，华北理工大学完工并搬迁到新城。同年9月，北京景山学校曹妃甸分校建成开学，内设有小学、初中、高中部，以上院校的迁入建成标志着新城具备了完整的教育体系，同时对新城聚集城市人口，增强城市活力具有重要意义。曹妃甸新城多措并举，大力提升城市品质，启动了恒大御海天下、富力城等6个重点项目，实施了富力城市公园、珠江绿地等4个城市公园项目。着力加快完善城市功能，打通了迁曹公路东西侧通道，实施了清洁供暖“样板工程”，推进了城乡环境综合整治行动，进出港交通运行效率和环境面貌显著提升。积极拓展公共资源平台，组建了科技创新服务中心，云计算、大数据、人工智能等科技创新产业加快聚集。

（六）生态环境逐步改善，可持续发展能力不断增强

1. 空气环境质量持续改善

坚持以铁的决心、铁的措施、铁的手腕抓生态唐山建设。在生态环境部对京津冀大气污染传输通道城市空气质量目标完成情况的考核中，唐山被评定为优秀

等级，打了一场漂亮的翻身仗。2013—2017 年唐山 PM2.5 年均浓度分别为 115 微克/立方米、101 微克/立方米、85 微克/立方米、74 微克/立方米和 66 微克/立方米，2017 年较 2013 年下降 42.6%，超额完成国务院“大气十条”到 2017 年下降 33% 的目标。综合指数由 2013 年的 12.08 下降到 7.96，重污染及以上天数由 2013 年的 82 天下降到 30 天，达标天数由 2013 年的 106 天上升到 205 天。2018 年 1 ~ 7 月，PM2.5 浓度为 62 微克/立方米，同比下降 12.68%，完成了年初制定的较去年同期下降 10.6% 的目标，重污染天数为 11 天，同比减少 13 天。

2. 水环境质量明显提升

唐山严格执行“清、准、高、快、狠”的工作要求，全力以赴推进全域治水工作深入开展。积极实施河流分段式管理，推行河长制，即每条河、每个河段、每米河道都有人管理，都有责任人，形成几级河长齐抓共管，覆盖全市所有河流和全部流域范围的河道管理体系。2017 年度城市黑臭水体消除比例达到 100%，地下水水质未发生退化，近岸海域良好以上水质比例为 100%。集中式饮用水水源地水质达标率为 95%。唐山涉及国家和省考核的共有 6 条河流 9 个监测断面。2018 年 1 ~ 6 月，7 个断面达到国家和省水质目标要求，水质达标率达到 77.78%。其中，7 个断面达到三类及以上良好水质要求，良好水体比例达到 77.78%。主城区环城水系全部消灭劣五类水体。

3. 生态环保倒逼产业转型升级初见成效

实现绿色可持续发展，必须以绿色高效的产业体系为支撑，完善环保控制标准，加快传统高消耗、高污染、高排放行业的转型升级，建立起资源节约、环境友好的现代产业体系。为此，唐山主抓两个主攻方向，即区域布局上的战略转移和产业结构调整升级。唐山在推进转方式、调结构、供给侧结构性改革的过程中，突出做优、做强、做大精品钢铁、装备制造、新型建筑建材、新能源新材料等支柱产业，大力建设生态唐山、实现绿色发展，在积极推进重点行业、关键领域生态环保治理上取得显著成效。同时，努力建设绿色低碳循环可持续发展的工业体系，工业体系绿色化、生产过程清洁化、能源结构低碳化、能源利用高效化水平全面提升，努力实现生态环保与经济协调发展。

四、唐山推动新旧动能转换和高质量发展的方式方法与经验

（一）坚持顶层设计，总体战略规划明确工作思路和路径

唐山高度重视新旧动能转换和高质量发展的顶层设计和规划引领，以习近平总书记视察唐山提出的“三个努力建成”为总揽，以河北省委提出的“两个率先”为抓手，深入实施“四项战略”，狠抓十项重点工作，从而形成了“32410”总体工作思路和战略路径。

“3”即“努力把唐山建成东北亚地区经济合作窗口城市、环渤海地区新型工业化基地、首都经济圈重要支点”，“三个努力建成”是习近平总书记亲自为唐山谋划的高质量发展方向，是唐山推动新旧动能转换、实现高质量发展的根本遵循。核心是要坚持摆脱资源依赖、转身向海，全面扩大开放、集聚产业转型动能，打造“一带一路”的重要枢纽。持续推动产业结构优化升级，加快由国家能源原材料基地向新型工业化基地转型。实施主动融入协同发展战略，加快打造京津冀协同发展的战略支点和区域中心城市。

“2”即“率先全面建成高质量小康社会和现代化强市”，“两个率先”是唐山市高质量发展的目标。要以此为引领抓生态唐山建设，重点实施“三大生态工程”，还唐山一片蓝天。抓产业高质量发展，加快构建“4+5+4”现代产业体系，做强四大支柱产业、做大五大新兴产业、做优四大生产性服务业。抓城镇建设，建设宜居宜业宜游的现代化美丽新唐山。

“4”即“四项战略”，是唐山新旧动能转换和高质量发展的战略支撑。谋划好、落实好创新驱动发展战略、开放战略、港产城融合发展战略、乡村振兴战略四大战略，引领唐山新旧动能转换，实现高质量发展。

“10”即“十项重点工作”，是唐山高质量发展的路径和方法。全力推进生态唐山建设、推动唐山由钢铁大市向钢铁强市转变、高标准推进“一港双城”建设等十项重点工作，为新旧动能转换、高质量发展保驾护航。

（二）坚持强化组织领导，完善制度确保政策措施落地生根

强化组织。唐山市主要领导亲自负责、靠前指挥、一线领导，市委、市政府多次研究去产能工作，作出明确部署，围绕钢铁煤炭去产能、产业转型、新型工业化基地建设、生态环境保护等重大任务，相继出台一系列配套政策措施，确保各项工作有策可循、有据可依。完善干部制度考核机制，完善改革落实制度，谋划施行以“干什么、怎么干、谁来干、什么时间干成”为主要内容的“四个干”机制，提高了各级干部谋事的水平、干事的能力、成事的本领。

健全制度。建立《实绩突出领导干部台账》，对历次项目观摩测评中排前10位项目的主要分包干部，以及获评全市年度“十大亮点工作”的主要负责干部登记造册，在干部选任动议阶段，优先列为初始提名人选。出台《关于重大决策部署贯彻落实情况约谈办法（试行）》，唐山市对那些在贯彻中央和省、市重大决策部署中工作不在状态，不作为、慢作为，存在转型不力、迟滞发展等问题的集体和个人，进行约谈。制定《唐山市生态环境保护责任追究暂行办法》，细化了党委、政府和各职能部门的责任分工，明确49个负有生态环境保护职责部门的202项监管职责，夯实每一条监管职责和责任边界。坚持责权一致、齐抓共管，按照“谁主管、谁负责”“谁决策、谁负责”的原则建立问责制度，实行终身追责。

加强督导考核。前有激励，后有督导，压力层层传导下，各级部门形成了“不敢懒散、不能懈怠、不甘落后”的风气。领导带头分包项目，实施一线指挥、挂图作战、强化督导。市委、市政府按季度组织项目集中开工和进行实地观摩测评，形成制度保障供给侧结构性改革有效推进的良性循环机制。出台《建设生态唐山实现绿色发展考核奖惩办法》及14个配套考核细则，逐月对各县（市、区）进行排名，实行严于省奖惩办法的财政奖励或惩罚性扣减资金措施，每月排名倒数2名的县（市、区）由党委书记做检查性发言，连续3次检查发言的，对党委书记进行谈话，对年度考核不合格的实施问责，实行区域项目限批。

（三）坚持动态对标，高起点谋划、高标准推进、高质量督导

为实现“三个努力建成”“三个走在前列”的奋斗目标，唐山坚守“党委

政府负责阳光雨露、企业负责茁壮成长”的理念，以“放管服”改革为重点，致力于打造“审批事项最少、收费标准最低、办事效率最快、服务水平最优”的“四最”唐山营商环境品牌，以良好的营商环境为基础保障，加快新旧动能转换。

1. 高度重视、科学谋划、精准组织、全员参与

按照市委的要求，市编办将优化营商环境、打造“四最”唐山品牌作为重中之重，确立了“政策引导、改革推动、协调各方”“干实事、搞活动、抓宣传”的工作思路，努力营造了“全办一盘棋、营商是中心”的工作氛围。坚持应简尽简、宜放皆放，在下放权力的过程中，始终着眼于县级需求度和事项含金量，切实做到该放则放。注重倾听呼声、反馈优化，先后多次召开优化营商环境座谈会，在媒体上滚动播发了《致全市人民征求意见的公开信》，公布联系电话、邮箱，多层次、全方位征集意见建议，并建立了优化营商环境问题整改通知单制度。

2. 动态对标、博采众长、力求最优

作为地方治理现代化的典型案例和政府自我革新的创造性实践，唐山在推进“放管服”改革过程中，动态对标、博采众长、力求最优，形成了独具特色的地方改革经验。优化营商环境，唐山永远在路上。坚持时刻与全国先进城市对标，保持全国设区市审批事项最少的前列，行政许可事项由 229 项减少到 92 项；时刻确保收费标准最低、办事效率最高，也位于全国的领先水平；推行四项特色服务、坚持打造特色服务品牌，秉持当好“店小二”精神，力求追赶先进城市，达到服务水平最优，真真正正地实现“四最”营商环境。

3. 强化监督落实，力推负责人公开承诺制

唐山持续强化政策措施监督落地、落实，通过全市系统广泛宣传、帮扶指导，加班加点、强力督导通报。广泛开展“一个单位一个品牌、一个部门一个特色”创建活动，单位和部门负责人公开承诺，确保各类品牌、各项举措落地生根、开花结果。倡导“店小二”精神，当好企业、群众的“店小二”，做到为企业、为群众真办事、办实事。

（四）坚持创新引领，传统产业升级与新兴产业突破完美融合

唐山以保升级、提创新、促发展为核心，以环渤海新型工业化基地为载体，以高质量项目建设为抓手，围绕“加快推进产业转型升级、打造经济发展新引擎”这一主线，加快传统产业升级，培育发展新兴产业，聚力打造行业龙头，推动经济发展质量变革、效率变革、动力变革。传统产业转型升级、提质增效是唐山工业经济新旧动能转换和高质量发展的关键，始终坚持做大、做强、做优。新兴产业是新旧动能转换和高质量发展的主战场，是经济高质量可持续发展的重要支撑，始终坚持抓研发、抓项目、抓创新。

唐山全面实施创新驱动发展战略，努力构建“4+5+4”现代产业体系，将传统产业与高新技术产业紧密融合在现代产业体系中，以创新驱动发展为契机，努力实现唐山市新旧动能转换。“4”就是做强精品钢铁、装备制造、现代化工、新型建材及装配式住宅四大支柱产业；“5”就是做大智能轨道交通、机器人、电子及智能仪表、动力电池、节能环保五大新兴产业，强化对新型工业化基地建设的支撑作用；“4”就是做优现代物流、现代金融、新兴信息服务、研发设计四大生产性服务业，为产业转型升级提供优质服务。

专栏3 唐山机器人推动传统产业与新兴产业完美融合

随着智能制造等工业需求的提升，以工业机器人为核心的智能制造加速推进，服务机器人市场规模快速增长，我国机器人产业正在加速发展。唐山依托传统重化工业、装备制造业转型升级对工业机器人的巨大需求，大力发展工业机器人产业，已经成为国内知名的机器人产业基地，聚集了机器人及相关企业41家。目前，唐山市机器人产业发展态势良好，培育了开诚、开元等领军企业，成为国内知名的机器人产业基地；研发了一批具有自主知识产权的科技成果，机器人产业化加速推进；打造了省内第一家机器人专业孵化器，搭建了机器人产业发展的创新创业平台；引进了以两院院士和“千人计划”专家为代表的机器人领军人才，产学研合作日益深化；产业集群效应逐步显现，在促进产业转型升级中发挥了重要作用。

图 8　许勤省长来唐山参观机器人制造业

唐山以高新区为载体，以松下、开元为核心，快速做大焊接机器人产业集群。重点发展中厚板焊接机器人、埋弧焊机器人、阻焊机器人、激光焊接机器人、松下机器人、开元机器人等焊接机器人系列产品。大力发展加工机器人产业，引进和大力发展自动装配生产线，结合焊接机器人系统，重点支持面向汽车动力总成的自动化生产线、AGV 智能物流输送系统、AGV 输送方式装配自动化生产线、非标自动装配系统等。依托中信重工开诚智能装备、通博科技等企业，重在迅速扩大规模，拓展应用范围，重点发展消防、巡检、矿用抢险、动车车底吹扫等机器人，研发适用于石油化工、城市管廊等特殊领域的巡检机器人系列化产品，适用于高温、高热、有毒、爆炸危险区域等高危环境的特种机器人。

唐山规划到 2020 年，全市机器人产业主营业务收入达到 150 亿元，机器人产业规模以上企业研发机构实现全覆盖，新增市级以上研发平台 4 家。

主营业务收入1亿元以上的企业达到10家，“专、精、特、新”产品占比提高。机器人产业配套能力进一步提升。建成全国最大的“焊接机器人产业集群”和“特种应用领域机器人产业集群”。

（五）坚持平台建设先行，全力打造新旧动能转换承载平台

唐山作为资源型老工业城市，有着深厚的工业底蕴、庞大的工业规模、完备的工业体系、优越的区位交通、充足的资本积累，以及一定产业工人和人才储备，这是唐山新旧动能转换、高质量发展的传统优势，需要不断巩固和加强。同时，唐山也深刻认识到需要培育和放大高质量发展的新优势，特别是对高端科技和人才等创新要素的吸引集聚优势尤为重要，亟须进一步打造高质量发展的有效载体和有力承载平台，加快培育和放大区域发展新优势。积极搭建企业科技创新平台，建设科技成果转化平台和全民创新创业平台，助力孵化器、众创空间发展，营造“大众创业，万众创新”的良好氛围。三个平台相互支撑，形成唐山市创新发展的三个支柱，助力唐山市新旧动能转换。

围绕推进高质量发展，培育和放大区域竞争新优势，唐山市委、市政府谋划了生态唐山建设、新型工业化基地建设、“一港双城”建设等十项重点工作。其中，“一港双城”建设是重中之重，也是培育和放大区域发展新优势的重要平台、抓手和依托。“一港”就是唐山港，是唐山推进高质量发展的核心竞争力；“双城”就是主城区和曹妃甸城区，是唐山推进高质量发展的平台和载体。海洋和港口是唐山的核心战略资源和最大竞争优势，也是唐山扩大开放、动能转换、实现由大到强战略性转变的根本依托。实现唐山高质量发展，必须发挥好港口优势和城市的平台载体作用。城市是一个地区经济、政治、文化、社会各方面活动的中心，在经济社会发展中发挥着重要的支撑和引领作用。加快曹妃甸滨海新城建设，以港布产、以产兴城、以城促港，港产城融合发展，将为唐山高质量发展提供可靠平台支撑和保障。

专栏4　工业企业退城搬迁改造提升主城区综合承载能力

为大幅改善主城区人居环境，提高城市综合承载力，打造新旧动能转换和高质量发展的有力承载平台，唐山多年来积极推进城区工业企业退城搬迁改造工程，大力腾笼换鸟、筑巢引凤。为确保工业企业退城搬迁改造任务圆满完成，唐山市成立城市工业企业退城搬迁改造联席会议办公室，充分发挥办公室职责，坚持统筹谋划，细化工作分工，主动加强与县区、企业对接沟通，召开专题会议动员部署，并组织赴外地学习借鉴其他地区企业搬迁先进经验，有力推进工作相关有序开展。

根据《河北省城市工业企业退城搬迁改造专项实施方案》《唐山市城市工业企业退城搬迁改造专项实施方案》，2017—2020年，唐山共涉及退城搬迁改造企业23家。其中，2017年已完成10家。在剩余的13家企业中，列入省方案企业5家，2020年底前完成，分别是：丰南纵横钢铁、开发水泥、唐山热电、唐山钢铁和融丰特种纸业。其余8家企业中，2018年完成1家、2019年2家、2020年5家。同时，根据《建设生态唐山实现绿色发展工作方案》有关破解围城污染的工作安排，2018年底前，市核心区铸造、陶瓷企业全部完成搬迁改造任务。经调查摸底，共涉及企业47家，其中铸造企业2家，陶瓷企业45家。

（六）坚持以人为本、精细管理，确保高质量发展的高品质要求

唐山市将老百姓的满意度作为衡量“一港双城”建设的主要标准，一切工作都围绕增进老百姓的获得感开展。一方面，让老百姓参与到规划建设中来。坚持“开门做规划”，利用新媒体和传统媒体相结合的方式，收集老百姓对“一港双城”的意见和建议，将有价值的意见及时吸收进规划中，将规划蓝图的编制转化为全民共同关心、共同参与的过程。另一方面，提升公共服务水平。在棚户区改造中，以“最好的选址、最好的设计、最好的配套、最好的质量”为标准建设安置房；推进老旧小区和背街小巷改造，为群众创造更加舒心的居住和生活条

件；推动教育、卫生、文化、体育等公共服务资源科学布局、合理配置，不断提高市民的获得感和幸福感；实施乡村振兴战略，推动农村基础设施提档升级，加快农村公路、供水、供气、环保等基础设施建设，尽快实现硬化路入户，实施农村人居环境整治三年行动计划，开展农村垃圾清理整治，不断完善“村收集、乡镇转运、县集中处理”模式。

唐山市将精细管理的思维贯穿到“一港双城”建设的每一个环节。一是下足绣花功夫，要求城市规划建设管理要像绣花一样，一针一线都要精雕细刻、精精细细。二是坚持依法依规，健全依法决策的体制机制，对重大工程项目建设，要履行法定程序，坚决杜绝随意决策，坚决杜绝急功近利、劳民伤财的政绩工程、形象工程。三是高效快捷推进，唐山市各部门坚持“一线工作法”，实施现场办理，做到全过程跟踪、零距离服务，各类项目审批变“串联”为“并联”，坚决消除互为前置的情况，促进审批效能提速。四是防控廉政风险，加强全方位、全覆盖、全过程的监督，严格按照法律法规和规范程序阳光运作，抓好项目审批、土地出让、工程招投标、工程项目建设等腐败易发多发领域和环节的廉政风险防控工作，坚决防止“项目上马、干部下马”，努力把每一项工程都打造成阳光工程、优质工程、平安工程和廉洁工程。

唐山市在“一港双城”建设中，注重打造高品质工程，塑造城市特质，打造城市品格。一方面将历史文化元素融入城市发展全过程、各方面，传承历史文脉，丰富文化内涵，让城市既有“面子”也有“里子”；另一方面倡导“工匠”精神，注重打造精品，真正做到一草一木精挑细选，一砖一瓦精雕细刻，干一件，就干成精品，不留遗憾和败笔。

（七）坚持统筹协调，政府引导和市场主导紧密结合

唐山推动新旧动能转换和高质量发展突出政策的系统性、整体性、协同性，统筹谋划改革方案，切实抓好改革举措的落实落地工作。坚持政府主导和市场方法相结合，去产能与防风险相统筹，用综合评价、后位淘汰的办法确定“去”的对象；用按日计罚、差别电价等办法倒逼过剩产能退出；用调整产品结构的办法推动转型升级；用内部转岗、安置公益性岗位等措施分流职工。围绕钢铁去产

能，唐山市提出要注重全面严格落实相关政策要求，用好环保、质量、技术、能耗、水耗、安全六个标准，以实现公平公正实施，确保依法依规依程序推进。本着“依托资源、发展资源、不唯资源”的思路，以推动科技创新为核心，以加快产业转型升级为主线，以破除体制机制障碍为重要任务，充分激发全社会的创新活力，在继承中转型，在发展中转型，着力打破传统路径依赖，着力解决唐山发展的深层次矛盾和问题，着力推动新旧动能转换和经济发展行稳致远。

唐山“一港双城”战略高度重视统筹发展，从宏观层面将港口和城市统筹起来，走以港布产、以产促城、以城促港的“港产城一体化”发展之路。从微观层面做到五个统筹：一是区域统筹，推动丰南、开平、丰润、古冶全方位融入主城区，其他县市要和主城区融合发展，形成全市上下“一盘棋”，各区之间相互协作、密切配合，合力推进重点工程、重点项目建设；二是城乡统筹，促进城乡基础设施、要素配置、公共服务等均衡布局，实现城乡优势互补、相互融合；三是产业统筹，明确每个地区产业发展的负面清单，推动各县（市、区）错位发展，避免同质化竞争、恶性竞争；四是陆海统筹，推动陆域经济和海洋经济良性互动、联动发展；五是人与自然统筹，把绿色发展理念融入经济社会发展各方面，形成节约资源和保护环境的空间格局、产业结构、生产方式、生活方式。

（八）坚持生态优先，铁腕治污、保护生态倒逼经济转型

唐山是典型的重化工业城市和资源型城市，大气环境质量长期在全国处于落后位次，广受各方诟病。由于长期过度依赖资源的开发利用和重化工产业发展，当前面临着资源约束趋紧、环境污染严重、生态系统退化等严峻考验，高排放、高能耗问题以及环境容量制约更加突出，严重制约着经济的可持续发展，经济发展的生态治理压力较大。新时代，唐山及时转变发展理念，下定决心，坚持生态优先，以铁的手腕保护生态环境。市委主要领导反复强调，抓生态建设就是讲政治、就是抓民生、就是抓转型升级、就是推动高质量发展，必须决心一次下足、措施一步到位，以实际行动落实“绿水青山就是金山银山”的理念。如今，“生态立市、绿色发展、环境优先、普惠民生”，已经成为引领唐山市脱胎换骨、转型发展的新理念。

在“一港双城”建设的各个环节都坚持生态优先。一方面，唐山紧抓污染企业退出主城区和提标升级工作；中心区及周边工业企业退城搬迁，“散乱污”企业全部关停，剩下的企业严格落实排放限值，建立各类污染源台账，严格管控；对钢铁、电力、焦化、水泥四大行业进行深度治理，提高环保标准，倒逼企业转型升级。另一方面，唐山市实施城市增绿工程。启动全域治水行动，实现水质全面达标，由“一河黑水绕城转”转变为“一河清水绕城转”；抓好高速环城林带建设和城区增绿文章。

唐山各级党政领导干部坚持问题导向，以“六看”为抓实生态环保工作的首要标准。一看是否提高政治站位抓生态唐山建设；二看是否把生态唐山建设作为重大的民生工程；三看是否认识到抓生态环保就是抓转型升级；四看是否把思想观念由“要我抓”转变为“我要抓”，形成了思想自觉、行动自觉；五看是否在环保治理上坚持“清、准、高、快、狠”的要求，做到决心一次下足、措施一步到位；六看是否做到了党政同责、一岗双责、刑责治污和严肃追责问责。为推进工作落实，唐山动真碰硬，从政府、企业、群众各个层面建立健全责任落实和监督机制，全面构成“大环保”格局，倒逼经济转型和新旧动能转换。

五、唐山进一步推动新旧动能转换面临的困难和问题

（一）经济结构调整任务重

1. 产业结构调整任务重

从产业结构看，唐山仍然以资源型、重化工业为主。2017 年，三次产业比为 8. 5∶57. 4∶34. 1，其中第二产业占比远高于全国、全省平均水平，同时重工业增加值占工业比重高达 94. 9%，占 GDP 比重为 50. 4%。第三产业发展严重滞后，占 GDP 比重仅为 34. 1%，低于全省平均水平 7. 7 个百分点。生产性服务业增加值占第三产业比重为 50%，但交通运输业就占了生产性服务业的 60%，金融、设计、现代物流等生产性服务业发展滞后、层次偏低，有的领域尚处于空白状态，难以拉动第二产业转型升级，不足以支撑现代产业体系。全市 GDP 为 7100

亿元，全部财政收入为733亿元，一般公共预算收入为380亿元，一般公共预算收入占GDP比重仅为5.3%，远低于烟台的8.4%、苏州的11.9%、宁波的13%、杭州的14%，发展质量效益不高。

2. 工业转型升级任务重

唐山是一座典型的资源型、重化工业城市，全市传统产业占规上工业增加值92.4%，其中，钢铁、能源等重工业又占94.7%。战略性新兴产业增加值仅占规上工业的7.1%，远低于同为资源型、重化工业城市的徐州。高附加值钢材占比仅为20.2%，钢铁深加工消耗本地钢材占比27%。装备制造业代表着一个地区的工业发展水平乃至经济实力，但唐山装备制造业增加值占规上工业比重仅为19.2%，低于全省7.8个百分点，钢铁等产业还没有向下游充分延伸。“两化”融合发展指数为75，低于宁波的85.8、杭州的93.1。制造业重点领域企业数字化研发设计工具普及率为55%，比全国平均水平61.5%低6.5个百分点。关键工序制造装备数控化率为41.5%，比全国平均水平46.4%低4.9个百分点。

3. 对资源能源依赖严重

从资源能源结构看，依然是以铁矿、煤炭为主，单位面积煤炭耗强度全国最大，给唐山带来了严重的污染和排放问题。2017年全市能源消耗总量为8221.15万吨标准煤，其中煤炭消费量7651.3万吨，占93.06%，能源消费高度依赖于煤炭。而2018年全国能源消耗总量为44.9亿吨标准煤，其中煤炭消费量为27.1亿吨，占60.4%。相比之下，唐山能源消耗量占全国的1.83%，其中煤炭消费量占全国的2.8%，煤炭消费占能源消耗比重比全国平均水平高32个百分点，产出的GDP总量却仅占全国的0.85%。

（二）新旧动能接续转换任务重

1. 新兴产业规模小

2017年，唐山高新技术产业增加值仅占规模以上工业的7.6%，比全省平均水平低11.1个百分点，比全国平均水平低5.1个百分点，分别低于杭州、苏州、宁波的38.7个、42.5个和33.9个百分点。2016年，唐山有高新技术企业210家、科技型中小企业3972家，而苏州分别达到4133家、11825家。拥有省级企业技术中心86家，而烟台、苏州分别为125家、381家。文化产业增加值占GDP比重为1.94%，比全省平均水平低1.46个百分点，居全省末位，比全国平均水平低2.2个百分点。

2. 优势产业竞争力不强

唐山是工业大市但还不是工业强市，是制造业大市但还不是先进制造业大市，产业和产品竞争力不强。制造业质量竞争力指数80.7，低于全省82.4的平均水平，居全省第五位。传统产业占规上工业增加值90%以上，战略性新兴产业仅占7.1%，80%以上的产品处于中低端。钢材高附加值产品比重为21.5%，钢铁深加工量占粗钢总产量的比重仅为27%。产业链条短，上游原材料、初加工产品、中间性产品占75%左右，最终产品少，有特点，没特色，处于“微笑曲线”中低端。传统优势产业仍处于产业链中低端，资源环境约束日益凸显，优势逐渐减弱，战略性新兴产业支撑能力不足，现代服务业发展滞后，产业迈向中高端任务艰巨。

3. 对外开放差距大

一直以来，唐山实际利用外资、进出口总额等指标居于全省领先位置，但总量与沿海先进城市相比还有不小的差距。经济外向度为9.48%，低于全国20.5个百分点，与沿海开放城市的地位不相称，没有融入全国乃至世界经济大循环中。现有外资企业334家，仅为苏州的1.8%、宁波的2%，海洋和港口优势没有充分发挥出来，港产城融合发挥程度不高，对产业、城市的拉动作用还不够强。利用外资质量不高，实际利用外资主要集中在冶金、装备制造、能源等传统产业，缺少有示范带动作用的高技术产业、战略性新兴产业、高端服务业和现代农业项目。对外贸易结构不优，出口产品以钢材为主，且初级产品居多，技术含量和附加值低，缺乏竞争力。

（三）区域技术创新能力不强

1. 研发投入严重不足

2017年，唐山全社会研发投入占GDP比重为1.31%，低于全国0.84个百分点。2016年全社会研发投入为68.7亿元，研发投入强度仅为1.08%，比上年下降了0.05个百分点，在全省排第4位，而同期苏州全社会研发投入高达416亿元。研发投入严重不足造成了核心技术和创新能力的缺失，严重制约了产业核心竞争力的提升。唐山每万人发明专利拥有量为2.4件，比全国平均水平低5.6件，特别是与杭州43.4件、苏州38.4件、宁波23件相比差距甚远。申请发明专利数量占全国比重为0.17%，而宁波为1.96%、苏州达到2.9%。累计授权专利为3282件，而青岛达到6561件、苏州12000件、宁波19328件。

2. 技术创新能力不强

高新技术企业少，研发中心、技术中心、创新平台数量偏少、规模偏小。全市1540家规上企业，建立研发机构的仅有363家，占比仅为23.6%，低于秦皇岛、石家庄，75%以上的企业没有研发活动，而宁波、徐州等城市规上工业企业普遍建立了研发机构。科技型中小企业数量、高新技术企业数量、万人发明专利拥有量分别排在河北省第6位、第4位和第5位，与唐山经济发展地位不相匹配。唐山现有科技企业孵化器（众创空间）56家，而石家庄、保定、廊坊分别有132家、130家、101家。有国家级科技企业孵化器（众创空间）12家，而石家庄有34家。拥有各类创新创业空间117个、市级以上公共服务示范平台49个，而杭州仅梦想小镇就引进孵化平台45家，落户创业项目1258个、创业人才12000名。

3. 高端创新型人才短缺

人才是创新发展的第一要素。唐山推动科技创新的领军人才匮乏，仅有“千人计划”专家4人，而苏州、烟台分别为219人、92人。国家“千人计划”杭州有341人、苏州219人，而唐山仅有4人，引进海外高端人才基本处于空白。人才密度仅为29.3%，与深圳的57%、青岛的49%、大连的39%相比，有相当大的差距。特别是新型工业化发展所需的高层次人才严重匮乏，博士研究生及省以上专家企业拥有量不足15%，而且主要集中在传统产业。

4. 京津冀协同创新效果不明显

唐山虽然作为京津冀协同发展的核心地带，但是由于在科技投入、发展水平、创新能力和资源禀赋等方面差距明显，有利于区域协调发展的创新资源合理配置机制还未形成，导致区域内的科技、人才、资本、技术和知识产权等创新要素过度集中于京津，跨区流动和开放共享程度偏低，缺乏有效协同。产业技术水平及资源禀赋的巨大差距，以及历史、行政区划和体制机制等方面的诸多原因，使得京津唐科技创新协同发展机制尚未建立，协同创新效果不明显，支持区域创新合作的政策体系和制度环境有待完善。

（四）“一港双城”建设任务艰巨

1. 港口优势尚未充分发挥

唐山拥有深水大港、广阔腹地，但是港口优势没有充分发挥，以港兴业、港口对产业的拉动成效不突出。唐山港现有货种以煤炭、铁矿石、钢铁、石油制品等大宗散货为主，其中煤炭和铁矿石两项占全部吞吐量的70%以上，集装箱吞吐量仅为宁波港的9%，港口仅起到物流通道作用。现代化港口物流、保税仓储、信息服务等功能薄弱，“酒肉穿肠过，油水留不下”，对产业带动作用十分有限，对腹地的辐射带动效应尚未充分发挥，港口产业实现增加值不足GDP的5%。尤其是现代物流业与工业大市地位不匹配，唐山港铁路疏港贡献率不足4%，尚未形成多式联运的无缝衔接。港口以能源和工业原材料等大宗货物装卸运输为主，在贸易交易、加工混配、期货交割、供油供水、金融保险等方面的功能亟待拓展。同时，能够提供公共能源集疏运服务的公共LNG码头、公共原油码头类项目推进速度仍然较慢。“一港三区”还未实现实质性整合，软硬件建设相比发达港口仍有较大差距，港口发展存在管理体制不顺、作业效率不高、散乱和无序竞争等问题。

2. 主城区高端要素吸引力不够强

唐山主城区产业和人口集聚能力不够强。2016年，唐山中心城区经济总量占全市比重为37.7%，而天津、北京、石家庄分别达到69%、70%和43%。2017年唐山市人口789万人，主城区不到200万人，暂住人口仅有1.7万人。中心城区城市首位度、集聚度不高，教育、医疗等高端公共服务供给不足，高端要素集聚能力和对周边的辐射带动力较弱。各区域板块整体发展缺乏统筹，区区之间、区县之间、区市之间各自为政、条块分割。各区之间相互竞争，还没有形成功能区分、错位发展、优势互补、融合发展的有机整体。

3. 城市环境质量不优

唐山是传统重工业为主的城市，市中心区及周边25公里范围内有42家钢铁、焦化、电力、水泥等重污染企业，年排放二氧化硫5.01万吨、氮氧化物6.34万吨、颗粒物17.46万吨，对中心区污染物贡献率达70%，“污染围城”问题比较突出。空气质量在全国重点监测城市排名中一直处于后十名的位置。城市特色是城市竞争力的重要方面，唐山本来是一个文化底蕴非常深厚的城市，但文化特色没有充分彰显，没有形成唐山城市特有的辨识特征和风景线。

4. 曹妃甸新城发育不足

曹妃甸新城高度依赖曹妃甸港，只有曹妃甸港能够聚集起足够多的产业，才能支撑曹妃甸新城的成长壮大。但曹妃甸港以煤炭、铁矿石、钢铁、石油制品等大宗散货为主，港口仅起到物流通道作用，现代化港口物流、保税仓储、信息服务等功能薄弱，不能有效地聚集产业和人口。虽然有综合保税区、中日生态工业园、装备制造园区、化工园区、港口物流园区等10个专业园区，有首钢一期、华电重工等项目竣工投产，但经济体量不够大、规模档次不够高、支撑带动能力不够强，造成曹妃甸现代产业发育不足。港产城之间资源要素流动缺乏有效衔接，尚未形成产城一体、港城联动、以港兴业、以业兴城、以城促港的互动互促格局。产业聚集不够成为曹妃甸面临的最大问题，也是港口功能拓展、新城发展壮大的最大障碍。

（五）生态环境压力依然较大

1. 环境治理任务依然艰巨

唐山资源能源消耗量大，排放绝对量大，污染源数量多，生态环境质量尚未实现根本性改善。生态环保压力大，单位GDP能耗是全省的1.34倍、全国的2.11倍，单位面积煤耗强度全国最大，二氧化硫、氮氧化物排放量均排在全省第1位。唐山作为京津冀大气污染防治“2+4”核心区和“2+26”中距离京津最近的非禁煤区东侧通道城市，空气质量在全国重点监测城市排名中一直处于后十名的位置，空气污染、环境质量问题不仅影响了唐山城市声誉形象和高质量发展预期，也对高质量对外开放造成了负面影响。

2. 环境容量制约依然突出

唐山以占全国0.55%的人口、0.14%的土地，消耗了全国2%的煤炭，产出了全国0.85%的GDP总量。能源消耗大，2016年万元生产总值能耗1.25吨标准煤，而石家庄为0.7吨，杭州、苏州分别为0.37吨和0.54吨。污染排放高，二氧化硫、氮氧化物排放量分别为21.45万吨和26.57万吨，均排在全省第一位。环境容量小，2016年全市PM2.5平均浓度为74微克/立方米，空气良好天数仅为200天，在全国74个重点城市空气质量排名中，唐山位居倒数第6位。2017年秋冬采暖季超过1000家企业受到停限产影响，到2020年，还需压减炼铁产能300万吨、炼钢产能500万吨、焦化产能1277万吨，可持续发展面临环境容量的严重制约。

3. 生态文明体制改革任重道远

目前唐山推进绿色发展的制度和政策比较零散，还不足以形成强大的系统推动力，难以将生态文明要求全面融入经济社会发展全过程和各方面，生态文明体制改革协调配套系统集成有待加强。生态文明考评机制不健全，GDP依然是政绩考核的硬指标，而与生态环境相关的指标，则成了可以灵活使用的“软指标”。基层生态环保执法力量薄弱，环境保护仍以短期行政手段为主，尚未建立起生态环境优先、严守生态底线的长效机制，尚未将生态环保转化为企业和公众的自觉行动。生态文明体制改革社会参与度不够，公众对生态环境维权意识较弱，对环境维权的相关途径、程序等也缺乏清楚认知。

六、唐山加快新旧动能转换实现高质量发展的政策建议

（一）继续深化供给侧结构性改革

唐山加快新旧动能转换，仍然必须坚持新型工业化为第一推动力不动摇，坚持以供给侧结构性改革为主线，把提高供给体系质量和效益作为主攻方向，重点在“破、立、降”上下功夫，加快构建实体经济、科技创新、现代金融、人力资源协同发展的现代产业体系，努力提升工业特别是制造业的技术、标准、质

量、效率、效益和竞争力，推进唐山实体经济转型升级。

一是坚决破除无效供给。继续坚定不移推进钢铁、煤炭、水泥等重点行业去产能，坚决淘汰化解落后过剩产能，倒逼落后产能和“僵尸企业”退出市场，加快实现由高耗能、高污染、高排放的“旧三高”向高端、高质、高效的“新三高”转变。重点拉长钢铁产业链条，往下游延伸，向高端挺进，运用新技术、新工艺提高附加值。

二是全力培育新动能。做大做强新兴产业，加快推动机器人、石墨烯、轨道交通装备、新能源汽车、电子及智能仪器、生物医药、资源综合利用、节能环保、大数据等新兴产业集群发展，把轨道交通装备、机器人、石墨烯、动力电池等产业打造成工业经济的新名片。推进质量强市建设，引导支持企业增品种、提品质、创品牌，推动唐山实体经济进入质量时代，叫响唐山质量、唐山效益品牌。大力发展现代物流、金融、旅游业等重点服务业，持续提高服务业特别是高端服务业比重。

三是大力降低实体经济成本。坚持制度创新与技术创新“两个轮子”一起转，开展“降费减负”专项行动，进一步降低制度性交易成本、土地、人工、税负、社会保险、财务、物流等成本。进一步修订涉企收费和罚没事项清单，做到清单之外无收费，确保在全省率先成为营商环境“四最”城市。降低天然气管网输配价格，清理金融中间环节收费，进一步降低企业用能和融资成本。

（二）深化重点领域和关键环节改革

持续优化营商环境。深入推进“最多跑一次”“零跑腿”“不见面审批”等“放管服”改革，与全国先进地区对时对标，持续打造审批事项最少、收费标准最低、办事效率最快、服务水平最优的“四最”营商环境。继续引导各级干部当好服务发展的“店小二”，推行“一线工作法”，为项目建设全程提供保姆式服务。加大对龙头企业、重大工程、重点项目的土地指标、环境容量、资金人才等要素的保障力度。建立联席会议制度，及时掌握情况、发现问题、解决问题。

建设诚信法治政府。健全诚信立法制度，加强重点领域立法。严格落实政府权力清单和责任清单，确保“清单之外无权力，清单之内必须为”。清理和废除妨碍统一市场和公平竞争的各种规定和做法，推动规则平等、机会平等、权利平等。弘扬诚信文化和法治精神，优化法治环境，强化规则意识，促进法治与德治交融并进，为新旧动能转换和高质量发展提供坚实制度保障。

深入推进市场主体改革。聚焦市场主体培育，激发各类市场主体创新创业活力。完善国有资产管理体制，积极稳妥推进国有企业混合所有制改革，完善国有企业治理机制，强化激励约束机制，彻底转变国有企业经营机制。鼓励支持民营企业创新发展，实施新一轮民营经济发展行动计划，让唐山成为民营经济发展的福地。

深入推进农业农村改革。落实农村承包地“三权”分置制度，因地制宜推进农业适度规模经营。把农村住房改造与土地整合转换结合起来，探索盘活用好闲置农房和宅基地的办法。落实最严格的耕地保护制度，改进耕地占补平衡管理办法，建立健全补充耕地指标调剂机制，合理使用调剂收益。深入推进农村集体产权制度改革，充分激发农村生产要素活力，壮大股份合作经济，形成农村经济发展新动能。

强化改革舆论宣传。加大对唐山新旧动能转换、高质量发展以及新出台改革举措、政策措施的宣传力度。及时总结推广唐山市、各县（市、区）、园区及部门在推动高质量发展方面的改革创新、攻坚破难的好经验和好做法，深入总结一批成功案例，并及时宣传推广，在全社会营造关心、参与、支持、服务新旧动能转换和高质量发展的浓厚氛围。加强对外宣传推介，广泛宣传唐山新旧动能转换、实现高质量发展的理念、举措、政策、成效，提高唐山知名度和吸引力。

（三）继续加快传统产业转型升级

传统重化工业、制造业是唐山的发展之基、富民之本，长期以来为唐山经济社会发展做出了重要贡献。加快推进传统产业改造升级，巩固提升传统动能，着力振兴实体经济，是唐山高质量发展的首要任务和新旧动能转换接续的关键所在。要坚定不移地推进供给侧结构性改革，加快产业转型升级，走钢铁强市、制造业强市之路。着力在解决产业链短板和薄弱环节上下功夫，推动工业由大到强、由制造向智造迈进，大力推动制造业高端化、智能化、绿色化、服务化。

推动制造业融合发展。以整治提升为先导，坚决淘汰落后产能，引导企业在品牌、质量、标准上发力，开辟更广阔的市场。以技术和管理创新为支撑，紧扣科技发展新趋势，全面推进技术、产业、业态、组织和商业模式创新。以智能制造为主攻方向，大力推进环渤海新型工业化基地建设，以“互联网 + 制造业”为契机，推动移动互联网、云计算、大数据、物联网等与制造业跨界融合。

推动制造业集聚发展。以入园集聚为导向，依托发展平台，努力形成产业链条完整、创新服务强大、产品门类齐全、企业协同发展的产业生态系统。以企业梯次培育为手段，加大传统产业改造力度，实现“麻雀型经济”向“雁阵型经济”转变。以上市并购重组为抓手，力推“股改上市”，建立分层级、分类别、分梯队的上市企业培育名单。依托钢铁、化工、装备制造、建材和能源等优势产业，实施信息化、智能化、高端化升级，建设世界级绿色钢铁产业基地、世界一流的化工产业基地、中国北方重要的装备制造业基地、华北重要的清洁能源供应基地、北方优质建材生产基地。

把质量强市作为根本追求。牢牢抓住重点行业、产业领域和上下游产业链，广泛开展质量提升行动，大力实施知名企业、知名品牌、知名企业家培育工程，不断增强企业核心竞争力，提高经济增长质量和效益，打造唐山经济“升级版”。

（四）大力发展培育新兴产业和临港产业

新兴产业是新旧动能转换和高质量发展的重要支撑，唐山要坚持创新驱动发展理念，以新一代信息技术、高端装备、新能源新材料、节能环保和临港产业为重点，推动新兴产业加速崛起，培育壮大新优势、新动能，提升行业核心竞争力与创造力，实现产业集群、智慧发展。

打造新兴产业引领区。强化重点领域基础研究，注重原始创新，加强新兴产业原创性技术开发，打造唐山新兴产业发展引领区。依托高新区、产业集聚区、“双创”示范基地等产业平台，围绕新兴产业集群发展重点方向，以核心技术和关键产品为中心，推进新兴产业向产业链上下游和价值链高端延伸，加快培育建成一批新兴产业集群和特色产业基地。

大力发展海洋经济。高水平编制发展规划，完成海洋资源调查摸底，制定海洋经济发展规划和实施意见，推动海洋资源科学、绿色、立体开发，健全完善现代海洋产业体系和指标监测体系。推进陆海统筹发展，坚持陆海统筹、以海带陆、以陆促海，统筹资源要素配置、产业空间布局，深度开发海洋、高效利用海岸、科学建设海岛，促进陆域经济和海洋经济良性互动、联动发展。深耕海洋牧场，提升发展海洋渔业，大力发展海洋三次产业融合发展的“新六产”，突破发展海洋高端装备制造、海洋化工、海洋生物、海洋高技术服务、海洋航运物流等产业，打造具有较强国际竞争力的现代海洋经济。

加快发展临港产业。利用港口近水和低成本优势，加大项目建设和招商引资力度，有序推进临港重化工业布局，举全市之力把沿海地区特别是曹妃甸打造成环渤海地区新型工业化基地的重要增长极。以港口和临港工程装备制造、海水养殖深加工、新材料等为重点，打造新型临港大工业基地。培育壮大海洋工程、修造船、汽车整装、冶金设备等大型重型装备制造业。依托海港化工新材料示范园区，加快发展合成树脂、合成纤维等新材料，推进精细化工产业链向新材料延伸。

培育壮大骨干企业。实施新兴产业创新龙头企业培育工程，在智能终端、智能制造装备、新能源汽车等领域，培育核心技术突出、集成创新能力强、引领产业发展的创新型企业，支持其牵头组建产业技术创新战略联盟、实施产业前瞻核心技术研发项目、转化重大科技成果，打造具有全球影响力的创新龙头企业。

把创新驱动作为第一战略。构建以企业为主体、市场需求为导向、市场机制为保障的产学研合作长效机制，强化更具含金量、针对性、突破性的制度政策供给，进一步完善优化创新生态系统，让唐山成为创新蓝海、创业沃土、创客乐园，实现由投资驱动向创新驱动、资源依赖向科技依托、唐山制造向唐山创造的转变。

（五）加快培育和集聚创新资源要素

创新是唐山建成环渤海地区新型工业化基地的主引擎，必须始终坚持把创新作为第一动力。要加快转变政府职能，建设服务型政府，为企业创新提供良好政策环境，消除各种影响创新的障碍，增强企业创新的信心和动力。

提升企业科技创新能力。支持企业建设研发设计平台、产业技术研究院，引进并打造具有科技、资本以及国际化视野的高端工业互联网平台，整合传统产业与新兴产业的要素资源，抢占技术制高点。加快唐山科技中心、曹妃甸中关村高新技术产业基地、海港中关村大数据园为代表的转化平台建设，积极吸引京津知名科研院所、高等院校在唐设立技术孵化中心，打造京津冀科技成果中试与转化基地。实施名牌产品培育计划，弘扬"工匠"精神，争创一批唐山新名品，提升唐山智造、唐山创造的知名度、美誉度。

加大研发投入力度。提高财政资金对科技创新的投入力度，创新财政资金使用方式，制定激励创新的扶持政策，更多地采取设立创新引导基金的方式，吸引企业和社会资本加大对创新活动的投入力度，形成全社会共同推进科技创新的强大合力。发挥好战略性新兴产业投资基金的作用，重点投向早中期、初创期的创新型中小企业。加大产业基金、先进制造业集群培育基金投资新兴产业的倾斜力度。综合运用股权投资、贷款贴息、事前审核事后补助等方式，建立无偿与有偿并行、事前与事后结合的多元化投入机制。支持符合条件的企业到主板、创业板上市融资，或到"新三板"、中原股权交易中心挂牌交易。

更加注重创新主体培育。强化企业主体地位，实施苗圃、雏鹰、科技小巨人和新三板上市四大工程，加快建设一批科技企业孵化器、众创空间，培育壮大一批科技型企业，鼓励新设一批院士工作站、企业工程（技术）中心、重点实验室。加快发展以电子商务为引领的"双创"经济，形成大众创业的浓厚氛围。支持企业建立工业设计中心、工业设计创新中心，加快建成具有区域影响力的工业设计产业园区，举办全国性工业设计活动，塑造唐山工业设计品牌形象。

深入实施"凤凰英才"计划。大力引进大专院校、科研院所和高层次创业创新人才，为唐山高质量发展厚植根基、注入动力、提供支撑。采取"人才 + 项目""人才 + 产业""人才 + 课题"的模式，加快校城融合、校产对接、校地共建，助推唐山转型升级、创新发展。设立人才改革试验区，创新提出含金量更高、针对性更强、有突破性的政策措施，做到普惠性政策人有我优、创新性政策独一无二，引进一批国际一流创新团队。实施技能人才振兴计划，开展"唐山工匠"培育选拔行动，建设知识型、技能型、创新型劳动者大军。

（六）全力打造高质量发展平台

新旧动能转换和高质量发展必须要有高质量的发展平台作为依托，加快“一港双城”建设是唐山打造高质量发展平台的重点，也是难点，必须要加大力度，尽快实现重大突破。

一是抓住重大机遇，全面提升唐山港竞争力和辐射带动能力。港口是唐山开放最核心的资源，坚持做大做强做活港口，提升港口发展的质量和效益，为开放型经济发展注入新动能。统一港口经营机制，借鉴宁波等地的先进经验，以产权、资本为纽带，以参股、资产置换为手段，对唐山港三个港区进行整合，对港口资源进行统一开发和管理，提升港口整体竞争力。改变唐山港“过路经济”状况，以曹妃甸港区进口矿石混配项目为突破口，打造矿石、煤炭、钢铁、木材等大宗货物临港交易平台，建设集储备、配送及深加工于一体的大型物流交易基地和交易市场。借力天津港航线和货源基础，发挥唐山港深水岸线独特优势，推动唐山港集装箱运输跨越发展。拓展陆上开放空间，对接国家“一带一路”倡议和“中蒙俄经济走廊”规划，抢占港口腹地资源，进一步加强水铁、海铁联运，适时开通国际集装箱班列，打通陆上国际开放新通道，把唐山打造成“一带一路”倡议关键节点城市、东北亚开放的“桥头堡”。

二是完善主城区城市服务功能，增强高端要素吸引力和聚集能力。工业做除法，服务业做乘法，将中心城区及其周围重污染企业全部搬迁，剩下的企业提高环保标准，促其转型升级。深入挖掘唐山的特色文化资源，大力发展文化、体育、会展、旅游等服务业，创造更多就业岗位，增强城市对外部人口的吸引力。发挥中心城区金融资源聚集优势，大力发展金融业。完善基础设施，做优公共服务，继续加大棚户区改造、老旧小区改造、背街小巷改造力度，高标准建设南湖中央商务区等标志性地区，全面解决城市拥堵问题，加快城市增绿工程。合理配置优质公共资源，进一步加大对教育、医疗等公共服务的投入。加强城市综合服务能力建设，加快设立重点实验室和研发中心，鼓励企业设立研发中心，促进大数据、物联网、云计算等新一代信息技术与城市管理融合发展，加快智慧城市建设，尽快将主城区建设成宜居宜业美丽智慧的现代化城区。

三是打造改革和政策高地，提升曹妃甸产业项目吸引力。曹妃甸新城发育不足的核心和关键是产业不足，当务之急是谋划项目、布局产业，加速人口聚集，助力新城发育。曹妃甸新区依托曹妃甸港，加上国家打造环渤海地区新型工业化基地的政策优势，产业发展空间很大。要集中力量，实施产业链招商，打造钢铁工业、装备制造业产业链、精细化工产业链、海洋经济产业链，培育曹妃甸产业大规模集群优势。加大改革和政策支持力度，对标国内先进城市做法，进一步推进行政审批制度改革，在现有“四最”的基础上，大幅减少审批事项，为企业进一步松绑。将国内自贸区最前沿的制度在试验区内推广，大幅提升对外开放水平。深化行政管理体制改革，减少层级，大幅提高行政效率。加快公务员制度改革，试点全员招聘制，建立能上能下、能进能出的科学用人制度。

（七）持续改善生态环境

生态环境建设是唐山可持续发展的命门，事关大局、意义重大。要坚定不移推进生态唐山建设，守护好唐山的绿水青山，走绿色发展之路。牢固树立和践行绿水青山就是金山银山的理念，强化源头管控、污染治理、制度约束，努力实现生产空间集约高效、生活空间宜居适度、生态空间山清水秀，加快建设美丽唐山。

一是推进生态环境保护常态化。坚持保护优先、自然恢复为主，打造保护、治理、监管“三位一体”的生态建设常态化管理体系。科学研究制订环境容量控制指标和目标体系，加大监督检查和环保执法力度，强力推进节能减排和污染防治。开展大规模植树造林，打造“山区绿屏、平原绿网、屏网相连、绿满唐山”的城市森林格局。科学划定并严守生态保护红线，持续实施山水林田湖海生态修复工程，保护好北部山区、沿海滩涂、河流湿地，争创国家生态城市。

二是推进生产生活方式绿色化。强化绿色导向，壮大节能环保、清洁生产产业、清洁能源产业，打造生态型经济体系。坚持节约优先、减排激励和排放约束，实行能源、水资源、建设用地等消耗总量和开发强度双控机制，打好削减煤炭消费攻坚战，深化行业节能技术改造，实施低品位工业余热暖民工程。加强各类垃圾废弃物回收和综合利用，鼓励使用清洁能源和可再生能源，鼓励支持尾矿和固体废弃物资源综合利用，实施工业循环经济工程，深入推进国家“城市矿产”示范基地等循环经济试点建设，建设国家循环经济示范城市、全国绿色发展示范区。推进生活方式绿色化，培育生态文化，倡导勤俭节约、绿色低碳、文明健康的消费方式和生活习惯，使绿色现代化真正“化”在人民群众的具体行动中，“化”在衣食住行的点点滴滴上。

三是完善生态环保制度体系。改革政绩考核体制机制，加入生态环境相关“硬约束”指标。建立完善领导干部任期生态文明建设责任追究制，推行绿色审计制度。建立起生态环境优先、严守生态底线的长效机制，让保护生态环境成为企业和公众的自觉行动。加强对重大环境风险源的动态监测、风险预警和应急救援，全面开展环境风险评估，有效防范和妥善处置环境污染事故。加大环境信息公开力度，引导全社会共同参与生态环境保护。

执笔：刘现伟　贾存斗

分报告一　以供给侧结构性改革为抓手推动新旧动能转换

供给侧结构性改革是在经济发展新常态下，为应对供需结构性失衡，着力通过供给结构调整和改革的办法，提高供给体系质量和效率，促进产品和服务质量提升，增强供给结构对需求结构的适应性，以优质供给激发并满足人民群众日益增长的美好生活需要。改革开放以来，唐山市经济一直处于高速增长状态。自从进入新常态以后，唐山经济供求开始失衡，出现结构性产能过剩，严重抑制了经济的增长潜力。面对经济增速下滑、生态环保压力加大、产能过剩等突出问题，唐山坚决落实中央和河北省供给侧结构性改革决策部署，以钢铁去产能为重点，以处置“僵尸企业”为抓手，通过搬迁改造、兼并重组、债务重组乃至破产清算，积极稳妥推进钢铁、煤炭、水泥等行业企业优胜劣汰，实现市场出清，取得显著成效。

一、唐山供给侧结构性改革的背景及意义

（一）外部环境日趋严峻形成加快供给侧结构性改革之势

从各国发展经验看，经济的持续增长主要取决于供给体系的质量和效率。新一轮科技革命和产业变革正在有力推动全球供给体系调整，主要发达国家已经开始应对布局。必须把握住这个结构调整和动力转换的历史性机遇，将其转变为我国经济发展的巨大驱动力。严峻的外贸环境倒逼我国企业加大科技投入和研发力度，对产品进行升级改造，提升科技含量和竞争力，提高供给质量。从国内看，经济发展面临“四降一升”，即经济增速下降、工业品价格下降、实体企业盈利下降、财政收入下降、经济风险发生概率上升。这些问题的主要矛盾本质是结构性问题，是供给结构错配。

2015 年 11 月，中央财经领导小组第十一次会议首次提出“供给侧结构性改革”的概念，要求“着力加强供给侧结构性改革，着力提高供给体系质量和效

率”。深化供给侧结构性改革是一项复杂的系统工程，需要理清重点，明确方向。党的十九大报告强调，“必须坚持质量第一、效益优先，以供给侧结构性改革为主线，推动经济发展质量变革、效率变革、动力变革”“把提高供给体系质量作为主攻方向，显著增强我国经济质量优势”。

在当前世界经济进入深度转型调整期，中国经济进入新常态的形势下，面对宏观经济下行形势和区域竞争日益激烈的冲击，唐山产业结构单一、创新能力不强、发展后劲不足等问题开始显露。近年来，唐山经受了转型升级的阵痛，目前沉疴远未消除、顽疾依然存在，根子就在于供需结构性失衡，低端供给过剩、高端供给不足，技术和产品还不能满足市场需求。在外部环境日趋严峻、内部经济转型矛盾逐级加大、城市转型升级任务迫切、机遇和挑战并存等背景下，着力推进供给侧结构性改革是顺势而为、切实落实中央精神的具体行动和有效路径。站在战略调整的历史拐点上，唐山必须通过有效的产业转型升级，实现向“资源节约、环境友好”的新型发展模式的根本转变。

（二）传统资源型城市转型升级需要构建有效供给体系

唐山的经济增长模式属于典型的资源依赖型，拥有煤炭、铁、石油、金属、非金属矿产和天然气资源等诸多优质资源，铁矿开采及钢铁产业占全市经济总量的比重较大，综合经济实力跻身全国前列、全省首位。这种因铁而兴、因矿而强、钢铁独大的经济构成模式对繁荣经济、改善民生起到了积极作用。自改革开放以来，唐山经济片面追求高速度增长，主要通过需求管理和刺激来实现。强调规模扩张由“消费、投资和出口”三驾马车构成的总需求来实现目标。自唐山经济进入新常态以后，需求拉动经济增长已经不能产生良好的效果。

从唐山当前的形势来看，一方面，经济发展速度与其他省市相比仍然领先，经济增长总量逐年递增，但是经济增长速度却连年下降。另一方面，与发达国家同期相比，第三产业比重明显低于国内外其他同等水平的城市。另外，唐山企业成本不断上升，产品价格偏高，缺乏市场竞争力。唐山市场机制运行不畅，致使经济总量过快增长掩盖经济结构失衡的矛盾，出现严重“求而未供，供非所求”现象，需要持续转调、精准转调，才能实现实体经济向中高端迈进、工业由大变强的战略性转变。基于此，唐山市政府提出依靠供给体系质量和效率来提供新动力。

（三）供给体系质量和效率为唐山迎接机遇和挑战提供新动力

推进供给侧结构性改革，是中央适应和引领经济发展新常态的重大创新，实质上是调整供给结构、提升供给的有效性和针对性，让经济结构、产业结构、产品结构更适应新常态下的市场需求，从而提高经济特别是企业运行的质量和效益。2016 年 7 月 28 日，习近平总书记亲临唐山视察，对唐山提出了“三个走在前列”，即在“转变发展方式、调整经济结构、推进供给侧结构性改革”方面走在前列，本质上就是对唐山经济发展质量提出了更高要求。提高供给质量和水平，实行供给侧改革，是唐山转型升级的必然出路。

供给侧结构性改革是唐山产业结构调整、转型升级的重大机遇。唐山市第二产业独大，第三产业供给严重不足，产业分布不合理。通过供给侧改革，唐山的产业结构将有效改变，信息及互联网产业、教育及培训相关产业、文化与智慧产业、服务平台与社会化服务产业将面临难得的发展机遇。“一带一路”建设、京津冀协同发展、新一轮科技革命和产业变革等重大历史机遇，为唐山发展成重要节点城市，承接北京非首都功能疏解中抢占先机、吸引更多优质要素聚集等提供了新动力。

（四）供给侧结构性改革是唐山破解经济发展难题的有效路径

唐山资源依赖型发展之路，形成的重化工业结构，带来的是高排放、高能耗的问题。钢铁产业供大于求的现状使得产能过剩问题越来越显著，唐山钢铁产业转型压力巨大，其根本原因在于供需结构性失衡，低端供给过剩、高端供给不足，技术和产品还不能满足市场需求。在国内外政策环境压力、资源环境压力、金融环境压力的共同作用下，唐山钢铁行业进入了严酷的“寒冬”。唐山当前经济运行出现的问题，从大的宏观层面看，其实质是产业结构、产品结构不适应经济发展新阶段带来的新变化。

作为钢铁大市，唐山既面临“去”的艰巨任务，也面临“转”的现实考验。

必须在全国转变发展方式、优化经济结构、转换增长动力攻关期的背景下，确立“修复、治理、保护、有序”的理念，坚决破除资源路径依赖，走好新型工业化之路，才能顺应时代发展大势。必须坚持标本兼治，把生态环境治理与调整优化经济结构一起部署、一体推进。需要优化产业结构、优化经济结构、优化产品结构，从根本上减少排放、减少污染。破除无效供给、化解过剩产能的同时，大力培育新动能，推动传统产业优化升级。深化质量意识和标准理念，以供给侧结构性改革为抓手，是唐山对现阶段唐山经济面临发展难题的破解有效路径。

二、唐山推进供给侧结构性改革的重大举措

唐山面对钢铁、煤炭、水泥、采矿等传统产业市场需求不振，价格大幅下滑的经济形势，主动适应新常态，坚决去产能、推动钢铁行业企业重组，对高耗能、高污染等企业实行搬迁改造，多措并举大力推进供给侧结构性改革。

（一）做好“加法”，狠抓新的经济增长点

抓出一批新的经济增长点，做好供给侧结构性改革的“加法”，既是唐山经济调结构的重要推动力，也是稳增长的关键。唐山围绕“七个重点”，突出抓好“七个一批”。落实领导分包重大项目责任制，为项目落地提供优质服务，提高项目签约率、履约率、开工率和达产率。

围绕传统产业升级，抓一批新兴产业和技术改造项目。更加注重科技投入、市场需求、差异化供给和低成本竞争，鼓励传统企业对接“中国制造 2025”和“互联网 +”行动计划，提升传统产业的市场竞争力，培育出一批在国内外有影响力的企业。

围绕总量扩大、增速提高两大目标，先后出台一系列政策措施，实施先进装备制造业、科技型中小企业“倍增计划”，加快把高铁装备、新能源电池、特种机器人、石墨烯等产业打造成京津冀乃至全国最大的产业基地。推动以大数据为重点的新一代信息技术、生物医药、新能源和新材料、节能环保、新能源汽车等新兴产业，打造新的主导产业。

围绕发挥沿海优势，抓一批临港产业项目。发挥曹妃甸的龙头带动作用，在港口功能拓展、京冀曹妃甸协同发展示范区建设、世界一流石化产业基地建设、中日韩循环经济示范基地建设、综合保税区发展等方面取得大突破，发挥沿海港口优势，加快临港产业聚集。围绕抢抓京津冀协同发展机遇，抓一批承接京津产业转移的项目。坚持“三城”齐抓，让现代服务业、高新技术产业成为城市经济较快增长的新动力。

（二）做好“减法”，坚定不移去产能、去库存

做好“减法”是转方式、调结构、防风险的需要，同时也能为做好“加法”留出更多发展空间。采取“标准约束 + 差别政策 + 末位淘汰”的办法，精准推动低效产能加速退出，分类化解过剩产能。对环保、能耗、安全生产等不达标的钢铁产能坚决依法关停，拆除动力装置，鼓励兼并重组，提高产业集中度。对停产半年以上的钢铁企业复产实施严格监管，同时以处置“僵尸企业”为抓手，通过兼并重组、债务重组乃至破产清算，积极稳妥推进钢铁、煤炭、水泥等行业企业优胜劣汰，实现市场出清。

钢铁去产能是推进供给侧结构性改革的“突破口”和“重头戏”，也是加快调结构、促转型、治污染、保民生、稳增长的“主战场”。唐山按照“尊重规律、精准施策、多管齐下、标本兼治、整体推进”的思路，提出了“四个确保”总体要求和“六条基本路径”。“四个确保”即确保目标任务落实、不再新增钢铁产能、主体责任明确和社会大局稳定。“六条基本路径”即违规产能等量置换，淘汰类装备全部退出，独钢、独铁实施关停，僵尸企业加速出清，综合评价后位淘汰，生态管控整体搬迁。坚持依法依规、公平公正透明地去产能，严格时间节点，运用综合手段严格督导考核。

抓好房地产去库存，在商品房库存较大的县（市、区）有针对性地采取措施，扩大有效需求，打通供需通道，消化房地产库存，稳定房地产市场。出台《“降费减负”专项行动工作实施方案》，清理规范涉企收费，加大对乱收费、乱摊派的查处和整治力度。综合采取多种措施，切实降低实体企业用能、用地、用工、融资成本和税费负担。

图9　实施“污染退城”工程钢铁企业拆除现场

在坚定不移去产能、去库存的同时，唐山有效平衡去产能、促转型、保就业和防风险的关系。一方面，全力做好职工安置和债务处置工作，完善职工安置方案，积极争取援企稳岗等上级扶持资金，在社会保障、创新创业等方面提供支持、搞好服务，切实做到职工有保障、社会可承受。另一方面，积极推动企业转型转业、跨越提升。

（三）做好“乘法”，全力实施创新驱动战略

唐山全面推进科技、管理、市场、商业模式创新，最大限度地发挥创新的乘数效应。围绕改造提升传统产业、培育壮大新兴产业，出台创新驱动发展行动方案及一系列配套政策实施细则，全力推进科技创新，强化企业创新主体地位，引导企业通过技术创新实现倍增式、跨越式发展。

深入开展对标活动，瞄准同行业最好的企业，重点从企业战略管理、营销管理、成本管理、财务管理上向先进企业学习，提高企业效益。抓实“登台阶”计划，推动个体户向小微企业迈进、小微企业向规模以上企业迈进、规模以上企

业向大企业迈进、大企业向大集团大公司攀登。抓技术改造，深入推进“1+1”工程，每个企业每年至少要上一个技改项目，通过不断地进行技术改造，提高企业的技术水平，扩大企业规模。

唐山坚持把科技创新实效落实到传统产业新技术应用、新产品开发上，落实到新培育引进科技型中小企业、新增高新技术企业和新兴产业占比提升上。推进管理创新，培养造就一批适应转型升级需要、具有战略眼光和社会责任感的行业领军人物和优秀企业家，提高企业管理水平。同时，积极推进市场创新和商业模式创新，引导企业依托“互联网+”，加快信息基础设施建设，助力新产业、新业态发展。

（四）做好“除法”，提高全要素生产率

唐山加大重点领域和关键环节改革力度，充分发挥市场配置资源的决定性作用，进一步转变政府职能，营造宽松的营商环境，降低企业成本，提高企业的劳动生产率、资本回报率、资源投入产出率，从而提高全要素生产率。

加快行政审批制度改革。深化“放管服”改革，按照“权责统一、重心下移、应放尽放、依法合规”的原则，最大限度地向县（市、区）和省级以上开发区（园区）下放行政审批权限；借鉴先进地区经验，推行并联审批，完善网上审批，搭建利企便民服务平台。通过深化改革，降低企业的办事成本。

加快国有企业改革。制定出台国有企业分类别考核办法，出台新的年薪制激励政策，让干得好、效益好的国有企业经营者多得、有荣誉感，对干得不好、效益差的要有惩罚措施，让干好、干坏不一样，调动经营者和干部职工的积极性，提高企业效益。

在降成本上要有作为。用好中央和省出台的一系列政策措施，全面降低企业成本。在确保上级政策措施落地的同时，市政府有关部门要以创新的思路，提出一批可操作的政策措施和办法，降低企业运行成本。

鼓励企业练内功，提高全要素生产率。鼓励扶持企业上规模，通过规模化经营使投入产出达到最优化；鼓励企业成为科技进步的主体，提高劳动生产率、资本回报率，降低原材料消耗；鼓励企业加强管理，通过强管理提高效益。

三、唐山供给侧结构性改革取得的成效

唐山在转型发展中，全面打造清洁生产、节能减排和循环利用的典范，成功探索出一条城区传统企业与城市和谐共融的科学发展之路，实现了从“黑色”经济到“蓝色”经济的嬗变，成为河北省乃至全国以供给侧结构性改革为抓手，推进资源型城市转型升级的典范。2017 年顺利通过科技部国家创新型城市验收，还被国家确定为“全国产业转型升级实验区”和全国小微企业创新创业示范基地。

（一）以优质新增量对冲低效下滑减量

产业链价值链中高端攀升，产业由“傻大笨粗”转向“专精特新”。坚持以优质新增量对冲低效下滑减量，持续强化经济发展全面向好的动力支撑。2017 年，唐山开放型经济新体制综合试点试验顺利通过国家中期评估；开展专项行动，以质量引领带动产业链延伸、价值链增值和企业竞争力提升；取消和下放行政审批事项 40 项，以改革释放发展红利。

经济实力显著增强，多项经济指标创近年来最好水平。2017 年，全市地区生产总值达到 7106. 1 亿元，在全国地级市中排名第 27 位，同比增长 6. 5%；全部财政收入 733 亿元，增长 20. 6%，其中一般公共预算收入 380. 3 亿元，同比增长 7. 1%；地区生产总值和一般公共预算收入分别占河北省的 19. 8% 和 11. 8%。

产业结构调整取得新进展，第三产业蓬勃发展。坚定不移地化解过剩产能，圆满完成了河北省下达的年度钢铁、煤炭产能化解任务。2017 年，高新技术产业增加值增长 17. 2%；装备制造业增加值增长 16. 3%，对工业增长贡献率达到 35% 以上，超过钢铁行业成为工业经济的第一拉动力；第三产业增加值增速 10. 9%，对经济增长贡献率达到 61. 8%，超过第一、二产业贡献率的总和。

（二）资源依赖型发展路径逐步得到调整

唐山从创新、开放、质量、改革等方面集中发力，加快培育新增量，促进新旧动能加快转换。着力破除资源型路径依赖，让新动能尽快挑起唐山发展的大梁。

精准分解化解任务，超额完成去产能任务。唐山将河北省下达的产能化解任务分解落实到相关县（市、区）和企业。认真落实援企稳岗、托底安置、创业创新等去产能职工安置政策，依法依规用足、用好上级奖补资金，安排1146万元专门用于去产能企业职工安置。2013年至今累计化解炼钢产能4469万吨、炼铁产能2553万吨，分别占全省的63.9%和39.6%，超额完成省下达的化解任务，钢铁企业由58家减少到40家，钢铁行业效益大幅回升。钢铁去产能涉及的7.29万名职工全部得到妥善安置，担当了全省、全国去产能的“唐山责任”。2017年完成煤炭化解过剩产能任务50万吨，2018年煤炭化解过剩产能任务201万吨。截至2018年11月16日，唐山累计压减炼钢产能500万吨、炼铁产能298万吨，较河北省下达总计781万吨的任务多压减17万吨炼铁产能，提前超额完成钢铁去产能任务。

从要素驱动转向创新驱动，企业创新能力不断提升。2017年末，全市拥有规上高新技术企业330家、中小科技型企业5303家，市级以上工程技术研究中心179家，增加46家；全年申请专利6712项，增长19.5%。2018年上半年，全市新增科技型中小企业759家，申报高新技术企业140家，技术合同交易额增长141%，培育科技企业孵化器（众创空间）20家、院士工作站9家、科技创新团队21个、研发机构29家、科技创新园区5家。

科学配置资源，绿色发展能力明显增强。从过去的外延型、高消耗、高污染、低技术含量、低附加值向内涵型、低消耗、低污染、高技术含量、高附加值转变，使资源型地区的“先发”优势转化为“先转”优势，在发展中谋转型，在转型中促发展，以此推动新一轮创业、创新发展。规模以上工业单位增加值能耗比2015年下降20%，水耗下降23%以上，二氧化碳排放量下降19.5%以上，工业固体废物综合利用率达到83%以上。绿色制造标准体系基本建立，主要产业初步形成绿色供应链，先进适用清洁生产技术工艺及装备基本普及，钢铁、化工、水泥等重点行业80%以上企业达到清洁生产标准。

（三）承接京津产业转移实现新突破

承接京津产业转移，项目合作拉动投资增长。已初步搭建起京津冀东北部中心城市的框架，成为京津产业转移和功能疏解的重要承载地，同时获得了产业转型升级、绿色发展的项目、技术、资金、人才支撑。2018 年，与京津合作亿元以上项目 440 多项，总投资达 5700 多亿元。其中，中粮糖业曹妃甸 100 万吨/年精炼糖、石墨烯产业化基地、东方顶佳牧业现代化养猪场等项目相继竣工投产。

打造合作对接平台，加速产业聚集。全面推进京津冀曹妃甸协同发展示范区、中日韩循环经济示范基地、津冀（芦台·汉沽）协同发展示范区和海港开发区四大平台建设。作为协同发展的承接平台，一批园区纷纷试水，探索建立起“机制协同、产业协同、公共服务同城化”的产业对接机制。2017 年，曹妃甸区新开工亿元以上与京津合作项目 20 项，完成投资 25.38 亿元；签约亿元以上与京津合作项目 91 项，总投资 1260.95 亿元。津冀（芦台·汉沽）协同发展示范区引进了一批以绿色环保建材、装备制造、食品加工、现代农业、现代物流为主导的现代产业。

对接公共资源，交通服务推动一体化。科技和公共服务方面，加快推进以唐山科技中心、融通清科科技企业孵化器、石墨烯众创空间等为重点的创业服务平台建设，京津冀钢铁联盟协同创新研究院落户迁安市；着力推进与京津高校、科研院所、科技型企业合作项目 40 余项；唐山教育系统对接京津教育签约项目累计达到 141 个；全市二、三级医院与京津知名医院共签署技术合作协议 47 个，开展合作项目 59 个，开展远程医疗会诊 1380 例。

（四）拓展产业空间发展新经济增长点

唐山积极拓展产业空间，打造新的热点区域。围绕打造亮丽繁华、群众共享、能持续发展的唐山新地标，高标准地谋划建设南湖中央商务区、京唐智慧港、城南经济区、火车站西片区等城市标志性片区，新奥体中心、唐山交大文化园等项目进展顺利。

加大传统产业技改力度，战略性新兴产业和现代服务业取得快速发展。国丰钢铁有限公司在完成钢铁压减任务的同时，倾力建设“钢铁谷”，打造“互联网 + 大数据 + 钢铁”平台商业运营实体；唐山航天科技园，集研发、成果转化和生产为一体的石墨烯储能电池产业化基地，年产 10 亿安时的石墨烯储能电池项目已开工建设。

现代物流、金融、会展等行业呈现蓬勃发展态势，第三产业成为唐山经济新增长亮点。2017 年，唐山第三产业增加值完成 2424 亿元，对 GDP 的贡献率已超过第一、二产业的总和，达到 61.8%。2018 年上半年，唐山市高端装备制造业增加值同比增长 25.7%，尤为亮眼的是，工业机器人、改装汽车、动车组产量同比分别增长 49.9%、111.5% 和 36.1%。

加快世界一流贸易大港建设，对外开放水平不断深化。唐山港作为我国 4 个可停泊 40 万吨级货轮的港口之一，已先后获批汽车整车、木材、水果、肉类等进口口岸资质，并开通了曹妃甸至乌兰巴托国际班列、唐山港首发比利时安特卫普中欧班列，在内蒙古、新疆等地建设内陆港 16 个。2017 年港口货物吞吐量 5.7 亿吨，跃居全国第四。2018 年 1 ~ 7 月份，唐山港完成货物吞吐量 3.55 亿吨，集装箱吞吐量 143.9 万标箱，同比分别增长 6.27%、9.43%。

充分发挥区位优势，海洋经济发展取得新突破。积极探索特色临港经济发展新路径，构筑以现代港口物流、装备制造、家具制造、再生资源产业为优先，以新能源、高新技术、滨海休闲旅游产业为支撑，以生产性服务业、生活性服务业为配套的产业结构体系。目前，港口物流园、装备制造园、再生资源循环利用产业园已初具雏形。依托丰富的渔业资源，通过政策扶持、技术创新，持续推进良种繁育规模化、池塘养殖标准化、渔业管理现代化，建成了全省最大的河豚商品鱼出口基地。2018 年上半年，总投资 15 亿元的唐山方舟修造船厂、唐山集昌新材料公司 PVB 汽车玻璃中间膜等 10 个项目已建成投产；总投资 55 亿元的北京京环集团废塑料产业园、唐山鑫旭实业公司环保设备制造等 16 个项目正在建设，入区企业数已经达到 26 家。

四、唐山供给侧结构性改革的特点与经验

（一）强化组织领导保障改革推进

1. 强化组织

唐山市委、市政府多次研究去产能工作，做出明确部署，围绕钢铁煤炭去产

能，相继出台一系列配套政策措施，确保各项工作有策可循、有据可依。完善干部制度考核机制，完善改革落实制度，谋划施行以“干什么、怎么干、谁来干、什么时间干成”为主要内容的“四个干”机制，提高了各级干部谋事的水平、干事的能力、成事的本领。

2. 健全制度

建立《实绩突出领导干部台账》，对历次项目观摩测评中排前10位项目的主要分包干部，以及获评全市年度“十大亮点工作”的主要负责干部登记造册，在干部选任动议阶段，优先列为初始提名人选。出台《关于重大决策部署贯彻落实情况约谈办法（试行）》，唐山市对那些在贯彻中央和省、市重大决策部署中工作不在状态，不作为、慢作为，存在转型不力、迟滞发展等问题的集体和个人，进行约谈。

3. 加强督导

前有激励，后有督导，压力层层传导下，各级部门形成了“不敢懒散、不能懈怠、不甘落后”的风气。领导带头分包项目，实施一线指挥、挂图作战、强化督导。市委、市政府按季度组织项目集中开工和进行实地观摩测评，形成制度保障供给侧结构性改革有效推进的良性循环机制。

（二）政府主导和市场方法相结合

唐山供给侧结构性改革突出政策的系统性、整体性、协同性，统筹谋划改革方案，切实抓好改革举措的落实落地工作。坚持政府主导和市场方法相结合，去产能与防风险相统筹，用综合评价、后位淘汰的办法确定“去”的对象；用按日计罚、差别电价等办法倒逼过剩产能退出；用调整产品结构的办法推动转型升级；用内部转岗、安置公益性岗位等措施分流职工。

主动适应经济新形态，制定前瞻性的改革政策。从2008年开始，唐山钢铁产业就已经开始淘汰落后产能行动。而自2013年开始，唐山市制订了新的产能淘汰计划，加大化解淘汰力度，目标是2017年底压减炼铁产能2800万吨、炼钢产能4000万吨。

（三）突出结构调整实现新旧动能转换

面对旧动能严重衰退、新动能严重不足的“结构性陷阱”，唐山从供给侧发力，以破为先、以立为本，在“出清”中实现“纳入”，在转型中实现升级，形成了突出的亮点。精准有效压减过剩产能，为增加有效供给、发展新兴产业腾出更多空间。

装备制造业、高新技术产业发展增速高于规上工业增速，科技型中小企业成为转型生力军。城市经济特别是服务业加快发展，规上服务业企业、新注册服务业企业快速增长。临港产业不断发展壮大，成为重要增长点。

逐渐调整影响产业发展前途和命运的结构性偏差，专注于发展比较优势突出，精耕传统核心主业，按照“世界第一”标准保留和匹配高精尖资源，推进传统优势再拔尖、再拔高、再创业，创造出更高质量的新供给。积极参与基本建设，紧紧围绕国家发展需求主动培育新兴产业，依托传统优势创造新的增量发展空间。

（四）改革创新结合实际发展需要

向改革、创新要办法、要活力、要红利开始成为唐山供给侧结构性改革常态。以供给侧结构性改革推动转型升级，企业不仅要满足市场需求，还要通过科技创新引领市场需求。以创新主体、创新投入、创新资源、创新环境等要素组成的创新体系基本形成，重点领域科技突破取得实质性进展，科技创新、科技成果转化和产业化步伐达到全国一流水平，实现由资源依赖型发展向创新驱动转变。

唐山以工业设计引领供给侧结构性改革，带动产业链延伸、价值链增值和企业竞争力提升，实现由资源投入、数量取胜向抢占高端、质量兴市、创新强市转变。创新投融资方式，唐山世园会场馆建设中，唐山市委、市政府运用政府与社会资本合作（PPP）模式引入战略投资者，吸引了 29 亿元的社会投资。

（五）统筹推进供给侧结构性改革

围绕钢铁去产能，唐山市提出要注重严格落实相关政策要求，用好环保、质量、技术、能耗、水耗、安全六个标准，以实现公平公正实施，确保依法依规依程序推进。并明确，坚决贯彻“四个决不允许”——决不允许出现弄虚作假的行为，决不允许已化解产能死灰复燃，决不允许对落后产能做等量置换，决不允许违法违规建设新项目。

本着“依托资源、发展资源、不唯资源”的思路，以推动科技创新为核心，以加快产业转型升级为主线，以破除体制机制障碍为重要任务，充分激发全社会的创新活力，在继承中转型，在发展中转型，着力打破传统路径依赖，着力解决唐山发展的深层次矛盾和问题，着力推动新旧动能转换和经济发展行稳致远。

五、唐山深化供给侧结构性改革面临的困难和问题

（一）结构调整任务重，产能过剩压力大

结构性产能过剩问题突出。从经济结构看，唐山以资源型、重工业为主，三次产业比为8.5∶57.4∶34.1，其中二产占比远高于全国、全省平均水平，同时重工业增加值占工业比重高达94.9%，占GDP比重为50.4%；从能源结构看，依然是以煤炭为主，单位面积煤耗强度全国最大。在唐山钢铁产业的产品结构中，产业层次不高，主要以建筑钢材居多，建筑钢材占到60%～70%之多。这些产品同时也都属于高能源、资源消耗类型。而像高附加值的优质板带材、钢材深加工产品类别上、数量上均不占优势，这些都是在机械设备、汽车制造行业需求巨大的产品，唐山钢铁产业却在这些领域缺乏竞争力，过度同质化产品的竞争必将导致产品微利。

现有产业转型重组困难重重。总体来看，唐山市国有企业规模较大，中小企业数量众多，产业集中度比较低，民营企业占较大部分。唐山拥有的非国有钢铁企业的总产量占唐山钢铁企业总产量的三分之二左右，这些中小企业亟须重组转型，但困难重重。这些困难主要来自以下几个方面：首先，企业资金状况和现有的制度约束不支持企业的重组或搬迁；其次，重组或搬迁过程中会产生大量的沉没成本，这些厂房设备等很难被再次销售和继续使用；最后，银行等金融机构的

贷款紧缩政策和经济大环境不好的情况下，新的市场开发困难，企业融资难，导致企业的资金链难以维持。

（二）产业集中度低，高端产品有效供给不足

产业集中度低。唐山企业生产的上游产品、初加工产品、中间性产品占75%左右，大部分产品处在价值链的底端，钢材高附加值产品比重为21.5%，钢铁深加工量占粗钢总产量的比重仅为27%。粗钢很多到长三角等地进行深加工，消耗了资源、造成了污染，但是生产的直接面向市场的最终产品寥寥无几，利润率低、效益不高。唐山企业产品同质化严重，生产主要集中在低端、低附加值产品上，这就造成了这一水平的产品大量积压，市场主要竞争层面也主要集中在这些产品上，企业不得不靠降低价格的方法抢占市场，使得企业微利甚至负利润。

高端产品有效供给不足。尽管龙头企业如河北钢铁集团、首钢集团等都有一些高端钢铁产能，但总体来说唐山钢铁产业技术基础较低，生产的产品附加值低。目前，唐山钢铁产业受产能过剩影响依然严重，低端钢材的持续供应造成了大量的库存积压，使得供大于求，钢企之间的恶性竞争使钢价日益走下坡路、利润率缩水甚至出现负增长。与之相对的是，高端钢材方面，唐山钢铁产业的生产能力不足，唐山钢铁产业缺少能够抢占市场的高端产品，高端钢材仍然大量依赖于进口，钢铁市场的结构性过剩突出。

（三）企业创新动力不足，仍存在技术短板和瓶颈

企业“内生技术能力”较弱。经过几年的供给侧结构性改革，目前唐山企业创新能力已有较大提升，企业市场导向的创新机制已初步形成，但面对新形势、新要求、新挑战，企业创新能力依然薄弱，许多领域缺乏具有自主知识产权的核心技术，企业尚未真正成为创新决策、研发投入、科研组织和成果应用的主体，企业创新能力与经济社会发展需求还存在很大差距，诸多制约唐山企业技术创新的短板和瓶颈仍然存在。

企业创新力分布失衡。创新力量主要集中在大型企业，中小型企业科研力量相对薄弱，这就导致创新辐射力和带动范围极其有限。企业创新的动力不足，企

业技术开发投入低，与国外大企业科研开发投入相比存在很大差距，R&D 经费不足已成为唐山企业科技创新的重要瓶颈。企业创新投入分布不均，从产业构成看，企业研发投入全部集中在规上工业企业，企业研发活动仍然集中在技术水平相对成熟的传统产业，建筑业和服务业零投入。企业研发活动中原始创新活动较少，而以集成创新、引进消化吸收再创新活动为主导，一般都是试验发展活动。

创新合作机制不健全。创新活力不够，大多企业在技术创新上势单力薄，与科研院所、高等学校等社会合作少，仅有 18% 的企业曾开展创新合作，即使有社会合作的，有时也仅限于与高等学校、科研院所的个别专家教授就一个项目、单个产品进行合作，项目结题，产学研活动则随之结束，存在强度小、形式单一、结合松散、相互缺乏约束等问题，产学研合作的积极性不高，合作水平较低。

（四）现有产业优势不突出，转型升级成效不显著

传统产业优势不突出。传统产业占规上工业增加值占领绝对地位，战略性新兴产业增加值比例明显过小，远低于全国同为资源型重化工业其他城市，转型升级的成效还不够明显。装备制造业增加值较低，钢铁等产业还没有向下游充分延伸。高新技术产业增加值占规上工业增加值比重较低。产业布局水平低，钢铁冶炼企业分布较大，部分产能处于城市（县城）建成区、旅游规划区，临海靠港产能在全市总产能占比较低。县（市、区）之间特别是园区之间产业雷同、缺少特色、集中度不高。钢铁为主导产业占比较高，产业布局关联度低。

现代物流业与工业大市地位不匹配。唐山港铁路疏港贡献率较低，尚未形成多式联运的无缝衔接。海洋资源开发利用水平低，海洋经济发展滞后，港口与本地产业、城市关联程度低，没有实现港产城融合发展。港口对城市、产业的拉动作用与唐山港在全国港口的排位不相称，经港口运输的本市货源生成量占吞吐量的比重较低，远远低于国内先进城市水平。

经济外向度与其沿海开放城市的地位不相称。唐山尚未融入全国乃至世界经济大循环，港口与城市建设脱节，规划缺乏通盘考虑，没有实现港口与城市融合发展，港口盈利主要来源于装卸业务收入，只起到了通行、搬运的作用。港口发

展存在管理体制不顺、作业效率不高、散乱和无序竞争等问题。海洋经济尚未破题，缺乏“关心海洋、认识海洋、经略海洋”的意识，特别是作为《中国制造2025》十大重点领域之一的海洋工程装备及高技术船舶在唐山尚属空白，打造现代海洋产业体系任重道远。

（五）人才储备支撑力不够，产品和服务效益较弱

企业对技术创新和人才培养引进力度不够。大多数企业处于竞争弱势地位，更倾向于引进、跟踪、模仿和低水平复制生产，安于现状，而不愿意走具有市场风险的自主创新道路，不愿意承担创新应用带来的风险。唐山拥有 1540 家规上企业，建立研发机构的仅有 363 家，占比仅为 23.6%，低于秦皇岛、石家庄，75%以上的企业没有研发活动。科技型中小企业数量、高新技术企业数量、万人发明专利拥有量分别排在全省第 6 位、第 4 位和第 5 位，与其经济发展地位不相匹配。唐山人才密度为 29.3%，与深圳的 57%、青岛的 49%、大连的 39%相比，有相当大的差距。特别是新型工业化发展所需的高层次人才严重匮乏，博士研究生及省以上专家企业拥有量不足 15%，而且主要集中在传统产业。

产品和服务效益较弱。由于与前沿技术存在差距，唐山规上企业参与国际国内竞争主要还是依靠较低劳动力成本、土地成本和环境成本，技术、品牌、标准为代表的高端竞争要素还没有形成，造成了企业产品附加值总体偏低，利润增长缓慢。同时，对下一代产品技术和未来技术的研发比较滞后，也将影响到企业未来的竞争力。生产性服务业发展水平低，金融、设计、现代物流等生产性服务业发展滞后、层次偏低，有的领域尚处于空白状态，难以拉动第二产业转型升级，不足以支撑现代产业体系。

六、唐山深化供给侧结构性改革的对策建议

唐山立足传统产业比较优势，大力发展新业态、新经济，培育新动能，强化科技创新，推动传统产业优化升级，培育一批具有创新能力的排头兵企业，把提高供给体系质量作为主攻方向，坚持用市场化、法治化手段去产能，把处置“僵

尸企业”作为重要抓手，更加严格地治理各种违法违规行为，倒逼落后产能退出。同时，把去产能与国企改革、兼并重组、转型升级、优化布局结合起来，打通去产能制度梗阻，稳妥有序推进职工分流安置，妥善处置企业资产债务，健全长效机制，促进相关行业持续健康发展。

（一）优化产业结构，多措并举化解过剩产能

统筹考虑资源条件。通过市场调节和优化产业结构，结合唐山的实际情况，发展精加工，不扩大产业链的广度，要扩大其深度。加大力度建设专业化生产企业群，将企业进行联合，减少资源浪费和重复创新。以生产板带材为主的企业，可以发展成为板带材专业生产企业群。以生产优特钢材为主的企业，可以发展成为优特钢生产企业群。以生产管材为主的企业，可以发展成为管材专业生产企业群。按专业分特色，形成产业规模，将一种产品做精做专。支持重点企业瞄准世界前沿技术水平，开发、引进和应用新技术、新工艺、新材料、新设备，推动关键领域的技术装备达到国际先进水平。如钢铁行业，实现从“普钢”向“精钢”，从“钢铁”向“制品”的转化，形成唐山市钢铁产品的比较优势，促进唐山市钢铁产品结构优化升级。

从供给侧入手，提高供给方资源的配置效率。通过减税等措施，鼓励生产创新，提高产品质量，去掉无效产能。优化钢铁产业布局，推进钢铁企业搬离城市中心，鼓励钢铁企业向沿海地区搬迁，通过钢铁企业兼并重组或合资入股等多种方式提升综合实力，整合小、散、多的民营企业，提高唐山钢铁产业的集中度。对于那些重组无望且产能严重过剩、经营严重亏损的企业，要鼓励和引导盘活现有资源，转型到新兴产业领域，引导企业发展食品医药、节能环保、高新技术和现代服务业、现代农业等非钢、非煤产业。对京津地区的产业转移，唐山优化产业调整与结构升级，进而加强化解钢铁产能过剩。

加大奖补力度，开展多渠道筹集资金。可以通过中央和各级财政补助，也可以采取企业自愿提取互助，使产能退出有补偿措施，减少企业的负担，增加有效产能，引导促进钢铁产能流向有核心竞争力的企业。依靠“互联网+”等创新手段推动钢铁产业的信息化水平，提升唐山钢铁产业整体技术水平。加强国际交

流与合作，资助一些贫困国家的基础设施建设，从而减少一部分钢铁产能。鼓励企业“走出去”，在海外投资建厂，提供一些鼓励企业“走出去”的优惠政策，比如税收、金融政策等，使唐山钢铁产业转移输出部分过剩产能。

（二）提升产业集中度，增加高端产品供给

唐山产能过剩矛盾突出，需要让更多的企业产业升级，提升现有钢铁、陶瓷、水泥等产业的产能质量，让落后产能被吸收与兼并，形成能满足市场需求的有效供给。要注重与土地利用总体规划、城市总体规划的相互协调，结合各地资源禀赋、区位条件、产业基础，优化园区布局，有序推动钢铁、化工等产业向沿海临铁布局，引导重大项目向园区布局、优势产业向园区集中、生产要素向园区聚集。

充分发挥财政资金杠杆作用，激励和调动企业、金融界和社会其他主体加大创新投入，加大科技金融结合，加快发展科技风险投资，鼓励金融机构扩大中小企业贷款规模，发挥知识质押融资，众筹优势，支持科技型中小企业上市融资，把大量的社会资本吸引到企业科技创新项目，缓解企业 R&D 经费投入不足的难题，帮助企业不断开辟融资渠道。

借助供给侧改革的政策导向加大钢铁产业的创新力度，加大科技创新与技术投入改善钢铁生产技术、产品质量与结构，提高产品的市场竞争力，提升钢铁企业的工艺和装备水平，从而不断降低粗钢的比重，增加精钢的比重。从价值链低端转向价值链中高端、成本竞争转向质量技术品牌服务竞争、要素驱动转向创新驱动，加快发展研发、设计、标准、物流、营销、品牌、供应链管理等生产性服务，提高制造业知识、技术、人力资本含量，使“唐山工业”强筋健骨、提质增效，形成产业新优势。

（三）改革体制机制，提升企业市场竞争力

创新政府管理方式，把去产能的最终任务交给市场，避免政府的直接干预和过多干预，把握好政府和市场的关系，防止顾此失彼，造成其他方面的经济问题。政府可以制定经济发展的大环境，比如制定相应的产业政策、行业规范、法

律法规等，对不符合标准的企业，强制其整改或退出，充分发挥政府和市场各自的优势。加大信息公开力度，为企业提供可参考的信息，改革理政管理体制，构建集中精简、灵活高效、亲商务实的工作运行体制，实现由主要依靠“政策红包”向更多依靠“改革红利”转变。把推进项目建设和服务企业发展，作为评价领导干部特别是各级各部门主要领导的主要依据。创新政府体制机制，改革干部管理方式、考评体系和分配激励机制，实现干部人事管理由“身份管理”向“岗位管理”转变、干部考核由“主观评价”向“量化考评”转变、薪酬管理由“铁工资”向“活薪酬”转变。

加强唐山财税体制、金融体制改革及配套政策的制定和完善，为供给侧结构性改革提供基础保障和支撑，并且要避免体制机制僵化。综合考虑稳定、增长、就业、税收、金融风险等问题。引导企业抓技改、扩规模，加快产品升级换代，增强市场竞争力。鼓励企业参与发展新产业，谋划创业指导项目，引导企业向现代服务业、现代物流、海洋经济、文化旅游、现代农业等领域进军，不断拓展发展空间。

加快发展融资租赁业，推进租赁机构集聚，为唐山发展大物流、大装备产业提供支撑。建立以各种技术研发中心为主要方式的企业科技创新体系，不断加强技术研发力量，加大技术研发资金的投入，提高研发费用在销售收入中所占的比重，根据企业自身的技术特点和未来的发展趋势选择主攻方向，加快开发具有自主知识产权的技术和主导产品，不断强化在核心技术上的领先地位。

提升法人金融机构数量、资产规模、发展质量、公司治理水平，引进培育银行、证券、保险、信托、租赁等金融机构。规范发展互联网金融、消费金融和商业保理，扩大直接融资，推动更多企业上市。积极引导各类金融机构增加对重大基础设施、产业项目资金投放。调整财政科技投入结构，集中财力支持重点产业结构调整、高新技术产业发展、自主创新能力建设、科技成果推广应用等方面的重大项目和重大科技专项实施。强化资金引导机制，在加大政府资金投入的同时，激励国有大中型企业、民营科技企业加大对新产业、新技术、新工艺等的投入。

（四）立足现有产业基础，大力发展新兴产业

立足传统产业优势资源，提升产业价值。传统产业是唐山发展的脊梁，经过多年发展，积累了一定的资本、技术、人才、管理经验和市场资源，这些都是唐山改造升级的重要基础，对传统产业的改造升级，要立足“有中生新”，加快改造提升钢铁、化工、陶瓷等传统优势产业，拉长产业链、完善空间链、连通企业链、提升价值链。立足传统资源型、资料型城市历史积淀底蕴，充分利用较为完整的工业体系和产业规模布局，注重存量、提质增效，注重现有产业和企业要素升级，依靠技术进步、知识增长、创新驱动，推动企业和产品向中高端水平迈进。

做优做强精钢产品，提高产品高端有效供给。好产品深加工文章，唐山钢产量位居河北省第一位，但大多都是低端产品，产品附加值小，企业效益差。在当前市场条件下，要扭转这一局面，实现产业的优化升级，大力发展精品钢材、优质管材和机械钢、船舶钢、汽车板等有市场竞争力的产品，尽快实现由粗钢到精钢的转变，发展耗钢产业、延长煤化工产品产业链。推进技术、产品、管理、组织结构和业态模式创新，加强质量、标准和品牌建设，推动传统产业由大到强，促进产业迈向中高端。集中精力抓好精品钢铁、装备制造、现代化工、新型建材及装配式住宅等产业发展。

发展现代装备制造，促进企业生产链有效衔接。建设现代化经济体系，下大力做大轨道交通装备、机器人、电子及智能仪表、动力电池、节能环保等新兴产业，从政策支持、要素投入、人力资源等方面加大扶持力度，尽快培育一批引领性龙头企业，打造一批示范产业集群。按照延链、补链、强链的要求，以提升产业核心竞争力为目标，抓一批产业链延伸和深加工项目，引进一批主导产业上下游配套企业。

对标先进产业地区，加快港口项目建设。坚持在京津冀区域、环渤海区域乃至东北亚区域内，对标先进城市，查找唐山在工业发展方面的差距和短板，明确转型发展、高质量发展的方向和路径。健全完善现代化港口设施，重点发展集装箱、LNG、邮轮等大型化、专业化泊位，完善深水航道、防波堤、锚地等港口公

用基础设施。完善港口集疏运体系，加快海铁联运等多式联运示范工程建设，优化内陆港节点布局，拓展物流产业链。引进大型船务公司，加强友好港建设，增加班轮航线，提升集装箱运力。在继续发挥曹妃甸港区、京唐港区、丰南港区的沿海发展引擎作用中，将唐山港建设成为具备临港工业、中转储运、现代物流、综合服务等功能的东北亚地区性重要港口，带动沿海经济迅速发展。

加快海洋资源整合，大力发展海洋经济。以京津冀协同发展为契机，突出比较优势，在保证传统海洋产业如海洋渔业、海洋交通运输业、海盐业及海盐化工产业、海洋油气业等协调发展的基础上，将钢铁产业和煤炭产业与海港产业紧密结合。深耕海洋牧场，提升发展海洋渔业，大力发展海洋三次产业融合发展的“新六产”，突破发展海洋高端装备制造、海洋化工、海洋生物、海洋高技术服务、海洋航运物流等产业，打造具有较强国际竞争力的现代海洋经济、临港产业集聚区。推进海洋生态文明建设，整体布局海洋经济，合理配置海岸线资源，优化海岸线开发利用结构和空间布局，丰富沿海产业结构，充分利用现有的海洋资源，发展海上绿色产业。加大开发东西两翼，着重以生态旅游产业为主。京唐港区以东以及唐山湾三岛作为重点旅游开发，依托滦河口湿地、唐山湾沙质海岸、唐山湾国际旅游岛等丰富的生态和景观资源，加强滨海海洋保护区和旅游景区建设，完善综合服务体系，建成高水平的国际休闲度假旅游目的地。进一步做强唐山市海洋主导产业，科学指导全市海洋经济发展，在服务海洋经济发展的基金、债券、设备租赁等“蓝色金融”新领域开展探索，加大对海水养殖、临港工业、海洋交通运输物流等海洋产业的融资支持，促进海洋工程装备制造业集聚发展。

融入“一带一路”建设，打造外向经济积聚区。紧抓“一带一路”、中国东盟自由贸易区建设、中非合作等发展机遇，大力支持唐钢、开滦、冀东发展等骨干企业为龙头，探索实施国际化发展战略，鼓励企业到境外实施并购、上市、投资建厂，实现钢铁、煤炭、水泥等传统过剩优势产能向非洲、中东欧、东南亚、南美、澳洲等国家和地区转移，提高唐山钢铁、煤炭、水泥产品出口总量，加快传统产业产品出口步伐。积极推动国际产能合作，引进一批重大项目和产业链延伸项目，培育一批具有带动性的龙头企业和“专精特新”企业，向全球产业链、价值链、创新链靠近，打造转型发展新优势，在融入国内国际经济大循环中增强活力，在区域竞争中抢占先机。

（五）加快技术创新，大幅提升产品附加值

加大创新力度，推进精致生产。唐山转型升级有两个方向，一个是创新，一个是精致生产。唐山需要从国家战略的高度，针对企业目前存在的瓶颈和短板，发挥其在战略规划、政策制定、监督评估、营造创新创业生态中的重要作用，从政策、法律、体制等各方面为企业提供一个良好的宏观环境，构建以创新主体、创新投入、创新资源、创新环境等要素组成的创新体系为根本，大力推动以科技创新为核心的全面创新。

推动微观产品升级，督促企业把产品质量和服务质量做细做实。提高产品档次和附加值，以产品和服务的质量升级提振消费信心，从而带动消费结构升级。积极开发高附加值产品，全面提升唐山市钢铁、煤炭、水泥等产品的附加值和科技含量，拉动品种结构和品牌形象的高端化，形成一批具有较大国际影响力的企业品牌和产品品牌。

充分借助京津丰富的人才智力资源，实施柔性人才引进模式。实施人才优先发展战略，积极构建“鼓励创造、宽容失败”的创新文化。提升华北理工大学、唐山工业职业技术学院教育教学和人才培养质量，加强重点学科、骨干专业建设，实现学科专业群、科技创新链与区域产业链的紧密对接，深入推进院所校区、城市社区、产业园区“三区”联动，打造创新发展新引擎。

引进大学大校大院大所，探索产教融合人才培养新模式。制定一系列的优厚政策来不断引进创新人才，完善企业自身的人才体系，依托产学研平台、重点试验室等基础设施建设，吸引并凝聚一批高水平人才，为企业更好地发展出谋划策。深化企业的人事制度和分配制度改革，真正使资本、技术等生产要素参与收益分配，要通过技术入股、岗位工资和建立重大奖励项目等多种分配形式，反映和体现科技人员实现创新和技术进步的价值，最大限度地发挥人才的创新潜能和积极性，留住人才，壮大企业创新力量。

围绕供给侧结构产业链部署创新链，实施创新平台和创新主体倍增行动。引进京津创新资源，推进从共性关键技术到应用示范的全链条创新。推动互联网、

大数据、人工智能和实体经济深度融合。培育基于互联网的新型制造方式，力促传统企业焕发新活力。围绕制造业与服务业深度融合，着力做优现代物流、现代金融、新兴信息服务、研发设计四大生产性服务业，为工业转型升级注入活力、提供支撑。完善港口集疏运体系，建设标准化物流园区，提升物流聚集区建设水平，吸引知名物流企业，发展智慧物流和第三方物流，推动海铁联运、公铁联运、陆空联运和集装箱多式联运，构建“一中心、多节点、全覆盖”的现代物流产业布局。

执笔：李红娟

分报告二　深化“放管服”改革，持续优化营商环境

十八大以来党中央深入推进“放管服”改革。在中央政策的指引下，唐山市委、市政府以加快实现“三个努力建成”“三个走在前列”和“两个率先”为目标，坚持目标导向、问题导向，致力于打造审批事项最少、收费标准最低、办事效率最快、服务水平最优的“四最”营商品牌。唐山市坚持动态对标、博采众长、力争最优的做事原则，从深化行政审批制度改革、推进商事制度改革、推进行政体制改革、推进企业降费减负、推进监管机制改革，强化事中事后监管等多方面入手，破除营商环境欠佳带来的种种弊端，激发市场活力，推进高端优质生产要素加速聚集，为新旧动能转换注入新活力，加快推动经济高质量发展。

一、唐山“放管服”改革的背景及意义

（一）深化“放管服”改革是建设新型政商关系的基础

2016年3月4日，习近平总书记在参加全国政协十二届四次会议的民建、工商联界联组会时用“亲、清”二字阐明新型政商关系，为构建健康政商关系，促进政商正常交往指明了方向。而深化“放管服”改革是我国深化机构和行政体制改革的重要内容，是一场从理念到体制的深刻变革，是推动政府职能转变建设服务型政府的重大举措。习近平总书记在党的十九大报告中指出，要“转变政府职能，深化简政放权，创新监管方式，增强政府公信力和执行力，建设人民满意的服务型政府”。

近年来，唐山市为深化“放管服”改革做出了不懈的努力，在实现唐山“四最”品牌中已经实现了“审批事项最少”“收费标准最低”“办事效率最快”三最，但是“服务水平最优”还未真正落地。因此，唐山市更为迫切地需要深化“放管服”改革，构建既“亲”又“清”的新型政商关系，从根本上提升服务水平。要做到“亲”，就需要唐山市委、市政府了解企业之想法，满足企业之

需求，解决企业之问题，不断下放审批权限，降低企业运营成本，真正做好“服务”角色；要做到“清”，就需要唐山市委、市政府创新监管方式，以较高的公信力和执行力，处理好与企业的关系，不因私废公，不搞权钱交易，切实把握住“服务”尺度。

（二）优化营商环境是激发市场活力的重要举措

改革开放以来，我国经济发展取得了突破性进展，很大程度上得益于各类市场主体活力的不断增强，营商环境是伴随着企业整个生产经营活动的各种环境的总和。政治法律、经济、社会文化等要素都会对企业的发展产生非常重要的影响。良好的营商环境具有“洼地效应”，能使项目、资金、技术、人才等生产要素不断汇流聚集，形成强大的力量，推动区域经济快速发展。

作为市场主体，企业对营商环境的变化非常敏感，当营商环境不好时，企业就会收缩甚至退出市场，当营商环境为企业的发展提供了便利时，市场活力得到有效释放。李克强总理在全国深化“放管服”改革电视电话会议上表示，营商环境就是生产力。

唐山市地理位置优越，既处于京津冀协同发展的核心地带，又位于“一带一路”沿线发展的中心，自身拥有丰富的资源，经济发展水平应该远远超过同等资源城市。但是由于缺乏配套的营商环境，造成市场活力不高，成为阻碍经济快速发展的重要因素。因此，唐山市需要进一步简政放权，优化服务水平，提升政府效能，营造良好的营商环境，吸引更多的投资者进入市场，优化市场资源配置，增强市场活力。

（三）优化营商环境是推动新旧动能转换的重要保障

经济社会发展需要持续不断地寻找新动力、释放新动能、实现新跨越。新旧动能转换是社会生产力发展到一定阶段的必然产物。新动能，是指新一轮科技革命和产业变革中形成的经济社会发展新动力，新技术、新产业、新业态、新模式都属于新动能。旧动能，是指传统动能，它不仅涉及高耗能、高污染的制造业，还更宽泛地覆盖利用传统经营模式经营的第一、第二、第三产业。实现新旧动能转换在于通过新动能的增量来对冲传统动能的减弱，加快培育新技术、新产业，找到新的经济增长点；通过大众创业万众创新、“互联网＋”等创造出新业态、新模式来改造传统动能；通过新动能创造的“战略纵深”为传统动能升级赢得空间。

唐山市属于典型的资源城市，先天的资源优势为唐山市的发展做出了突出的贡献。与此同时，也留下了种种弊端，如资源利用率低、产业结构不合理、资源无法实现最优配置等。唐山市亟须通过创新驱动发展实现新旧动能转换。而企业是创新的主体，企业的创新离不开良好的营商环境。唐山市优化营商环境是吸引各类高端资源要素集聚和配置的现实需要，是实现企业创新发展的必备因素，是推动产业转型升级的必然选择，是推动新旧动能转换的重要保障。

（四）优化营商环境是推动唐山市高质量的必然要求

现阶段，我国经济已由高速增长阶段转向高质量发展阶段，正处在转变发展方式、优化经济结构、转换增长动力的攻关期。营商环境是滋养企业发展、创新创业的丰厚土壤，直接影响经济发展的质量和速度。营造良好的营商环境有利于吸引资金、人才、技术等各种发展要素的聚集，有利于激发各类市场主体的活力，因而，推动经济发展的着力点必须由抓经济转向造环境。

唐山与全国、全省发展趋势相同，经济增速逐步放缓，传统的粗放型增长模式已走到尽头，数量规模快速扩张不可持续，迫切需要变“量”为“质”，转到高质量发展上来已是当务之急，必须切实增强推动高质量发展的行动自觉。优化营商环境，是推动高质量发展的必然要求。唐山市应解放思想、转变观念，切实增强紧迫感，着眼于提升唐山软实力和核心竞争力，把优化营商环境摆在更加突出的位置，为创新创业提供多重保障，为唐山实现高质量发展创造更好的环境、提供更有力的支撑。

二、唐山“放管服”改革的重点任务及措施

唐山市委、市政府出台《唐山市进一步优化营商环境工作方案》《关于进一

步优化全市营商环境的意见》《县（市、区）、开发区（管理区）及市直部门优化营商环境考评排名办法》等一系列的工作方案及意见，为深入推进“放管服”改革，持续优化营商环境提供思想支撑，建立工作QQ群、微信群，形成了各司其职、各负其责和周调度、月总结的工作机制。多次召开调度会议，细化任务分工、明确时间节点、提出标准要求，围绕“放管服”改革，优化营商环境做出了不懈的努力。

（一）深化行政审批制度改革，全力打造“四最”品牌

唐山立足本土实践，以刀口向内的决心和魄力，下大力减事项、减次数、减材料、减时间，打造“审批事项最少、收费标准最低、办事效率最快、服务水平最优”的唐山“四最”品牌。

一是围绕“审批事项最少”，编制公开了《河北省市级行政许可事项通用目录（唐山市2016年版）》，并结合“放管服”改革要求，进行动态修订调整。推进“减证便民”专项行动，制定了《公开保留和取消的市政府部门设定的涉及群众办事创业各类证明事项清单》，将证明事项精简到37项。扎实推进向曹妃甸区放权工作，形成了《向曹妃甸区下放的市级行政审批事项目录》，向曹妃甸下放76项。组建市、县两级行政审批局并挂牌运行，在全市开展开启了“一个部门一枚印章管审批”的全新审批模式，构建了“一章制审批、一门式办理、一条龙服务”的行政审批和政务服务新平台。开展民生领域证明材料清理规范，将重点领域证明材料由108项规范为17项，减轻群众负担，更好地服务于群众。

二是围绕“收费标准最低”，进一步清理规范各项收费。一方面，出台《唐山市财政局关于对行政事业性收费政策落实情况进行检查的实施方案》《关于在全市开展机动车停放服务收费专项检查的通知》（唐发改价检〔2018〕229号）等文件，梳理精简行政性收费项目。另一方面，着力解决“红顶中介”服务收费的问题，制定并公布《中介服务事项清单》和《中介服务事项收费清单》，设立强制性中介服务和指定中介机构，破除中介机构乱收费难题。

三是围绕“办事效率最快”，全面深化行政审批制度改革。一方面，唐山市环保局成立改善营商环境加快推进项目审批“最多跑一次”工作领导小组，负

责各项工作全面落实。另一方面，推进流程再造改革，实行“互联网 + 政府政务”审批平台，推进房产交易和不动产登记领域“一窗受理，集成服务”改革，落实“多证合一”“证照分离”等 7 项改革不断压缩审批事项，缩减审批时限，提高审批效能。

四是围绕“服务水平最优”，建立了“一个窗口对外，一站式审批，一条龙管理”机制，极大地方便了企业、方便了群众，服务满意度不断提升。同时，提供微笑服务、主动服务、预约服务和延时服务，在提升行政效率的同时提高服务质量。在各个区县积极推进服务品牌创建活动，鼓励各区县不断创新服务意识与服务水平。市营商办研究起草了《弘扬“店小二”精神打造一流营商环境工作方案》，当好服务企业的“店小二”。

（二）推进商事制度改革，释放企业发展活力

自 2014 年 3 月改革开始以来，唐山市不断推行商事制度改革，扩大市场主体，激发市场活力。

一是巩固扩大“五证合一、一照一码”登记制度改革和个体营业执照与税务登记证“两证整合”工作。积极落实总局、省局“多证合一”改革部署要求，切实降低交易成本，激发市场活力。

二是继续深化“先照后证”改革。根据国务院明确要求，持续削减工商登记前置审批事项和后置审批事项，并及时跟进结果，确保按照上级要求及时贯彻落实到位。

三是放宽登记住所要求。认真落实《河北省放宽市场主体住所（经营场所）登记条件规定》，积极放宽登记住所条件管制，释放更多的场地资源。

四是进一步完善退出机制。在企业简易注销试点的基础上，探索建立普通注销登记和简易注销登记制度相互配套的市场退出机制，同时加大对僵尸企业的清理力度。

五是全面推广企业登记全程电子化改革，探索推动申请、受理、审核、发证、公示全流程网上办理，实现工商登记注册便利化。积极推进企业名称登记管理制度改革、电子营业执照改革和全程电子化登记改革工作。

六是着力推进市场主体增量行动。出台了《关于推行工商登记便利化促进市场主体增量发展的实施意见》，从6个方面推出了27条创新性措施。

（三）推进企业降费减负，不断降低企业经营成本

为全面落实中央、省有关降费政策，唐山市做出多方面的努力，不断取消或停征中央设立的行政事业性收费，减轻企业负担。

一是唐山市财政局出台《“降费减负”专项行动工作实施方案》，继续清理规范涉企收费，加大对乱收费、乱摊派的查处和整治力度，切实降低实体经济成本。

二是认真落实省局《关于加强小微企业名录建设促进小微企业发展的实施意见》，继续加大小微企业扶持力度，助推小微企业发展。

三是大力实施商标战略。加强商标注册的帮扶指导，积极引导企业争创高知名度的商标，着力提高唐山市企业和产品的竞争力。

四是继续开展融资活企专项行动，帮助企业解决融资难、融资贵的问题。

五是支持京津冀协同发展。对京津冀现有企业搬迁来唐，继续实行“落地签”，企业只要提交新址住所证明，即可先行办理变更落地。

六是实行重大投资项目全程跟踪服务。对国家、省、市、县（市、区）确定的重大投资项目、国企改革以及企业上市等，继续推行“保姆式”服务。

七是围绕提高服务水平，进一步规范登记注册申报材料，优化登记流程，加强业务培训和窗口建设，提高服务意识，最大限度地缩短办理时间。

（四）推进监管机制改革，强化事中事后监管

监管机制改革是落实“放管服”改革的重要内容，唐山市积极响应国家、省级领导工作要求，扎实稳步推进监管机制改革。

一方面，全面落实“双随机一公开”，出台《唐山市实施“双随机”抽查规范事中事后监管工作方案》，成立了唐山市“双随机一公开”工作领导小组，制定了《唐山市实施“双随机”抽查规范事中事后监管工作方案》《唐山市市场主体“双随机”抽查实施细则》，建立“两库一单”制度，形成“唐山市随机抽查

事项清单”，并在市政府网站上予以公布。全市共开展双随机抽查17408次，检查市场主体27301户，开展跨部门“双随机”抽查19次，检查市场主体83户。

另一方面，加强重点领域的监督监管工作。通过不断地宣传、督导，做好了年报和即时信息公示工作，并推进行政处罚信息公示工作；印发《唐山市深入推进城市执法体制改革改进城市管理工作的实施方案》，加快综合行政执法体制改革；强化竞争政策实施，加大反垄断和反不正当竞争执法力度；狠抓“四个管网”，深化“发展创新、贴标亮照、红盾网剑”三个专项行动；充分利用总局广告大数据平台，采取行政约谈、行政建议等手段，不断加大监管和指导力度，严厉查处发布虚假违法广告行为等。

三、唐山“放管服”改革取得的成效

（一）实现“审批事项最少”，市场活力逐步释放

唐山市本着“应放尽放、真放实放”的原则，精简审批事项，下放审批权限，在全国设区市实现了“审批事项最少”。

各项审批事项精简到最佳水平，市场活力不断释放。行政许可事项由229项减少到92项，并时刻与全国先进城市对标，保持全国设区市审批事项最少的领先水平；“先照后证”改革的推进，极大地缩减了前置审批事项，降低了市场准入门槛；由“三证合一”变为“三十八证合一”，实现了企业办理手续的简化和环节的减化；一照多址、一址多照、众创空间、住所申报制改革等举措有效破解了对企业兴办场地的限制，促进了办照的便利化；简易注销改革完善了市场主体的退出机制，畅通了企业从生到死的快捷通道。

扎实推进区县放权工作，激发了区县的市场活力。曹妃甸作为“一港双城”建设的重要部分，市委、市政府向曹妃甸下放76项行政审批事项，并在曹妃甸行政审批局开设市级审批办理窗口，进一步简化了审批程序、缩短了审批时间、避免了审批程序的烦琐复杂，给了曹妃甸更多的自主权，也有了更多吸引民资的筹码。

（二）实现“收费标准最低”，经营成本不断降低

唐山市以“为创新创业降门槛、为市场主体降成本”为目标，不断清理各项违规收费和中介乱收费现象，营造公平公正的市场氛围，不断降低市场主体的经营成本。

一方面，行政性收费标准不断降低，经营成本不断下降。唐山市停征行政事业性收费 4 项，取消经营性收费 1 项；商标注册费用从 1500 多元直降至 300 元，节省了企业注册费，“商标强市”效果凸显；注册资本实缴改认缴，实行了“两取消三不限”的优惠政策，有效地解决了困扰创业者的创业资金问题，极大地降低了创业门槛和创业成本。

另一方面，“红顶中介”服务收费问题有效解决。通过设立强制性中介服务、指定中介机构，引入竞争机制选择中介服务机构，彻底清理了中介服务事项、中介服务垄断局面被打破、中介服务利益关联被切断、中介服务收费规范化，中介组织充分走向市场、公平竞争，服务效率和水平不断提升。

（三）实现“办事效率最快”，政府效能水平提升

唐山市委、市政府审批流程再造的落实，强调各个部门的协调控制，简化办事流程，优化办事通道，实现了“办事效率最快”，政府效能水平不断提升。

首先，审批服务集约增速。一枚印章管审批，提升审批效率；“一窗受理”新模式，实现“前台分类受理，后台分别审批，统一窗口出件”；“一个窗口流转、车间式流水线审批”落成，让群众和企业“推开一扇门，办成百家事”。

其次，审批服务提质增速。审批局的 197 项审批职能压减到 169 项，审批事项再缩减；“135”审批办结制，办理环节由 631 个压缩到 539 个，压缩率达 14.58%；全部事项办理时限由法定的 4023 个工作日压缩到 540 个工作日，压缩率达 86.57%，效率提高了 6 倍多。

最后，“最多跑一次”落地达成。“最多跑一次”事项目录清单编制清晰并成功应用。截至 2018 年 7 月底，审批局共办承诺事项 2239 件，全部按时办结；即办事项 26816 件，全部当场办结。办事效率逐渐提升，大大减少了群众和企业

的时间成本。

（四）特色服务层出不穷，服务水平持续优化

唐山市本着“创优质服务，实现服务水平最优”的原则，开展本土特色服务，服务理念不断优化，服务意识明显提高，服务水平持续优化。

一是四项特色服务成功开展。截至 2018 年 7 月底，市行政审批局和各进驻单位累计开展预约服务 2585 次、延时服务 1954 次、上门服务 777 次、代办服务 7733 次，切实提高了企业、群众办事便利度。

二是服务品牌不断打响。唐山市广泛开展了“一个单位一个品牌、一个部门一个特色”创建活动，各类品牌、各项举措落地生根、开花结果。比如，丰南“政企直通车”、遵化“金牌保姆”等。

三是政府服务态度实现根本性转变。倡导“店小二”精神，当好企业、群众的“店小二”，做到为企业、为群众真办事、办实事。同时，全市范围内的“店小二”的宣传推广活动，营造了“店小二”精神的服务氛围，政府的服务理念不断提升。

（五）创新监管模式，市场环境进一步改善

唐山市在深化“放管服”改革，不断整合执法资源、规范行政行为、提高监管效能，打造公平竞争的市场环境和法治化便利化的营商环境，成效显著。

一是事中事后监管效能提升。“双随机一公开”工作全面落实。截至 2018 年 6 月底，全市共开展“双随机”抽查 419 次，检查市场主体 11729 户。通过“双随机一公开”的落实，有利于提高政府监管效率，减少企业的寻租行为，营造公平公正的市场环境。

二是市场主体的年报公示逐步规范化、透明化。截至 2018 年 6 月 30 日，全市市场主体年报公示率为 87.65%，其中，内资企业为 90.98%，外资企业为 96.76%，夯实了信用监管信息基础。

三是联合惩戒不断深化。行政处罚信息公示力度增强。截至 2018 年 6 月底，行政处罚信息公示率为 98%，8901 户企业被列入经营异常名录，信息共享、信

息推送的主动性越来越强。

四是重点领域的监管执法进一步加强。“双打”行动深入开展，对商标侵权案件进行严格处罚，保护企业的合法权益；网络市场监管工作扎实推进，优化网络市场环境，提高网络市场安全度等。

（六）狠抓宣传落实，唐山“四最”名牌影响持续扩大

唐山市以大讨论、大宣传、大行动等方式，迅速掀起“凝心聚力、狠抓落实”宣传“四最”品牌浪潮，聚焦思想和行动的统一，促进唐山“四最”品牌在全市、全国范围内的宣传推广，唐山市的影响力在不断提升。

一是宣传部门工作效力提升，宣传推广活动稳步进行。宣传部门对唐山市“四最”品牌建设进行持续深入的报道，及时向社会公布各项改革清单和目录，宣传“放管服”改革成效，实现了“放管服”改革的公开化、透明化。

二是各种专题报道遍地开花，唐山市“四最”品牌影响范围不断扩大。《人民日报》、新华网、人民网、《河北日报》等省级以上媒体对唐山市优化营商环境方面做了深度报道，意味着唐山市“四最”品牌逐步走出河北、迈向全国。

三是获荣誉称号，影响力不断提升。在2018年7月22日召开的第四届“一带一路”园区建设国际合作峰会暨第十五届中国企业发展论坛营商环境峰会上，唐山市荣获“2018中国企业营商环境十佳城市”荣誉称号（河北省设区市仅唐山一家），进一步提高了唐山市优化营商环境的知名度和美誉度。

四、唐山“放管服”改革的特点与经验

（一）高起点谋划、高标准推进、高质量打造

为实现“三个走在前列”“三个努力建成”的奋斗目标，唐山市坚守“党委政府负责阳光雨露、企业负责茁壮成长”的理念，以“放管服”改革为重点，致力于打造审批事项最少、收费标准最低、办事效率最快、服务水平最优的“四最”唐山品牌，以良好的营商环境为基础，实现唐山市高质量发展。

一是高度重视，全员参与。按照市委要求，市编办将优化营商环境、打造“四最”唐山品牌作为工作的重中之重，确立了“政策引导、改革推动、协调各方”“干实事、搞活动、抓宣传”的工作思路，努力营造了“全办一盘棋、营商是中心”的工作氛围。同时印发了市优化营商环境工作领导小组办公室副主任和专项小组组成方案，建立工作 QQ 群、微信群，形成了各司其职、各负其责和日碰头、周调度、月总结的工作机制。

二是科学谋划，精准组织。首先，应简尽简讲科学。唐山市坚持“全面清理、突出重点、规范审批、强化流程”的原则，用政府权力的“减法”换取市场活力的“加法”。其次，宜放皆放讲成色。在下放权力的过程中，始终着眼于县级需求度和事项含金量，切实做到该放则放，放得有水准。最后，市县同权讲配套。为了确保县级对下放事项接得住、用得好，出台系列配套措施，实现权限、人员、事项、责任相衔接和相统一。

三是倾听呼声，反馈优化。唐山市先后召开多次优化营商环境座谈会，在媒体上滚动播发了《致全市人民征求意见的公开信》，公布联系电话、邮箱，多层次、全方位征集意见建议，并建立了优化营商环境问题整改通知单制度。针对社会各界反映比较集中、强烈的问题，下发整改通知单 42 件，并先后 2 次召开问题整改工作调度会，全面督导落实。以高标准严格落实反馈意见，实现高质量打造。

（二）动态对标、博采众长、力求最优

作为地方治理现代化的典型案例和政府自我革新的创造性实践，唐山市在推进“放管服”改革的过程中，动态对标、博采众长、力求最优，形成了独具特色的地方性经验。

第一，动态对标，持续保持自身优势。营商环境没有最好，只有更好。优化营商环境，唐山市永远在路上。行政许可事项由 229 项减少到 92 项，唐山市坚持时刻与全国先进城市对标，保持全国设区市审批事项最少的前列；收费标准最低、办事效率最高，也依然位于全国的领先水平；唐山市推行四项特色服务、坚持打造特色服务品牌，秉持当好“店小二”精神，力求追赶大先进城市，达到

服务水平最优，真真正正地实现唐山“四最”。

第二，博采众长，领百家风范。唐山市坚持全国有位、全省领先的工作目标，积极借鉴先进地区的经验，大胆改革，出台了多项实际管用的改革举措。“同城登记”“集群注册”“互联网+”模式等创新措施领跑全国，受到市场主体的一致好评；为响应京津冀协同发展的号召，首创“落地签”政策，吸引了更多外来投资者；主动取消中介服务，撤销作为中介服务的工商登记咨询服务中心，推行免费全程代办服务，降低市场主体经营成本，激发市场活力。

第三，力求最优，保障顺利落实。在推行“放管服”改革的过程中，不仅仅着眼于简政放权，更注重政府部门自身的“轻装便行”，以便更好地服务于企业大众。为优化营商环境，结合市行政审批局组建工作，对市政府24个部门行政审批机构、职责和人员编制进行了调整，撤销内设机构17个，同步划转编制85名。围绕理顺公共资源交易体制，撤销事业单位2个，将5个单位与公共资源交易相关的职能、编制划转到市公共资源交易中心。

（三）强化监督落实，力推负责人公开承诺制

唐山“四最”品牌的建设离不开政府部门事中事后的有效监管。在落实“放管服”改革的过程中，唐山市强化监督落实，呈现了以下几个特点：

一是信息公示及时、透明。通过全市系统广泛宣传、帮扶指导，加班加点、强力督导通报，2017年全市市场主体年报公示率达到了84.26%。其中，企业年报公示率为90.22%，案件信息公示率为100%，夯实了信用监管信息基础。

二是完善信用约束和失信联合惩戒机制。突出“三个强化”：一是强化系统信息归集。及时将登记信息、注销信息、处罚信息和“双随机”抽查结果等录入系统。二是强化宣传共享。公示系统地位作用越来越明显，信息共享、信息推送的主动性越来越强。三是强化联合惩戒。2017年，共有2名失信执行人在办理登记时被系统识别。共向相关部门出具2户企业和1名法定代表人列异和处罚情况，荣誉申报受到影响和限制。

三是全面落实“双随机一公开”监管。唐山市政府高度重视，并成立专门领导小组，召开多次会议进行工作调度，形成了“政府主导、部门牵头、市县联

动”的工作格局，多次开展双随机抽查，并将抽查结果公开，不断整合执法资源、规范行政行为、提高监管效能，打造公平竞争的市场环境和法治化、便利化的营商环境。

（四）逐步推行改革与阶段性纠偏同时进行

为确保“放管服”改革有序、稳步落实，唐山市专门成立“放管服”改革不到位问题清理整改“回头看”工作领导小组办公室，找出“放管服”改革过程中的障碍点，并逐一击破，实现了逐步推行改革与阶段性纠偏同时进行。

整改“回头看”工作小组得到各个抽查领导的高度重视，各抽查单位为保障问题清单“大起底”顺利推进，进行了分级培训，确保“放管服”改革不到位问题报表统计工作顺利展开。在抽查的过程中，亮点纷呈。比如，滦县行政审批局办公区设施齐全，功能完善，为达到“四最”品牌积极推进各项具体工作，进度上墙，倒推工期，在政府投资项目审批效能改革中实行固定资产投资项目联审联验机制，受到企业和群众的热烈欢迎。

除此以外，设立严谨的考核评价体系，保障改革扎实推进。先后印发优化营商环境工作实施方案、实施意见和考评办法，将 19 项重点任务的完成时限、责任领导、牵头部门、责任部门全部公开，接受社会各界监督；依据工作考评办法和工作推进情况，每月对相关单位进行考评排名，在《唐山劳动日报》公布，形成全市上下齐心共抓营商的工作氛围。

五、唐山深化“放管服”改革面临的困难和问题

（一）简政放权步伐需进一步加大

简政放权是全面深化改革的“先手棋”和转变政府职能的“当头炮”。唐山市虽然在简政放权方面取得了一定的成效，但是由于简政放权未能实现各市区、各区县的协调问题，延缓了简政放权的步伐，削弱和制约了简政放权的整体效果。

一是部分市直部门放权不同步。选择性下放、拆分式下放，导致下放措施与

下放权力目标不协调，形成权力的“空放”。在追求简政放权数量的驱动下，有的地方将原来行政审批项目细化为受理、终审和监管等流程，采取“抓大放小”策略，下放前期的资料审核和受理权、监管权，但终审权依然不放，导致办事者两头跑。如唐山市对高新区放权中，土地登记权限下放给高新区，但隶属市住建局的二手房产权交易没有放，高新区群众在办理二手房交易时，仍需两头跑。

二是各部门间放权改革不同步、不联动，缺乏改革协同。对同一审批项目，有的部门下放审批权限，但关联部门却没有下放。如在唐山市设立市级民营医院，按照相关规定仅需市级卫生部门审批，实际操作中却需市、县两级重复审批，导致唐山某民营医院项目在办理立项、审批许可等手续时，在市、县两级行政审批部门间反复跑，时效性不增反降。

三是有些权力下放基层接不住。有的行政审批项目实现权力下放，但是与之配套的人力、财力和设备等资源并未配套同步下放到基层，使得人、财、物有限的基层政府难以承接下放的行政审批项目，极大地增加了基层的工作量。对于有的行政审批项目，地方和基层有强烈的承接意愿，但由于人、财、物没有同步下放，导致地方和基层接不住。据调查，唐山市交通、农牧、住建、城管都存在权力应下放但基层接不住的现象。

（二）监管机制与监管方式仍需完善

思想上，“重事前审批、轻后续监管”的思想还没有实现根本转变。职责上，一些部门职责存在交叉，在监管上推诿扯皮，甚至出现监管缺位。制度上，作为事中事后主要抓手的“双随机一公开”监管，还处于“一单、两库、一细则”运行机制的完善上，还存在宽严不一、多头执法、重复执法等问题，在制度上尚未真正发挥惩戒威慑作用。

一是监管不公和监管过度现象依然存在。一些部门对“运动式监管”乐此不疲。如一旦发生生产安全事故，往往会对同类企业进行大检查，企业疲于应付。有一家商场反映，每年接受各类检查仍有数十项。

二是综合监管水平不高。如在“双随机一公开”工作中，随机抽检人员很可能不熟悉抽查领域，反而会延误检查时间，甚至影响检查结论的准确性。对于食品生产、化学药品生产等行业，采取“双随机”方式，很难实现分类重点监管。

三是社会信用监管和联合惩戒机制不健全。黑名单信用约束机制虽已建立，但由于信息传播阻碍，对失信行为的惩戒力度不够，尚未形成信息顺畅、宽严有度的惩罚体系。

（三）政务服务效能需进一步提高

政府在“放管服”改革中扮演着重要角色，政府职能履行的好坏关系到企业、群众的切身利益。在唐山“四最”品牌的建设过程中，只有“服务水平最优”没有实现突破性进展，仍然存在不少问题。

一是服务流程需要进一步优化。投资领域审批虽经压缩，但各种审批要件、程序依然繁多，审批时间仍然较长。以工程建设领域“五段式”并联审批为例，整个审批流程含办理事项共 125 项，涉及 20 个行政主管部门和公共服务提供机构，一般投资项目审批仍需 100 多个工作日，公益类基础设施建设项目审批时间更长。

二是市民服务中心功能需进一步完善。如市民服务中心作为政府对外窗口，由于搬迁仓促等原因，停车场车位严重不足、过路公交线路少、安保设施缺位问题非常突出，群众对此意见很大，亟待完善。

三是工作作风需转变。现在“门难进、脸难看”的现象大有改观，但“门好进、脸好看，就是事情不好办、办不好”的情况还客观存在，当好“店小二”的精神并未实现根本性转变。

（四）市直部门各业务系统仍存在“信息孤岛”现象

在传统模式下，政府各部门的数据平台自建、自导、自用，信息管理和维护处于各自为政的局面，缺乏统一的标准和规范。政府部门横向、纵向之间缺乏合理的信息通道，不能有效地实现网络信息的互联互通，一些网络资源不能共享，各类证照不能互认，网上办理事项还需纸质件流转，有的事项不能在窗口完成审批，造成资源整合困难，相互间缺乏有效协调，这与建立“互联网 + 政务”的创新平台的初衷相违背，反而不利于效率的提升。

造成“信息孤岛”现象的原因主要有：一是政务服务信息系统建设各自为政，出现“上面千条线、下面一把刷”窘境；二是职能部门之间的信息共享与业务协同机制欠缺，导致各部门信息系统的数据难以共通共融；三是信息数据库的管理和运行标准不统一，导致在需要共享各系统的数据时往往难以调处和使用；四是政务服务信息的采集、发布、公开和共享制度不健全，导致各职能部门只能根据自身方便和自主判断选择性地公开和共享信息。

六、唐山深化“放管服”改革的政策建议

（一）进一步优化“放”的成果

简政放权要将着眼点和落脚点放在激发市场活力上，既要在“放”上做文章，又要加强市县政府的能力建设，在“接”上下功夫，做到上下联动、左右衔接、协调配套。

一是做好统筹规划。在市委改革委统一领导下，由市政府主要领导挂帅、市政府办公厅作为推进机构，下设办公室并与市政府推进职能转变办公室合并，选派精干力量，以强化对改革目标的系统谋划和过程把控，统筹全市简政放权工作。

二是建立政府简政放权改革跨部门协同机制。通过各级简政放权改革工作协调小组的途径和平台，加强行政审批部门之间推进简政放权改革的沟通、协调和信息共享，推进整体性的简政放权改革。各级政府要针对简政放权改革的整体需要，总体统筹协调，消除部门各自为政、有选择地开展简政放权改革的行为。

三是加强简政放权改革的配套和衔接机制建设。针对下放权力过程中人、财、物不协调问题，要配套出台相应的人事、财政等改革举措，实现“人随权下放”“钱随权下放”，消除“上面放下来的权下面托不起来”的问题，减轻基层承接的压力和工作量，从制度上提高基层相应的承接能力。

（二）进一步强化“管”的能力

推进监管体制机制改革是“放管服”改革的重要内容，唐山市应建立协同

监管和联合奖惩机制，形成全过程监管体系，强化事中事后监管，营造公开、公平、公正的营商环境。

一方面，创新监管模式。联动推进行政审批制度改革、综合行政执法体制改革和社会信用体系建设，在进一步精简事前审批的同时，探索智慧监管、审慎监管，全面推行“双随机一公开”监管，推动行政处罚等监管信息全面纳入信用体系，构建“事前管标准、事中管达标、事后管信用”的监管体系。推动“互联网+监管”工作，充分利用互联网、大数据的优势，加紧唐山市信用信息共享平台建设，推进部门信息整合，建设全省企业信用信息数据库，构建由政府、社会、行业协会、新闻媒体等组成的综合立体的监管体系。

另一方面，提升综合监管能力。把监管工作标准化作为基础工作，以“减层级、减事项、减材料、减环节”为抓手，制定市级层面的监管标准和工作规范，构建规范的办事事项和办事指南。探索整合工商、质监、食药监、税务、社保等部门监管力量，积极构建有效的沟通协调机制，降低监管成本，提高监管效率。推进信息互通共享，破解监管标准宽严不一、多头执法、重复执法等问题，推进市场监管领域和跨领域综合行政执法改革，减少执法成本，减轻市场主体的负担，形成多领域联动响应、齐抓共管的监管格局，完善“双随机一公开”监管工作标准细化程序，规范运作，最大限度地减少自由裁量权，建立制约有效、权责分明的管理体系。

（三）进一步强化“服”的理念

优化政府服务是“放管服”改革的“最后一公里”，也是打造服务型政府的必然要求。要将优化服务放在突出位置，最大限度地满足人民群众对基本公共服务的需求。

首先，创新服务理念，研究企业和个人两个“全生命周期”的服务。一方面可以为企业提供全生命周期“一条龙”服务，为企业开办成长推出服务，推动企业持续健康发展；另一方面可以为个人全生命周期提供“全方位”服务，让群众享有日常最需要、最基本、最贴身的服务，创造新供给、释放新需求、培育新动能，使百姓获得幸福感，使公共服务成为构建消费社会的推进器。

其次，要不断优化政务服务，简化服务流程，创新服务方式，加大平台共建，大力推行“互联网＋政务服务”等网上综合受理和全程协同办理。推动跨部门、跨区域、跨行业信息联通机制和全市“一张网”审批和“不见面”审批，全过程互联网办结。

最后，对重大项目实行并联审批，进一步完善绿色通道制度，设立专门的重大项目联审联批综合窗口，对企业和群众办事事项实行一个窗口受理、一站式服务，做到“一次申请、一张表格、一套材料、一次办结”，为企业、群众提供“一站式、全天候”的便捷服务。

（四）建立全市统一的信息互认共享平台

有效解决信息孤岛问题，需要从制度安排和数据共享方面做好顶层设计，真正实现政府部门间信息共享与资源整合，推进政府部门整体提速。

首先，要加快建设全市统一电子政务服务平台，打通数据壁垒，充分利用已有设施，盘活部门数据库，推动平台整合利用，支撑政务信息跨部门、跨层级、跨区域互认共享，建成“互联网＋”政务服务体系。

其次，要提高监管服务协同化、便捷化和智能化。推进行政审批和公共服务网上综合受理和全程办理全覆盖，做到证件联用、信息联通、服务联动，力促群众跑腿向数据跑路转变、条块分割向整体联动转变，提升网上服务效率。开发综合监管系统，丰富智能监管，畅通政企信息渠道，使用智能执法终端，加强监管风险监测，做到早发现早预警，提高政企互动率、问题解决率、服务精准率和企业满意率。

最后，搭建全市公共服务互联贯通平台，对接政府企业社区系统，建立全市基础数据库，遵循政府主导、企业建设、社会服务、公众参与原则，促进公共服务供需高效对接，提供便捷网上服务。

执笔：李丽华　刘现伟

分报告三　实施创新驱动发展战略，加快新旧动能转换进程

当前我国经济发展已由高速增长阶段转向高质量发展阶段，正处在转变发展方式、优化经济结构、转换增长动力的攻关时期，迫切需要落实创新驱动发展战略，打造经济发展新引擎。作为京津冀协同的发展的核心城市、“一带一路”沿线的中心城市，唐山市面临新的机遇。作为典型的资源城市，受传统粗放发展方式的制约，唐山市面临着提高资源利用率低、降低耗能产业比例、提升创新能力等挑战。为抓机遇、迎挑战，加快实现“三个努力建成”“三个走在前列”，唐山市以搭建创新平台为支撑，以建立人才体系为基础，以提升创新能力为核心，以技术开发应用为引领，促进传统产业转型升级，发展壮大新兴产业。唐山市始终坚持高起点谋划、高标准推进、高质量打造，为实现新旧动能转换时刻保持警醒状态。

一、唐山加快创新驱动发展的背景及意义

（一）创新驱动发展是实现高质量发展的重大机遇

全球科技创新呈现出新的发展态势，以智能化、信息化为核心，以大数据、云计算、人工智能、量子通信等前沿技术为代表的新一轮产业革命，即第四次工业革命初现雏形。科技革命的到来，必将为世界经济发展注入前所未有的动力，彻底改变传统的生产生活方式，重塑未来经济格局，创新能力必将成为综合国力竞争的焦点。

在工业革命的浪潮下，创新正在成为经济发展的重要驱动力，创新发展已经成为当今时代的主题。自 2015 年 3 月中共中央、国务院提出大力发展众创空间，到 2016 年 5 月国务院印发《国家创新驱动发展战略纲要》明确提出，按照“坚持双轮驱动、构建一个体系、推动六大转变”进行布局，构建新的发展动力系统，其间出台了一系列推动创新发展的政策举措，目标就是要加快培育创新发展

新动能和促进传统动能的改造升级。在国家高度重视创新发展的时代背景下，新技术、新业态、新商业模式、新管理方法等不断涌现，不断为经济发展注入新机遇。

实现创新驱动发展是全面适应新一轮科技革命和产业变革的战略要求，是深入贯彻落实中央关于实施创新驱动发展战略重大决策部署的战略需求，是唐山实现高质量发展的重大机遇。借力创新驱动发展，唐山市一方面要加快发展先进制造业，提升产业附加值；另一方面要打造科技创新行业，引领创新发展风向，走出一条唐山特有的高质量发展之路。

（二）创新驱动发展是唐山转型发展的必由之路

改革开放四十多年来，我国经济发展取得了举世瞩目的伟大成就，但是，粗放的经济发展方式难以为继，劳动力低成本优势逐渐退却，只有通过实施创新驱动，才能降低能源消耗、减少污染、改善生态环境，改造提升传统产业，加快技术创新步伐，提高经济质量和效益，才能实现从制造大国向制造强国的转变，有力推动经济发展方式转变。

唐山市是一座依靠资源发展起来的工业城市，产业结构特殊，在资源支撑、创新发展等方面，面临越来越多的问题和挑战。资源利用率低、耗能产业比例大，造成较大的环境压力，落后产能过多、淘汰难，产业链处于价值链的中低端，产品附加值小，创新能力不足严重制约了经济的快速发展。

因此，实现创新驱动发展是唐山转型的根本。从投入要素角度来看，以创新驱动为主的新增长点将逐渐取代依靠资源和要素大规模高强度投入为主的传统增长点；从产业角度来说，创新将形成一批高新技术产业带动传统钢铁、重化工产业转型升级；从社会角度来看，创新将大幅提升人口的基本素质和知识含量，将带动社会进入一个新时代。总而言之，只有创新驱动发展才能引领唐山转型发展。

（三）创新驱动发展是唐山实现高质量发展的内在要求

推动新旧动能转换，既要培育“四新”，形成新的经济增长点，也要加快传统产业的转型升级，实现“老树发新枝”，以提质增效转型发展为目标，全面提升劳动、技术、管理、资本的效率和效益。而这一切都必须依靠创新驱动来实现。且随着物联网、云计算、大数据等新一代信息技术的发展和推广应用，特别是以移动互联网技术为代表的普适计算、泛在网络的发展向经济社会发展各方面渗透，创新作为引领发展的第一动力已成为一个必然趋势。推动新旧动能转换，必须牢固树立“抓创新就是抓发展，谋创新就是谋未来”的创新发展理念。

唐山正处于新旧动能转换的关键时期，必须把创新驱动发展摆在突出重要的位置。唐山务必紧跟时代发展，以人才为抓手，以技术创新为内驱力，实现传统产业提质效、新兴产业提规模、跨界融合提潜能、品牌高端提价值，塑造更多依靠创新驱动、更多发挥优势的引领性发展，依靠科技创新、体制创新和商业模式创新来挖掘发展内生动力，推动新旧动能转换。

（四）实施创新发展战略是唐山实现可持续发展的必然选择

我国经济增长经历了长期高速的发展阶段，虽然为我国综合国力的提升做出了突出贡献，但也形成了突出的结构性难题，环境生态系统承载压力越来越大，对经济与生活带来了巨大的挑战，可持续发展成为破解难题的根本出路。而创新是推动我国可持续发展的关键动力，在促进经济发展，支撑就业、创业，促进低碳转型、为民众提供更好服务，应对环境挑战等方面将发挥重要作用。

面临较大的资源环境压力，唐山亟须通过创新驱动发展实现资源的可持续、环境的可持续、发展的可持续。通过创新驱动发展，可以提升资源的利用效率，使经济活动形成“资源—产品—再生资源”的反馈式流程，提升循环经济效益。通过创新驱动发展，以高新技术取代落后的高耗能、高污染技术，以高新技术产业带动传统产业转型升级，实现绿色发展。通过创新发展，才能提升自身竞争力，实现发展的可持续。因此，实施创新发展战略是唐山实现可持续发展的必然选择。

二、唐山加快创新驱动发展的重点任务及措施

（一）以创新平台建设为主线，完善科技服务体系

唐山市积极搭建创新平台，打造互联互通的公共服务体系，不断增加公共服务事项，实现服务内容丰富化、服务方式平台化、服务资源共享化，激发创新活力。

一是搭建企业科技创新平台，引导企业积极创新。出台《唐山市工程技术研究中心和重点实验室管理办法》《唐山市产业技术研究院建设与管理办法》等文件，在已有工程技术研究中心、重点实验室基础上，开展了产业技术研究院、产业技术创新战略联盟等新型研发机构的创建工作。

二是创立科技成果转化平台，提高科技成果转化率。加强中科院唐山高新技术研究与转化中心建设。唐山市积极发挥中科院的科技与人才优势，充分结合唐山产业特点，打造公共技术平台、行业技术中心和高技术产业孵化器“三位一体”的创新服务基地。唐山中心围绕打造从“创客”到“苗圃”、到孵化、到加速的全链条服务，引进了中科院文献情报中心（国家科学图书馆）、北京轻创、中都国脉等 32 家京津等地的高端科技服务机构入驻，可为企业提供一条龙、便捷式的创新创业服务。

三是建设全民创新创业平台，鼓励全民创新创业。启动实施了“双创促转型、唐山在行动”系列主题活动，组织开展专题讲座、创客培训、经验交流活动 120 多场次。组织创建市级中小企业技术创新公共服务示范机构 11 家，为 1030 家中小企业提供了文献查询、技术转移、产品检测、知识产权等专业服务。

（二）以创新能力提升为核心，培育科技创新主体

出台《唐山市科技创新三年行动计划工作方案（2018—2020 年）》，深入实施创新驱动发展战略，着力提升唐山市创新能力。重点高新技术企业、科技型中小企业、小微企业，实现创新主体倍增。

出台《唐山市高新技术企业培育活动实施方案》，按照产业规模大、创新能力强、发展潜力好、带动作用明显的四个标准，从现有企业和重点项目中筛选和培育龙头企业，让各类要素资源逐步向其倾斜，重点培育。支持高新技术企业通过兼并重组等多种方式，进行改造升级，实现规模经济。

出台《唐山市精准服务重点科技型中小企业活动实施方案》，坚持把培育发展科技型中小企业，作为发展战略性新兴产业的重要抓手，将科技型中小企业和高新技术企业数量纳入县级领导班子考核体系，"真金白银"地支持企业升级，对新认定的高新技术企业给予 10 万元奖励资金，落实研发费用加计扣除政策，扎实推进企业总量扩张和质量提升。

出台《唐山市小微企业创业创新基地城市示范实施意见（2016—2018 年）》《唐山市小微企业创业创新基地城市示范若干政策》等一系列的工作文件，为小微企业发展提供资源支持，鼓励小微企业进行创业创新，带动唐山市经济发展。

（三）以技术开发应用为引领，加强科技创新有效供给

创新依靠投入，唐山市围绕加强科技创新供给主题，持续为创新提供资源支持。

一方面，加强科技计划项目实施。按照改革后的科技计划设置，围绕唐山市产业转型升级、社会发展科技需求，组织实施重大科技专项和重点研发计划。重点打造"石墨烯产业化应用创新团队""生物诊断试剂产业创新团队"等五个高层次产业创新团队，进行开拓式创新；重点扶持"A 型铝合金地铁车辆研制及产业化""2000m 以内全液压地质岩心钻探装备研究与产业化"等五个重点新兴产业研究项目，支撑唐山市新材料、生物医药、电子信息、先进装备制造产业的发展。

另一方面，深入实施科技招商成果转化计划。紧盯京津等高校院所研发的新兴产业科技成果，通过"走出去"与"引进来"相结合的方式，深入挖掘京津等地新兴产业资源的"富矿"，实施精准对接和落地转化，加快引进一批新技术、新产品、新业态、新模式，推动新兴特色产业集群式发展。2016 年以来，组织引进了全自动大型钢管打捆包装机器人、昆虫触角电位仪等科技成果项目

169 项。2018 年以来，先后引进了西安交通大学国家技术转移中心唐山分中心、中科院天津工业生物技术研究所生物质绿色制造产业孵化平台、曹妃甸高耐盐植物原土绿化示范基地等科技成果项目 23 项。

（四）改造提升传统产业，加快传统动能转型升级

出台《关于加快建设环渤海地区新型工业化基地的意见（试行）》，加快推进环渤海地区新型工业化基地建设，构建“4 + 5 + 4”现代工业体系，促进传统工业转型升级，为实现“三个努力建成”“三个走在前列”和“两个率先”目标提供坚实支撑。

一方面，挖掘内部潜力，提升产业升级内驱力。持续抓好“四个一百”项目建设，提升传统产业的市场竞争力；以“智能制造”为中心，推广“互联网 + 先进制造业”新模式，推动互联网、大数据、人工智能和实体经济的深度融合；以“绿色制造”在矿山开采、焦化、烧结、化工、钢铁等行业推行清洁改造，落实以尾矿资源为主的工业固废综合利用；以去产能为新产业发展腾出空间，坚决贯彻中央化解过剩产能部署；加强对新产品新技术研发推广工作的指导和帮助，提升企业自主研发能力、成果转化能力以及产业化能力。

另一方面，借助外部优势，拓宽转型升级渠道。依据《河北省产业技术创新战略联盟构建与发展实施办法》，指导钢铁、陶瓷等产业进行战略联盟，形成强强联合的态势，加快产业转型步伐；充分利用京津唐协同发展优势，全面开展与京津高校、科研院所和大型企业集团的科技合作；借助“一带一路”建设的空间优势，形成连通我国内蒙古、俄国乃至欧洲的国际运输大通道，加强与“一带一路”沿线国家战略对接和产能合作。

（五）大力发展新兴产业，加快培育新动能

出台《唐山市战略性新兴产业发展三年行动计划（2018—2020 年）》，加快推进智能轨道交通、机器人、电子及智能仪表等新兴产业的发展，形成新的产业优势。

出台《关于实施创新驱动发展战略加快新兴产业发展的实施意见》，聚焦

“9 + N”产业集群，重点推动机器人产业集群、轨道交通装备产业集群、新材料产业集群等九大新兴产业加快发展，积聚生产要素，完善产业链条，形成产业集群。同时，瞄准航空航天装备、增材制造等新兴产业发展新领域，积极引进龙头企业、科技成果转化项目，力争培育更多特色鲜明的新兴产业集群，形成新兴产业“9 + N”发展格局。

出台《关于实施“凤凰英才”计划加快建设人才强市的意见（试行)》，推动实施“凤凰英才”计划，落实高精尖人才引领工程、创新人才（团队）支持工程、国际化人才汇智工程等八大工程，全面提升全市人才工作水平，为新兴产业的发展提供源源不断的智力支持。

图 10　唐山市装备制造行业企业家赴德国培训

三、唐山创新驱动发展的成效

（一）产业结构不断优化，唐山“智造”显现

一是三大产业结构趋于合理。三次产业比例由 2010 年的 9. 4∶58. 2∶32. 4 调整到 2015 年的 9. 3∶55. 2∶35. 5。农业经济健康发展，全市粮食总产量始终保持在 300 万吨以上，农业产业化经营率达到 67. 9%；工业结构调整步伐加快，装备制造业占规模以上工业的比重由 9. 7% 提高到 22. 8%，高新技术产业增加值年均增长 17. 7%；第三产业增加值年均增长 8. 2%，成为拉动经济增长的重要力量；消费品市场更加繁荣，社会消费品零售总额年均增长 13. 5%。

二是传统制造业转型升级。一方面，去产能成效明显。仅 2017 年就化解炼钢产能 993 万吨、炼铁产能 576 万吨，切实担当了全省去产能的“唐山责任”。另一方面，产品附加值不断提升，企业盈利能力增强。工业投资和技改投资分别增长 12. 1%、12. 7%，钢铁高附加值产品比重提高到 21. 5%。装备制造业增加值增长 16. 3%，规模以上工业企业利润增长 70. 7%。

三是高新技术产业异军突起。全市新增科技型中小企业 1863 家、高新技术企业 80 家，高铁装备、特种机器人成为京津冀最大的产业基地，高新技术产业增加值增长 17. 2%。扎实开展国家小微企业创业创新基地城市示范，引进京津科技成果和产业化项目 49 项，省级以上众创空间达到 13 家。创新化解工业用地遗留问题，盘活工业用地 5213 亩，305 家停产、半停产企业实现“腾笼换鸟”。新增主板上市企业 2 家、“新三板”挂牌企业 10 家。

（二）研发投入不断增多，技术创新能力逐渐增强

近年来，唐山市研发投入的不断增加，创新驱动发展战略得到了全面实施，创新作为引领发展的第一动力，带动经济发展的态势良好。研究与试验发展经费投入强度提高，研发实力进一步增强，科技水平不断提高，为实现新旧动能转换提供了有力的支撑。

首先，唐山市的全社会研发投入呈缓慢的上升趋势。2012—2014 年，唐山市全社会研发投入不断增加，2015 年有所下降，2016 年缓慢上升。在 2012—2016 年间，唐山市最高全社会研发投入达 72.4 亿元，表明唐山市重视研发投入对创新的基础促进作用。

其次，高新技术企业数量明显增多，由 2008 年的 23 家增加到 2017 年的 304 家，增长了近 13 倍。如图 11 所示，2008—2017 年，高新技术企业的数量呈直线上升的趋势，高新技术企业的同比增长率呈现波浪式，这与唐山市政府对高新技术企业的重视与扶持力度息息相关。

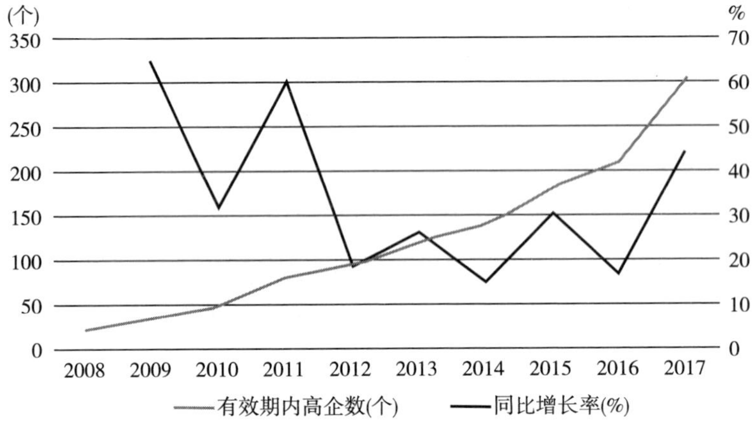

图 11　高新技术企业数量变化

再次，技术合同交易额显现爆发式增长，从 2008 年的 2.43 亿元增长到 2017 年的 63.9 亿元，增长了 25 倍多，有力地促进了科技与经济结合，为加快科技成果转化、推进自主创新、促进经济和社会发展起到了重要作用。2017 年唐山市技术合同交易额达 63.9 亿元，较去年增长 56.23%，创近 5 年内新高，为唐山市经济发展提供技术动力，如图 12 所示。

最后，唐山市发明专利授权数量呈逐年增加态势，创新能力不断增强，如图 13 所示。2008 年发明专利授权数量仅有 76 个，到 2017 年为 640 个，增长了 74.2%。2015 年发明专利授权数量 436 个，同比增长 52.45%，创十年内新高。

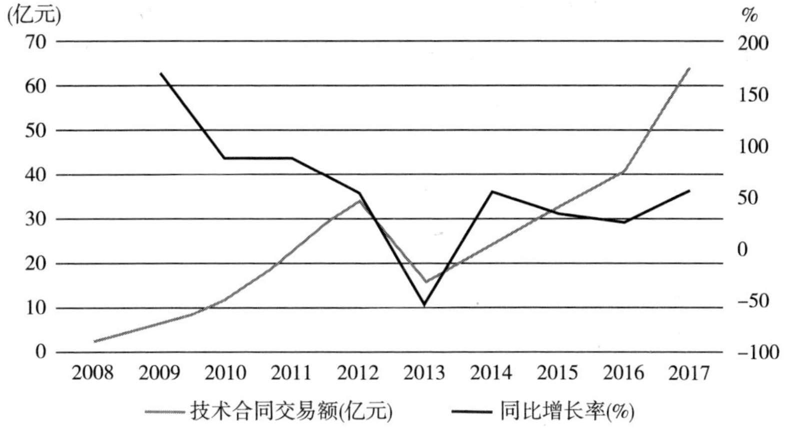

图 12 技术合同交易额变化情况

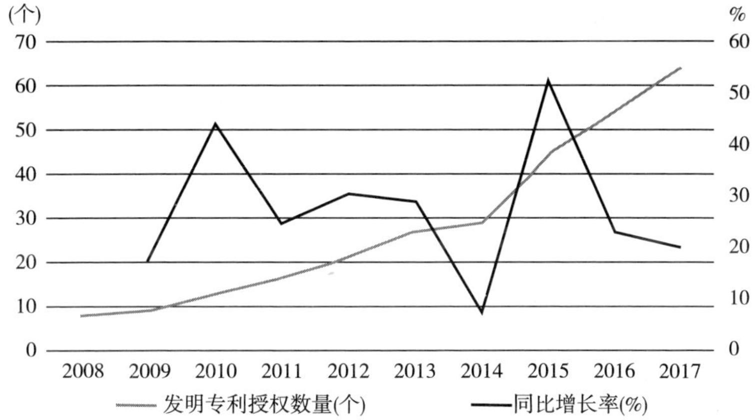

图 13 发明专利授权数量变化情况

（三）双创双服举措务实高效，有力支撑创新驱动发展

在“大众创业，万众创新”的时代背景下，唐山市采取多种方式鼓励各类市场主体创业、创新，成效突出，为实现唐山市创新驱动发展提供了有力的支撑。

一是重点研发项目取得突破式创新。市级以上工程技术研究中心、重点实验室达到 233 个，近年来市级以上科技创新平台共承担研发项目 1700 余项，其中省级以上研发项目 409 项，开发新产品、新装备、新工艺 1215 项，组织或参与制定标准 231 项，获得授权专利 700 余项。在轨道交通、机器人等战略性新兴领域取得了创新成果，河北省绿色智能交通产业技术研究院围绕高速动车组研发的多项技术，达到了国际先进水平，为高速动车组系统集成创新和产业化提供了技术支撑。

二是众创空间（孵化器）发展取得新突破。数量呈现爆发式增长，目前市级以上科技企业孵化器、众创空间和星创天地总数达到 74 家，其中国家级 20 家、省级 30 家，连续三年实现快速增长。

三是公共服务平台建设取得新突破。通过以服务外包形式委托华发公司运营的环渤海知识产权市场，与西安科技大市场、中国浙江网上技术市场等进行合作和信息共享，发布成果、专利信息万余条，开展多次培训、对接活动，营造了全民创业、万众创新的良好环境。

（四）创新氛围更加浓厚，创新要素吸引力逐步增强

一是营造了尊重专业人才的氛围，为人才施展才华提供了一个有吸引力的舞台。唐山市结合科技创新三年行动计划和凤凰英才计划，打造“1 + N”政策支撑体系，落实加计扣除、创业服务、高企补贴等各类奖补资金近 3000 万元；支持大学生创新创业项目 70 个，支持创新创业大赛项目 50 个。

二是加大了对小微企业创业创新的扶持力度，推动小微企业对经济发展的促进作用。在增加金融供给的同时，设立天使及风投基金、创新金融服务、鼓励直接融资等投融资机制，缓解小微企业融资难、融资贵的问题。2017 年全市小微企业营业收入达到 4592.5 亿元，占全市企业营业收入的 29.89%。

三是做好创新发展的宣传工作，营造良好的创新氛围。唐山市组织开展大型集中科普活动 1 次，分散活动 18 场次，开展了“4.26 知识产权宣传周”活动。开滦集团公司煤炭清洁利用技术创新团队等 3 个团队被认定为 2018 年河北省产业创新创业团队，河北华通线缆集团股份有限公司上官丰收等 35 人被认定为河北省科技型中小企业创新英才；42 个项目获省科技进步奖。

（五）利用京津资源势头良好，协同创新步伐加快

唐山市抢抓京津冀协同发展重大战略机遇，加快推进与京津一体化发展，在

产业、交通和生态环保三个重点领域实现了率先突破，京冀曹妃甸协同发展示范区被列为国家先行先试重点平台，正在成为协同发展的引爆点，津冀（芦台·汉沽）协同发展示范区建设列入省协同发展规划，教育、文化、医疗卫生等社会领域交流合作取得实质性进展，唐山市作为京津冀区域中心城市的功能和地位得到巩固和提升。

一是主动对接高校资源。与清华大学、北京航空航天大学等 23 所院校合作科技项目 76 个，项目研究能力不断提升。二是充分发挥中科院唐山中心桥梁纽带作用。先后召开专题项目对接会 30 次，促成曹妃甸与中科院海洋所“高耐盐植物原土绿化示范项目”等 35 个项目的合作，积聚智慧力量，促成重点项目快速落地。三是注重品牌引进。与首钢基金创业公社共建唐山创新小镇，为盘活唐山市存量资产、实现唐山市资本转型提供样板。此外，北航科技企业孵化器、中科院天津工业生物所、西安交大国家技术转移中心 3 个品牌项目先后落地。四是坚持“走出去”。积极推进华发教育北京研发中心等异地研发孵化平台建设，实现资源共享。

四、唐山创新驱动发展的特点与经验

（一）顶层设计，打造“32410”战略

唐山市以习近平总书记视察唐山提出的“三个努力建成”为总揽，以河北省委提出的“两个率先”为抓手，深入实施“四项战略”，狠抓十项重点工作，持续推进经济社会各个领域的改革创新和形态转变，努力闯出一条资源节约、环境友好、创新驱动的绿色发展之路。

“3”即“三个努力建成”，是唐山市高质量发展的方向。坚持摆脱资源依赖、转身向海，全面扩大开放、集聚产业转型动能，打造“一带一路”的重要枢纽。持续推动产业结构优化升级，加快由国家能源原材料基地向新型工业化基地转型。实施主动融入协同发展战略，加快打造京津冀区域中心城市。

“2”即“两个率先”，是唐山市高质量发展的目标。抓生态建设，重点实施

“三大生态工程”，还唐山市一片蓝天。抓产业建设，加快构建“4+5+4”现代产业体系，做强四大支柱产业、做大五大新兴产业、做优四大生产性服务业。抓城镇建设，建设宜居唐山。

“4”即“四项战略”，是唐山市高质量发展的战略支撑。实现好、落实好创新驱动发展战略、开放战略、港产城融合发展战略、乡村振兴战略四大战略，引领唐山市新旧动能转换，实现高质量发展。

“10”即“十项重点工作”，是唐山市高质量发展的路径方法。全力推进生态唐山建设、推动唐山由钢铁大市向钢铁强市转变、高标准推进“一港双城”建设等十项重点工作，为实现唐山创新驱动发展保驾护航。

（二）优势变实力，助力唐山创新发展

唐山市自古以来资源丰富，煤炭、铁矿石保有量均达到50亿吨以上；有大美海洋、天然良港，海域面积、海岸线分别占全省的近2/3和1/2，唐山港长年不淤不冻，发展海洋经济得天独厚。同时，在长期的艰苦奋斗中，唐山市形成了伟大的抗震精神、庞大的实体经济、日渐完善的基础设施、丰厚的民间资本、敢干善成的企业家队伍和高素质的产业工人、敢为真干的干部队伍六大经济发展内驱力。加之，京津冀协同发展的历史机遇、“一带一路”建设的空间优势，唐山市有着得天独厚、厚积薄发的优势与机会。

在这“十大比较优势”的基础上，唐山市戒骄戒躁主动变优势为实力，在创新发展方面取得了突破性进展。首先，创新能力明显增强。2017年，高新技术企业为304家，同比增长44.76%，发明专利授权为640件，同比增长19.63%。其次，融合发展能力明显增强。电子信息技术广泛应用，“互联网+政务”“互联网+制造业”等新产业、新业态、新模式不断涌现，不同产业跨界深度融合。最后，产业竞争能力明显增强。钢铁行业产业附加值不断增加，支柱产业核心装备不断向发达国家水平靠拢，海洋经济凸显优势。

（三）传统产业转型升级与新兴产业聚力发展有机结合

唐山市以保升级、提创新、促发展为核心，以环渤海新型工业化基地为载

体，以项目建设为抓手，围绕“加快推进产业转型升级，打造经济发展新引擎”这一主线，加快传统产业升级，培育发展新兴产业，聚力打造行业龙头，推动经济发展质量变革、效率变革、动力变革、环境变革。传统产业转型升级是唐山市工业经济发展的关键，唐山市坚持做大、做优、做强；新兴产业是唐山市工业经济发展的主战场，唐山市坚持抓研发、抓项目、抓创新。

唐山市努力构建“4＋5＋4”现代产业体系，将传统产业与高新技术产业紧密融合在现代产业体系中，以创新驱动发展为契机，努力实现唐山市新旧动能转换。“4”就是做强精品钢铁、装备制造、现代化工、新型建材及装配式住宅四大支柱产业；“5”就是做大智能轨道交通、机器人、电子及智能仪表、动力电池、节能环保五大新兴产业，强化对新型工业化基地建设的支撑作用；“4”就是做优现代物流、现代金融、新兴信息服务、研发设计四大生产性服务业，为产业转型升级提供优质服务。

（四）独具特色的“凤凰”人才发展模式

创新是实现发展的内在动力，人才是实现创新的第一要素，因此必须把人才放在突出重要的位置。唐山市紧紧抓住引进人才、培育人才、用好人才关键环节，全面提升人才队伍和素质水平，让人才智力充分集聚、人才活力竞相迸发、创新创造充分涌流，形成聚天下英才共建唐山、发展唐山的生动局面。

一方面，重视人才工作，制定人才发展战略。唐山市制订“凤凰英才”计划，全面提升全市人才工作水平。在落实的过程中，重点执行高精尖人才引领工程、国际化人才汇智工程、企业家队伍提升工程、专业技术人才培育工程、高技能人才支撑工程、创新人才（团队）支持工程、京津冀人才互联工程、高校毕业生集聚工程八大工程，形成“请进来”与“走出去”齐头并进的局面，拓宽人才渠道与视野。

另一方面，建立“科技平台＋重点项目”模式，形成创新人才培养使用机制。依托创新创业平台、中科院唐山高新技术研究与转化中心等，在重点科研领域中设立开放基金项目、人才引进和培养基金，吸引所内外优秀人员和团队联合开展研究，大力扶持科技创新团队建设。

（五）以平台搭建为基础，着力提升创新能力

唐山市围绕新兴产业的科技进步，坚持“自主创新、重点跨越、支撑发展、引领未来”的方针，依据“经科教联动、产学研结合、校所企共赢”的发展理念，大力开展产学研结合，从需求端入手，打造创新端，通过优化创新平台，壮大创新主体，强化示范引导等工作，形成了多层次、多渠道、多模式科技创新引领新兴产业科技进步的新局面。

搭建企业科技创新平台，创建产业技术研究院、产业技术创新战略联盟等新型研发机构，支持企业从事更多的技术性研究，加快行业内技术创新步伐；建设科技成果转化平台，引进中科院文献情报中心（国家科学图书馆）、北京轻创、中都国脉等32家京津等地的高端科技服务机构入驻，为企业提供一条龙、便捷式的创新创业服务，提高科技成果转化率，迅速转化为实际生产力；创建全民创新创业平台，助力孵化器、众创空间发展，营造“大众创业，万众创新”的良好氛围。三个平台相互支撑，形成唐山市创新发展的三个支柱，助力唐山市新旧动能转换。

五、唐山加快创新驱动发展面临的困难和问题

（一）创新投入仍显不足

创新投入是创新的首要环节，没有足够的投入，创新就不会产生。唐山市整体的创新投入仍然存在着不足的现象，严重影响了科技创新与科研成果的产生。

一是研发投入有待增加。2012—2016年研发投入略有增长，但是增长速度极为缓慢，2015年甚至下降了近5%，如图14所示。2016年唐山市全社会研发投入为68.7亿元，与2015年相比下降了0.58%。相较同等资源城市，苏州2016年全社会研发投入为416亿元，与之存在巨大的差距。研发投入的不足造成了核心技术的缺失，将会严重制约唐山市竞争力的提升。

二是初创期科技型企业融资成本高、融资难问题没有得到有效解决。由于初

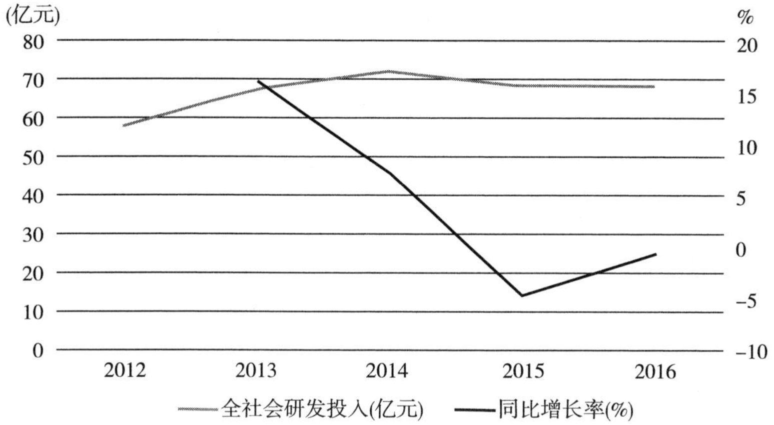

图 14　全社会研发投入变化情况

创期科技企业大部分是轻资产，造成担保难、银行贷款难。唐山市虽然在科技风险投资、知识产权质押方面做了大量工作，发生了一些项目，但得到支持的项目不足 5%。另外，唐山市创投市场的活跃度也不高，苏州仅一栋楼宇就有 300 多家创投公司，唐山市这类资源少之又少。

三是创新孵化平台数量少、层次低、缺品牌。唐山市现有科技企业孵化器（众创空间）56 家，而石家庄、保定、廊坊分别有 132 家、130 家、101 家；唐山市有国家级科技企业孵化器（众创空间）12 家，而石家庄有 34 家，除高新区、路南区、路北区、丰南区、开平区外，其他县（市、区）没有国家级孵化平台，更缺少品牌引进。

（二）创新型人才严重匮乏，缺乏有效的培养机制

人才是创新发展的第一要素。唐山市为了吸引和培育优秀人才，制订了“凤凰英才”计划，但实施效果并未取得明显成效，依然存在很多问题。

一是人才结构不合理。唐山市人才密度为 29.3%，与深圳的 57%、青岛的 49%、大连的 39% 相比，有相当大的差距。特别是新型工业化发展所需的高层次人才严重匮乏，博士研究生及省以上专家企业拥有量不足 15%，而且主要集中在传统产业。

二是缺乏有效的人才培养机制。人才培养是提升人才知识与技能的重要手

段，如果单纯地靠现有人才知识和技能，恐怕不能满足时代的需求。唐山市开展鼓励优秀企业家出国学习等措施，收效甚微，需要重新思考建立高效的人才培养机制。

三是人才评价制度不合理。唯论文、唯职称、唯学历的现象仍然严重，人才管理制度还不适应科技创新要求，不符合科技创新规律。科研人员一旦获得某种荣誉、戴上某种人才“帽子”，就相当于贴上了“永久牌”标签。以某一阶段取得的成就“定终身”，既不合理，也容易产生一些负面作用。

（三）产业结构仍需进一步优化

唐山市在实现创新驱动发展方面，虽然取得了部分成效，但是产业结构依然不合理。

一是结构调整任务重。从经济结构看，以资源型、重工业为主，三次产业比为8.5∶57.4∶34.1，其中第二产业占比远高于全国、全省平均水平，同时重工业增加值占工业比重高达94.9%，占GDP比重的50.4%。

二是产业层次低。传统产业占规上工业增加值近9成，战略性新兴产业增加值仅占规上工业的7.1%，远低于同为资源型、重化工业城市的徐州。装备制造业增加值占规上工业比重仅为19.2%，低于全省7.8个百分点，说明钢铁等产业还没有向下游充分延伸。高新技术产业增加值占规上工业增加值比重为7.6%，与同等资源城市相比，仍存在差距。

三是产业布局水平低。全市40家钢铁冶炼企业分布在13个县（市、区），部分产能处于城市（县城）建成区、旅游规划区，临海靠港产能仅占全市总产能的13.2%。县（市、区）之间特别是园区之间产业雷同、缺少特色、集中度不高。59%的园区以钢铁为主导产业，且产品档次不高，产业布局关联度低。

四是产品档次低。上游产品、初加工产品、中间性产品占75%左右，大部分产品处在价值链“微笑曲线”的底端，钢材高附加值产品比重为21.5%，钢铁深加工量占粗钢总产量的比重仅为27%。

（四）企业自主创新能力与意识有待提高

虽然目前唐山市企业创新能力已有较大提升，企业市场导向的创新机制已初步形成，但面对新形势、新要求、新挑战，唐山市企业创新能力依然薄弱，许多领域缺乏具有自主知识产权的核心技术，企业尚未真正成为创新决策、研发投入、科研组织和成果应用的主体，企业创新能力与经济社会发展需求还存在很大差距，诸多制约唐山市企业技术创新的短板和瓶颈仍然存在。

一是企业“内生技术能力”较弱。创新力量主要集中在大型企业，中小型企业科研力量相对薄弱，这就导致创新辐射力和带动范围极其有限。

二是创新的动力不足。虽然唐山市的研发投入与过去相比有了很大的提升，但是企业内部 R&D 活动经费支出占主营业务收入比重为 0.52%，远低于国家 1.5% 的目标，与国外大企业科研开发投入一般占销售收入的 5% ~10% 相比仍然存在很大差距。

三是创新活力不够。大多企业在技术创新上势单力薄，与科研院所、高等学校等社会合作少，仅有 18% 的企业曾开展创新合作。由于合作存在强度小、形式单一、结合松散、相互缺乏约束等问题，产学研合作的积极性不高，合作水平较低。

四是企业创新绩效较低。唐山市规上企业参与国际国内竞争主要还是依靠较低劳动力成本、土地成本和环境成本，技术、品牌、标准为代表的高端竞争要素还没有形成，这造成了企业产品附加值总体偏低，利润增长缓慢。

五是企业领导者的创新意识相对薄弱。唐山市大多数企业处于竞争弱势地位，更倾向于引进跟踪模仿和低水平复制生产，安于现状，而不愿意走具有市场风险的自主创新道路，不愿意承担创新应用带来的风险。

（五）京津冀协同创新效果不足

唐山市作为京津冀协同发展的核心城市，除承接北京市重大项目，与先进地区建立部分研究院开展项目研究外，京津冀协同创新发展的优势并未明显地显现，造成京津资源的大量浪费。

一是缺乏有效的创新资源配置机制，创新要素流动性不足。唐山市虽然作为京津冀协同发展的核心地带，但是由于三个地区在科技投入、发展水平、创新能力和资源禀赋等方面差距显著，有利于区域协调发展的创新资源合理配置机制还未形成，导致区域内的科技人才、资本、技术、科技成果和产权等创新要素过于集中，跨省市流动和开放共享程度偏低。

二是产业同构和异构现象并存，创新合作存在难度。长期以来，京津冀三地的产业定位不够清晰，缺乏统筹协调，尚未形成合理的产业分工，创新链、产业链和服务链对接融合不够充分，没有建立起高效的产业和技术梯度转移对接路径，结构性问题和矛盾较为突出。

三是有效的区域创新协同发展机制尚未建立。产业层次及资源禀赋的巨大差距，以及历史、行政区划、经济发展水平和体制机制等方面的诸多原因，使得京津冀三地发展依然更多局限于自我利益，政府间科技创新协同发展机制尚未建立，支持区域创新合作的政策体系和制度环境有待完善。

六、唐山加快创新驱动发展的政策建议

（一）加快传统产业转型升级，破除低效率发展旧动能

传统产业是唐山市的发展之基、富民之本，长期以来为唐山市经济社会发展做出了重要贡献。加快推进传统产业改造升级，巩固提升传统动能，着力振兴实体经济，是唐山市高质量发展的主要任务和新旧动能转换接续的关键所在。

要以整治提升为先导，坚决淘汰落后产能，引导企业在品牌、质量、标准上发力，开辟更广阔的市场。以技术和管理创新为支撑，紧扣科技新长征，全面推进技术、产业、业态、组织和商业模式创新。以智能制造为主攻方向，大力推进环渤海新型工业化基地建设，以“互联网＋制造业”为契机，推动移动互联网、云计算、大数据、物联网等与制造业跨界融合。以入园集聚为导向，依托发展平台，努力形成产业链条完整、创新服务强大、产品门类齐全、企业协同发展的产业生态系统。以企业梯次培育为手段，加大传统产业培育力度，实现“麻雀型经济”向“雁阵型经济”的转变。以上市并购重组为抓手，力推“股改上市”，建立分层级、分类别、分梯队的上市企业培育名单。

（二）大力发展新兴产业，打造高质量发展新动能

唐山市要坚持创新驱动发展理念，以新一代信息技术、高端装备、新能源新材料、节能环保为重点，推动新兴产业加速崛起，培育壮大新动能，提升行业竞争力与创造力，实现产业集群、智慧发展。

培育壮大骨干企业。实施新兴产业创新龙头企业培育工程，在智能终端、智能制造装备、新能源汽车等领域，培育核心技术突出、集成创新能力强、引领产业发展的创新型企业，支持其牵头组建产业技术创新战略联盟、实施产业前瞻核心技术研发项目、转化重大科技成果，打造具有全球影响力的创新龙头企业。

打造新兴产业引领区。强化重点领域基础研究，注重原始创新，加强新兴产业原创性技术开发，打造唐山市新兴产业发展引领区。依托高新区、产业集聚区、“双创”示范基地等产业平台，围绕新兴产业集群发展重点方向，以核心技术和关键产品为中心，推进新兴产业向产业链上下游和价值链高端延伸，加快培育建成一批新兴产业集群和特色产业基地。

（三）扎实做好企业创新服务工作，引导企业加大创新投入

唐山市加快转变政府职能为服务型政府，为企业创新提供各种扶持政策和支持，消除各种影响创新的障碍，为企业创新提供新的动力和吸引力，让创新企业获得充分的基础条件和自由发展的空间。

唐山市应根据未来的发展规划和企业创新能力现状，构建一个符合市场规律，带动区域创新能力提高的持续创新政策体系，通过激励、引导、协调和保护等各类型的政策措施，对企业的持续创新活动进行引导与扶持，优化企业创新环境。

加强产业政策制定和产业规划引导，强化对企业技术创新的支持，吸引企业参与确定科研方向、科研立项和牵头承担应用研究和技术开发，围绕高端装备制造、新能源、新材料等领域，重点支持高新技术企业，突破关键技术，加快战略性新兴产业的开发和产业化步伐，以高新技术引领唐山市结构调整，引领产业向高端持续发展，培育新的经济增长点和未来竞争力。

集中力量加快建设服务于企业的各类公共创新服务平台，建立有效运行机制，形成社会化、开放式、网络化的企业创新服务网络。依托企业、科研院所和高校，加快培育重点实验室、产业技术研究院等行业研发平台，引导支持各研发平台提高质量，为唐山市产业技术升级提供基础保障和支撑。

优化资金投入，引导企业创新发展。加大财政投入力度，发挥好战略性新兴产业投资基金的作用，重点投向早中期、初创期的创新型中小企业。通过资源投入，引导企业树立自主创新意识，推动企业创新发展。

（四）创新人才吸引与培育机制

落实唐山市新旧动能转换，实现唐山市高质量发展离不开人才的智力支撑。人才是创新的核心，是企业发展的根本要素，是唐山市保持竞争优势的力量之源。因此，必须把人才放在突出重要的位置，加快构建具有全球竞争力的人才制度体系，聚天下英才而用之，着力破除体制机制障碍，向用人主体放权，为人才松绑，让人才创新创造活力充分迸发，使各方面人才各得其所、尽展其长。

一是创新引进机制，吸引高质量人才。以自身经济发展为前提，以“精准引才、团队引才、柔性引才”为原则，以全职、兼职、担任荣誉职务等多种任职方式相结合，加大对科技创新人才的引进。

二是完善培养机制，挖掘人才潜力。引进人才不是目的，充分发挥人才的作用才是根本。要加大资金投入，创新教育模式，着力破解应试教育带来的种种弊端，因材施教，分类指导，着力培养具有创新精神的各类优秀人才。积极探索产学研、企业家出国学习、人才梯队等多种培养方式，充分挖掘人才潜力。

三是建立人才评价和流动机制，激发人才创造性。突破唯学历、唯职称、唯论文数量等传统评价指标，突出实际贡献为尺度，完善胜任力模型基础上的创新人才评价指标体系，提高创新人才评价的科学性水平。以创新人才市场化配置为目标，加快户籍、社会保障体系改革，建立各级各类创新人才库，保证创新人才顺畅流动流通。

四是健全人才激励机制，调动人才积极性。营造重视人才、激励人才、培养人才的良好氛围；依据马斯洛需求层次理论，以人才的需求为出发点，加强和完善创新人才激励机制，例如考核制度、工资薪酬、创新人才持股计划等。

（五）发挥京津冀的协同优势，实现协同创新发展

京津冀地区属于京畿重地，濒临渤海、背靠太岳、携揽“三北”，战略地位十分重要，是国内城市分布最密集、创新资源最集聚、产业基础最雄厚、综合实力最强劲的区域之一，也是拉动我国经济发展的重要引擎。唐山市是京津冀协同发展的核心城市，要牢牢把握京津冀的优势资源，全面开展与京津高校、科研院所和大型企业集团的科技合作，实现自身创新发展。

一是营造先进的技术承接环境，加大与京津高等院校、科研机构和重点企业的合作，支持有条件的企业联合创建企业技术中心，吸引先进成果在唐山转化。

二是加强与京津地区企业间的技术合作，合力组建区域产业科技协作和战略联盟，联合攻克技术难题，开发新产品、新技术，加快企业间技术转移与扩散，发挥不同技术能力企业间的联动效应，通过联合创新提升企业技术能力。

三是加快推动政府间科技交流，积极开展产业招商、定向招商、专业招商等系列科技招商与合作活动。围绕提升唐山市钢铁、装备制造、化工等传统优势产业的竞争力，促进电子信息、新材料等战略性新兴产业的快速发展。

四是积极推动国际科技合作与交流，鼓励国外研发机构与在唐山企事业单位联合建立研发机构，加快新产品新技术的推广应用。

执笔：李丽华 刘现伟

分报告四　推进“一港双城”建设，打造高质量发展平台

党的十九大报告提出，我国经济已由高速增长阶段转向高质量发展阶段。这要求必须加快培育壮大新动能，实现新旧动能转换。作为一个以传统重工业为主的城市，唐山市加快新旧动能转换尤为紧迫。唐山工业实力雄厚，有优良港口，根据国内外港口城市的发展规律，处在工业化时期的港口城市，走“港产城一体化”发展之路能加快城市经济壮大和产业转型升级。“港产城一体化”发展是指港口、产业和城市互为依托、相互促进、共同发展的一种经济发展方式。这种发展布局，一方面能够利用港口的枢纽功能，拉动后方的临港工业发展，再通过临港工业的发展带动临港生产服务业的繁荣，进而促进城市经济的发展。另一方面，随着城市经济的发展，城市的政策、金融、交通、人才、信息等要素资源不断集聚，将反向促进港口和临港产业向高端价值链方向转型。因此，走“港产城一体化”发展之路是唐山新旧动能转换的不二选择。

2018 年初，河北省委、省政府基于对世界临港城市“港产城一体化”发展规律和唐山市地理区位、发展现状、空间布局、城市能级把握的基础上，提出了“一港双城”战略布局。“一港”指唐山港，“双城”指主城区和曹妃甸新城。“一港双城”战略的目标是港产融合、产城融合、港城融合，走港产城一体化发展之路。唐山市委、市政府围绕“一港双城”战略积极谋划、狠抓落实，对唐山新旧动能转换起到了明显的推动作用。

一、唐山“一港双城”建设的背景及意义

（一）国际“港产城一体化”发展的实践

根据港城生命周期理论，港口城市发展分为港城发展生长期、港城发展期、港城发展成熟期和港城发展停滞期四个阶段。过程大致如下，在工业化前期，城市依赖港口最基本的运输中转功能发展港口直接产业，以资源和劳动力密集型产

业为主。在工业化中期，临港产业以工业为基础不断发展壮大，并开始依靠港口运输中转优势发展以大宗原材料深加工为重点的重化产业。此时，临港工业的集聚成为城市发展的强大动力。在工业化后期，临港产业多样化，商贸和物流服务等现代服务业快速发展，港口区位优势带来的集聚效应和辐射效应，促使城市规模的扩大和城市功能的多元化。在后工业化时期，城市以高科技产业和服务业为主，城市的发展和国际竞争力不再取决于港口本身的发展和对城市腹地的依赖，临港产业开始转向集约化发展并实现部分产业转移，有些港口甚至走向衰亡。可见，在整个工业化时期，港口与城市在功能和空间上都紧密联系，形成良性互动、共同发展的局面，这个阶段走“港产城一体化”发展之路是世界港口城市的普遍做法。

荷兰鹿特丹、日本东京和新加坡等都是典型代表。鹿特丹港从 15 世纪建港以来，就走上了“港产城一体化”之路。在港口发展的最初阶段，港口的主要功能是运输与仓储，对城市的促进作用较弱。19 世纪，随着石化、临港加工业的兴起，港口相关产业的发展扩展到更为广阔的腹地城市，促进城市扩大。到 20 世纪 20 年代，全球化和信息革命兴起，金融服务、咨询管理和旅游等现代服务业给鹿特丹提供了新的机遇，港口与城市之间的关联进一步加强，港口关联产业向腹地城市进一步扩张，推动城市经济迅速发展，同时城市为港口规模扩张提供支撑。日本是一个资源匮乏的国家，但海岸线长和优良海湾多。为此，日本最大限度地利用这些优势，成为化工、钢铁、冶炼、造船等临港工业生长发育的“摇篮”。东京是其中的典型代表。20 世纪 60 年代，东京建立临港工业区，临港工业与港口发展相辅相成，带来人口及各种生产要素的集聚，进而促进港口城市规模扩张与功能提升，港城之间形成了良性互动的格局。新加坡属于典型的岛国，港口是其比较优势与经济发展的基石。新加坡政府一直以来坚持“以港兴市、以港兴国”的理念不动摇。城市依托港口发展转口贸易并建立起临港产业体系，工业与贸易繁荣又带来金融业的发展，跨国公司的大量进驻又带来离岸金融业务的兴起，“港产城一体化”发展推动新加坡港成为国际航运中心和国际金融中心。

（二）国内“港产城一体化”发展的实践

在工业化时期，国内主要港口城市和国际著名港口城市一样都走了“港产城一体化”发展之路，上海、天津、宁波、烟台等是典型代表。

改革开放以来，我国大力发展对外贸易产业，上海港进入了蓬勃发展的阶段，货物的吞吐量迅速上升。一方面，带动了浦东新区的发展。1990 年浦东新区生产总值只有 60.24 亿元，到 2014 年浦东新区生产总值突破 7000 亿元，年均增速达 21.99%。另一方面，推动了上海市的产业发展。依靠上海港的快速发展，上海市聚集了大量工业企业，临港的工业得到快速提升和发展。同时，随着上海港的辐射空间日益增强，临港科技园、产业园、物流园区等慢慢兴起，形成港城一体化的发展模式。反过来，上海市经济的扩张又推动了上海港的发展。1993—2005 年，上海市出台了大量政策支持港口发展。2013 年上海自贸区的建立，极大地提升了上海港在国际上的地位。上海市依靠其强大的经济聚集和辐射能力，为上海港的发展提供了保障，推动了上海港的升级。

1992 年宁波市提出“以港兴市、以市促港”的战略思路。2000 年以后，宁波市坚定不移地实施这一战略，把港口开发作为发展的重中之重，以远洋集装箱运输为主攻方向，大力推进集疏运体系建设，培育航运交易市场，扩大港口规模，完善港口功能，拓展国际航线，强化口岸服务，充分发挥港口对全市经济社会发展的带动作用。宁波市经济在港口的带动下也进入快速发展时期，2010 年其 GDP 突破 5000 亿大关，达到 5152.8 亿元，2017 年更是逼近一万亿元。

烟台市是一座因港而立、因工而强的城市。2017 年，烟台市委、市政府在充分分析自身特点之后，将“港产城一体化”发展作为跨越式发展的突破口。以世界眼光、国际视野、战略思维、烟台优势谋划城市发展，打造创新集成、高端高质的制造强市，对接东北亚、辐射中西部的物流中心，仙境海岸、特色文化深度融合的文旅名城，生态优良、服务优质的康养胜地。在这一战略带动下，烟台经济快速发展，2017 年 GDP 达到 7338.95 亿元，省内排名第二，仅次于青岛市，超过省会济南市。

（三）“一港双城”战略对唐山新旧动能转换具有重大意义

唐山是一座典型的资源型、重化工业城市，以钢铁、煤炭、石化和装备制造四大产业为主的传统产业占规模以上工业增加值的92.4%。这样的产业结构如果不改变，必然带来竞争上的被动、效益上的薄利和资源能源消耗的加剧。因此，唐山市委、市政府将新旧动能转换作为新时代唐山发展的重点可谓高屋建瓴。处于工业化中后期的唐山，充分挖掘“港产城一体化”发展的红利，对推进新旧动能转换具有重大意义。

唐山市拥有优良港口，京唐港区长年不冻不淤，曹妃甸港区是环渤海5500公里海岸线上唯一不需开挖航道和港池即可建设40万吨级大型泊位的天然“钻石级”港址。2017年，唐山港完成货物吞吐量5.7亿吨，集装箱运量253万标箱，成为吞吐量全国第4大港。如此重要的资源如果有效挖掘利用，能够有力地带动临港产业发展、聚集人口，推动曹妃甸滨海新城的发展壮大。同时，辐射主城区，增强主城区的产业吸引力和人口聚集力。唐山市主城区面积260平方公里，人口220万人，是高技术产业和现代服务业聚居区，企业实力强大；曹妃甸新城也已初具规模。如果将双城的经济发展与港口有机融合，将有力地促进港口货物吞吐量的升级，临港产业的壮大。

由此可见，“一港双城”战略是承载唐山市新旧动能转换的基础平台。

二、唐山“一港双城”建设重点工作及成效

（一）规划体系建设

唐山市编制完成“一港双城”空间发展战略、布局和分区定位研究，中心城区和五大片区总体城市设计，站西片区、国丰北片区、开平新区、南湖、东湖及周边区域城市设计，唐山市综合交通系统规划、快速交通系统规划、城市交通提升与治堵行动规划，文化广场改造、交大文化园设计方案，曹妃甸区综合交通规划、物流铁路总体规划等规划；重点对南湖区域进行了规划提升，编制完成了

南湖区域景观路网体系提升规划、迎宾馆周边区域景观设计和南湖一期景观提升规划；滨海新城总体城市设计，市、县、镇、村全覆盖的四级城镇规划编制体系，“多规合一”等工作正稳步推进。

（二）交通体系建设

第一，铁路建设。推进京唐铁路、水曹铁路、唐曹铁路续建工程，累计完成投资 26.3 亿元，新增集疏港能力 6400 万吨。

第二，公路建设。推进京秦高速长深至秦皇岛段、大安镇至平安城段、迁曹高速京哈至沿海高速段、唐廊高速唐山段 4 条高速建设，累计完成投资 26.33 亿元；启动京秦高速公路玉田北互通连接线、京秦高速迁西支线、平青乐线迁安滦县界等翻修改造工程；实施 102 国道丰润城区段、遵曹公路曹妃甸段等 3 条二级路改建工程，推进赤曹国道滦县段一级公路建设，新改建农村公路 400 公里；谋划启动京哈高速古冶支线工程，实施了赤峰至曹妃甸公路新建工程、滦县新高线南延工程。

（三）港口体系建设

1. 实施港口改造

实施京唐港区 25 万吨级航道工程、多用途泊位工程、第三港池通用泊位改造工程、第四港池 25 万吨级航道工程、曹妃甸港区煤码头三期工程五个重点项目，累计完成投资 7.89 亿元；启动曹妃甸港区中区一港池 20 万吨级航道工程、二港池 10 万吨级航道工程、东区 5 万吨级航道工程、中化旭阳石化 30 万吨原油泊位工程、曹妃甸港区液体化工码头续建工程、曹妃甸港区 LNG 接收站六个项目。

2. 推进内陆港建设

新开通陕西、新疆、甘肃内陆港 6 个，在西北地区内陆港总数达到 16 个，基本形成了横贯东西、辐射西北的内陆港建设网络。

3. 开行中欧班列

曹妃甸港区开通至蒙古乌兰巴托的中欧班列，货品种类包括易拉罐、电器、衬板、家具、PVC 原材料等；京唐港区开通至比利时安特卫普的中欧班列，货品种类包括高岭土、酵母、精品钢材、建材、陶瓷等。

4. 丰富口岸资质

唐山港在取得了国家指定粮食、废旧物资、活畜、肉类、木材、整车等外贸物资进口口岸资质后，2019 年曹妃甸港区又获批水果指定进口口岸资质，预计每年将从智利、泰国、菲律宾、中国台湾等国家和地区进口水果超过 3.6 万吨、1800 个集装箱。

5. 创新报关制度

唐山港海关创新监管模式，取消了海运提单换单环节，将报检报关“串联”改为“并联”，加大担保制度推广力度，深化国际贸易“单一窗口”建设，推进跨部门一次性联合检查，有效节约了通关时间。在简化单证手续方面，实现海运集装箱货物设备交接单及港口提箱作业信息电子化流转，推进口岸物流信息电子化，简化自动进口许可证申请办理，完善随附单证无纸化格式标准，应用电子委托代理取代纸质报关报检委托协议书，简化进口免予 CCC 认证（强制性产品认证制度）证明工作流程，简化出口原产地证办理流程。

（四）主城区建设

1. 推进污染退城

唐山市要求以主城区为中心 25 公里范围内所有重点的排放企业逐步退出，对 42 家重点企业分门别类制订退城、提标计划，启动唐钢和唐银钢铁向沿海地区搬迁，年内核心区 45 家陶瓷企业全部迁出；对未列入搬迁的其他企业，制定高于国家和省的环保标准，确保超低排放；开展“散乱污”企业排查整治，年内实现市区内“散乱污”企业彻底出清。

2. 推进棚户区改造

唐山市坚持“政府主导、统一规划、连片成方、集中安置”的思路，把符合条件的城中村全部纳入棚改范围，启动棚改工作，确保 2020 年前完成城镇棚户区改造任务。

3. 推进老旧小区改造

唐山市启动老旧小区改造工程，系统解决基础设施少、主体建筑旧、环境面貌差和缺少公益设施等问题，全面提升通行、照明、排水、环卫、绿化水平，增加公园绿地和公共空间，为群众创造更加舒心的居住和生活条件。

4. 推进背街小巷改造

唐山市启动背街小巷改造工程，着力解决私搭乱建、占道停车、破墙开店、违规广告、违规经营等问题，努力使每一条背街小巷都达到“环境优美、文明有序”的要求。

5. 推进重点功能区建设

唐山市将南湖中央商务区定位为唐山新名片，加快推进土地出让、规划等前期工作，打造反映唐山发展实力、代表唐山城市形象、具有浓郁现代气息的标志性区域；将城南经济开发区定位为产城融合示范区，加快村庄征收搬迁、道路等重大基础设施和重点项目建设，承接主城区功能外溢；站西片区依托京唐城际铁路，加快城市设计、控规编制、村庄搬迁等工作，打造成吸引投资消费的热点区域，成为展示唐山形象的窗口；京唐智慧港以吸引京津产业转移和成果转化为重点，打造成京津冀协同发展的重要平台和高新技术产业聚集区；丰南国丰北区改造以区域内钢铁企业搬迁和棚户区改造为重点，建设高质量发展的特色功能区，加快在城市形态、城市功能上融入主城区。

6. 推进城市畅通工程

唐山市出台城市治堵方案，优化城市交通结构，综合实施治堵措施，打通“断头路”，建设“快速路”，改造“老旧路”，整治“烂尾路”，解决“卡脖子路”，构建“贯通路”，通过建设过街天桥、地下通道、停车场等基础设施，提升城市道路的通行能力。2019 年打通中心城区 14 条断头路、瓶颈路，改造拥堵路口路段 7 处，新增过街天桥 6 座。

7. 推进城市增绿工作

一是抓好高速环城林带建设。唐山市沿环城高速内外两侧，各建设一条宽 500 米的绿化林带。二是做好城区增绿文章。城市主干道路绿化实现乔木、灌木和地表植被三个层次立体栽植，居民区严格执行绿化标准。具体工作标准是

“高、大、厚、密、彩”。“高”就是行道树、灌木要高；“大”是指栽植树木胸径不低于15厘米；“厚”是指提升绿化带宽度，主干道两侧的小区一律拆墙透绿，让小区绿化与城市绿化连为一体；“密”是指道路两侧的绿化要密植，不能出现断档和裸露；“彩”是指不仅要有绿树，还要有彩色的花、树及其他植被，实现错落有致、多彩缤纷。目前，南新道截瘫医院到烈士陵园路段已按照标准做好，正向其他地区扩围。

（五）曹妃甸新城建设

1. 提升城市品质

曹妃甸新城启动了恒大御海天下、富力城等6个重点项目，实施了富力城市公园、珠江绿地等4个城市公园项目。

2. 拓展公共空间

曹妃甸滨海新城组建了科技创新服务中心，云计算、大数据、人工智能等科技创新产业加速聚集。

3. 完善城市功能

曹妃甸新城打通了迁曹公路东西侧通道，实施了清洁供暖“样板工程”，推进了城乡环境综合整治行动，进出港交通运行效能和环境面貌显著提升。

（六）重大民生工程建设

1. 推进“双代”改造

“双代”改造是指“气代煤”“电代煤”改造，是推进清洁取暖的重大举措。2017年，唐山市被确定为北方地区冬季清洁取暖试点市，按照试点方案，唐山市三年计划改造106万户，2017年已经完成了6.6万户气代煤改造。2018年完成14.7万户的改造任务，其中气代煤11万户、电代煤3.7万户。2019年改造完成84.7万户。唐山市依托中石化丰润门站、京唐港LNG浮式码头、永唐秦天然气管线等能源项目，有充足的天然气供应，能确保按时完成改造任务。

2. 建设垃圾焚烧厂

丰润区、丰南区、遵化市3个项目已启动施工，迁安市、滦南县完成立项，曹妃甸区、玉田县、滦县正在开展前期工作；古冶区计划建设垃圾分选设施，生活垃圾堆肥处理、建筑垃圾资源化利用，已完成前期手续。

3. 实施农村环境整治

唐山市实施乡村振兴战略，把农村人居环境治理摆在突出位置，打造美丽乡村。一是加大农业面源污染整治力度。加强农村污水治理，推进农村坑塘水系的污染整治。对靠近城镇的村庄，将生活污水管网纳入城镇污水处理系统；对离城镇较远、人口众多的村庄，建设集中分类式污水处理设施；对居住分散的村庄，建立分散式污水处理设施，实现行政村污水整治全覆盖；大力整治村容村貌，加快通村、入户道路建设，整治公共空间和庭院环境，提升农村建筑风貌，健全传统村落保护体系，到2020年所有行政村完成街道硬化、夜间亮化和村庄美化任务。二是加大农村厕所革命推进力度。坚持农村改厕与新型社区建设、易地搬迁、污水治理统筹推进，2018年完成10万座改厕任务，2019年基本完成厕所改造任务。三是加大农村秸秆焚烧根治力度。建立秸秆焚烧网络化管理机制，安装视频监控和火源线点报警系统，实现全方位、全覆盖、无缝隙的监管，采取发电、气化等方式，提高秸秆综合利用率。

（七）保障机制建设

1. 成立领导机构

唐山市成立“一港双城”工作领导小组，市委主要领导任组长，负责“一港双城”的决策。下设办公室，为领导小组出谋划策，对工作推进督导协调，打通工作推进堵点，形成工作合力，促进“一港双城”建设加速实施；成立唐山市港口发展领导小组，市委主要领导任组长，办公室设在曹妃甸区，所有市级涉及港口规划建设管理运营的职能，全部授权办公室负责，对丰南、曹妃甸、滦南、乐亭及唐山国际旅游岛的港口岸线资源，统一规划、建设、管理、运营，一体指挥建设发展唐山港，避免政出多门、多家管理。

2. 完善融资平台

唐山市建立了由常务副市长为组长的融资平台联系会议制度，负责研究城市、交通等建设投融资平台的经营运作模式，解决投融资平台建设及运营过程中遇到的难点问题。为实现投融资平台健康可持续发展，唐山市推进融资平台市场化转型改革，政府仅负责市场监督、行业监管等职能，不再参与和干扰融资平台的正常经营。同时，唐山市政府拨出一部分流动性好、资产质量高的资源给政府融资平台，例如土地、股权、国债、规费以及前景良好、现金流稳定的经营项目等，形成稳定的资金支持，推动融资平台的功能定位由单一的基础设施建设平台向城市资源综合开发运营商转变。改革融资平台股权结构，实施混合所有制改造，对于经营性的项目，融资平台可逐步向社会放开，放宽市场准入条件；对于准公益性项目，包括供水系统、燃气系统、发电系统等，也逐步探索面向社会开放，引领部分社会资本进入。为深入挖掘特色文化资源，开发文化旅游等第三产业，唐山市成立唐山市文化旅游投资集团公司。

三、唐山“一港双城”建设的特点与经验

（一）规划引领

唐山市在“一港双城”建设中，认真贯彻习近平总书记关于规划科学是最大效益，规划失误是最大浪费，规划折腾是最大忌讳的重要指示，把规划引领放在首位。唐山市注重规划的系统性、全面性，保证每一片土地都规划到位，不留死角；注重规划的超前性、引领性，充分吸收国内外先进城市建设经验；注重规划的统一性、融合性，加快推进“多规合一”；注重规划的科学性、可操作性；注重规划的权威性，规划一经批准，即成为法律，未经法定程序不得变更，坚持一张蓝图绘到底，一届一届往下干。

（二）生态优先

唐山市认真贯彻习近平总书记“绿水青山就是金山银山”的重要论断，在“一港双城”建设的各个环节都坚持生态优先。一方面，唐山市紧抓污染企业退出主城区和提标升级工作；中心区及周边工业企业退城搬迁，“散乱污”企业全部关停，剩下的企业严格落实排放限值，建立各类污染源台账，严格管控；对钢

铁、电力、焦化、水泥四大行业进行深度治理，提高环保标准，倒逼企业转型升级。另一方面，唐山市实施城市增绿工程。启动全域治水行动，实现水质全面达标，由“一河黑水绕城转”转变为“一河清水绕城转”；抓好高速环城林带建设和城区增绿文章。

（三）品质至上

唐山市在“一港双城”建设中，注重打造高品质工程，塑造城市特质，打造城市品格。一方面将历史文化元素融入城市发展全过程、各方面，传承历史文脉，丰富文化内涵，让城市既有“面子”也有“里子”。另一方面倡导“工匠”精神，注重打造精品，真正做到一草一木精挑细选、一砖一瓦精雕细刻。干一件，就干成精品，不留遗憾和败笔。

（四）统筹发展

唐山“一港双城”战略高度重视统筹发展，从宏观层面将港口和城市统筹起来，走以港布产、以产促城、以城促港的“港产城一体化”发展之路。从微观层面做到五个统筹：一是区域统筹，推动丰南、开平、丰润、古冶全方位融入主城区，其他县市要和主城区融合发展，形成全市上下“一盘棋”，各区之间相互协作、密切配合，合力推进重点工程、重点项目建设；二是城乡统筹，促进城乡基础设施、要素配置、公共服务等均衡布局，实现城乡优势互补、相互融合；三是产业统筹，明确每个地区产业发展的负面清单，推动各县（市、区）错位发展，避免同质化竞争、恶性竞争；四是陆海统筹，推动陆域经济和海洋经济良性互动、联动发展；五是人与自然统筹，把绿色发展理念融入经济社会发展各方面，形成节约资源和保护环境的空间格局、产业结构、生产方式、生活方式。

（五）以人为本

唐山市将老百姓的满意度作为衡量“一港双城”建设的主要标准，一切工作都围绕增进老百姓的获得感开展。一方面，让老百姓参与到规划建设中来。坚持“开门做规划”，利用新媒体和传统媒体相结合的方式，收集老百姓对“一港双城”的意见和建议，将有价值的意见及时吸收进规划中，将规划蓝图的编制转化为全民共同关心、共同参与的过程。另一方面，提升公共服务水平。在棚户区改造中，以“最好的选址、最好的设计、最好的配套、最好的质量”为标准建设安置房；推进老旧小区和背街小巷改造，为群众创造更加舒心的居住和生活条件；推动教育、卫生、文化、体育等公共服务资源科学布局、合理配置，不断提高市民的获得感和幸福感；实施乡村振兴战略，推动农村基础设施提档升级，加快农村公路、供水、供气、环保等基础设施建设，尽快实现硬化路入户，实施农村人居环境整治三年行动计划，开展农村垃圾清理整治，不断完善“村收集、乡镇转运、县集中处理”模式。

（六）精细管理

唐山市将精细管理的思维贯穿到“一港双城”建设的每一个环节。一是下足绣花功夫。唐山市要求城市规划建设管理要像绣花一样，一针一线都要精雕细刻、精精细细。二是坚持依法依规。健全依法决策的体制机制，对重大工程项目建设，要履行法定程序，坚决杜绝随意决策，坚决杜绝急功近利、劳民伤财的政绩工程、形象工程。三是高效快捷推进。唐山市各部门坚持“一线工作法”，实施现场办理，做到全过程跟踪、零距离服务，各类项目审批变“串联”为“并联”，坚决消除互为前置的情况，促进审批效能提速。四是防控廉政风险。加强全方位、全覆盖、全过程的监督，严格按照法律法规和规范程序阳光运作，抓好项目审批、土地出让、工程招投标、工程项目建设等腐败易发、多发领域和环节的廉政风险防控工作，坚决防“项目上马、干部下马”，努力把每一项工程都打造成阳光工程、优质工程、平安工程和廉洁工程。

四、唐山“一港双城”建设的困难和问题

唐山市在推进“港产城一体化”发展中，有深水大港、产业基础雄厚、地理位置优越等诸多有利条件，但也面临着不小的困难和挑战。

（一）港口核心竞争力不强

1. 管理体制不顺

唐山港包括京唐港区、曹妃甸港区和丰南港区，三区之间没有实现实质性整合，基本上各地为战，一定程度上还存在相互竞争，不利于港口资源利用集约化、运营高效化、市场竞争有序化和服务现代化。

2. 港口功能单一

目前，京唐港区已经实现了功能多样化，但曹妃甸港区功能仍然单一，以煤炭、铁矿石、钢铁、石油制品等大宗散货为主，其中煤炭和铁矿石两项占全部吞吐量的70%以上，集装箱吞吐量仅为宁波港的9%，港口仅起到物流通道作用，现代化港口物流、保税仓储、信息服务等功能薄弱，是物流大港，但还不是贸易大港，更不是强港。

3. 城市支持度低

港口与产业和城市关联度不高，港产依存度仅为13%，临港靠海的钢铁企业产能仅占全市钢铁企业总产能的13.2%，没有做到临海靠港布局钢铁产业，港口的巨大潜力还没有得到充分的挖掘和发挥。

4. 集疏运体系不完善

唐山港疏港方面仍然依赖汽运，效率低，污染严重，铁路主要用于煤炭集港，在疏港方面作用不足。

5. 面临激烈竞争

唐山港所处的环渤海地区是我国港口最密集的地区之一。曹妃甸港区距离天津港70公里，京唐港区与秦皇岛港相距118公里。地理位置上的密集分布，再加上分属不同的行政区域，京津冀港口群缺乏总体规划，各成体系，港口重复建设，同质化竞争愈演愈烈。然而，地方经济发展水平有限，腹地货源不充足，又带来了港口设施使用效率低下、港口收费恶性竞争等诸多问题，使得唐山港面临巨大的竞争压力。

（二）主城资源聚集度不够

1. 产业和人口聚集能力不够强

2016年，唐山中心城区经济总量占全市比重为37.7%，而天津、北京、石家庄分别达到69%、70%和43%。2017年唐山市人口为789万人，主城区不到200万人，暂住人口仅有1.7万人。这说明城市首位度、集聚度不高，辐射带动力较弱。聚集力弱的主要原因：一是服务业发展滞后。2016年唐山市服务业增加值占地区GDP的比重为35.5%，而天津、北京、石家庄、廊坊、秦皇岛分别达到54%、80.3%、47.8%、48.5%和50.7%，服务业比重低难以提供充足的就业岗位，对外来人口的吸引力弱。二是创新活力不足。2016年唐山市研究与试验发展（R&D）经费投入强度为1.08%，分别低于全国和河北省平均水平1.13个和0.18个百分点；有高新技术企业210家，科技型中小企业3972家，而天津分别达到3265家和8.8万家；2016年唐山市专利授权量为3282项，石家庄为6994项。和先进城市相比，唐山市在吸引人才的力度上也有不小差距。

2. 生态环境不够优

唐山是传统重工业为主的城市，市中心区及周边25公里范围内有42家钢铁、焦化、电力、水泥等重污染企业，年排放二氧化硫5.01万吨、氮氧化物6.34万吨、颗粒物17.46万吨，对中心区污染物贡献率达70%，“污染围城”问题突出。唐山作为京津冀大气污染防治“2+4”核心区和“2+26”中距离京津最近的非禁煤区东侧通道城市，空气质量在全国重点监测城市排名中一直处于后十名位置。

3. 融合发展度不够高

唐山市下辖7个区、2个县级市、5个县，以及芦台、汉沽、海港和高新区，整体发展缺乏统筹，区区之间、区县之间、区市之间各自为政、条块分割。比如路北重点发展的产业路南也存在，丰润区、高新区甚至开平区、古冶区都有，各区之间相互竞争，还没有形成功能区分、错位发展、优势互补、融合发展的有机整体。

4. 城市特色不够突出

城市特色是城市竞争力的重要方面，唐山本来是一个文化底蕴非常深厚的城市，但文化特色没有充分彰显，没有形成唐山城市特有的辨识特征和风景线。

（三）曹妃甸新城发育不足

曹妃甸新城高度依赖曹妃甸港，只有曹妃甸港能够聚集起足够多的产业，才能支撑曹妃甸新城的成长壮大。但曹妃甸港以煤炭、铁矿石、钢铁、石油制品等大宗散货为主，集装箱吞吐量仅为宁波港的9%，港口仅起到物流通道作用，现代化港口物流、保税仓储、信息服务等功能薄弱，不能有力地聚集人口。虽然有综合保税区、中日生态工业园、装备制造园区、化学园区、港口物流园区等10个专业园区，有首钢一期、华电重工等项目竣工投产，但经济体量不够大、规模档次不够高、支撑带动能力不够强，造成曹妃甸新城发育不足。因此，产业聚集不够成为曹妃甸面临的最大问题，也是港口功能拓展、新城发展壮大的最大障碍。

五、唐山进一步推进“一港双城”建设的政策建议

（一）抓住重大机遇，全面提升唐山港竞争力

1. 理顺管理体制

目前，唐山港包括京唐港区、曹妃甸港区和丰南港区，应该按照“统一品牌、统一规划、统一建设、统一管理”的思路，对三港区进行统一开发和管理，借鉴宁波等先进港口城市经验，以产权、资本为纽带，以参股、资产置换为手段，对唐山港三个港区进行整合，成立涵盖三区人财物、责权利相统一的唐山港务集团，对唐山市港口资源进行统一开发和管理，提升港口整体竞争力。

2. 完善集疏运体系

推进集疏分开专业运营的港口集疏运新模式，推进区域大宗物流运输“公转铁”。据测算，铁路与公路物流成本大约是1∶7，大气污染排放量是1∶12.5。推进“公转铁”可以节约成本降低污染。加快由公路运输为主转向铁路和港口联

运为主，到2020年全市钢铁企业大宗货物100%实现铁路运输，降低钢铁企业物流成本，也降低空气污染。

3. 推动港口功能多样化

当前亟须改变唐山港“过路经济”状况，延伸钢铁、能源等产业链条，临港布局装备制造业，形成产业集群；围绕产业集群全面拓展金融、贸易、物流、加工、信息服务等功能；同时，建设矿石、煤炭、钢铁、木材等大宗货物临港交易平台，建设集储备、配送及深加工于一体的大型物流交易基地和交易市场，到2020年形成在国内有一定影响力的“唐山港交易指数”。

4. 承接北京疏解产业，助推港口发展

唐山市应抓住北京非首都功能疏解的重大机遇，积极承接北京科技成果转化和产业转移，加快推进京冀曹妃甸协同发展示范区建设，成为承接北京产业转移的样板区；吸引北京创新资源，共建一批智能制造项目，推动钢铁产业高端化、石化产业精细化、装备制造产业智能化、建材产业绿色化，打造一批标杆智能工厂，建设一批新型工业化产业示范基地和公共服务平台，用产业强大来促进港口功能的丰富和竞争力的提升。

（二）推动产业转型，增强中心城区资源聚集力

首位度是指一个地区各种资源的集中程度，是衡量一个城市发展集中度的重要指标，也是城市地位和竞争力比较的重要指标。唐山市主城区要围绕提高城市首位度，加快建设宜居、宜业、宜游的现代化城市。

1. 环境更好

主城区及周边地区的重污染企业退城搬迁，“散乱污”企业彻底出清；提高环保治理标准，加快其他工业企业转型升级；推进国家“城市矿产”示范基地等循环经济试点建设，壮大节能环保产业、清洁生产产业、清洁能源产业。

2. 产业更强

主城区要坚持工业做“除法”，服务业做“乘法”，打造以现代服务业和高新技术产业为支撑的现代化经济体系，重点发展战略性新兴产业、现代金融业、文旅产业、现代信息技术产业、现代物流产业、大健康产业、健康有序的房地产

业等，成为全唐山的创新中心，对全域经济产生更大的示范引领、辐射带动作用。

3. 功能更优

进一步改善主城区基础设施，加大教育、医疗等公共资源投入，使城市设施功能齐全、配套完善，成为配置优质要素资源的重要载体，形成对人流、物流、商流的巨大吸附和集聚能力。

4. 贡献更大

主城区进一步提高经济总量、财政收入占全市的比重，在经济转型升级、新旧动能转换中发挥更大作用、做出更大贡献。

5. 融合更紧

推动路北、路南、高新、丰南、开平“五为一体”发展，做到“六个一体化”：规划一体化、建设一体化、管理一体化、生态一体化、产业一体化、公共服务一体化。

6. 创新更足

北京精英汇聚，但青年人才创业的成本很高，如果唐山从税收、住房、资金、教育等方面出台有较大吸引力的政策，可以吸引一部分青年人才到唐山创业，为新旧动能转换提供动力。同时，唐山应为人才创业创新提供基础条件，加快设立重点实验室和研发中心，鼓励企业设立研发中心，从政策支持、要素投入等方面支持企业在轨道交通装备、机器人、电子信息、智能仪表、动力电池、节能环保等战略性新兴产业的创新。

（三）打造改革高地，提高曹妃甸产业吸引力

曹妃甸打造现代化滨海新城，必须有强大的现代产业体系支撑，否则将成为无源之水、无本之木。因此，曹妃甸必须加快构建现代产业体系，从“港产城一体化”发展入手，以港聚产、以产兴城。

1. 以港聚产

将主城区及周边地区钢铁、现代化工、海工装备等依托港口或集疏运体系大进大出的产业向曹妃甸集聚；加快曹妃甸新型工业化基地建设，吸引更多大型企

业落户；对接《中国制造2025》，发展重型装备、海工装备、轨道交通装备、节能环保装备等，争取国内外知名装备制造及相关配套企业在曹妃甸设立生产基地，形成一批技术领先、配套完备、链条完整的先进制造业产业集群；按照建设大通道、构筑大枢纽、发展大物流的思路，培育壮大港口物流、铁路物流、化工物流、冷链物流等专业物流，发展智慧物流、第三方物流和港口后服务业，形成万亿级现代物流产业格局；依托海岛等旅游资源，完善滨海观光、邮轮游艇、海上观岛、海岛度假、湿地游览等旅游产品体系，建设国内外一流的滨海旅游胜地。

2. 以产兴城

加速上述产业的临港落地，加快人流、物流、信息流向曹妃甸新城聚集，不断扩大城市规模、完善城市功能、提升城市品位。

曹妃甸要发展上述产业，必须有更多企业落户，但在招商引资上面临天津、沧州、秦皇岛、大连等地的激烈竞争，唐山只有表现出充足的优势才能胜出，才能获得企业的青睐。当下，只有将曹妃甸打造成改革高地，靠制度红利释放，才能争得优势。因此，唐山市应申请将曹妃甸列为国家级改革试验区，在如下能显著提升营商环境的改革上深入实验：一是对标国内先进城市做法，进一步推进行政审批制度改革，在现有“四最”的基础上，大幅减少审批事项，为企业进一步松绑；二是将国内自贸区最前沿的制度在试验区内推广，大幅提升对外开放水平；三是深化行政管理体制改革，减少层级，提高效率；四是加快公务员制度改革，开展全员招聘，建立能上能下、能进能出的用人制度等。

（四）把握区位优势，大力发展外向型经济

1. 把握“一带一路”机遇，提高产业结构及发展模式的外向度

“一带一路”倡议是我国新一轮对外开放的重要标志，国际产能合作是我国实施“一带一路”的重要抓手。“一带一路”沿线国家大多处于工业化初期或经济起飞阶段，对钢铁、建材等基础原材料产品需求强劲，当地这些行业的发展又严重不足，而这些行业正是我国基础雄厚、产能充裕的成熟产业和优势产业，尤其契合唐山以钢铁、水泥等原材料工业、资源型产业为主体的产业优势。

唐山位于东北亚经济区的中心地带，是东北亚地区通往欧亚大陆桥距离最近的起点之一，是从太平洋彼岸到欧亚内陆的主要陆路通道。随着冀蒙铁路通车运营，已形成连通蒙、俄乃至欧洲的国际运输大通道，为唐山市加强与“一带一路”沿线国家战略对接和产能合作提供了重要契机。据测算，“一带一路”沿线国家仅钢铁年进口量就达1.72亿吨，这为唐山市钢铁出口和产能合作提供了一个巨大市场。唐山应抓住用好“一带一路”建设的机遇，建成东北亚地区经济合作窗口城市。

2. 进一步健全对外开放的体制机制

全面落实并完善外商投资准入负面清单制度，实行应放尽放、非禁即入；落实公平竞争审查制度；推动优化营商环境地方立法，依法规范政府、市场主体及其他各类社会组织的营商行为，构建“亲”“清”新型政商关系，为持续优化营商环境提供法治保障；确保政策的稳定、连续、透明和可预期，依法严格保护外商投资企业知识产权；大力吸引海外高层次人才来唐山创业发展。

（五）抓住资源优势，深入开发海洋经济

1. 积极创新

一是观念的创新。树立发展海洋经济的观念，认识到海洋经济发展对全市未来经济增长的重要作用。二是发展模式的创新。以科学、循环、绿色的海洋经济发展模式替代传统的建立在海洋资源和环境破坏基础上的粗放型发展模式，提高海洋资源配置效率，保障海洋经济高质量增长。三是技术创新和产业创新。实施“海洋+”行动计划，大力发展海洋高端装备制造、海洋化工、海洋生物、邮轮游艇业、现代海洋渔业、海洋航运物流等产业，打造具有较强国际竞争力的现代海洋经济集聚区。

2. 加强保护

在发展海洋经济的同时，必须严格保护海洋自然生态环境，努力实现经济、社会、生态效益的统一，促进海洋经济的可持续发展。一是积极开展海洋环境保护的宣传教育。认真开展经常性的海洋环境保护宣传工作，以提高全民的海洋环保意识。二是加强污染防治和执法力度。明确各涉海部门在保护海洋生态环境中

的职责，加强部门间的交流合作，实行资源共享，建立联合执法制度。加大对排污企业的监管。三是鼓励非政府组织开展海洋生态环境保护活动，加强海洋环境保护的国际合作。

执笔：秦均华

分报告五　强力推动生态文明体制改革

建设生态唐山、实现绿色发展功在当代、利在千秋。唐山是华北地区典型的资源型城市，长期过度依赖能源资源的粗放型发展方式，导致能源资源、生态环境问题日益突出，已成为制约城市进一步发展的主要瓶颈。近年来，唐山牢固树立绿水青山就是金山银山、保护生态环境就是保护生产力的新发展理念，彻底转变思想观念，始终坚持生态优先，铁腕治污、保护生态倒逼经济转型，通过生态文明体制改革和生态环境保护，推动经济与生态环境相得益彰、协调发展。唐山生态环境质量明显改善、经济持续发展，为资源型城市转型和可持续发展提供了可资借鉴的经验。

一、唐山推进生态文明体制改革的背景及意义

环境污染治理相关问题已经被提上了各国经济发展的重要日程。社会经济发展过程中，集中了大量的社会物质财富、人类智慧和古今文明，但是也不可避免地汇集了人类活动和人与自然界间的各种矛盾，环境污染、生态破坏等一系列问题尤为突出。随着京津冀协同发展和环渤海城市体系建设进程的不断深入，唐山市既获得了宝贵的机遇，又在城市环境和承载力等方面面临着巨大的挑战。由于煤炭、钢铁、电力、水泥等资源型产业占据主导地位，长期累积下来，加上城市人口规模的不断扩大，对生态环境产生了严重威胁。唐山加快升级转型，推进生态文明体制改革，既是顺应经济演变规律的必然要求，也是推进可持续健康发展的必由之路。

（一）生态文明建设是关系中华民族永续发展的根本大计

建设生态文明是中华民族永续发展的千年大计、根本大计。生态文明建设是经济、政治、文化、社会、生态“五位一体”总体布局的一项重要内容，也是建设富强民主文明和谐美丽的社会主义现代化强国的目标所在。中华民族要实现

永续发展和伟大复兴，必须尊重自然、顺应自然、保护自然，认识和把握生态兴则文明兴、生态衰则文明衰的文明发展规律，不断夯实中华民族永续发展和伟大复兴的生态环境基石。

一直以来，党中央高度重视生态文明体制建设和改革创新。从中央到地方，加快推进生态文明顶层设计和制度体系建设，并用行政手段强力推进这些改革方案和改革任务的落实，通过体制机制的改革和创新，在完善环境资源、司法保障机制、生态系统价值核算、绿色生态农业推进机制、生态补偿扶贫机制、开发利用生态文明大数据、建立生态文明国际合作机制等方面进行改革试验和探索。

总体上看，我国生态环境质量持续好转，出现了稳中向好趋势，但改革成效并不稳固，稍有松懈就有可能出现反复，犹如逆水行舟，不进则退。现在，生态文明建设正处于压力叠加、负重前行的关键期，已进入提供更多优质生态产品以满足人民日益增长的优美生态环境需要的攻坚期，也到了有条件、有能力解决生态环境突出问题的窗口期。唐山市委十届四次全会把建设生态唐山、实现绿色发展，作为未来发展的首要任务。

建设生态唐山、实现绿色发展要深化改革、制度先行。把深化改革贯穿于建设生态唐山、实现绿色发展的各领域、各环节，不断深化生态文明体制改革，加快建立系统完善的生态文明制度体系，着力破解制约人口资源环境协调发展的深层次矛盾和问题，用制度引导、规范和约束资源开发行为，用制度保护生态环境。

（二）生态文明体制改革是唐山贯彻落实中央精神的重要举措

党的十八大以来，习近平总书记站在中华民族永续发展的高度，对生态文明建设、加强环境保护作出一系列重要指示，深刻指出了生态环境建设的重大意义。加快推进生态文明顶层设计和制度体系建设，大力推动绿色发展，深入实施大气、水、土壤污染防治三大行动计划。党的十九大强化对加快生态文明体制改革、建设美丽中国的战略部署，把生态文明体制改革提到了前所未有的高度。中央强力推进生态文明体制改革，先后出台了 40 多项改革方案，完成了生态文明体制改革的顶层设计，部署了 8 项重要制度和 73 项改革任务，开展一系列根本性、开创性、长远性工作，为唐山做好工作指明了方向，提供了根本遵循。

在推进绿色发展的同时，着力解决突出的环境问题，是建设美丽唐山的重要工作。唐山树立尊重绿色转型高质量发展理念，着力处理城市建设、经济发展与资源环境的关系，把节约放在资源开发利用的优先位置，把保护放在生态环境建设的优先位置，强力推进生态文明体制改革，大力推进绿色发展、低碳发展、循环发展，绿色体系高质量发展实践呈现崭新局面，能源消费低碳化转型正在加速，绿色多元的能源供应体系加快建立。生态文明体制改革作为新时代深入贯彻落实中央政策文件精神的重要举措，为推动唐山高质量发展作出应有贡献。

（三）生态文明体制改革是破解唐山环境压力的根本路径

作为华北地区典型的以重工业为主要支撑的资源型城市，唐山市诞生了近代中国的第一袋水泥、第一件卫生瓷、第一座现代化煤井等。以钢铁、煤炭、陶瓷、石化为代表的高污染、重化工业在京津冀乃至全国都处于领先水平。与此同时，唐山在工业化发展中付出了惨重的环境代价。长达一个世纪的粗放型的经济增长方式给城市带来了自然生态危机和诸多环境问题，唐山面临着资源约束趋紧、环境污染严重、生态系统退化等严峻考验。唐山在依靠传统产业发展中形成的重化工业结构，带来的是高排放、高能耗的问题，环境污染十分突出，严重制约着唐山经济的可持续发展，经济发展生态治理压力较大。

唐山工业生产过程中能源消耗和物料消耗高，资源能源利用率低，加工精细化程度不够以及企业粗放型生产等因素，“三废”排放量大、资源浪费、污染环境的现象仍在个别生产企业和一些生产环节中不同程度地存在，对环境污染破坏较为严重，经济发展面临的环境压力远大于京津冀地区同级城市。SO_2、NO_2、CO 三种污染物在全国 74 个城市空气质量排名垫底。随着城镇化建设的快速推进，城市人口大量涌入使得唐山市环境和生态状况仍然不容乐观。强力推进生态文明体制改革是唐山最大限度实现清洁生产、绿色发展的有效路径。

（四）生态文明体制改革是唐山新旧动能转换的内在要求

当前，建设生态文明已经成为我国社会经济发展的新目标与必然要求，唐山这样的资源型城市推进生态转型势在必行。钢铁、煤炭、水泥等传统产业，曾为唐山市经济社会发展发挥了举足轻重的作用，但这些传统支柱产业长期积累的结构性矛盾集中凸显，产业链条短、产品低端化、生产集中度低、资源能源依赖度强、环境承载压力大、产能过剩严重、创新能力不足、缺乏综合竞争能力等问题，也拖累了唐山经济的持续健康发展。

如何让传统产业转型升级成为唐山构建现代产业新体系的重头戏？建立健全生态文明保护体制机制，加快企业转型升级，倒逼高耗能、高污染、产能过剩行业淘汰，可以有效减少资源的过度开发和能源的大量消耗，推动企业治污的自我约束，实现资源节约和能源的高效利用，减少污染物的排放，促进生态文明建设，加快资源型城市的绿色发展能力建设。

二、唐山推进生态文明体制改革重点任务及措施

唐山坚持标本兼治、重在治本，大力削减工业污染排放总量。加大环保执法力度，全面强化扬尘污染治理。改善能源消费结构，多措并举降低燃煤污染。

（一）加大生态保护力度，严厉打击环境违法行为

精准打击实施环境违法行为，切实提高企业违法成本。坚持全覆盖、零容忍，夯实环境热点网格化管理，打破县区间监管边界，抽调各县精干执法力量，对企业违法行为开展机动式、点穴式专项检查，运用无人机、暗管探测仪等现代科技手段，依法做好按日连续计罚、查封扣押、停产限产等查处工作，严惩环境违法行为。

建立部门协调联动机制，破解分散执法障碍。构建部门间联动桥梁，落实环保执法与刑事司法衔接机制，对违法行为不仅追究经济责任，还要追究刑事责任，通过公检法联合执法，向涉危险废物和“渗坑”“渗井”“数据造假”等污染环境违法犯罪宣战，有效破解环保部门强制力不足的问题，使环保行政监管职能得到进一步强化，行政执法秩序和执法权威得到有效维护。同时，结合扫黑除恶专项斗争，彻查违法排污行为背后“保护伞”，对环境违法行为形成有力威慑。

建立考核机制，刚性量化的奖惩体系倒逼落实。出台《建设生态唐山实现绿色发展考核奖惩办法》及14个配套考核细则，逐月对各县（市、区）进行排名，实行严于省奖惩办法的财政奖励或惩罚性扣减资金措施，每月排名倒数2名的县（市、区）由党委书记作检查性发言，对连续3次检查发言的党委书记进行谈话，对年度考核不合格的实施问责，实行区域项目限批。建立“双罚”机制，市级在处罚违法违规企业的同时，等量扣减相关县（市、区）财政资金，纳入市级环保专项资金，倒逼各级党委、政府落实生态环保主体责任。

（二）突破创新构建体系，实现全流程闭环管理

领导体系全面覆盖，注入强大推动力。为集中力量抓落实，市、县两级均成立由党政一把手任“双组长”的生态环保工作领导小组，严格落实环保工作党政同责、一岗双责，各级领导干部将本职工作与环保工作同谋划、同部署、同落实。建立领导小组月调度工作机制，每月召开一次生态唐山建设重点工作调度会，对工作开展情况进行调度、会诊、通报、部署。成立扬尘治理、矿山违法开采治理、全域治水清水润城、机动车污染治理、“散乱污”企业出清、工业企业环保驻企督导六大专项工作领导小组，制定出台六个专项工作方案，推进重点突破，全面攻坚。

完善配套政策，逐级细化目标体系。出台《建设生态唐山实现绿色发展工作方案》，明确在打赢蓝天保卫战、加快水和土壤污染防治、加大生态系统保护和修复力度、强化环境监管四大方面的100项具体工作任务，逐项明确完成时限和责任部门，形成全市生态攻坚的总作战图。同时，各级各部门根据工作目标任务，逐级制定工作方案，形成人人有任务、人人有责任，一级抓一级、层层抓落实的科学明晰的目标责任体系。

督导体系全程跟踪，鼓励社会监督参与。整合市委、市政府“两办”督查室、市环保局、新闻媒体等力量，组成三个环保暗访组，围绕工作目标和重点任务，对全市实行常态化随机暗访，发现的问题纳入各县（市、区）月考核评分。强化公开曝光，对暗访发现的环境污染问题指名道姓进行公开曝光。每月在媒体公开生态环保工作完成情况及下步工作安排，接受公众监督。同时密切联系群

众，上线环保微信举报平台，广泛开展“环保随手拍”等活动，让群众成为环保工作的监督员、侦察兵。

（三）精准靶向提能效，不断提升环境管理水平

推进“点对点”精准指挥，全面提高指挥效率。充分发挥环保指挥中心作用，在整合近4000个监控监测点位的基础上，增设网格监测点位和视频监控点位，扩大覆盖范围。制定针对性的管控措施，启动应急响应及主动应急减排措施。同时，进一步完善工作机制，坚持线上调度与现场督导相结合，提高指挥效率和防控能力。

实施错峰生产精准管控，降低能耗污染。为持续有效控制污染排放，唐山市又综合考虑环境空气质量现状、钢铁企业所处区域和气象条件，出台《钢铁行业2018年非采暖季错峰生产方案》，2018年3月16日起有针对性地实施钢铁等行业精准化、差别化、区域化错峰生产，唐钢本部、东盛烧结等8家市中心区及周边重污染企业实行常态化错峰生产，其他区域企业实行指令性错峰，最大限度地削峰降速。

健全精准监测监控网络，提高管控效率。全力推进水站和空气站建设；建立高排放车辆监控网，在全市55家重点企业安装车流量视频监控终端；两港区和重型柴油车运输通道的遥感监测设备已进入调试阶段，初步形成重型柴油车管控平台框架。

（四）攻坚破难战污染，实施全方位综合治理

针对重点行业领域，实施大气综合治理行动。以重点行业深度治理、挥发性有机物、陶瓷铸造企业、面源污染治理、机动车污染防治、散乱污企业出清六个领域为重点，进一步提高重点行业企业大气污染防治水平，推进污染物排放稳定达标。开展钢铁、焦化、电力等五个重点行业深度治理；实施挥发性有机物综合治理，实施陶瓷铸造企业治理。开展“车、油、路、场”污染整治和货车污染整治专项行动，全力推进“散乱污”企业出清。

因地施策，扎实开展水污染防治行动。全力推进全域治水、清水润城工作，

完成“一河一策”方案制定。强化直排污水企业专项检查，排查出污水直排外环境企业对超标企业立案处罚并实施停产治理。重点督导2017年被国家和省限批的工业园区，加快推进污水处理厂建设和在线监测联网。

开展土壤污染防治行动，加大自然保护区环境违法力度。开展农用地和疑似污染地块污染状况调查；建成危险废物智能监控平台并投入试运行。开展固体废物环境风险排查整治、皮革加工行业、涉酸企业以及危险废物（含医疗废物）环境隐患排查等专项行动；稳步推进“绿盾2018”自然保护区监督检查专项行动。对河北乐亭菩提岛诸岛省级自然保护区的2个违法项目进行立案查处。2个省级自然保护区60个违法违规开发建设活动，完成整改销号的项目35个。

三、唐山生态文明体制改革取得的成效

“生态立市、绿色发展、环境优先、普惠民生”，已经成为引领唐山市脱胎换骨、转型发展的新理念。唐山市的“生态建设”与“经济转型”协调联动、齐头并进、同步发展，已呈现出双赢的良好局面。污染治理和山水林田湖生态修复取得重大进展，清洁生产和资源循环利用体系得到完善，资源综合利用率和废弃物处理率稳步提高，能源和水资源消耗、建设用地、碳排放总量和强度得到有效控制，主要污染物排放总量大幅减少。

（一）空气质量形势总体向好

唐山在2013年大气污染攻坚行动方案实施后，经过一系列工作措施的落实，大气污染治理效果初现，重点区域细颗粒物浓度有所改善，空气质量形势总体向好。尤其是2018年以来，唐山相继召开生态文明建设大会、推进高质量发展大会，汇聚全市之治理大气污染，向生态优先绿色发展道路迈出坚实第一步。在生态环境部对京津冀大气污染传输通道城市空气质量目标完成情况的考核中，唐山市被评定为优秀等级。2017年空气优良天数205天，同比增加5天；重污染以上天数30天，同比减少7天；细颗粒物（PM2.5）浓度66微克/立方米，较2013年下降42.6%。

（二）水环境质量明显得到提升

唐山针对一些地区水环境质量差、水生态受损重、环境隐患多等问题，切实加大水污染防治力度，保障用水安全。强化源头控制，水陆统筹、河海兼顾，对河海实施分流域、分区域、分阶段科学治理，系统推进水污染防治、水生态保护和水资源管理。严格执行“清、准、高、快、狠”的工作要求，全力以赴推进全域治水、清水工作深入开展。积极实施河流分段式管理，推行河长制，即每条河、每个河段、每米河道都有人管理，都有责任人，形成几级河长齐抓共管，覆盖全市所有河流和全部流域范围的河道管理体系。唐山涉及国家和省考核的共有6条河流9个监测断面。2018年1～6月，7个断面达到国家和省水质目标要求，水质达标率达到77.78%。近岸海域良好以上水质比例为100%，城市污水集中处理率达97.6%。

图15　全域治水

（三）减少产能治污减排成效突出

唐山把调整优化产业结构作为治污减排的治本之策，努力从根本上减少污染物排放。近年来，唐山全面推进扬尘治理、机动车污染防控、工业企业超低排放等6大专项行动，全市钢铁行业实现错峰生产常态化，唐山各部门认真贯彻落实党中央、国务院、河北省的决策部署，采取有力措施，加大工作力度，大力推进工程减排、结构减排和管理减排三大措施，将减排指标、减排工程和减排措施分解落实，建立减排管理体系，严格考核问责，加强环评审批，大幅推进治污工程建设，污染减排工作取得了显著成效，主要污染物排放总量逐步得到控制。2017年，化学需氧量和氨氮较2015年分别减少4.6%和5%，二氧化硫和氮氧化物较2016年分别减少8%和13.2%。到2018年10月底，全部钢铁企业实现稳定达标排放；启动污染退城、清水润城、城市增绿攻坚行动，年内森林覆盖率达到37.9%。

（四）农村居住环境逐步获得改善

唐山以农村人居环境三年整治为载体，坚持规划引领，优化乡村空间结构，加强农村基础设施建设，提升农村公共服务水平，改善农村环境，取得了明显成效。大力推行农村生活垃圾处理市场化运作，全市完成生活垃圾治理的村庄达到5341个，占总数的98.1%。坚持规划先行、分类实施，制定并落实《关于进一步推进美丽乡村建设的意见》，结合县域规划，逐村制定总体规划和民居、道路、绿化等专项规划。按照“四化四美”要求，大力推进“六改六建”，加大资金补助力度，加强农村基础设施建设，实施民居改造、安全饮水、街道硬化、无害化卫生厕所改造等12个专项行动。

四、唐山生态文明体制改革的特点与经验

唐山坚持把生态文明体制改革作为一项重大政治任务，作为唐山新旧动能平稳接力的关键，坚定不移地将改革推向纵深、进行到底。

（一）转变思想是推动生态文明体制改革的前提

坚持生态文明体制改革的正确方向。第一时间传达学习上级改革精神，坚决贯彻落实中央和河北省委改革部署。一是紧跟上级改革步伐。对中央、河北省委深改组会议精神，唐山市委深改组会议第一时间进行学习传达。及时制定唐山市生态文明体制改革要点，明确改革的主攻方向、重点任务和路线图、时间表。对标对表推进生态文明体制改革。坚持向中央看齐，吃透中央和河北省委改革文件

精神，对上级改革文件确定的目标要求、改革措施坚定不移地贯彻落实。

领导干部将生态环境保护落到实处。唐山各级党政领导干部坚持问题导向，以“六看”为抓实生态环保工作的首要标准：一看是否提高政治站位抓生态唐山建设；二看是否把生态唐山建设作为重大的民生工程；三看是否认识到抓生态环保就是抓转型升级；四看是否把思想观念由“要我抓”转变为“我要抓”，形成思想自觉、行动自觉；五看是否在环保治理上坚持“清、准、高、快、狠”的要求，做到决心一次下足、措施一步到位；六看是否做到了党政同责、一岗双责、刑责治污和严肃追责问责。为推进工作落实，唐山动真碰硬，从政府、企业、群众各个层面建立健全责任落实和监督机制，全面构成“大环保”格局。

（二）精准施策是落实生态文明体制改革的关键

由治标向标本兼治延伸，努力实现唐山生态环境的根本改善。坚持底数要清、措施要准、标准要高、行动要快、出手要狠，持续推进环保治理工作向纵深开展，紧紧围绕当前最为严峻的空气质量改善重点工作，经过科学的监测和分析，确定影响唐山空气质量排名的主要是二氧化硫、二氧化氮、一氧化碳和臭氧等工业特征污染物，源于钢铁、焦化、发电、水泥、涉挥发性有机物行业企业污染物排放和燃煤、重型车辆运输。

由治标向治本延伸，实现唐山生态环境的根本改善。对唐山而言，改善空气质量的主要途径是降低工业气体污染物浓度，调整结构是治本之策，深化治理是有效途径，精准管控是主要抓手，严格执法是有力保障。唐山以《建设生态唐山实现绿色发展工作方案》为总统领，制定了大气环境质量限期达标规划，健全和完善了重污染天气应急响应机制，开展了“蓝天保卫战”等一系列专项行动，坚持底数清、措施准、标准高、行动快、出手狠，持续推进大气污染治理工作向纵深开展。

（三）制度建设是推进生态文明体制改革的保障

建立“双组长”责任机制。市、县两级成立生态环保领导小组，实行党政一把手“双组长”负责制，严格落实环保党政同责、一岗双责，要求各级领导干部将本职工作与环保工作同谋划、同部署、同落实。为破除“头疼医头”、应付过关等错误倾向，制定《建设生态唐山实现绿色发展工作方案》，确定大气治理、水土治理和生态修复3大类100项具体工作，逐项明确牵头市领导、责任单位和完成时限，形成生态建设攻坚的路线图、时间表、任务书。

健全责任追究机制。制定《唐山市生态环境保护责任追究暂行办法》，细化了党委、政府和各职能部门的责任分工，明确49个负有生态环境保护职责部门的202项监管职责，夯实每一条监管职责和责任边界。坚持责权一致、齐抓共管，按照“谁主管、谁负责”“谁决策、谁负责”的原则建立问责制度，实行终身追责。对具有生态环境保护责任追究情形的，按照职责进行追责，涉嫌犯罪的，移交司法机关依法处理。

（四）生态文明体制改革是经济转型的重要抓手

充分发掘旅游优势，培养旅游新业态。唐山市旅游发展以促进迁安、迁西、遵化三县（市）的全域旅游发展，将唐山建设成为旅游强市为目标，充分发挥唐山旅游资源优势，培育旅游发展新业态，创新旅游发展新方式，提升唐山发展新形象，加快全市经济转型升级、绿色崛起，建设宜居、宜业、宜游的富强唐山、美丽唐山。唐山毗邻京、津，旅游市场巨大，人文、生态、历史、文化、乡村资源丰富。

不断创新旅游发展模式，通过全域旅游营造旅游环境。全领域融汇旅游要素，全产业强化旅游引领，全社会参与旅游发展，实现全民共享旅游成果，助力唐山旅游发展。在唐山形成一个人人都是全域旅游环境主体和践行者的氛围，创造出一个注重全域旅游发展环境的唐山模式。

推动“生态建设”与“经济转型”实现双赢。生态环境的逐步改善，也为唐山扩大开放、招商引资创造了必要条件。2017年发布的《中国城市竞争力第15次报告》中显示，唐山综合经济竞争力、宜居竞争力位居河北省首位。唐山的经济发展不仅实现了稳中求进，生态文明建设也取得了辉煌成就。目前，全市森林覆盖率达到34.14%；城区人均公园绿化面积达到15.06平方米；建成区绿化覆盖率达到41.17%。唐山市先后荣获了“全国绿化模范城市”“全国文明城市”“联合国人居奖”“中国优秀旅游城市”“首批国家食品安全示范城市”等荣誉称号。

图 16　花园城区

五、唐山深化生态文明体制改革面临的困难和问题

唐山生态文明体制改革虽然取得了显著成绩，但也遇到了一些困难和问题，对未来进一步深化生态文明体制改革提出了严峻的挑战。宏观层面上包括在“守住发展和生态两条底线”之间的矛盾和冲突，兼顾经济和生态保护；生态环境监管体制的改革仍然存在很多难题，比如“九龙治水”的问题依然突出，环境监管体制的有效性仍然不足；生态文明建设运行机制上，主要靠行政命令的“唯上导向”，转向“市场导向”“民众导向”还需要很长的实践。微观层面上包括生态文明体制改革任务依然沉重，环保压力大、配套制度有短板、体制机制创新有待加强、考评机制不健全、社会参与度不够等。

（一）生态文明体制改革任务依然较沉重

1. 生态环保压力大

唐山煤产业、钢铁生产在带来巨大产量的同时，也带来了能耗和污染物排放等问题。唐山市核心区及周边 25 公里范围内有钢铁、焦化、电力、水泥等 42 家重化工、重污染、高排放企业，对中心区污染物贡献率达到 70% 左右。其中，21 家钢铁企业年排放一氧化碳约 200 万吨，空气环境质量标准评价体系实施以来，全国最为污染的十座城市的排行榜中，唐山多次上榜。唐山单位 GDP 能耗是河北省的 1.34 倍、全国的 2.11 倍，单位面积煤耗强度全国最大，二氧化硫、氮氧化物排放量均排在河北省第 1 位，可持续发展面临环境容量的严重制约。2018 年初，环保部公布的污染最严重城市中，唐山位居全国第四，且唐山市被列为京津冀大气污染防治重点控制区城市之一。

2. 结构性污染问题突出

作为华北地区典型的重工业城市，丰富的煤炭资源和优良的钢铁生产能力是唐山经济发展的主要动力来源。唐山由水泥、钢铁等重工业所创造的经济价值几乎占城市经济总量的三分之二。主要污染物来源于钢铁、焦化、发电、水泥、涉挥发性有机物行业企业污染物排放和燃煤、重型车辆运输。产业链条相对较短，产业可持续发展能力弱，区域生态环境和自然环境遭到了严重破坏。唐山市在经济发展与生态环境保护方面的关系十分紧张。

（二）生态文明体制改革制度供给有短板

1. 生态产业发展水平低、集聚度差

唐山生态产业企业规模小，城镇化水平低，基础设施薄弱，生产要素集聚度不高，资源共享性弱，产业层次低，特色产业优势不明显，难以形成较大的生产园区，集聚效应不明显。生态文明体制改革配套资金不足，财政收入增长缓慢，难以满足日益增长的生态保护投入。同时，治水、治气、治污等生态项目投入大、见效慢、回报周期长，社会参与的积极性普遍不高。

2. 绿色生态环保产业缺乏竞争力

唐山在推进产业转型升级的过程中，对高耗能、高污染、产能严重过剩的钢铁、煤炭、水泥行业更多的是实施差别水价、差别电价、惩罚性电价等惩罚性的价格措施，而在激励和促进产业转型升级、发展绿色生态环保产业、增强产业核心竞争力等方面的措施还不够多，效果也不是很明显。对“互联网 +”、现代物流、新材料、新能源、高端装备制造业等战略性新兴产业，价费扶持和激励政策还有待完善，致使企业缺乏转型升级的动力，产业核心竞争力不强。

（三）生态文明体制监管机制创新有待加强

1. 生态文明体制改革系统协调性有待加强

目前唐山推进绿色发展的制度和政策比较零散，还不足以形成系统推动力，难以将生态文明要求全面融入经济社会发展的全过程和各方面。环境监管职能分散，权力与责任不对等，统一监管不足，环境与发展的综合决策体系不健全。当有关部门因环境污染、生态破坏、资源开发利用等事项发生交互性的职权纠纷和矛盾时，环境保护主管部门的统一指导、协调和监督等职权作用的发挥，常常难以得到其他部门的认同。环境监管统管部门与行业主管部门之间存在职能交叉，且缺乏制度化、程序化、规范化的沟通协调机制。

2. 基层执法力量薄弱

生态环境承载力、环境容量对粗放式经济发展仍有一定的承受空间，虽然各地在政策层面对生态文明的响应较为积极，但环境保护仍以行政手段为主线，尚未完全转化为企业和公众的自觉行动；环境质量改善的力度、程度和进度与群众的要求仍有较大差距；环境管理机构编制数量较少、人员力量不足、人员素质层次不均衡，各部门之间还没有形成多部门执法联动机制，所以，基层生态环境执法力量十分薄弱，普遍存在执法不到位、执法不严的现象。

（四）生态文明体制改革考评机制不健全

1. 生态文明考核指标占比小

受过去较长时期以 GDP 为主要指标的考核制度影响，GDP 依然是唐山作为政绩考核的硬指标，在绩效考核中占相当大的比例。而与生态环境相关的指标，则成了可以灵活使用的“软指标”，所占比例微乎其微。企业作为市场主体，缺乏主动推进生态转型升级的动力机制。在现有的政府绩效考核机制下，政府和企业在寻求快速增长的 GDP 上形成了共同需要。无论是推进企业转型还是取缔这类污染严重的企业，短期内都将对地方财政收入和 GDP 造成影响。

2. 生态文明相关考核制度执行力有待加强

从评价指标来看，目前出台的评价指标体系关联度大，又各有侧重点，具有鲜明的部门特色，但尚未全面体现生态文明体制改革和实现高质量发展内涵。相关规定摆在纸上的多，动真格的少，考核内容、考核标准、考核程序、考核方法有待建立。缺少明确的牵头推进部门和协调机制；生态文明体制改革涉及面广，相关部门都在积极探索实现途径，但由于主管部门不明确及缺少相应的协调机制，生态文明体制改革考评处于无序状态，存在重复建设现象和政策真空地带。

（五）生态文明体制改革社会未形成共识

1. 生态环保理念滞后

在污染治理与环境改造的过程中，需要因地制宜，采取综合措施和方法，这不仅包括行政的、法律的、经济的措施，即国家的大政方针、政府的各项政策法规，也离不开城市管理者和居民综合素质的提高和环境意识的加强。虽然生态文明建设和环境保护工作早已成为唐山市建设发展的重要议题和工作中心之一，但是几十年来“重发展、轻保护”的理念还是留有一定的影响。人们往往认为，唐山市作为京津冀地区百年工业重镇，依托煤炭、钢铁等资源优势加快开发建设是大方向，过于强调环保而限制工业规模和产量的做法不太现实。

2. 公众对生态环境维权意识弱

社会公众对生态环境维权意识较弱，对环境维权的相关途径、程序等也缺乏相对清楚的认知。在现实中，除非他们的个人利益受到了明确的侵害，否则他们大都不愿意“多管闲事”。即便在自身权益受到侵害时，他们习惯将希望寄托于政府，不能真正保护自身权益。从利益诉求的表达和实现方式看，公众在生态文明建设中的参与常常停留在感性层面，带有无序化、非理性的特征，甚至陷入“不闹不解决，小闹小解决，大闹大解决”的怪圈。

3. 生态文明体制改革公众参与度不高

在唐山生态文明体制改革中，公众参与程度不高，参与的领域窄，对政府环境决策参与较少。究其原因，主要是公众参与缺乏相应的制度保障，参与程序、途径、方式不明确。相比城市居民赖以生存的物质环境和物质生活，环境意识等精神层面的需求所表现出的能动作用显得较为薄弱。目前，在法律的框架下，唐山市也陆续出台了一些法规和规范性条文，并且开始构建公众参与城市污染治理的基本法律、法规体系，但是与生态体制改革的社会共治目标还有很大的差距。

六、唐山深化生态文明体制改革的政策建议

唐山需要因地制宜，采取综合措施和方法深化生态文明体制改革。这不仅包括行政的、法律的、经济的措施，也离不开社会公众综合素质的提高和环境意识的加强，需要媒体和各种社会团体的监督和建议。其中，政府制定政策、引导监督、实施各重点领域生态文明体制改革推进，利用大众传媒和多种途径开展环境道德和文化宣传教育，助力形成公众参与城市生态环境污染治理的模式。企业通过技术改造，减少污染排放，降低污染对环境的破坏程度，公民自觉提高环保意识，主动监督环保违规违法行为，积极参与环境治理体系建设。

（一）全方位推进环境污染治理体系建设

1. 加大传统产业节能改造力度

对照生态文明体制改革目标任务，继续深入推进重点行业治理、机动车污染等方面治理任务的基础上，盯紧三项气态污染物和国控点周边等重点指标、重点区域，持续加大减排力度，强力落实攻坚措施，做实、做细停限产方案，坚决完成考核目标，实现空气质量、排名双改善。

2. 提高环保技术减排能力

通过技术手段，促进传统工业企业节能减排，助力唐山环境治理和生态文明建设。在钢铁行业，推广高炉、转炉、烧结、加热炉余压余热余气发电技术；在煤炭行业，推广应用干熄焦发电技术，减少酚、硫化物和氰化合物等有害物质排放；在水泥行业，推广能量梯级利用、余热余压回收等节能先进适用技术。

3. 加快污染企业搬迁进度

加快城区重化工业企业退城搬迁，从根本上解决污染问题。督促唐钢、唐银以及唐山热电等公司尽快上报搬迁计划。对提前完成关停搬迁的企业给予税收、土地、审批等多方面的补助支持；对未按时完成的环保治理任务，关停搬迁的企业继续实施征收差别电费措施，提高差别化标准，倒逼企业向沿海转移。综合施

策，全域统筹，坚决实现水质改善。

4. 切实提高精细化管理水平

充分发挥指挥中心统筹调度作用，增设网格监测点位和视频监控点位。落实“一个平台、四级管理、网格巡查”责任体系，进一步提升统筹调度能力，增加会商研判精准度，科学实施削峰降速管控措施。中心区钢铁企业停高炉比例提高至50%；其他县（市、区）钢铁企业停高炉比例提高至20%。采取常态化限产措施对市区唐钢、唐银、银水公司烧结机、竖炉，对唐电、华润电厂实施常态化降低生产负荷和污染物排放浓度措施；在气象不利扩散时段，对全市钢铁、焦化、电力、水泥等企业实施停限产。

5. 倡导循环经济理念，实现资源综合利用

在资源开发环节，做好尾矿、废石综合利用和矿区沉陷治理工作，改善矿区生态环境；在资源消耗环节，加强对能源、矿石、原材料、水等资源的管理，努力降低消耗，提高资源综合回收利用率；在废物产品处理环节，加强对各类废物的循环利用，降低废物最终处理量；在再生资源产生环节，大力回收和循环利用各种废旧资源，逐步做到所有垃圾分类收集，不断完善再生资源回收利用体系。

（二）完善生态文明体制改革的制度供给

1. 建立健全生态法律法规体系

从立法和执法两方面着手，健全资源型城市生态转型的法治保障。完善生态补偿机制，按照“受益者付费、保护者得到合理补偿”的原则，科学设计生态补偿价格政策，推行生态保护成效与资金分配挂钩的激励机制，加强对生态保护补偿资金使用和权责的监督管理，从而调动传统高耗能、高污染企业改善生态环境的积极性，减少污染物排放和能源资源的消耗。

2. 完善绿色生态环保产业政策体系

对新能源、新材料、高端装备制造等战略性新兴产业实行政策倾斜，推动产业结构转型升级，从而促进实体产业迈向中高端，增强实体产业的核心竞争力。实施鼓励低耗能企业发展的价格激励政策，支持高耗能企业技改增效。通过构建资源环境价格补贴政策，对实施技术改造升级，应用新工艺、新材料、新技术、

新设备的企业给予经常性的价格补贴，引导企业通过技术设备升级、产品链条延伸、规模档次进阶、两化深度融合等手段，改造提升传统产业，促使传统产业向绿色、高端、集约、高效方向转变，稳步迈向中高端。

3. 加大环保产业企业科技技术资金扶植

科技和资金是城市环境建设的物质保障和必要基础，因此要在政策引导下采取各种措施加大各类资金投入。高度重视生态技术的研究、开发、引进、利用。重视发展生态农业、生态工业，重视引进海内外专业技术人才。鼓励新能源企业建设技术中心、重点实验室和工业设计中心，积极推进“产学研金政”合作，推进产业技术创新联盟建设，扶持具有广阔市场前景的高新能源、新材料等产业，促进新能源企业发展。

4. 加大生态产业扶持力度

根据唐山各地区不同的地域产业优势，实行差异化扶持政策，促进全域旅游、现代农业等地方产业进入快速发展通道，促进企业绿色转型发展；同时，加大扶持力度，建立“院士”“专家”工作站，实行有目标性的靶向式、订单式选派，精准匹配生态产业与人才，培训地方产业人才，弥补人才短板。

（三）创新生态文明政府监管的体制机制

1. 着力提升指挥监管能力

深度挖潜指挥中心统筹指挥调度能力，提高监督监控能力。落实“一个平台、四级管理、网格巡查”责任体系，进一步提升会商研判精准度，针对不利污染扩散时段，及时准确下达管控指令。持续加大明察暗访力度，保持高压执法态势，对落实停产指令不到位问题，严格依法依规做到停产、移交、处罚、曝光、问责到位。

2. 完善生态文明建设利益分享机制

实行“谁招商、谁受益，谁落地、谁受益”的财力分享政策，对县区之间的生态文明建设项目，由县区自行协商确定分享机制，将各级收取的土地管理费等行政事业性收费、政府基金，除按规定上缴中央和省财政部分外，属本级管理权限内的非税收入可予减免；要注重长远发展，把分成财力用于基础设施建设，同时尽力争取河北省专项资金和相关优惠政策，推动项目的滚动发展。建立常态联动制度，让政策落地。

3. 加强部门协调合作

政府决策要充分考虑到城市发展与城市生态平衡相协调的相关工作，需要加强各部门的协调与合作，比如环保部门与法律、督察、执行部门的协作，与媒体的沟通与互动等。所以，有必要继续完善生态建设和环境保护管理决策机制与协调机制，以确保环境保护和生态建设投资长期稳步增长。同时积极动员社会力量，构建高效的环境管理与公众参与机制，拓宽公众参与渠道，提高居民环保认知水平，提升城市整体的公众环境意愿，鼓励发展循环经济，节能减排。

（四）健全生态文明体制改革的考评机制

1. 建立科学的生态文明政绩考核评价机制

通过综合考量和设计生态文明体制文明考核评价体系，对政府及工作人员关于落实生态文明体制改革状况进行全面考核评价。评价机制要协调好 GDP 与生态文明之间的关系，二者并不是一对有你无我的矛盾，而是社会经济发展的两个重要方面。要使政府的权力、义务置于法律和公众的监督之下，建立宽严并济的政府生态职能问责机制。

2. 更加突出生态文明建设考核导向

对重点生态功能区，要进一步加大生态建设、生态保护、生态惠民等可持续发展指标的考核分值比重，逐步淡化经济类指标考核；同时提高单位生态指标奖补额度，让考核导向更加精准、更加科学，让重点生态功能区更加集中精力投身生态建设和保护，实现生态建设“强项更强、优势更优”。

3. 建立健全企业生态保护激励约束机制

政府要综合运用法制、财税、投资、信贷、价格、产业政策和资源配置等手段，一方面鼓励工业企业发展循环经济和生产绿色产品；另一方面继续加大对高能耗、重污染的企业和落后生产能力的淘汰力度，坚决抑制高耗能、高排放行业过快增长。

4. 深入开展督查问题整改

进一步整合执法资源、提升执法能力，加强市县联动、实施交叉执法，保持打击环境违法高压态势。督导各类上级督查交办问题依法依规整改到位，防止死灰复燃。充分发挥国控点执法专班力量，组成三个应急处置专班，建立包点责任制，对国控点死看死守。

5. 建立第三方评估机制

引入第三方评估机构，建立科学规范评估机制。强化巩固绩效评估机构的重要地位，尤其是在法律方面，通过法律保障信息的收集、评估活动的开展以及顺利实施，对评估结果进行分析。制定法规制度或细则，对一些冲突比较严重的问题或者边缘性问题作出规定，让工作更加有章可循。

6. 强化评估结果应用

落实多部门联合奖惩机制，充分运用信用评价结果，建立和完善与财政、商务、工商、税务、安监、质监、国资、海关、物价等有关主管部门和行业组织的信息共享机制，实现企业环境信用多部门联动激励、惩戒，依法依规对环境信用不良企业给予行政性、市场性、行业性、社会性约束和惩戒，让环境守信企业处处得益，环境失信企业处处受限，督促企业持续改善环境行为，自觉履行环保法定义务和社会责任。

（五）构建生态文明社会共同治理大格局

制度化公众参与治理生态环境保护和生态文明建设。把公众参与引导到制度化的轨道，健全和完善公众参与生态文明建设的路径、形式和程序等，并以制度形式为其提供有力保障，如制定环境信息公开与自由获取制度、环境影响评价制度、公众参与决策制度、环境问题投诉制度、环境公益诉讼制度等。

文化建设突出生态文明理念。通过制度和宣传工作，加强公众对环境保护的认识，自觉参与到拥护政府工作当中，发挥民意在保护环境中的作用，让每一个公民都能够从自身做起，注意环境的治理，丰富公众参与环境治理的形式。

基层生态文明体制改革强化党的领导作用。提高基层党委、政府及其职能部门生态文明保护的专业化水平和执行能力，避免出现因不会干而导致改革方案

“空转”的现象。改革创新基层干部用人导向，制定科学有效的干部考绩法，倒逼党员干部争当“改革型”“担当型”干部，推动思想大解放、作风大转变、执行力大提升，为实现绿色高质量发展集聚强大内生动力。鼓励基层根据唐山有关改革方案、结合当地实际进行改革创新，建立和完善容错纠错机制，在改革方案设计与落实之间建立反馈、评估和调整机制。

建立“内外结合”的生态监管机制。生态文明体制改革需要从官方到民间团体，从现实社会到网络舆情的全面监督。尤其针对传统产业绿色转型发展，不仅需要外在法律、制度的保障，更需要内部的宣传推广和质量监督。通过综合运用报纸、广播、电视、网络等各类新闻媒体进行环保宣传；开设专题专栏，集中展示生态文明体制改革的重大成果，广泛征集社会各界的改革意见建议。

创新地推行第三方监督机制，健全和有效行使政府生态职能监管机制。尽快形成一个以生态环保部门为主体，舆论媒体、社会组织和广大群众广泛参与的监管机制，有力督促政府和各职能部门积极履行生态职能和责任，促使生态文明在广泛有效的监督下得到更为充分的落实。

强化联动协作，严格落实责任，按照既定目标、既定时限、既定标准，严格督导考核、严肃追责问责，通过开展专项工作发现和树立典型，加大对环保违法行为的曝光力度，推动各方面合力攻坚，形成生态文明建设人人参与、共建共享的社会风尚。

执笔：李红娟

第四部分

巨鹿公立医院综合改革

摘要： 巨鹿县是公立医院综合改革第二批国家级示范县，近年来大力推动公立医院综合改革工作向纵深发展，革新补偿机制，整合各类资源，改革管理体制，创新支付方式，拓展医改内容，取得了十分显著的改革成效，得到了高度肯定和认可。

巨鹿县公立医院改革的主要特点是，充分尊重医改客观规律，精准把握医改动力来源，始终坚持基本公益属性，坚持问题导向推进改革，先人一步完成“规定”动作，快人一招创新“自选”动作，坚持统筹系统协调推进，坚持提升资源使用效率，管理体制改革分步推进，政府坚守诚信兑现承诺。

当前，县级公立医院改革面临的主要问题是改革动力不强，资金缺口较大，政府投入不足，权责关系不够明晰，医疗机构服务能力有待提高，分级诊疗制度推行难度大，配套政策未能全面落实；巨鹿县还面临着资金缺口较大、药品采购议价难、医技人才严重不足、法人治理机制不够健全、历史债务包袱较重等困难。政策建议是加快转变政府职能，突出政府主导地位；加大政策宣传力度，提升改革认同度；完善政府投入机制，增强资金保障能力；探索支付方式改革，加强医保控费力度；完善改革配套政策，促进医院健康发展；建立现代管理理念，视人力为资源；建立现代服务理念，强化市场意识；建立科学补偿机制，正向引导激励。

关键词： 巨鹿县　公立医院　综合改革　创新实践

公立医院改革是深化医药卫生体制改革的一项关键任务，县级公立医院改革是全面推进公立医院改革的重点内容。县级公立医院是农村三级医疗卫生服务网络的龙头和城乡医疗卫生服务体系的纽带，并与城市大医院分工协作，在医疗卫生资源共建共享、医疗卫生服务城乡联动中发挥着不可或缺的作用。推进县级公立医院改革，是解决群众“看病难、看病贵”问题的关键环节，是更好地满足群众基本医疗卫生服务需求的主要途径，是统筹城乡医疗卫生事业发展的重大举措，是推进健康中国战略实施和社会主义现代化建设的内在要求。

2009 年新医改启动以来，县级公立医院综合改革经过了一个“试点—推进—全面推开”的发展历程。2012 年县级公立医院综合改革试点启动以来，各试点县（市）积极探索、大胆创新，围绕政事分开、管办分开、医药分开、营利性和非营利性分开的改革要求，以破除“以药补医”机制为关键环节，统筹推进管理体制、补偿机制、人事分配、价格机制、医保支付制度、采购机制、监管机制等综合改革，改革过程取得进展，改革成果比较显著。但是，县级公立医院综合改革仍是一项长期艰巨的任务，破除以药补医成果尚需巩固，管理体制和人事薪酬制度改革有待深化，医疗服务能力有待提高，改革的综合性和联动性有待增强，需要以问题为导向，持续拓展深化改革。

巨鹿县是公立医院综合改革第二批国家级示范县。近年来，巨鹿县大力推动公立医院综合改革工作向纵深发展，在全省率先推行了长期护理险制度，被确定为全省长期护理险试点县。全面取消药品加成，积极调整服务价格。建立医共体检验中心，县医院与三家乡镇卫生院检验、心电、影像实行同质化管理，变“群众跑腿”为“数据跑腿”。探索医养结合养老模式，初步形成了县、乡、村三级医疗养老服务体系。县医院率先探索实施“先看病后付费”的诊疗模式。通过公立医院综合改革的持续推进，巨鹿县城乡居民的就医条件更加便利，医疗费用支出大幅降低，群众满意度得到显著提升。

巨鹿县是一个总人口 42 万人、农业人口达 38.5 万人的传统农业县，总面积 631 平方公里，辖 7 镇 3 乡 291 个行政村。全县共有县级医疗机构 2 家，疾控、妇幼机构各 1 家，县卫生学校 1 家，乡镇卫生院 10 家，村卫生室 342 个，卫生技术人员 1654 人。通过大胆改革、主动创新，巨鹿县积极构筑起以县医院为龙头、乡镇卫生院为枢纽、村卫生室为基础的三级医疗服务网络，推进县级公立医院综合改革全面有序有效开展，并取得了十分显著的改革成效，得到国家领导人、国家卫健委和河北省的高度肯定。从更好推进县级公立医院改革的角度来看，巨鹿县的做法值得总结提炼，经验可以复制推广。

本研究报告以巨鹿县公立医院改革为样本，基于我国深化医药卫生体制改革和实施“健康中国2030”战略的宏观背景，深入剖析改革的逻辑主线、主要做法和成功经验，探寻在县级层面开展公立医院综合改革的巨鹿模式。

图1　在“中国改革（2018）年会暨改革开放40年地方改革创新40案例高层研讨会”上，巨鹿县医养结合工作成功入选全国“改革开放40年地方改革创新40案例”名单

一、我国县级公立医院改革总体情况

（一）县级公立医院改革的时代背景

1. 2009年：深化医药卫生体制改革

2009年，中共中央、国务院印发《中共中央、国务院关于深化医药卫生体制改革的意见》（中发〔2009〕6号，以下简称《意见》）。《意见》要求推进公立医院改革试点，主要措施包括改革公立医院管理体制、运行机制和监管机制，积极探索政事分开、管办分开的有效形式，完善医院法人治理结构。推进公立医院补偿机制改革，加大政府投入，完善公立医院经济补偿政策，逐步解决“以药补医”问题。加快形成多元化办医格局，鼓励民营资本举办非营利性医院。大力改进公立医院内部管理，优化服务流程，规范诊疗行为，调动医务人员的积极性，提高服务质量和效率，明显缩短病人等候时间，实现同级医疗机构检查结果互认，努力让群众看得起病、看得好病。2009年，国务院印发《医药卫生体制改革近期重点实施方案（2009—2011 年）》，提出 2009—2011 年重点抓好的五项改革之一就是推进公立医院改革试点。其中明确要求确保公立医院的公益性质和社会效益，提高医疗服务质量和效率，控制医疗服务成本，是本次公立医院改革的出发点。原国家卫生计生委提出试点工作的具体步骤是：从 2009 年开始，制定试点方案，选择若干城市和公立医院开展试点，及时进行总结评估，形成公立医院改革的总体思路和主要政策，2011 年逐步推开。

2. 2011 年：分类推进事业单位改革

事业单位是经济社会发展中提供公益性服务的主要载体，是我国社会主义现代化建设的重要力量。加快事业单位改革是政府转变职能、建设服务型政府的必然要求。改革开放以来特别是党的十八大以来，各地区、各部门积极探索事业单位改革，不断创新事业单位体制机制，稳步推进教育、科技、文化、卫生等领域的事业单位改革。县级公立医院属于事业单位，与国家整体推进的事业单位改革大背景密切相关。2011 年，中共中央、国务院印发《关于分类推进事业单位改革的指导意见》（中发〔2011〕5 号），明确了改革的基本原则，提出了改革的总目标和阶段性目标，要求到 2020 年，建立起功能明确、治理完善、运行高效、监督有力的管理体制和运行机制。

县级公立医院是公益二类事业单位，是县域内的医疗卫生服务中心、农村三级医疗卫生服务网络的龙头和城乡医疗卫生服务体系的纽带，是政府向县域居民提供基本医疗卫生服务的重要载体。承担县域居民的常见病、多发病诊疗，危急重症抢救与疑难病转诊，农村基层医疗卫生机构人员培训指导，以及部分公共卫生服务、自然灾害和突发公共卫生事件应急处置等工作。事业单位改革对县级公立医院改革形成直接影响，提出了改革的基本方向和总体目标，并对一些改革任务和重大举措提供指导。

3. 2011 年：公立医院改革试点

2011 年，国务院印发了《2011 年公立医院改革试点工作安排》（以下简称《工作安排》），其中明确了五项重点改革任务：一是开展重大体制机制综合改革试点；二是推进公立医院服务体系建设发展；三是推行惠民便民措施；四是充分调动医务人员积极性；五是促进形成多元化办医格局。《工作安排》要求优先建设发展县级医院。政府在每个县重点办好1所县级医院，中央支持县级医院（含中医医院）标准化建设。人口数超过30万的县（市）2011年底前基本建成1所二级甲等以上的公立医院，使常见病、多发病、危急重症和部分疑难复杂疾病的诊治能够在县域内基本解决。逐步推进县级医院综合改革，制定县级医院综合改革方案，在全国选择300所服务人口较多、基础较好的县级医院进行以人事管理和收入分配、绩效考核、优质护理服务、支付方式、调整医疗服务价格、实施临床路径、推进信息化建设等为重点的综合改革试点。

4. 2013年：全面深化改革

2013年，党的十八届三中全会通过《中共中央关于全面深化改革若干重大问题的决定》（以下简称《决定》），这标志着我国社会主义事业进入全面深化改革阶段。《决定》提出，要深化医药卫生体制改革，统筹推进医疗保障、医疗服务、公共卫生、药品供应、监管体制综合改革。重点任务包括，深化基层医疗卫生机构综合改革，健全网络化城乡基层医疗卫生服务运行机制。加快公立医院改革，落实政府责任，建立科学的医疗绩效评价机制和适应行业特点的人才培养、人事薪酬制度。

5. 2016年：健康中国2030战略

2016年，中共中央、国务院印发《"健康中国2030"规划纲要》（以下简称《规划纲要》）。《规划纲要》要求，加快建立更加成熟定型的基本医疗卫生制度，维护公共医疗卫生的公益性，有效控制医药费用不合理增长，不断解决群众看病就医问题。推进政事分开、管办分开，理顺公立医疗卫生机构与政府的关系，建立现代公立医院管理制度。清晰划分中央和地方以及地方各级政府医药卫生管理事权，实施属地化和全行业管理。推进军队医院参加城市公立医院改革、纳入国家分级诊疗体系工作。

（二）县级公立医院改革的总体进展

1. 县级公立医院改革进展状况

（1）启动县级公立医院综合改革试点（2012年）

2012年，国务院办公厅印发了《关于县级公立医院综合改革试点的意见》

（国办发〔2012〕33 号），在全国 311 个试点县（市）启动改革试点。改革试点的总体要求是保基本、强基层、建机制，基本原则是上下联动、内增活力、外加推力，改革要求是政事分开、管办分开、医药分开、营利性和非营利性分开，关键环节是破除“以药补医”机制，切入点是改革补偿机制和落实医院自主经营管理权，重点领域是管理体制、补偿机制、人事分配、价格机制、医保支付制度、采购机制、监管机制等，改革目标是县域内就诊率提高到 90% 左右，基本实现大病不出县。

县级公立医院改革试点的关键是明确县级公立医院的功能定位。县级公立医院是县域内的医疗卫生中心和农村三级医疗卫生服务网络的龙头，并与城市大医院分工协作。主要为县域居民提供基本医疗服务，包括三个方面：一是运用适宜医疗技术和药物，开展常见病、多发病诊疗，危急重症病人救治，重大疑难疾病接治转诊；二是推广应用适宜医疗技术，为农村基层医疗卫生机构人员提供培训和技术指导；三是承担部分公共卫生服务，以及自然灾害和突发公共卫生事件医疗救治等工作。

县级公立医院改革试点的主要内容包括六个方面：一是改革补偿机制，取消药品加成政策，将试点县级医院补偿由服务收费、药品加成收入和政府补助三个渠道改为服务收费和政府补助两个渠道，包括发挥医疗保险补偿和控费作用、调整医疗服务价格、规范药品采购供应、落实和完善政府投入政策等。二是改革人事分配制度，包括创新编制和岗位管理、深化用人机制改革、完善医院内部收入分配激励机制等。三是建立现代医院管理制度，包括建立和完善法人治理结构、优化内部运行管理、完善绩效考核等。四是提升基本医疗服务能力，包括合理配置医疗资源、提高技术服务水平、加强信息化建设、提升县域中医药服务能力、加强人才队伍建设、开展便民惠民服务等。五是加强上下联动，逐步形成基层首诊、分级医疗、双向转诊的医疗服务模式。六是完善监管机制，包括加强卫生行政部门对医疗质量、安全、行为等的监管和建立医保对医疗机构的激励与惩戒并重的约束机制。

（2）推进县级公立医院综合改革（2014 年）

2014 年，原国家卫计委、财政部、中央编办、发展改革委、人力资源社会保障部联合印发了《关于推进县级公立医院综合改革的意见》（国卫体改发〔2014〕12号），要求坚持公立医院的公益性质，更加注重改革的系统性、整体性和协同性，更加注重体制机制创新和治理体系与能力建设，更加注重治本与治标、整体推进与重点突破的统一，综合改革的重点领域是管理体制、补偿机制、价格机制、药品采购、人事编制、收入分配、医保制度、监管机制等。

综合改革明确县级公立医院是公益二类事业单位，是县域内的医疗卫生服务中心、农村三级医疗卫生服务网络的龙头和城乡医疗卫生服务体系的纽带，是政府向县域居民提供基本医疗卫生服务的重要载体。县级公立医院承担县域居民的常见病、多发病诊疗，危急重症抢救与疑难病转诊，农村基层医疗卫生机构人员培训指导，以及部分公共卫生服务、自然灾害和突发公共卫生事件应急处置等工作。

县级公立医院综合改革的主要内容包括九个方面：一是改革管理体制，包括建立和完善法人治理结构、合理配置资源等。二是建立科学补偿机制，包括破除以药补医、理顺医疗服务价格、落实政府投入责任等。三是完善药品供应保障制度，包括改革药品集中采购办法、保障药品供应、建立严格的诚信记录和市场清退制度等。四是改革医保支付制度，包括深化支付方式改革、加强医保对医疗服务的监督和制约等。五是深化人事、分配制度改革，包括合理核定编制、改革人事制度、建立适应行业特点的薪酬制度、建立科学的绩效评价机制等。六是加强医院管理，包括落实院长负责制、优化内部运行管理、规范医疗服务行为等。七是提升服务能力，包括建立适应行业特点的人才培养制度、推进信息化建设、落实支持和引导社会资本办医政策等。八是加强上下联动，包括促进医疗资源纵向流动、完善合理分级诊疗模式等。九是强化服务监管，包括严格行业管理、发挥社会监督和行业自律作用、促进医患关系和谐等。

（3）全面推开县级公立医院综合改革（2015年）

2015年，国务院办公厅印发了《关于全面推开县级公立医院综合改革的实施意见》（国办发〔2015〕33号），在全国范围内正式拉开改革大幕。把深化公立医院改革作为保障和改善民生的重要举措，将公平可及、群众受益作为改革的出发点和立足点，统筹推进医疗、医保、医药改革，着力解决群众看病就医问题。改革目标是建立维护公益性、调动积极性、保障可持续的运行新机制，县级公立医院看大病、解难症水平明显提升，基本实现大病不出县，努力让群众就地就医。

全面推开县级公立医院综合改革的主要内容包括九个方面：一是优化县域医疗资源配置，包括明确县级公立医院功能定位、编制县域医疗卫生服务体系规划、明确县级公立医院床位规模建设标准和设备配置标准、落实支持和引导社会资本办医政策等。二是改革管理体制，包括建立统一高效、权责一致的政府办医体制，落实县级公立医院独立法人地位和经营管理自主权，建立科学的县级公立医院绩效考核制度，健全县级公立医院内部管理制度等。三是建立县级公立医院运行新机制，包括破除以药补医机制、理顺医疗服务价格、落实政府投入责任等。四是完善药品供应保障制度，包括降低药品和高值医用耗材费用、加强药品配送管理、加强药品采购全过程监管等。五是完善医保支付制度，包括深化医保支付方式改革，总结推广支付方式改革经验，充分发挥各类医疗保险对医疗服务行为和费用的调控引导与监督制约作用，逐步提高保障绩效等。六是建立符合行业特点的人事薪酬制度，包括完善编制管理办法、改革人事制度、合理确定医务人员薪酬水平、完善医务人员评价制度等。七是提升县级公立医院服务能力，包括加强县级公立医院能力建设、加强信息化建设等。八是加强上下联动，包括推动医疗资源集约化配置、建立上下联动的分工协作机制、推动建立分级诊疗制度等。九是强化服务监管，包括强化卫生计生行政部门医疗服务监管职能，强化对医务人员执业行为的监管，严格控制医药费用不合理增长，发挥社会监督和行业自律作用等。

（4）县级公立医院综合改革示范（2016 年）

2016 年，国务院医改办、国家卫生计生委、财政部联合在江苏省启东市、安徽省天长市、福建省尤溪县、青海省互助土族自治县开展县级公立医院综合改革示范工作。

江苏省启东市的主要做法有：一是发挥医疗管理集团功能，完善市镇村一体化管理体系，包括优化公立医院法人治理结构、彻底破除以药补医机制、改革人事薪酬分配制度、规范医保管理运行机制等。二是完善分级诊疗制度，建立上下联动协作机制，就医新格局基本形成。

安徽省天长市的主要做法有：一是深化县级公立医院改革，让“龙头”真正强起来，包括管理上“有收有放”（“收”就是统一政府办医决策权，“放”就是放开医院自主经营管理权）、运行上“有破有立”（“破”就是破除以药补医，“立”就是建立全新运行机制）、监管上“内规外控”（“内规”就是加强医院自身规范管理，“外控”就是发挥政府监管职能）等。二是建设医疗服务共同体，让“资源”真正活起来，包括注重三个整合使大小医院成为“一家人”（整合城乡医疗机构，整合区域信息平台，整合医疗服务资源）、坚持三条原则使上下联动变成“一条心”（坚持利益共享原则，坚持责任共担原则，坚持发展同向原则）、围绕三个重点深化医改闯出“一条路”（围绕基金安全实行按病种付费，围绕服务规范推行临床路径管理，围绕居民健康转变卫生发展理念）等。三是巩固完善基层医改，让“网底”真正兜起来，包括提升基层保障能力、提升基层内在活力、提升基层服务能力等。改革成效主要体现为：一是群众、医护人员满意度“双提高”；二是县级、基层医疗机构服务能力“双提升”；三是县外就诊回流、县内基层首诊幅度“双增长”；四是人才队伍建设和医疗服务质量提升“双加强”；五是医疗费用增幅和基金支出“双下降”。

福建省尤溪县的主要做法有：一是实施三医联动改革，实现“腾笼换鸟”目标，包括改革医药腾空间、改革医疗堵浪费、改革价格调结构、改革医保增效益、改革管理保目标等。二是创新三项分配机制，探索建立行业薪酬制度，包括实行医院工资总额制、实行全员目标年薪制、实行年薪计算工分制等。三是联推三级同步发展，构筑分级诊疗制度，包括以组建医疗联合体为纽带带动分级诊疗、以提升服务能力为突破口助推分级诊疗、以筑牢网底为载体保障分级诊疗等。四是推行四级共保工程，提升全民健康水平，并行实施“一组团、一包干、互结算、两允许”机制（一组团，即组建沈城、沈溪两个医联体；一包干，即将预留大病保险和第三次精准补助后的基本医疗保险基金划片包干给两个医联体使用；互结算，即结余的医保基金由两个医联体之间、县乡村医疗机构之间、民营医疗机构与医联体之间互为结算；两允许，即允许结余的基金直接纳入医院医务性收入用于计算工资总额，允许健康促进经费从医疗机构的成本中列支），包括改革医疗服务模式、转变医疗服务方向、开展健康尤溪行动等。改革成效主要体现为“四增一减”，即财政投入增加，医院医务性收入增加，医务人员收入增加，医保基金结余增加，患者自付医药费用减少。

青海省互助土族自治县的主要做法有：一是强化领导、高位推动，着力加强对医改工作的组织领导。二是加大投入、积极作为，全面落实政府办医主体责任。三是明确权责、内外兼修，建立公立医院管理运行新机制。四是夯实基础、上下联动，建立合理有序的分级诊疗体系。五是招才纳智、软硬并重，助力县级医院提档升级。改革成效主要体现为，县域内综合服务能力明显提升，“改革主力军”积极性得到有效调动，广大患者在家门口享受优质医疗服务。

2. 县级公立医院改革的总体成效

县级公立医院综合改革全面推开以来，取得了明显成效，主要体现在以下七个方面：

第一，顶层设计进一步完善。“33 号文件”系统规划了县级公立医院综合改革的顶层设计，明确优化资源配置、改革管理体制、建立运行新机制、完善药品供应保障制度、改革医保支付制度、建立符合行业特点的人事薪酬制度、加强能力建设和信息化建设、加强上下联动、强化服务监管等 9 个方面 31 项改革任务。三年来，国务院办公厅及有关部门又陆续出台了现代医院管理制度、医疗卫生服务体系规划、分级诊疗和医联体建设、药品集中采购和两票制、公立医院薪酬制度改革试点等 30 多项配套政策。改革路径更加清晰，政策措施更加细化、实化、具体化，为改革提供了依据遵循。

第二，医改组织领导体制持续强化。目前全国绝大多数省市自治区由党政主要负责人担任医改领导小组组长，安徽等省份明确由一位政府领导分管医疗、医保、医药工作，并对其充分授权，统筹推动“三医联动”改革，提高了改革的系统性、整体性和协同性。

第三，政府办医责任得到加强。完善了医院规划布局，使资源布局更加合理，功能定位更加明确，基本实现每个县（市）有 1 所综合医院和 1 所中医医院（民族医医院）。加大财政投入力度，各地落实对县级公立医院的六项投入政策，财政补助占县级公立医院收入的比重逐年提升。积极化解债务，部分省份梳理公立医院债务，结合实际在县级层面加大债务化解力度。动态调整医疗服务价格，进一步提高医务人员技术劳务价格，医院收入结构趋向合理。

第四，现代医院管理制度加快构建。全国绝大多数县（市）积极行动，探索以公立医院管理委员会为主要形式的政府办医体制，统筹履行政府办医职能，对公立医院资产、财务、人事、薪酬、绩效考核、政府投入等实行统一决策，将内部人事管理、绩效分配、预算执行等经营管理自主权下放给医院。

第五，人事薪酬制度改革加快推进。创新编制管理，全国近半数县级公立医院重新核定了人员编制，一部分县（市）实行编制备案制。加大薪酬制度改革力度，稳步提高医务人员薪酬水平，调动医务人员积极性。

第六，医保支付方式改革逐步深化。全国过半数县级公立医院开展了按病种付费改革，医保支付效率得到较大提升。

第七，综合改革示范工作成效初显。4 个试点县（市）初步形成了各具特色的改革经验。启东市组建两大医疗集团，实行发展规划、人事管理、财务管理、资源调配、绩效考核的一体化管理，提升基层服务能力，推进分级诊疗制度建设。天长市以县域医疗服务共同体为载体，以医保支付方式改革为纽带，构建整合型医疗服务体系。尤溪县推动医疗、医保、医药“三医”联动改革，降低药品、耗材、器械价格，理顺医疗服务价格，“三保合一”相衔接，实现公立医院补偿机制成功转型。互助土族自治县加大对医疗卫生机构的投入和对乡村医生的补助力度，实施县乡村行政、业务、人员、资产、财务一体化改革，通过财政投入和体制改革提升县域医疗服务能力。

3. 县级公立医院综合改革存在的主要问题

与改革要求和群众期盼相比，县级公立医院综合改革还有不小差距。有些地方的医改仍不得力，还不够彻底。第一，部分地区对医改工作不够重视，没有把医改摆在全面深化改革的重要位置，没有将其作为一项重要民生工作来推动。部分县（市、区）没有建立起问责机制，部门之间存在互相掣肘、合力不足、协同配合不到位的情况。第二，部分地区对改革的内在逻辑、节奏和顺序把握不准，一些地方仅满足于取消药品加成，药品生产流通使用领域改革没有推开，药价虚高问题依然存在，造成可用于调整医疗服务价格的空间十分有限。政府六项投入还不到位，影响了公立医院公益性的实现。第三，分散的医保管理体制和粗放的医保管理方式，使大多数县（市、区）支付方式改革仍停留在部分医院、部分病种，“结余留用、合理超支分担”的激励约束机制尚未健全。第四，县级公立医院人事编制制度改革尚未取得实质性突破，薪酬制度改革“两个允许”政策还没有完全落地，影响了医务人员参加改革的积极性。第五，现代医院管理制度尚未完全建立，法人治理结构还不健全，决策机制和路径还不完善。第六，分级诊疗制度尚未实质性发挥作用，上转容易下转难、基层医疗机构患者不足等问题依然存在。

二、巨鹿县公立医院改革创新实践的主要做法

2012 年，巨鹿县印发《巨鹿县 2012 年县医院综合改革实施方案》，从药品、医疗服务价格、医保报销政策、医院管理制度等方面入手，全面推开医改工作，正式拉开了巨鹿医改的序幕，巨鹿县医院被列为河北省县级公立医院综合改革试点医院。2013 年，巨鹿县申报国家县级公立医院综合改革试点。2014 年，巨鹿县成为全国县级公立医院综合改革第二批试点县，制定了《巨鹿县 2014 年全面推进县级公立医院改革实施方案》，推动医改继续深化。2016 年，巨鹿县被确定为河北省创建县级公立医院综合改革示范县，出台并实施了包括编制动态管理、薪酬改革、绩效考核、药品集中采购等在内的一系列文件，取得了明显成效。

综合来看，巨鹿县以公立医院综合改革示范创建活动为契机，深入推进医药卫生体制改革，大力实施城乡医疗协同发展和一体化建设，健全了县、乡、村三级医疗服务网络，为广大人民群众提供了优质、高效的医疗卫生服务。

（一）革新补偿机制，促进公立医院降费提效

1. 全面取消药品加成

“以药养医”是公立医院改革着力破解的痼疾。长期以来，一些医疗机构存在滥开大处方等逐利倾向，违背公立医院姓“公”的本质，破坏了群众的信任度与获得感。2009 年新一轮医改启动以来，我国一直将取消药品加成作为破除

“以药养医”机制的突破口。2017 年政府工作报告提出，我国全面推开公立医院综合改革，全部取消药品加成。医药控费、控制药占比、回归公益性成为医改“高频词”。2017 年 4 月，原国家卫计委等 7 部门联合印发《关于全面推开公立医院综合改革工作的通知》，设定“时间表”、绘制“路线图”，拉开了我国全面取消药品加成的大幕。

河北省政府办公厅下发《河北省 2017 年深化医药卫生体制改革重点工作任务》，对药品供应保障提出了具体要求，所有公立医院除中药饮片外，2017 年 8 月底前全面取消药品加成。通过规范诊疗行为，减少不合理用药和检查等现象，逐步增加医疗服务收入在医院总收入中的比例。前四批国家公立医院综合改革试点城市 2017 年底前药占比（不含中药饮片）总体降到 30% 左右，百元医疗收入（不含药品收入）中消耗的卫生材料降到 20 元以下。全面推开城市和县级公立医院医药价格改革并实现动态调整，探索建立医疗服务价格区域协调制度，提升能够体现医务人员技术劳务价值的服务价格，并与医保支付、医疗控费政策同步实施，确保群众费用负担总体不增加。控制医药费用不合理增长，各市量化年度医疗费用增长控制目标，2017 年全省公立医院医疗费用平均增长幅度控制在 10% 以下。各地要把公立医院控费情况与院长绩效考核、医务人员奖励和绩效工资分配等挂钩。建立重点药品跟踪监控制度，筛选辅助性、营养性、临床上容易滥用的药品品规（厂家）进行重点跟踪监控。

巨鹿县很早就开始了药品零加成的实践。2012 年，《巨鹿县 2012 年县医院综合改革实施方案》印发，规定从 2012 年 10 月 1 日起，全部药品实行零差率销售，降低大型医用设备检查价格。补偿药品零差率和降低大型医用设备检查价格造成的减收，60% 通过调整医疗技术服务价格（手术费、治疗费、护理费、诊查费）弥补，30% 由县财政予以补贴，10% 通过医院降低消耗、减少成本支出内部消化，“631”补偿政策正式建立。2014 年，《巨鹿县 2014 年全面推进县级公立医院改革实施方案》印发，要求破除以药补医，取消药品（不含中药饮片）加成政策，县级公立医院因此减少的合理收入原则上按照 6∶3∶1 分担机制进行补偿。2016 年，《巨鹿县全面深化县级公立医院综合改革实施意见》印发，重申县医院、中医院要严格按照改革既定要求，破除以药补医，取消药品加成（中药饮片除外），实行零差率销售。将医院的药品贮藏、保管、损耗等费用列入医院运行成本予以补偿，全面落实“631”补偿政策。

2. 调整医疗服务价格

医疗服务价格是医院管理和发展的永恒主题，也是医药卫生体制改革的重要环节，关系到医院的生存和发展问题。建立科学合理的医疗服务价格机制，控制医院运营成本，有助于医院更好地为广大人民群众提供医疗卫生服务。

2014 年，原国家卫生计生委等部委印发的《关于推进县级公立医院综合改革的意见》要求按照“总量控制、结构调整、有升有降、逐步到位”的原则，体现医务人员技术劳务价值，综合考虑取消药品加成、医保支付能力、群众就医负担以及当地经济社会发展水平等因素，合理调整价格，逐步理顺医疗服务比价关系。提高诊疗、手术、护理、床位和中医服务等项目价格。降低药品和高值医用耗材价格，降低大型医用设备检查、治疗价格。鼓励医院通过提供优质服务获得合理收入。2014 年，河北省出台《河北省人民政府办公厅关于全面推进县级公立医院综合改革的实施意见》，将县级公立医院医疗服务价格管理权限下放到各设区市和定州、辛集市及扩权县（市）。进一步要求调整医疗服务价格必须以不增加患者实际医药费用负担为前提，价格调整政策与医保支付政策要同步到位、相互衔接。

巨鹿县将调整医疗服务价格作为公立医院改革的重要内容。2012 年，《巨鹿县 2012 年县医院综合改革实施方案》提出调整医疗服务价格，将手术费、治疗费、护理费、诊查费等医疗技术服务价格适当调整，但调整后的价格总量不超过上年度药品合理差价总量的 60%，不得增加患者实际医药费用负担。2014 年，《巨鹿县 2014 年全面推进县级公立医院改革实施方案》在国家、河北省政策规定的基础上，进一步提出由物价部门具体制定医疗服务价格调整办法。2016 年，《巨鹿县全面深化县级公立医院综合改革实施意见》提出，要建立以成本和收入结构变化为基础的价格动态调整机制，提升体现医务人员技术劳务价值的医疗服务价格，对通过降低大型医用设备检查的费用和通过推进药品和耗材招标采购、流通、使用等环节节省的医保资金，主要用于调整医疗服务价格。相关职能部门要加强对医疗服务价格的监管，发现乱收费行为，依据相关规定进行严肃处理。

力争到 2016 年底，县级公立医院药占比（不含中药饮片）总体降到 30% 以下，百元医疗收入（不含药品收入）中消耗的卫生材料降到 15 元以下，大型医疗设备检查阳性率达到 70% 以上。

3. 政府加大财政投入

县级人民政府是举办县级公立医院的主体，要在严格控制公立医院建设规模、标准的基础上，全面落实政府对县级公立医院符合规划的基本建设及大型设备购置、重点学科发展、人才培养、符合国家规定的离退休人员费用、政策性亏损、承担公共卫生任务和紧急救治、支边、支农公共服务等政府投入政策。中央财政和省级财政给予适当补助。落实对中医的投入倾斜政策。河北省提出，县级政府对所办医院履行出资人责任，完善补偿机制，明确补助范围，落实公立医院补助政策。省、市级财政对改革县（市）给予适当补助，建立稳定、可持续的财政补偿机制。

巨鹿县积极落实财政投入责任。2012 年，巨鹿县提出逐步加大对县医院基本建设、大型设备购置、临床重点科室发展、人才培养、重大公共卫生任务补助、符合国家规定的离退休人员费用等方面的投入。2014 年，巨鹿县积极落实国家和河北省的相关文件精神，履行举办主体责任，分项列入财政预算并及时足额拨付到位。2016 年，巨鹿县政府投入资金按照规定纳入财政预算，实行按季预拨、年终结算，构建稳定、可持续的财政补偿机制。从 2012 年开始，巨鹿县先后实施医疗卫生建设项目 21 个，项目总投资达 4.23 亿元，投入 2000 万余元实施乡镇卫生院提质工程，通过中国初级卫生保健基金会“提升基层医疗卫生单位服务能力建设项目”为基层医疗机构配备了 525 台价值 2800 万元的医疗设备。

4. 推行药品集中采购

药品集中采购能够有效降低药品采购价格，节省医疗开支，减轻患者负担，从而实现多赢。2001 年，原卫生部印发《医疗机构药品集中招标采购工作规范（试行）》（卫规财发〔2001〕308 号），标志着我国开始进入集中采购阶段。2009 年，新医改提出“以政府主导、省为单位、网上采取集中采购”的新要求。2015 年，国务院办公厅印发《国务院办公厅关于完善公立医院药品集中采购工作的指导意见》（国办发〔2015〕7号），提出“坚持以省（区、市）为单位的网上药品集中采购方向，实行一个平台、上下联动、公开透明、分类采购”，由此进入了分类采购的阶段。2017年，国务院办公厅印发《国务院办公厅关于进一步改革完善药品生产流通使用政策的若干意见》（国办发〔2017〕13号），对药品生产流通全环节进行了顶层设计，并进一步落实了药品分类采购方式。

巨鹿县根据国家和河北省的统一要求，积极探索实行药品集中采购。2014年，巨鹿县提出完善药品采购制度。县级公立医院使用的药品通过省医药集中采购平台集中采购。健全完善药品分类采购机制，对低价药品、短缺药品、独家药品和非基本医疗保险报销目录药品，由县级公立医院通过省医药集中采购平台自行议价采购，进一步增强医疗机构在药品招标采购中的参与度。中药饮片、中成药和中药制剂优先采购进入国家中药材流通追溯体系的药品。鼓励县级公立医院联合议价采购直接挂网药品，切实降低药品价格。逐步建立基本药物与非基本药物采购衔接机制。坚持公开透明、公平竞争原则，积极推进高值医用耗材网上阳光采购，县级公立医院和高值医用耗材生产经营企业必须通过省医药集中采购平台进行网上交易。在保证质量的前提下，优先采购国产高值医用耗材。2016年，巨鹿县提出完善药品和医用耗材集中采购政策，进一步提高医疗机构在药品采购中的参与度。除国家组织谈判定价、定点生产的药品网上采购外，凡是直接挂网交易的药品全部由医疗机构通过省药品集中采购平台自行议价采购。全面实现高值医用耗材阳光采购，医疗机构通过省医用耗材集中采购平台进行网上公开交易。探索加入三明市药品价格采购联盟，加大药品采购价格改革力度，切实降低药品价格。巨鹿县医院2016年8月1日起执行京津冀联合采购最低限价，对高于北京、天津价格的395种药品实行了降价，降价幅度从1%~87%不等，同比销售金额下降9.27%。对药品减收部分，通过提高手术费、护理费、治疗费等项目价格进行补偿，平均提高幅度为11.36%。

（二）整合各类资源，提升公立医院服务效率

1. 构建医疗共同体

开展医疗联合体建设，是整合区域内医疗资源、促进优质医疗资源下沉、提升

基层医疗服务能力、完善医疗服务体系的重要举措，是推动建立合理有序分级诊疗模式的重要内容。医疗共同体是农村开展医联体建设的主要模式，重点探索以“县医院为龙头，乡镇卫生院为枢纽，村卫生室为基础”的县乡一体化管理，并与乡村一体化有效衔接，充分发挥县医院的城乡纽带作用和县域龙头作用，形成县、乡、村医疗卫生机构分工协作机制，构建县、乡、村三级联动的县域医疗服务体系。

2018 年，巨鹿县以县医院为主体、10 个乡镇卫生院为成员单位，创新组建了“巨鹿县县域医疗服务共同体”。通过县医院向乡镇卫生院派驻第一院长等方式，实行县乡一体化管理，并委派对口科室骨干医生到乡镇卫生院坐诊、定点帮扶，提升各乡镇卫生院特色医疗服务水平。在此基础上，巨鹿县重点建设了县、乡两级“一体式”检验检测网络，实行“三个中心”和“两个全覆盖”（“三个中心”是指巨鹿县检验中心、巨鹿县心电中心和巨鹿县影像中心，“两个全覆盖”是指医共体全覆盖和分级诊疗全覆盖），推进县、乡两级医疗机构检验、影像、心电等同质化管理。通过互联网将乡镇卫生院的心电图传输到县医院，由县医院医生进行诊断。农村患者 200 项化验项目均可由乡镇卫生院采样并送县医院检验，结果通过网络传回，按照县医院收费的 80% 进行收费，并享受 60% 的普通门诊报销，根据检查结果合理分流患者。这一措施变“群众跑腿”为“数据跑腿”，构建起“优势互补、集中诊疗、有序就医”的格局，极大缓解了县级医院的就诊压力，提升了乡镇卫生院的服务能力，实现了优质医疗资源共享，形成利益、责任、服务、质量四位一体的医疗服务共同体，促进了分级诊疗的实施，并通过医共体之“通”破解了群众看病之“痛”。同时，巨鹿县正在建设覆盖全县的信息指导中心和集互联、智慧、分级诊疗于一体的医学信息中心。截至 2017 年底，共有 11361 人次享受到了同质化的服务。

巨鹿县创新“医共体”内部医务人员柔性流动机制。“医共体”内部人才调动归总医院统一管理，总医院委派骨干医生到各院区坐诊、驻点、定点帮扶，特别是结合各院区医疗特色，培育和打造各院区特色医疗服务，至少为每个院区建成 2 个特色科室，下派医生无须办理执业地点变更和执业机构备案手续。各院区每年至少安排 2 名以上学历高、服务能力强的业务骨干到综合院区相关科室跟班学习，进一步提高医疗服务能力。

图2　巨鹿县小吕寨中心卫生院医影像分中心

2. 形成“五大院区”

围绕以构建分级诊疗为核心的整合型医疗卫生服务目标，全面整合县属医疗卫生机构资源。巨鹿县组建巨鹿县总医院，下设综合院区、中医院区、妇幼院区、疾控院区和基层院区，形成协同发展格局。

“综合院区”设在县医院，是全县的医疗卫生中心和三级医疗卫生服务网络的龙头。建设高精端技术专科，承担全县居民及周边县市部分群众的常见病、多发病诊疗，负责危急重症抢救与疑难病转诊，以及对其他成员单位的管理指导、技术帮扶、质量控制、人员培训，做好其他成员单位疑难危重患者的会诊和上转救治以及公共卫生服务、自然灾害、突发公共卫生事件应急处置和其他成员单位特色科室的建设等工作。

“中医院区”设在县中医院。以中医康复为特色，建设康复科、治未病科、老年科、皮肤科等特色专科，承担全县人民群众中医保健、中医诊疗、中医康复、中医健康养老、医共体内牵头单位稳定期和康复期患者的下转治疗等医疗保健服务，以及县、乡、村中医药一体化管理工作。同时，组建巨鹿县健康养老综合服务指导中心，承担全县医养结合机构的业务指导、培训等相关工作。

“妇幼院区”设在县妇幼保健院。以发展妇科、儿童保健科为主，并承担对全县妇女保健进行管理监督、培训指导及信息管理，妇女、儿童医疗保健服务，婚前、孕前、孕产期保健服务，医共体内牵头单位稳定期和康复期患者的下转治疗等工作。

“疾控院区”设在县疾控中心。承担传染病、地方病、寄生虫病、职业病的管理与防治，各类疫苗的接种以及医共体内牵头单位稳定期和康复期患者的下转治疗等工作。

“基层院区”设在乡镇（中心）卫生院，是县内三级医疗预防保健网的枢纽。负责向广大农村居民提供预防保健、基本医疗、健康教育、计划生育服务、康复、医共体内牵头单位稳定期和康复期患者的下转治疗等综合性卫生服务，受县卫生计生局委托承担辖区内公共卫生管理，负责对村卫生室的管理、技术指导和培训、建立家庭医生签约服务团队。同时，村卫生室是县内三级卫生服务网的基础，负责协助完成计划免疫、传染病和突发公共卫生事件报告、孕产妇和儿童保健管理服务、健康教育、城乡合作医疗规范性服务等工作，提供常见病、多发病的一般诊治和转诊服务，能应用中西医疗法为居民提供诊疗服务，建立农村居民健康档案，提供巡诊和上门服务。

3. 建立“八大中心”

巨鹿县为更好地推进医疗服务共同体建设，组建巨鹿县总医院，建立八大中心，健全运行管理体系。全县化验、心电、影像等设备统一设置、资源共享，实现检查设备统一管理、共同使用，对医共体成员单位的整体运营、健康信息、医疗质量、基本公共卫生服务进行统一管理。以县医院为核心，利用网络信息技术，建立检验中心、心电中心、影像中心、消毒供应中心四个业务中心，为医共体内各医疗机构提供同质化的检查检验数据，同时建立运行管理中心、信息管理中心、质量管理中心、公卫管理中心四个管理中心，对医共体建设实行综合监管，从而构建“优势互补、集中诊疗、有序就医”的良好格局。

4. 借势提升实力

巨鹿县充分把握京津冀协同发展的历史机遇，加强与区域内优质医疗服务资源的合作，提升本县医疗卫生机构的整体服务能力。2015 年，县医院先后与北京妇产医院、北京儿童医院集团、复旦大学附属儿科医院及河北省医科大学建立了长期协作关系，引进了 6S 管理体系，成立了集远程会诊、疑难急危重症会诊、肿瘤会诊于一体的会诊中心和出院患者随访中心，并通过大医院专家、学科带头人定期坐诊、授课、担任业务主管，直接参与医院管理等，加快提升基础医疗卫生服务水平。通过与京津冀大医院协同合作，巨鹿县在全省率先建立了县级医疗机构博士工作站，开展的动脉硬化检测技术、水中分娩技术、糖尿病手术治疗等新技术填补了全省空白，有力提升了医疗服务水平。2016 年，巨鹿县人民医院被命名为邢台市第九医院。

图 3　邢台市第九医院（巨鹿县医院）全景图

（三）改革管理体制，推动公立医院有序发展

1. 强化组织管理

巨鹿县高度重视公立医院改革，成立高规格的组织管理体系。2012 年，巨鹿县成立由县长任组长，常务副县长、主管副县长任副组长，县发改局、卫生局、财政局等部门主要负责人为成员的县医院综合改革领导小组，负责县医院综合改革工作的日常协调指导和监督工作。2014 年，巨鹿县成立由县长任组长，常务副县长

和主管副县长任副组长，县委宣传部、编办、发改、财政、人社、卫生等部门主要负责人为成员的县级公立医院综合改革领导小组，负责县级公立医院综合改革工作的日常协调指导和监督工作，及时研究解决改革推进中遇到的困难和问题，制发县级公立医院综合改革协同推进机制、县级公立医院院长任职管理办法及县级公立医院理事会管理办法。2016 年，巨鹿县组建由县委书记任组长，县委副书记、县长任第一副组长，常务副县长和主管副县长任副组长，相关部门主要负责人为成员的创建县级公立医院综合改革示范县工作领导小组，负责医院发展规划、章程制定、重大项目实施、财政投入、院长选聘、运行监管、绩效考核等。

2. 完善治理结构

法人治理结构是现代医院管理制度的重要组成部分，完善法人治理结构对公立医院改革发挥着关键性作用。2012 年，巨鹿县提出建立医院法人治理机制。建立医院理事会，理事会成员由政府办医主体代表、政府有关部门代表、医院职工代表、服务对象代表、专家学者组成，理事会领导成员按有关章程和规定报批后选举产生，理事会负责章程的拟定和修订，制订医院的发展规划、财务预决算及大型基本建设投资权限、医疗设备购置计划等决策事项。县医院领导班子成员实行全员聘任制，由理事会按程序聘任。2014 年，巨鹿县积极探索管办分开的有效形式，合理界定政府相关部门和公立医院在人事、资产、财务等方面的责权关系，建立决策、执行、监督相互分工、相互制衡的权力运行机制。落实县级公立医院法人主体地位，充分享有自主经营管理权、分配权和招聘权。2016 年，巨鹿县实行创建工作领导小组领导下的院长负责制，县级公立医院院长执行创建工作领导小组的决策，具有人事管理权、副职推荐权、绩效工资内部分配权和年度预算执行权等经营管理自主权，构建统一高效、权责一致的管理体制和运行机制。

3. 创新编制管理

编制不够且改革滞后是长期困扰公立医院发展的主要障碍。2012 年，巨鹿县医院根据《二级综合医院评审标准实施细则》的规定确定用人岗位，核定人员编制，积极向上级争取编制，同时通过调剂编制和盘活现有编制来满足医院吸引人才的需要。按照定编定岗不定人的原则，在全院实行以岗定责、竞聘上岗、按岗聘用、合同管理，医院与所有工作人员签订聘用合同，明确权利和义务。

2014年，巨鹿县创新编制管理，根据县域地理位置、经济社会发展水平和县级公立医院的功能定位、服务人口、现有编制、实际在岗人数以及发展需要等因素，重新核定县级公立医院的编制总量，建立动态调整机制，逐步实行编制备案制。2016年，巨鹿县创新县级公立医院编制管理制度。重新核定了县级公立医院的人员使用控制数，在原有370个编制的基础上，增至1642个人员使用控制数，并实行了编制备案制。出台了全员聘用制度，实行老人老办法，新人新办法，对在编人员按照《河北省事业单位岗位设置管理实施意见》进行各类岗位的设置与聘用，对非在编人员按照不同岗位、学历、职称等进行岗位管理，逐渐变身份管理为岗位管理。为公立医疗机构高端人才引进出台新政策，对现有在编人员和新招录人员按照相关规定，分别办理入编手续和人事代理手续。目前，县医院第一批使用控制数管理备案的562人，已按规定全部实行全员聘用制度，在岗位聘任、职称评定、考核奖惩、养老保险、收入分配等方面，与原在编人员享受同等待遇，有力解决了医务人员的后顾之忧。

4. 改革薪酬制度

薪酬制度是县级公立医院改革的关键，关系到广大医务人员的积极性和能动性。2012年，巨鹿县医院在平稳实施绩效工资的基础上，合理拉开收入差距，将经营性收入的12%作为奖励性绩效工资，向临床一线、关键岗位、业务骨干和做出突出贡献的人员倾斜。2014年，巨鹿县提出建立适应行业特点的薪酬制度。深化绩效工资制度改革，研究制定适应医疗行业特点的县级公立医院医务人员薪酬制度，合理核定医疗卫生行业人员绩效工资水平，完善收入分配激励约束机制。在分配中，坚持多劳多得、优绩优酬、同工同酬，重点向临床一线、关键岗位、业务骨干和贡献突出的人员倾斜，合理拉开收入差距。逐步提高人员经费支出占业务总支出的比例。医院收支结余部分可按规定用于改善职工福利待遇。严禁给医务人员设定创收指标，严禁将医务人员收入与医院的药品、检查、治疗等收入挂钩。允许县级公立医院医生通过多点执业获取合规报酬。2016年，巨鹿县提出建立适应行业特点的医务人员薪酬制度。研究制定符合医疗卫生行业特点的薪酬改革实施办法，严禁设定科室、医务人员创收指标，医务人员收入不得与药品、耗材、医学检查等业务收入挂钩。研究制定公立医院绩效工资总量核定办法，进行薪酬总量调控，合理确定职工收入水平，科学核定县级公立医院绩效工资总额，着力体现医务人员技术劳务价值，并拉开收入差距，建立动态调整机制。逐步提高职工工资总额占业务支出（不包括药品、耗材支出）的比例。

2016 年，巨鹿县医务人员经费支出占业务支出比例由原来的 29% 提高到 38%，将医护人员的收入与工作量和患者评价直接挂钩，奖励性绩效重点向临床一线倾斜，临床医疗、护理、医技、行政科室按 5∶4∶3∶1 的比例分配。2017 年县医院临床一线医生年均收入超过 10 万元。另外，乡镇卫生院职工工资基础绩效和奖励绩效由原来的 7∶3 调整为 4∶6，并允许卫生院收支结余全部留用，其中 50% 用于事业发展，50% 用于职工奖励和福利，有效激发了医务人员的工作积极性。

5. 改革考核制度

考核制度是人事薪酬体系的重要组成部分，良好的考核制度为薪酬分配提供了有力支撑。2012 年，巨鹿县医院建立以财务维度、客户维度、流程维度、成长维度四个维度为核心的绩效考核机制，把“医疗数量、医疗质量、费用控制、病人满意度”四项指标作为考核主要内容，将全院人员分为临床科室、医技科室、行政管理、后勤科室四个系列分别进行考核。2014 年，巨鹿县将医院的公益性质、疾病预防、服务能力、运行效率、群众满意度等作为重要指标，研究制定县级公立医院绩效考核办法，考核结果与医保支付、财政补助、工资水平等挂钩，并向社会公开。医务人员工资水平应当与国民经济发展相协调。健全以工作数量、服务质量、技术难度和患者满意度为核心的内部考核分配机制，建立以社会效益、工作效率为核心的人员绩效考核制度。2016 年，巨鹿县改革医护人员考核机制，实行县、乡两级院长竞聘制和目标责任管理制，对乡镇卫生院及医护人员的综合考核管理实行“两钩制”，将乡镇卫生院运行经费与业务收入、公共卫生服务任务完成情况直接挂钩，将医护人员的收入与工作量和患者评价直接挂钩。

（四）创新支付方式，发挥医保杠杆控费作用

1. 实施先看病后付费诊疗模式

针对群众治疗费用筹集难、家属陪护照顾难、医保手续跑办难这“三难”

问题，结合县级公立医院综合改革示范创建工作，从“让老百姓得实惠”的角度出发，积极转变医疗支付方式，2014 年，巨鹿县在河北省率先探索实行了“先看病、后付费”模式。参加医保患者住院治疗无须交纳住院押金，出院结算时仅需向医院支付报销后个人所承担的费用，开通了群众看病就医的“绿色通道”，不仅方便了群众看病需求、减轻了群众医疗筹资难度、改善了医患关系，并且增加了广大人民群众的医改获得感和幸福感，促进了社会公平与和谐诚信。

2. 实施乡镇卫生院医保门诊报销政策

针对基层群众因“小病大治”造成的医疗费用偏高问题，本着降低群众医疗负担的为民情怀，巨鹿县大胆改革了医保报销制度，对乡镇卫生院医保报销政策进行了调整，增加了门诊报销方式。患者在乡镇卫生院门诊就诊，费用在 400 元以下的按照规定报销 60% 的医疗费用。通过医保报销政策的调整，在一定程度上减少了“小病大治”现象，降低了群众医疗费用，并且有效提高了医保资金的使用效率，受到了广大人民群众的一致好评。巨鹿县这一创新模式在河北省得到大力推广。

3. 实施长期护理险制度

2016 年，巨鹿县在全省率先推行了长期护理险制度。筹资标准设定为每人每年 50 元，其中参保职工个人每人每年缴纳 10 元，职工医保统筹基金筹集每人每年 30 元，政府补助或单位缴纳每人每年 10 元；参保居民个人每人每年缴纳 3 元，居民医保统筹基金筹集每人每年 40 元，政府补助每人每年 3 元，福彩、体彩公益金补助每人每年 4 元。重度失能老年人接受专护、机构护理期间发生的符合规定的医疗护理费，按照包干标准报销 65%，有效减轻了失能老年人的经济负担，被河北省人社厅确定为全省长期护理险试点县。2017 年 4 月，巨鹿县正式开展了重度失能老年人专护、机构护理费用报销工作。目前，全县长期护理险参保人数达 37.5 万人，已有 765 人次享受护理险普惠政策，共减轻群众经济负担 268 万元，有效减轻了失能老年人的经济负担。

晚上8:22

失能老人，也能有尊严地...

新华社客户端

新主流·新体验

立即体验

失能老人，也能有尊严地生活

新华社半月谈

2019-09-12 10:57:15

查看

来源：半月谈　　浏览量：1303970

半月谈记者 王运才 高博

养老是无法回避的民生焦点，失能老人如何安享晚年，更牵动着社会的关切。作为国家扶贫开发工作重点县，河北省邢台市巨鹿县多方施策，积极探索“医养一体、两院融合”新型养老模式，将养老机构和医疗机构功能合二为一，同时推广长期护理保险，让失能老人的照料工作不再是失管乏力的“老大难”。

开在医院里的“养老院”

新华社客户端

立即体验

图 4　新华社发表的巨鹿县医养结合工作

4. 实施按病种分值付费机制

为规范诊疗行为，控制医疗费用的不合理增长，并引导医疗机构主动控制成本，巨鹿县出台了《临床路径管理制度》《单病种收费制度》等相关制度。一是实行了按病种分值付费改革，根据基准病种分值，暂定了5653个病种的分值，进一步增强了医疗机构合理控费的内生动力，减轻参保人员医疗费用负担，实现了医、患、保三方和谐共赢。二是扩大临床路径管理覆盖面，大力提高实施临床路径管理病种、患者入组率和完成率。2017年巨鹿县医院已增至121个临床病种，临床路径共入组27059人次，完成26755人次，变异304人次。通过引进临床路径管理软件系统，进一步规范了临床医疗行为，促进医院管理走向精细化。同时，相继分三批对县医院、中医院8580种医疗服务价格进行了调整，并将调整后的医疗技术服务收费纳入基本医疗保险支付范围。目前，巨鹿县被确定为邢台市按病种分值付费试点县，现在正在制定相关政策。实施后，将有 90% 以上的病种按分值付费。同时，成立了“不合理用药、不合理检查、不合理收费”整治小组，聘请第三方机构，定期组织对临床用药进行检查，规范医疗机构的诊疗行为，对违反相关规定的医疗机构和医务人员进行严厉查处。

（五）拓展医改内容，加快医疗服务提质扩面

1. 打造“预防共同体”

巨鹿县推动健康理念从“以治病为中心”向“以预防为中心”转变，整合疾控中心、各级医疗机构、爱卫会等资源，将健康服务前置，打造“预防共同体”。一是培育健康理念。深入开展爱国卫生运动，成立健康宣讲团，实施百堂健康知识讲座活动，倡导健康文明生活方式，普及重大疾病预防控制知识，最大限度地引导群众树立早发现、早诊断、早治疗、预防为主的健康理念。目前，健康宣讲团进学校、机关、农村开展了 50 余场系列活动，讲解慢病防治和健康生

图 5　社区健康讲座

活方式养成知识，大力提高群众的健康意识。二是健全预防体系。以县疾控中心预防接种大厅为龙头，整合乡镇卫生院接种门诊，建立健全全县预防网络，开展

疫苗预防疾病监测、流行病学调查、疫情控制、健康教育、计划免疫知识宣传培训等工作，实现一类疫苗做好、二类疫苗做全，切实做好疾病预防防治。三是做实签约服务。以完善基本公共卫生服务为载体，做实家庭医生签约服务，经常性开展健康知识宣传，加强常见病、多发病、慢性病、流行病定期监控，发挥家庭医生的“健康守门人”作用，努力使群众少得病、不得病、不得大病。2017 年，巨鹿县家庭医生签约覆盖率达到 52% 以上，重点人群签约服务覆盖率达到 72% 以上，建档立卡的农村贫困人口和计划生育特殊家庭的家庭医生签约服务为 100%。

2. 发展中医健康诊疗

巨鹿县普及中医药服务，并着力打造中医特色服务。针对发病率高的常见慢性病，如心脑血管病、妇科病等，2013 年巨鹿县依托县中药材产地优势及中医人才资源，投资 200 多万元在全县 10 个乡镇建立了独具特色的乡镇卫生院国医馆，并在全省率先实现了乡镇卫生院国医馆全覆盖。乡镇卫生院国医馆设置“治未病”中心，以及中医理疗、中药熏蒸、中医针灸等科室，为群众提供“简、便、廉、验”医疗服务，让广大农村群众享受到了“家门口”式中医服务。目前，已累计免费和半费服务群众超过 20 万人次，不仅有效缓解了患者病痛，降低了医疗费用，还使中医药文化得到了推广。

图 6　乡镇卫生院国医馆

3. 创新医院服务模式

巨鹿县积极创新医院服务模式。2014 年，巨鹿县医院创新性引进了 6S 管理体系，即整理、整顿、清扫、清洁、素养、安全，通过整理、整顿、清扫、清洁，形成良好工作习惯，建立了一个舒适、安全、有序的工作环境。2014 年 7 月起，巨鹿县医院每月举办“病友家属座谈会”，以加强医患沟通，院长亲自参加，征询意见建议，改善医疗服务质量，成立出院患者随访中心，建立三级随访制度。2015 年开创“院长代表制”，两位代表每天对新入院患者进行访视，解决患者入院早期困难，加强医患沟通，减少了医患纠纷。

（六）创新医养结合，优化提升健康养老服务

图 7　2018 年 6 月邢台市医养结合暨长期护理险推进会在巨鹿召开

1. 探索医养结合模式

巨鹿县推动医养结合，打造康养共同体。按照兜底线、织密网、建机制的总体思路，巨鹿县整合县、乡、村三级养老和医疗资源，以服务失能、半失能老人和五保老人为重点，因地制宜创建了四种可示范推广的“医养一体、两院融合”

养老机构建设模式。一是“医中有养”模式。巨鹿县通过政府引导、支持、鼓励医疗机构开展养老服务，延伸医疗机构服务功能，使老人生命健康养老得到保障。县医院兴办了福缘居医养中心，巨鹿镇、小吕寨镇、闫疃镇、官亭镇、堤村乡也先后兴办了乡级医养中心，打造医中有养协同发展局面。二是“养中有医”模式。巨鹿县支持养老机构开办医疗机构，提供基本医疗服务，延伸养老机构服务功能。第三民政服务中心、郡东养老院等都具备了康复、护理功能，设置了医疗机构，有医生值班查房，确保了老年人的就医康复需要。三是机构协作模式。按照就近结对原则，巨鹿县建立医疗机构与养老机构协作机制，提供医疗和健康管理服务，为养老机构入住老人开辟预约就诊和急救绿色通道。县卫校附属医院与县老年服务中心签订协作协议，实现了一张床位、两种服务。四是居家签约模式。对居家养老且有医疗护理需求的对象，巨鹿县由卫计部门统一组织医生签约服务，定期上门送医送药，并以政府购买服务的方式，为计生奖扶、特扶对象提供居家养老服务，确保居家老人老有所养、老有所医。

2. 推进医养结合工作

目前巨鹿全县建设“医养中心”达到 108 家，养老服务床位达 3560 张，县、乡、村三级医养机构入住老人 1159 人，其中失能、半失能老人 380 人，季节性入住老人 331 人，初步形成了县级医疗养老走高端、乡级医疗养老抓全面、村级医疗养老兜网底、社会养老做补充的多元化医养结合服务保障网。2017 年，巨鹿县圆满承接了省、市医养结合现场会的观摩活动，先后有云南、信阳等全国各地 50 余批次人员前来参观学习。

三、巨鹿县公立医院改革的主要特点和推广价值

（一）充分尊重医改客观规律

巨鹿县医院在邢台市是一个发展比较好的县医院。在医改工作启动之初，县委、县政府主要领导就非常重视医改政策操作和实施的设计，重视在改革中推进事业的发展，在事业发展中助推改革，以“普惠于民”为服务理念，大力推进

县、乡、村三级医疗机构协同发展，在改革中不断调整，破解人民群众看病就医的难题。巨鹿县力求做到既要让全县人民得实惠，也要让医务人员受鼓舞，在实施过程中将卫生服务体系完善、养老事业发展和各级医疗机构发展结合起来，积极稳妥地推进医改工作。

（二）创新推动医改促脱贫实践

巨鹿是国家级贫困县，财政自给能力偏弱，正在全力打赢脱贫攻坚战。巨鹿县坚持以人民为中心的发展思想，紧扣新时代新特征、新要求，以公立医院改革为突破口，加大财政投入力度，持续深化改革，以改革促脱贫，探索出一条在贫困县积极推进医改、以改革带动大民生的新道路。巨鹿县将找准并充分把握医改动力作为推动公立医院改革的重要抓手。巨鹿县的医改动力主要来自三个方面：一是总书记有要求。习近平总书记高度重视医改工作，先后多次主持中央深改组会议研究医改工作，并要求把医药卫生体制改革纳入全面深化改革中同部署、同要求、同考核。特别是十九大报告中提出实施健康中国战略，坚持以人民为中心，把人民健康放在优先发展的战略地位。二是老百姓有期待。由于医疗资源不均衡，群众无论大小病都去县医院就诊，再严重一点的去省、市医院，甚至到北京就医，公共医疗服务不均等给基层群众带来了很大不便，老百姓十分期待更方便、更省钱、更优质的医疗服务。解决好群众看病难问题，不仅是广大群众最关心、最急需的，更是党委、政府责无旁贷的责任和必须解决的民生问题。三是县委、政府有决心。巨鹿始终坚持“贫困县办好大民生”理念，群众需求在哪里，县委、政府就跟进到哪里，每年将80%以上的财政支出用于民生事业。特别是对医改这一关系千家万户、群众关切的民生问题，更愿意改、愿意试。巨鹿县将医改工作纳入全县综合改革的重要内容，实行了书记、县长“双组长”制，高位组织推动医改各项工作纵深发展。

（三）始终坚持基本公益属性

巨鹿县坚持公立医院公益性的基本定位，将其作为县级公立医院改革的宗旨和归宿，以群众受益作为改革的出发点和立足点，坚持保基本、强基层、建机制，更加注重改革的系统性、整体性和协同性，统筹推进医疗、医保、医药改革，着力解决群众看病就医问题。而落实政府的领导责任、保障责任、管理责任、监督责任，充分发挥市场机制作用，建立维护公益性、调动积极性、保障可持续的运行新机制，是改革成功的关键。

（四）坚持问题导向推进改革

首先，破除以药补医，解决看病贵的问题。巨鹿县提出，所有县级公立医院推进医药分开，积极探索多种有效方式改革以药补医机制，取消药品加成（中药饮片除外）。县级公立医院补偿由服务收费、药品加成收入和政府补助三个渠道改为服务收费和政府补助两个渠道。医院由此减少的合理收入，通过调整医疗技术服务价格和增加政府补助，以及医院加强核算、节约运行成本等多方共担。长期以来，药品加成收入是医院收入的一个重要组成部分。一项统计数据显示，我国中小医院药品收入占整个医疗收入的 68%，而国际上多数国家的这一比例在 20%。尽管我国近 10 年来一次又一次地降低药品价格，但看病的药费却在不断上扬。其中主要原因是医院为提高经济效益，将医生的报酬与处方进行捆绑式考核，导致医生滥开处分，恣意向患者兜售进口药，而许多医院的药品加成又都超过国家规定的 15% 限额，其中问题错综复杂，增加了患者的经济负担。破除以药补医是医改的核心问题，巨鹿县拿药“开刀”，这点抓得很准。巨鹿县医疗改革，就是要明确县级公立医院的公益性功能定位，限制其经营性冲动，取消药品加成，实行医药分开，有利于克服看病贵的问题，减轻患者的医药负担。而医院补偿渠道“三改二”，开前门，堵后门，又兼顾到医院的切身利益，有利于调动医务人员的积极性，巩固和谐的医患关系。

其次，基本实现大病不出县，解决看大病难的问题。随着现代医院管理制度基本建立，县域医疗卫生服务体系进一步完善，县级公立医院看大病、解难症水平明显提升，基本实现大病不出县，努力让群众就地就医。县医院的位置非常特殊，既是公立医院最基础的一级机构，又是农村三级医疗卫生服务网的龙头，让病人就近就地就医，县医院的能力是至关重要的。而现实是，由于人才、医疗设备等的局限，县级公立医院在大病诊断、治疗方面还存在较大短板。提高县级公立医院的公益性，做到大病基本不出县，必须落实分级诊疗，提升基层服务水平。巨鹿县提升县级公立医院服务能力，推动医疗资源集约化配置，建立上下联动的分工协作机制，推动建立分级诊疗制度等措施。分级诊疗问题不解决，病人都去大医院，无疑会增加百姓看病的直接费用和间接费用（交通费、住宿费等），还会导致医保支出增高。同时，病人越往大医院跑，基层卫生机构的医疗服务能力就会越发下降，医生找不到自身价值，影响到基层队伍的稳定和对人才的吸引力。因此，通过分级诊疗可以带动整个医疗体系的变化，减少目前大医院对基层卫生机构骨干和患者的“虹吸”现象。根本之策是留住人才，更新设备，提高诊断和治疗水平。

最后，医保支付方式改革全覆盖，解决医药费报销难的问题。巨鹿县深化医保支付方式改革，充分发挥基本医保的基础性作用，强化医保基金收支预算。医保支付方式改革已覆盖县域内所有公立医院，覆盖30%以上的县级公立医院出院病例数。全面实行以按病种付费为主，按人头付费、按床日付费等复合型付费方式。深化医保支付方式改革也体现出较强的公益性，既可解决患者医药费报销难的问题，也可发挥调节医保和医疗关系的杠杆作用。平衡参保人员、医保部门和医疗单位之间的利益关系，是医保支付方式改革的着力点。采取便捷的支付手段，让报销医药费不再爬门槛，最大限度方便群众。而通过支付方式的改革，又可提高医保和医疗之间的相容性。支付方式改革为医保部门参与医疗服务价格谈判提供了契机，在基金支出预算、付费标准确定、风险分担机制等方面达成共识。

（五）先人一步完成“规定”动作

巨鹿县坚持以上级政策为准绳，扎实推进医改工作，确保各项政策落到实处、见到实效。

一是控制药品使用。在县级公立医院和基层医疗机构实行药品“零差率”销售，并在全省率先探索实行了“6∶3∶1”分担模式，在县财政紧张的情况下，坚持把政府补偿30%的资金如数到位。加强对各医疗机构使用量居于前列、价格较高的心血管系统、神经系统、消化系统和抗肿瘤等药品，尤其是用量大、价格高的临床辅助用药的跟踪监测，进一步控制医药费用不合理增长。

二是控制医疗费用。扩大临床路径管理覆盖面，大力提高实施临床路径管理病种、患者入组率和完成率。通过引进临床路径管理软件系统，进一步规范了临床医疗行为，促进了医院管理走向精细化。

三是改革编制管理。为转换用人机制和搞活用人制度，实行人员控制数管理，根据实际情况重新核定县级公立医院人员使用控制数，在原有 370 个编制基础上，增至 1642 个人员使用控制数。按规定全部实行全员聘用制度，在岗位聘任、职称评定、考核奖惩、养老保险、收入分配等方面，与原在编人员享受同等待遇，有力解决了医务人员的后顾之忧。

四是调整收入分配。县级医院建立了以“医疗数量、医疗质量、费用控制、病人满意度”四项指标为内容的绩效考核机制，合理分配医务人员收入，将医护人员的收入与工作量和患者评价直接挂钩，奖励性绩效重点向临床一线倾斜，临床医疗、护理、医技、行政科室按 5∶4∶3∶1 比例分配，乡镇卫生院职工工资基础绩效和奖励绩效由原来的 7∶3 调整为 4∶6，并允许卫生院收支结余全部留用，其中 50% 用于事业发展，50% 用于职工奖励和福利。

（六）快人一招创新“自选”动作

围绕“医疗机构能发展、群众看病降费用”目标，结合群众需求和工作实际，巨鹿县创新实施了一系列改革。

一是创新诊疗模式。2014 年巨鹿县率先在河北省探索实施“先看病，后付费”的诊疗模式，不仅减轻了群众医疗筹资难度，而且增加了群众的医改获得感。

二是创新医院管理。县医院加强与京津冀知名医院、大专院校、科研院所的对接合作，同时在全省率先建立了县级医疗机构博士工作站，有力提升了医疗服务水平。

三是创新保险制度。2016 年巨鹿县率先在全省推行了长期护理险制度，有效减轻失能老年人的经济负担，被省人社厅确定为全省长期护理险试点县。

四是创新支付方式，实行了按病种分值付费改革，进一步增强了医疗机构合理控费的内生动力，减轻参保人员医疗费用负担，实现了医、患、保三方和谐共赢。

五是创新门诊报销政策。2013 年开始，群众在乡镇卫生院门诊就诊，按照规定报销部分医疗费用，降低了群众医疗费用，较好解决了“小病大治”现象，这一创新模式在河北省推广。

六是普及中医药服务。巨鹿县在全省率先实现乡镇卫生院国医馆全覆盖，建成了 10 个独具特色的乡镇国医馆，为群众提供“简、便、廉、验”医疗服务，让广大农村群众享受到了“家门口”式中医服务。

（七）坚持统筹系统协调推进

我国公立医院改革大致可以分为三个阶段。第一阶段是 2010—2014 年的试点探索阶段，重点是完善公立医院综合改革的顶层设计，将实践证明比较成熟的改革经验和行之有效的改革举措及时上升到制度层面，形成“腾笼换鸟”的改革思路和“腾空间、调结构、保衔接”的改革路径。第二阶段是 2015—2017 年的全面推开阶段。截至 2017 年 9 月，全国所有公立医院全面推开综合改革，取消实行 60 多年的药品加成政策，初步建立起新的运行机制，取得重大阶段性成效。第三阶段是从 2018 年开始，改革进入巩固深化阶段，以建立健全现代医院管理制度为目标，巩固破除“以药补医”成果，持续深化公立医院综合改革。

公立医院综合改革的目标是建立现代医院管理制度。巨鹿县坚持统筹系统推进，着力实现公立医院的“三转变、三提高”。具体而言，在发展方式上，从规模扩张型转向质量效益型，提高医疗质量。在管理模式上，从粗放管理转向精细管理，提高效率。在结余使用上，从投资医院发展建设转向扩大分配，提高人员待遇。通过改革，最终实现公立医院的水平现代化、服务整体化、管理信息化和模式集团化。

为建立健全现代医院管理制度，巨鹿县重点抓好五个方面的工作。一是在运行机制方面，巩固取消药品加成改革成果，统筹推进医疗价格、人事薪酬、药品流通、医保支付改革，建立维护公益性、调动积极性、保障可持续的公立医院运行新机制。二是在治理机制方面，落实政府对公立医院的举办、监管职能和公立医院经营管理自主权，建立决策、执行、监督，相互协调、相互制衡、相互促进的公立医院治理机制。三是在体系建设方面，加快推进医共体建设和家庭医生签约服务，建立布局合理、分工协作的医疗服务体系和分级诊疗就医格局。四是在内部管理方面，制定医院章程，完善医院内部管理制度，推动医院管理规范化、精细化、科学化。五是在加强公立医院党建方面，落实党委领导下的院长负责制，充分发挥公立医院党委的领导作用，把党支部建设成为坚强的战斗堡垒。

（八）坚持提升资源使用效率

现代医院管理制度是医院在新的公共治理框架下形成的政府、所有者代表与医院之间责任和权利关系的一系列制度安排，包括宏观层面的政府治理制度和微观层面的医院内部管理制度。现代医院管理制度改革的目标是建立起产权清晰、责权明确、政事分开、管理科学的医院制度。而在基本路径上，现代医院管理制度的建立取决于政府治理机制的改革与完善，有什么样的政府治理就有相应的医院内部管理制度，法人治理机制是政府治理与医院管理制度结合的有效形式。现代医院管理制度属于制度供给，是一系列制度的组合，而非某一项具体制度。没有脱离政府公立医院治理的现代医院管理制度，同时缺乏现代医院管理制度支撑的政府公立医院治理是无效的。在县级公立医院综合改革中，巨鹿县坚持提升资源使用效率。

巨鹿县坚持“三个统一”，即统一调配人力、设备等医疗资源，统一成员单位绩效考核办法，统一成员单位财务管理和核算，进一步理顺“医共体”各单位内部人事、财务、资产等管理体系，科学界定“医共体”内部管理职能。积极深化医改，重点是医疗服务供给优化，完善供给制度与体系，改进卫生筹资与补偿，调整供给结构、改善供给质量、提升供给效率，在保障基本医疗服务公益性质的同时，充分调动医务人员的积极性。巨鹿县积极探索适应卫健—医管制度安排的现代治理机制，最大限度地提升已配置监管资源的利用效率，充分发挥现有监管机制和专业监管力量的作用，本着精简、效能、共享的原则，通过填平补齐以健全完善监管能力。

（九）管理体制改革分步推进

图8　国家卫建委体改司巡视员朱洪彪到巨鹿调研医改工作

巨鹿县医改工作在党政一把手的领导下，逐步推进，结合实际，精心设计，多部门协调。从2012年创建医改工作领导小组、实行医改示范创建工作领导小组领导下的院长负责制，到价格改革、支付制度改革、医院内部运行管理制度改革，一系列改革政策的兑现，调动了医院和医务人员的改革积极性。基层医疗服务能力的提升、医疗服务体系的完善、医疗和养老事业的协同发展，给县、乡、村三级医疗机构创造了事业发展空间，基层医疗卫生服务的网底得到加强。巨鹿县一步步不断探索，2016年又具体制定并完善了各项医改配套措施，有助于医改工作的扎实推进。

（十）政府坚守诚信兑现承诺

在取消药品加成、推进医疗机构补偿机制改革的过程中，价格调整分步走，使价格调整补偿分步到位。同时，对于政府应承担的财政补助每年足额到位，并从2017年开始逐年按一定比例增长。巨鹿县政府诚信兑现承诺，承担改革政策中明确规定的财政补助责任，也激励医疗服务机构积极贯彻落实医改各项政策，上下同心推动医改进程。

四、国内及巨鹿县级公立医院改革的主要问题和原因

（一）国家县级公立医院改革面临的主要问题和原因

1. 改革动力不强

公立医院及其医务人员对公立医院改革的认知和态度直接影响到改革效果的好坏。虽然县级公立医院改革对医务人员的薪酬体制改革均作出了一定探索，建立奖励约束与绩效服务相挂钩的机制，但是因政府财政与医院自身运营等多方面因素的影响，公立医院及其医务人员的改革动力比较欠缺。公立医院管理者自身利益虽与绩效有一定的联系，但是关联不是很密切，故提高医疗质量和运行效率的动力不足。同时，目前医务人员的积极性尚未得到充分调动。一是药品加成取消后，政府对公立医院的投入及时到位程度不够，政府在短期内很难大幅度提高投入，因此医务人员参与改革的积极性不够。二是医患关系紧张，医患之间不信任与医患冲突事件短期内难以解决，已严重影响到医务人员的工作积极性。医疗服务价格调整改革尚需进一步完善，应综合考虑取消药品加成、医保支付能力、患者的就医负担以及经济社会发展水平的因素，在总量内合理调整医疗服务价格，体现医护人员的技术劳务价值，并且不增加患者实际医药费用负担。

2. 资金缺口较大

即使中央财政、地方财政配套补助，不少县依然出现资金缺口。取消药品加成看似只是将公立医院补偿由服务收费、药品加成收入和政府补助三个渠道改为服务收费和政府补助两个渠道，但对整个医院来说却是牵一发而动全身，制度设计与医院实际运行哪怕只是略有差异，都会给医院运营带来深远影响。对于县级医院来说，服务费基数小，在收入中占比也很少。如3元的护理费上调13%只不过增加了几毛钱，床位费最高上调了36%，也只增加了3元多。但做CT、超声

等检查项目费用下降 10%，由于基数较大，下降的实际金额就很多，加上检查所需的试剂和耗材费用不断上涨，医院检验费的利润空间已经微乎其微。

3. 政府投入不足

政府投入责任尚未有效落实。按照改革要求，同级政府应承担符合区域卫生发展规划的公立医院基本建设、大型设备购置、重点学科建设等发展建设支出，同时保障公共卫生任务、紧急救治、救灾、援外、支农、支边等公共服务经费。但目前，大多数地方政府对县级公立医院的投入基本实行“定额补助”，基本建设及设备购置资金大多由医院自行承担，政府投入缺口较大，公立医院依靠创收维持运转和发展壮大的局面仍未从根本上得到改变。同时，不少医院在发展中，一味地扩大规模，导致负债累累。地方政府对医院大型设备、基本建设等方面的投入又不能如约足额到位，以致医院不堪重负，倒逼医院从患者身上追求经济利益，致使改革效果与设计初衷大相径庭。

4. 权责关系不够明晰

政府对公立医院是九龙治水，公立医院的所有权和经营权界限不清。国家政策明确了建立现代医院管理制度要坚持政事分开、管办分开的基本原则。落实政事分开的核心是厘清政府和医院的权力清单。政府把主要精力放在管方向、管政策、管引导、管规划、管评价上来，该放的权要放、该收的权要收，医院依法依规享有自主经营管理权，在权力范围内开展活动，提供医疗服务。落实管办分开的核心是厘清举办和监管权力清单，举办权集中到政府，监管权落实到相关部门，实现权责明确、权责一致。

县级公立医院改革中部门责任主体意识不强。一方面，公立医院改革相关部门对改革重要性的认识还不到位，取消药品加成政策、调整医疗服务价格等硬性改革目标基本落实，但在管理体制、人事分配、监管机制等方面统筹推进力度不够，大多停留在制定规划、出台文件阶段。另一方面，改革涉及卫计、发改、财政、人社、编办、物价等众多部门，分工把口、各管一摊，由于沟通协作机制尚未健全，难以形成合力，导致出台的配套政策推进措施不强，存在落实不到位的现象。

5. 医疗机构服务能力有待提高

县级医疗机构普遍存在招聘难、留人难现象。尽管各县为引进专业人才提供了一些政策保障，但医疗卫生的软硬件与大城市相比还是存在一定差距。县级公立医院高精尖人才引进难，基层卫生院医技人才紧张，限于编制，一些优秀人才、急需人才引不进、留不住。乡镇卫生院基础设施薄弱、分类不细、专业性不高。覆盖县域的医疗卫生信息网络平台尚未建立，县、乡两级医疗机构信息不对称，资源无法共享，无法实现信息互联互通、检查检验结果共享互认、患者双向转诊网上审批。

6. 分级诊疗制度推行难度大

基层首诊制度难以落实。在分级诊疗推行过程中，群众对分级诊疗的意义和作用不清楚，对基层医疗机构服务能力存在质疑，“就高不就低”的就医习惯一时难以改变。分级诊疗转诊程序烦琐。各医共体之间的患者办理双向转诊程序较为烦琐，层层审核，需要多地来回奔波，群众意见较大。

7. 配套政策未能全面落实

县级公立医院改革大幅提高了体现医护人员劳务价值的医疗服务项目价格，所有涨价项目均应纳入医保报销范围，多出的费用由政府来埋单。但地方政府的医保配套政策未及时跟进，导致部分涨价项目的负担落在了患者身上，比如门诊诊查费、病房床位费。医保部门更关心的是如何对医疗费用做好总额控制，如何切分现有的医保基金“蛋糕”。当前，政府埋单能力有限，依靠财政力量把医保基金盘子做大已越来越难，医疗服务价格调整后，为了不增加群众负担，增加的费用主要由医保基金支付，给医保资金带来了巨大压力。如果医保部门感到有费用失控的风险，就很难积极主动参与改革。

（二）巨鹿县公立医院改革面临的主要问题和原因

1. 资金缺口较大

巨鹿县被邢台市规划为邢台中部区域县级医疗服务中心，县医院目前有24%的患者是县外就诊群众，中医院承担着人民群众中医药、康复、养老等医疗保健服务工作，目前还未达到二级甲等中医医院水平。为满足人民群众就医、康复、保健、养老的需要，县医院和中医院都面临升级提升任务。为此，县委、县政府谋划兴建县医院门诊综合楼、邢台市滏阳经济开发区分院、县中医院搬迁（包括巨鹿县健康养老服务指导中心项目）。项目整体需要大量资金，而巨鹿县是国家级扶贫县，地方财政对公立医院的投入严重受限。

2. 药品采购议价难

在药品集中采购方面，以县为单位实行采购，由于药品品种少、数量小，发挥不了整体带量采购的优势，议价采购较为困难。特别是供应商认为采购量偏少，且影响整个市场的销售，不愿意进行小范围的议价采购，不能真正挤压药品采购的虚高价格。

3. 医技人才严重不足

虽然通过改革绩效考核，医务人员的阳光收入增加，但还远远不能达到其在民办医疗机构和城市医院的收入。这不仅影响了医疗机构招收新的医疗高端人才，现有的业务骨干也存在流失的可能，造成县级医疗机构服务能力减弱。同时，乡镇医疗机构由于待遇低、条件差，往往留不住医疗人才，造成基层服务能力相对薄弱，继而影响分级诊疗工作的开展。县级医疗机构虽然设备配备很先进，但是学科带头人短缺。如何培养和吸引人才，是使县医院能够保持优势、实现可持续发展的关键因素。

4. 法人治理机制不够健全

公立医院改革涉及的深层次矛盾还没有得到根本解决。如法人治理结构改革如何从医改工作领导小组领导下的院长负责制向公立医院管理委员会领导下的院长负责制过渡；又如医改示范创建工作领导小组领导下的院长负责制中对院长在医院财权和人事权方面尚没有明确具体的内部监督约束机制。这些深层次矛盾没有得到解决，将从根本上影响公立医院改革成效的巩固和提升。

5. 历史债务包袱较重

公立医院改革前大多存在历史债务，而且数额较大。巨鹿县改革前历史债务较高，改革后医院回归公益性，医院自身偿还债务比较困难。但医院发展还需基本建设、医疗设备更新，导致旧债未还又添新债，政府投入缺口又较大，进一步加重了债务负担，从而影响到公立医院的持续健康发展和运行活力。

五、对巨鹿及全国深化公立医院改革的建议

（一）加快转变政府职能，突出政府主导地位

强化政府责任，不断提升医疗机构服务能力。

一是加大财政投入。进一步加大医疗基础设施建设、大型医疗设备购置和政策性补偿等财政投入，改善基层医疗服务环境，提升医疗服务水平。

二是规范医保基金收支预算管理，建立激励与惩戒并重的有效约束监督机制，加强运行管理，规范就诊行为，充分发挥医保支付对公立医院改革的支撑作用。

三是加强医疗卫生人才队伍建设，提升医疗服务水平。完善用人机制，探索高级人才留用新途径，加大培优力度，提升现有人才专业技能，科学制定医疗机构绩效考评制度，落实多劳多得、优劳优酬的分配机制，加强基层医护人员培训，建立全科医生制度，提高基层医务人员基本工资待遇，稳定基层卫生人才队伍。

四是加快推进信息化建设，搭建区域医疗共享信息平台和医改业务系统，充分发挥大数据、云计算管理优势，利用“互联网＋”思维助力医改高效推进，实现县、乡、村医疗机构信息互联互通、同级医院检查检验结果互认、线上审批、健康档案共享、远程会诊。

（二）加大政策宣传力度，提升改革认同度

加强宣传引导，营造医改的良好氛围。

一是加大宣传力度。相关部门、各乡镇和社区（居委会）要将医改政策的宣传当成是主动参与医改的大事来抓，采取多种形式，向广大群众广泛宣传医改的重大意义、政策措施和改革成效，不断增强广大医务工作者和群众的信心。

二是加强学习培训。通过举办各种医改学习班、培训班和专题研讨班，吃透改革政策精神，当好执行者和宣传员，积极引导社会预期，及时回应社会关切，

凝聚全社会对医改的广泛共识。

（三）完善政府投入机制，增强资金保障能力

公立医院改革的目标是回归公益性，将人民群众健康放在首位，杜绝趋利行为。各地目前均落实药品零差价政策，取消公立医院补偿机制中的药品加成收入。落实药品零差价后，国家财政补助能否及时到位，劳务收费如何定价，这都与公立医院的发展息息相关。政府应加大补偿力度、明确补偿范围，建立政府购买服务为主的补偿机制，调整医疗服务收费。与此同时，取消药品加成政策必须配备系统、全方位的系列配套改革措施。强化医疗服务质量与财政管理，改革医院薪酬制度，进一步调动医务人员的积极性和主观能动性。

要进一步完善政府投入机制。一方面，建立健全政府对公立医院长效稳定的投入机制，统筹安排基本建设、大型设备购置、重点学科发展、公共卫生服务等经费。对公立医院历史债务进行清理、甄别、核定，可采取政府补助与医院自行解决相结合的方式逐年化解，促进医院轻装上阵、良性发展。同时，县级政府对所办医院履行出资责任，禁止公立医院举债建设，严控新债发生。另一方面，加大对基层医疗卫生机构的投入，使一般常见病、慢性病、康复等患者下沉到基层医疗卫生机构，逐步建立基层首诊、分级医疗、双向转诊的医疗模式、服务模式，缓解看病就医矛盾，巩固提升医改成效。

（四）探索支付方式改革，加强医保控费力度

1. 实行多元复合式医保支付方式

针对不同医疗服务特点，推进医保支付方式分类改革。对住院医疗服务，主要按病种、疾病诊断相关分组付费，长期、慢性病住院医疗服务可按床日付费。对基层医疗服务，可按人头付费，积极探索将按人头付费与慢性病管理相结合。对不宜打包付费的复杂病例和门诊费用，可按项目付费。探索符合中医药服务特点的支付方式，鼓励提供和使用适宜的中医药服务。

2. 重点推行按病种付费

原则上对诊疗方案和出入院标准比较明确、诊疗技术比较成熟的疾病实行按

病种付费。逐步将日间手术以及符合条件的中西医病种门诊治疗纳入医保基金病种付费范围。建立健全谈判协商机制，以既往费用数据和医保基金支付能力为基础，在保证疗效的基础上科学合理地确定中西医病种付费标准，引导适宜技术使用，节约医疗费用。做好按病种收费、付费政策衔接，合理确定收费、付费标准，由医保基金和个人共同分担。加快制定医疗服务项目技术规范，实现全国范围内医疗服务项目名称和内涵的统一。逐步统一疾病分类编码、手术与操作编码系统，明确病历及病案首页书写规范，制定完善符合基本医疗需求的临床路径等行业技术标准，为推行按病种付费打下良好基础。

3. 开展按疾病诊断相关分组付费试点

探索建立按疾病诊断相关分组付费体系。按疾病病情严重程度、治疗方法复杂程度和实际资源消耗水平等进行病种分组，坚持分组公开、分组逻辑公开、基础费率公开，结合实际确定和调整完善各组之间的相对比价关系。以疾病诊断相关分组技术为支撑进行医疗机构诊疗成本与疗效测量评价，加强不同医疗机构同一病种组间的横向比较，利用评价结果完善医保付费机制，促进医疗机构提升绩效、控制费用。加快提升医保精细化管理水平，逐步将疾病诊断相关分组用于实际付费并扩大应用范围。疾病诊断相关分组收费、付费标准包括医保基金和个人付费在内的全部医疗费用。

4. 完善按人头付费、按床日付费等支付方式

支持分级诊疗模式和家庭医生签约服务制度建设，依托基层医疗卫生机构推行门诊统筹按人头付费，促进基层医疗卫生机构提供优质医疗服务。各统筹地区要明确按人头付费的基本医疗服务范围，保障医保目录内药品、基本医疗服务费用和一般诊疗费的支付。逐步从糖尿病、高血压、慢性肾功能衰竭等治疗方案标准、评估指标明确的慢性病入手，开展特殊慢性病按人头付费，鼓励医疗机构做好健康管理。有条件的地区可探索将签约居民的门诊基金按人头支付给基层医疗卫生机构或家庭医生团队，患者向医院转诊的，由基层医疗卫生机构或家庭医生团队支付一定的转诊费用。对于精神病、安宁疗护、医疗康复等需要长期住院治疗且日均费用较稳定的疾病，可采取按床日付费的方式，同时加强对平均住院天数、日均费用以及治疗效果的考核评估。

5. 强化医保对医疗行为的监管

完善医保服务协议管理，将监管重点从医疗费用控制转向医疗费用和医疗质量双控制。根据各级各类医疗机构的功能定位和服务特点，分类完善科学合理的考核评价体系，将考核结果与医保基金支付挂钩。中医医疗机构考核指标应包括中医药服务提供比例。有条件的地方，医保经办机构可以按协议约定向医疗机构预付一部分医保资金，缓解其资金运行压力。医保经办机构要全面推开医保智能监控工作，实现医保费用结算从部分审核向全面审核转变，从事后纠正向事前提示、事中监督转变，从单纯管制向监督、管理、服务相结合转变。不断完善医保信息系统，确保信息安全。积极探索将医保监管延伸到医务人员医疗服务行为的有效方式，探索将监管考核结果向社会公布，促进医疗机构强化医务人员管理。

（五）完善改革配套政策，促进医院健康发展

明确顶层设计，从宏观和微观两个层面完善各类配套政策。为推进公立医院配套改革、体制机制建设，宏观层面需要关注顶层设计的问题，微观层面需要对公立医院的功能和服务再思考。在正确的整体设计和规划下，明确公立医院改革的推进方向，进一步完善各类配套政策，构建层次分明的改革政策体系，探索体制机制改革等深层次矛盾。

公立医院改革涉及政府多个部门，需要加强协调沟通，遇事不能推诿，清晰做好县级公立医院改革的顶层设计，努力实现公立医院改革各项配套政策的落实。应继续探索“管办分开”模式，创新政府对公立医院的管理方式。同时，政府应改善对公立医院的治理，实行政事分开，加强对其监管。统筹安排好政府、公立医院及其经营管理者的责权关系，逐步落实公立医院独立法人地位以及经营管理自主权。建立县级公立医院经营管理者的激励和约束制度，完善院长选拔任用制度，推进院长专业化、职业化。严格控制县级公立医院的盲目扩张，明确其办医规模和功能定位，优化县域内医疗资源配置。

（六）建立现代管理理念，视人力为资源

建立现代管理理念，视人力为资源而不是成本，珍视人力资源的价值，重视

发挥人力资源的潜力。实行全员合同聘用制，以提高人力资源的管理效率和质量。实现管理和服务的信息化，以提高管理和服务效率，控制成本，做到精细化管理。医院管办分开、取消药品加成、服务合理调价、薪酬改革、开展医生多点执业、同工同酬、鼓励社会资本参与公立医院改革和转制，均有利于公立医院转变观念，加快建立现代医院管理制度。

健全绩效考核体系。医务人员的积极参与，是推进县级公立医院改革的人力保障。药品零差率后，医务人员的收入分配方式发生了较大调整。要完善公立医院绩效考核体系和体现医务劳动价值的收入分配机制，结合医疗服务行业的特点，在绩效工资总量和分配比例上给予医疗机构更多自主权，增强基础性和绩效性工资比例的灵活性，激发医务人员的积极性和医院的活力。

充分调动医务人员的积极性，改善医疗执业环境。医务人员工作在一线，对公立医院的改革感受最直接、最深刻。改革的措施最终要靠医务人员去执行和落实，调动医务人员的积极性关乎改革的成败。因此，要充分考虑到医务人员的合理利益诉求和基本权益，创新人事和分配制度，充分体现医务人员的劳动价值。建立符合医疗行业特点的人事薪酬制度，合理提高医务人员的工资收入，杜绝灰色收入。要突破工资总额限制，提高医务人员整体收入水平，使其拥有与社会价值相匹配的工资待遇。有条件的地方可探索年薪制，建立科学的绩效评价体系，使医务人员工资收入与绩效考核挂钩。政府各级部门要规范医疗职业行为，严厉打击敲诈、恐吓、打骂医务人员事件，依法处置伤医、弑医行为，营造一个良好的医疗环境。

（七）建立现代服务理念，强化市场意识

公立医院须建立现代服务理念，强化市场意识，以患者为中心。这意味着医院和医务人员要习惯于换位思考，努力形成医患利益共同体。只有这样，才能有效改善医患关系、建立医患互信。为提高患者满意度，医院应合理调整人员结构，确保“医护比”和“护床比”达标。规范医疗服务，改进服务“软件”。薪酬改革、职称晋升、医院和人员绩效考核、政府财政补贴和医保支付均要向一线倾斜，并与临床工作的数量、质量和患者满意度挂钩。

要进一步提升县级公立医院的医疗服务能力。一是按照县级公立医院的功能定位，合理设置县级医疗机构，明确床位规模。二是通过政策支持、职称晋升等措施，吸引鼓励优秀人才到县级医院长期执业。落实城市医院医生晋升职称前到基层医疗卫生机构服务的制度，城市医院要向县级公立医院轮换派驻医师和管理人员，选聘一批有管理经验的业务骨干到对口支援的县级公立医院担任院领导或科主任。三是县级公立医院要发挥县域内医疗中心和农村三级医疗卫生服务网的龙头作用，强化对基层医疗卫生机构的技术帮扶指导和人员培训，通过纵向技术合作、人才流动、管理支持等多种形式，构建优质医疗资源流动的长效机制。

（八）建立科学补偿机制，正向引导激励

取消药品加成后，公立医院合理收入主要来自服务收费或医保支付以及财政补贴。建立科学补偿机制，作为医改的重要目标，是难点也是重点。政府补偿和医保支付首先要避免步入误区，要确保补偿对医院具有正确引导、正向激励和有效监督的功效，把钱花在刀刃上。对于医院的一些合理成本，如医院的历史遗留问题、必要的基建和设备购买等，有关部门应该埋单。医院对信息技术的使用与维护成本，也应埋单，或部分借力于社会资本。对于医院因管理不善所产生的不合理成本，有关部门不应支付。医院因取消药品加成所造成的收入缺口，由政府补齐，或者给予药补，此举实际上并没有彻底切断医院与药品之间的利益关系，而且也不利于实现医药分开，因此不可取。具有正确引导、正向激励和有效监督作用的政府补偿，还是应该与医院的绩效考核挂钩。补偿还可尝试具有正向激励作用的“以奖代补”。比如，对于社会贡献大、患者满意度高的医院，有关部门可予以重奖，并在财务上为其兜底。倘若超大型医院的成本过高，财政无力支付，可尝试医院业务拆分，并吸纳优质民资。北京为大医院创建“一站式”后勤服务中心，就是旨在降低大医院的运营成本，为其可持续发展创造条件。鼓励医疗机构“公建民营”，不失为多赢之举。政府要求大医院购买医疗责任险，以降低医院的纠纷成本，不妨探寻医院、医生和政府共同支付的模式。医保应实行复合型支付，将支付的标准化与差异化相结合，可以做到对医院激励与约束并重。对于住院服务，医保可按临床路径、病种和病情分组支付。对于门诊和社区

服务，医保可按人头和年龄分组支付。医保支付还应放大其对医院和医生的正向激励作用。医保应与医患形成利益共同体，共同商讨如何创新服务、提高医疗性价比，最终取得医患和医保共赢。医保支付改革，无论如何都会挑战医院的管理和医生的技术。面对挑战，医院须加快改进管理技术，重视临床路径管理、人员培训和全程监督，医务人员则须改进服务技术，尽快适应新的服务模式。

参考文献

[1]陈东升,张可新．县级公立医院综合改革的实践与思考[J]．卫生经济研究,2016(2).

[2]戴笑慧,管小明．关于县级公立医院综合改革的几点思考[J]．中国财政,2018(6).

[3]何小群,张亮．县级公立医院综合改革前后收支结构变动情况分析[J]．中国卫生经济,2018(9).

[4]刘北征．县级公立医院改革面临的挑战[J]．中国农村卫生,2016(17).

[5]王书勤．关于推进县级公立医院综合改革的思考[J]．新理财(政府理财),2018(7).

[6]王忠报．推进县级公立医院综合改革的思考[J]．中国人口报,2016.

[7]谢源源．分析县级公立医院改革的困境与机遇[J]．中国集体经济,2016.

[8]杨霞,刘汉成．刍议县级公立医院改革的成效与展望[J]．中国卫生产业,2016(15).

[9]曾勇,张震．县级公立医院综合改革的初步探索[J]．中国医院管理,2015(11).

[10]张福来,饶江红,石丹,温华斌．我国县级公立医院改革的进展、挑战和对策[J]．卫生经济研究,2017(2).

[11]张晓利．各有千秋的县级公立医院改革之路[J]．中国医院院长,2016(23).

[12]张彦军．县级公立医院改革现状与分析[J]．护理研究,2016(30).

[13]张凯．全力推进县级公立医院综合改革[J]．中国农村卫生,2015(21).

执笔：邢伟　贾存斗